国家社会科学基金重大项目资助成果

中华民族复兴社会心理促进研究丛书

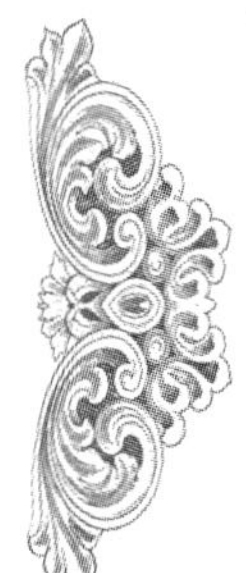

# 社会排斥与融合模式研究

THE RESEARCH ON MODEL OF
SOCIAL EXCLUSION AND INTEGRATION

时 勘◎著

经济管理出版社
ECONOMY & MANAGEMENT PUBLISHING HOUSE

**图书在版编目（CIP）数据**

社会排斥与融合模式研究/ 时勘著，—北京：经济管理出版社，2018. 5
ISBN 978-7-5096-5685-3

Ⅰ. ①社…　Ⅱ. ①时…　Ⅲ. ①社会问题—研究—中国　Ⅳ. ①D669

中国版本图书馆 CIP 数据核字（2018）第 043049 号

组稿编辑：赵亚荣
责任编辑：赵亚荣
责任印制：黄章平
责任校对：董杉珊

出版发行：经济管理出版社
（北京市海淀区北蜂窝 8 号中雅大厦 A 座 11 层　100038）
网　　址：www. E-mp. com. cn
电　　话：（010）51915602
印　　刷：三河市延风印装有限公司
经　　销：新华书店
开　　本：720mm×1000mm/16
印　　张：20. 25
字　　数：332 千字
版　　次：2018 年 5 月第 1 版　　2018 年 5 月第 1 次印刷
书　　号：ISBN 978-7-5096-5685-3
定　　价：89. 00 元

# 项目资助声明

本书得到了国家社会科学基金重大项目（项目批准号：13&ZD155）的支持。

**中华民族复兴社会心理促进研究丛书**

国家社会科学基金重大项目（13&ZD155）成果

# 《社会排斥与融合模式研究》编委会

# 前言

习近平同志在中共十八届中央委员会向中国共产党第十九次全国代表大会的报告中指出，要“加强社会心理服务体系建设，培育自尊自信、理性平和、积极向上的社会心态”。这里，做好外来人口融入当地的工作，应该是社会和谐的关键问题之一，也是社会心理服务体系建设务必涉及的问题。我们知道，外来人口融入当地历来是一个国际化的难题，涉及的面太广，触及社会、经济和文化多个层面，还涉及制度、政策等敏感问题，要想从根本上解决它，需要整个社会的共同努力，而非一个方面的努力所能奏效，这是一个需要多方面协调和探索的问题。

社会融合（Social Inclusion）是一个彼此渗透的过程，某类群体受共享环境影响，会不断累积并发展针对外群体的记忆与感情，最终各个群体相互适应，融汇为一个体系。因此，社会融合是一个动态的、渐进式的、多维度的、互动的过程。社会融合需要从经济、文化和心理三个方面入手：首先，需要探究外地人所面临的社会融合困境，特别是在客观工作条件、经济收入以及社会保障资源方面与本地人存在的显著差距；其次，务必探索文化融合问题，外来人员往往通过在生活文化等方面与本地人保持一致来实现与本地人之间的互动交流；最后，是心理融合的问题，这是外来人口能否融入本地的关键问题，因为只有外来人口从心理层面认为自己融入了新城市、感知到归属感、对于新城市的工作生活感到满意，才能实现真正意义上的社会融合。

作为国家社会科学基金重大项目子课题的“珠江三角洲社会融合模式研究”，我们选择了广东荔湾区作为试点。荔湾区地处广州西部，俗称“西关”，因“一湾溪水绿，两岸荔枝红”的美景而得名，是广州市独具岭南特色的中心城区和广佛都市圈的核心区，享有“体味岭南文化到广州，不到荔湾就不算到过广州”的美誉。荔湾区历史悠久，拥有深厚的文化底蕴，自古风物荟萃、名胜云集。这里是广州海上丝绸之路的起始地，广州十三行是18世纪中国经营对外贸易的专业商行，更是岭南文化的缩影。自1978年改革开放，广东成为改革先行地区，省内外人员流动得以促进，到1990年，常住荔湾区一年以上的流动人口已达到370000人左右，占全市总人口的6.82%，区内流动人口多来自本省山区和湖南、湖北、四川等地。2005年广州市区域调整时，荔湾区又合并了原来的广州市芳村区，形成了现在的老城区和城乡接合部的城市布局。老城区居住的外来人员以经商为主，多数人为小商贩、酒店商场服务员及专业市场务工人员；城乡接合部由于有为数不多的工业区和一些小作坊，居住人员以务工为主，务工人员统称为农民工。外来人口的大量流入为繁荣荔湾区经济起到了一定的作用，对搞活商品流通、促进和繁荣市场经济、加强城市建设都有促进作用，但同时也出现了一系列的社会问题，如违法犯罪、斗殴事件增多等。当个体从一个熟悉的环境迁移到一个陌生的环境时，文化、语言、经济条件、就业等方面的差异，必定会造成外来人口心理上或身体上的负面影响。比如农民工无法顺利融入城镇，会面临被排挤、被歧视、教育资源缺乏、就业缺乏保障、住房困难等一系列问题，长久累积下来，就会成为一颗引而不发的“炸弹”，给政府管理工作带来极大的困难。因此，选择荔湾区来探索社会排斥和融合模式是一个较佳的选择。

社会融合首要探讨的是与之对立的社会排斥的理论。首先，我们在书中介绍了国际研究的最新趋势，同时，也介绍了实验室实验法探究的社会排斥的心理奥秘。大家知道，人是一种社会性动物，有被社会接纳的需要和寻求与他人建立关系的动机。当这种被接纳的需求不能得到满足时，个体就会感受到价值感缺失与自尊受损。外来人口在社会交往中容易被他人拒绝、贬低或排斥，这样，就会导致其建立社会联系的需求无法得到满足。实验室实验法是社会心理学的主流研究方法，它十分关注实验范式和理论模型的应用。这里，我们介绍了社会排斥理论模型和实验范式，还介绍了单独受排斥与共同受排斥的差异、与熟人共同受排斥以及与陌生人共同受排斥的差别。从研究结果可以看出，共同受排斥，特别是与熟人一起受排斥能够有效减少对归属感和存在意义感的损害，社会支持在其中发挥了重要的作用，这部分实证研究结果为后期的研究和实践奠定了理论和方法基础。

其次，我们考察了青少年学生的跨种族友谊选择和群际之间的态度，进而对我国流动儿童是否受到歧视、身份认同等问题展开了研究。之所以选择青少年的友谊与群际态度来进行探索，除了外地人的子女受排斥是一个普遍现象之外，把青少年研究作为切入点，是由于青少年比成年人更加单纯，更容易避免一些无关因素的干扰，获得的结果更容易被推演到其他群体里去。为此，我们选择了美国亚裔青少年跨种族友谊与群际态度的关系研究作为切入点，根据 Allport 的群际接触理论，我们假设，在合适的条件下与外群体进行接触是有效减少对外群体的偏见的有效方式。为此，我们探索了美国亚裔青少年跨种族友谊与群际态度的关系，重点检验了跨种族友谊的独特类型与功能。研究表明，亚裔青少年在友谊选择中表现出明显的内群体偏好，在本种族所占比例较小且接近性原则被满足的情况下，亚裔学生更愿意同白人同伴交友。本研究还发现，延长共享时间是减少亚裔青少年对外种族行为回避的关键因素，而行为的亲近更有可能改善群际交往中的情感体验和认知评价。接下来的调查是在广州荔湾区的青少年中进行的，主要探索了外来人口的跨群体友谊与群际态度的关系。我们采用整班取样的方式，对流动儿童的友谊质量进行了测量，并且探查了他们的群际态度，考查了民办学校中本市常住学生与外地学生的友谊选择以及群际态度。研究结果表明，外地学生更倾向于选择同是外地人的同学做朋友，来自外群体朋友的情感支持与更为积极的外群体情感和更少的消极刻板印象相关联，此外，跨群体友谊通过减少群际焦虑可以改善外群体态度。本研究还发现，将本地学生与外地学生混合编班，可以为外地学生提供更多与本地同学交往的机会，促进他们融入新居住地的生活。我们还探索了汉族和少数民族青少年群际态度改变的心理机制，考察了受歧视知觉和民族交往开放性在态度改变过程中的作用。结果发现，汉族和少数民族青少年之间在友谊质量上存在显著的民族差异：汉族青少年在“亲密与陪伴”“物质情感支持”这两个积极维度的评分上要显著高于少数民族青少年；而少数民族青少年在“排他性”“争吵与冲突”这两个消极维度的评分显著高于汉族青少年。在外群体朋友数量与外群体积极态度的关系中，受歧视知觉起显著的调节作用，而这种调节作用是通过民族交往开放性的完全中介作用来实现的。

再次，本书直接转入了企业内部，主要探索职场排斥与员工反生产行为之间的内在作用机制及其边界条件。大家知道，排斥是一种普遍存在于日常

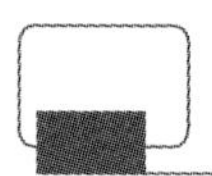


生活中的社会现象，从某种程度上来说，大部分人都曾有过被他人排斥的经历，如被同事或领导排挤、无视、冷漠对待等。已有研究发现，排斥会对个体的基本需要、情绪、认知、行为等方面产生一系列负面作用，在某些情况下，甚至会带来比性骚扰、攻击、欺负等职场热暴力更为严重的危害。目前，专门针对组织情境下的职场排斥的研究已开始受到研究者的关注。本书以资源保存理论为基础，首先探讨了个体情绪衰竭在职场排斥与员工反生产行为之间的中介作用；然后结合调节焦点理论，从个体水平出发检验了个体防御型调节焦点在“职场排斥—情绪衰竭—反生产行为”之间的调节作用，以探讨上述中介效应在个体水平上的作用边界；最后探讨了团队任务互依性和团队规范两个团队水平变量在“职场排斥—情绪衰竭—反生产行为”之间的跨水平调节作用，从团队层面来探讨上述中介效应中的边界条件。研究发现，情绪衰竭在职场排斥与员工反生产行为之间存在中介作用：一方面，这一结果为调节焦点理论在职场排斥相关研究中的拓展应用提供了实证支持；另一方面，结合相互依赖理论和计划行为理论，探讨了团队因素（任务互依性和团队规范）在上述中介效应的跨水平调节作用，这一结果有效地将个体特征与个体所处组织情境因素结合在一起进行了考虑，也就是说，如果考虑改善一些组织情境因素，是可以避免职场排斥的加剧的，特别是可以抑制员工反生产行为的出现，也能更多地导致组织公民行为的产生。

伴随迅速的城乡结构转变和城市人口迁移，大量人力资源涌入新的城市并定居下来，并逐步本地化。在构建和谐社会的过程中，如何通过多种途径实现社会融合、政府公共管理职能在社会融合中如何发挥关键的作用是我们关注的核心问题。在后续研究中，我们采用文献分析、问卷调查、案例研究等方法，探索了广州市荔湾区外来人员与本地人员社会融合的促进模式问题。我们探究了社会排斥与社区归属感的关系，以及社会自我效能感对二者之间关系的调节效应，进而揭示了社会自我效能感是如何通过社会距离的缩小来发挥作用的。研究发现，社会支持感是能够调节社会距离，从而在社会排斥与社区归属感之间发挥中介效应的。这些研究结果启发社会管理者可以通过制定社会支持性的政策来缩小社会距离，为外地人的社会交往创造良好的条件，从而促进实现社会和谐。

后来的探索研究旨在揭示生活满意感对于社会融合的影响机制，研究是从探索社会排斥对生活满意度的影响开始的。这项研究通过对广州市荔湾区共 174 名流动人口的多时间点问卷调查，考察了生活满意感对于社会融合的影响机制，特别是社会排斥对外地人生活满意度的影响机制。研究结果表明，社会排斥对生活满意度确实有负向影响，而且是通过这种负向影响导致社会自我效能感下降，进而降低生活满意度的。不过，通过这项研究也发现，家庭支持和朋友支持可以调节社会自我效能感和生活满意度的关系，也就是说，当同样面对社会排斥时，除了政府的惠民政策外，家庭和朋友的支持也能通过社会自我效能感的提高，来提升外地人的生活满意度，进而增进该地区民众的社会融合。

最后，本书将前几部分的理论研究成果应用于荔湾区的社会实践。荔湾区政府的社会融合行动计划是基于对外来人员的社会排斥研究、青少年的友谊和价值观的探索，以及职场排斥和反生产力研究、社会排斥与社区归属感的探索，还有生活满意感对于社会排斥的研究结果而设计的。我们采用实证研究的方法，在广州荔湾区民政局的支持下，系统开展了现场干预实验工作，研究对象全部来自于荔湾区，实验干预在社会融合行动计划实施前、后展开，共进行了两次测试，而且采用了控制组来进行对比。这次测试考察了干预前后人们的社会距离是否发生了变化，也考察了生活满意度是否发生了改变。追踪结果充分证实了干预的有效性，这项调研工作取得了较为令人满意的实验结果。

总而言之，广州荔湾区与中国人民大学国家社会科学基金重大项目的联合子课题“珠江三角洲社会融合模式研究”的合作达到了预期的效果。回顾这项研究，从 2014 年 1 月开始，历时四年之久，得到了广州市荔湾区政府，特别是民政局、教育局和企业合作委员会的大力支持，更主要的是得到了所在地区的中小学师生、企业的管理干部和广大员工，特别是街道居民，包括本地的市民和外来各类人员的热心参与。当然，我也要感谢中国人民大学心理学系和中山大学管理学院的研究人员在研究中的艰辛付出。主要参与本书写作工作的除了我（著者）之外，还有张登浩、陈晓晨、陈晨、陈建、崔有波、将薇、赵轶然和刘子旻等，其他参与编写人员都附在各相关章末尾。在此，对他们的辛勤劳动表示衷心的感谢！还要特别感谢中国人民大学商学院杨俊副教授提供的职场排斥方面的资料，以及在研究过程中所提出的宝贵意见。

在今后有关社会排斥与融合模式的研究中，特别是我们将本研究的成果推广到其他地区的过程中，还有很长的路要走。2017 年底，课题组陈晨同学的国家自然科学基金青年项目申请“天才皆孤独？基于排斥者视角的道德许可与心理福利效应研究”（编号：71702202）又获得了支持，这使得我们更有信心把这个项目做好，在社会排斥和融合模式的研究中，继续不断地探索，将这一工作不断推向前去。

于北京市奥林匹克花园

2018 年 5 月 1 日

# 目录

# 第一章

# 社会融合模式研究概述

## 第一节 社会融合问题的提出

中共十八大以来，习近平总书记所提出并阐述的“实现中华民族伟大复兴的中国梦”，在国内外引起了强烈反响。特别是“人民对美好生活的向往，就是我们的奋斗目标，人生间的一切幸福都需要靠辛勤的劳动来创造”的讲话，明确地阐释了“中华民族伟大复兴的中国梦”所包含的主要含义，就是所有成员平等相处、彼此关爱和相互融合。这种相互融合对保障民族复兴、维护社会稳定和经济发展具有重要的意义。而在相互融合方面，涉及的最主要问题就是社会融合和社会排斥问题。

### 一、社会融合

社会融合是指在彼此渗透的过程中，某类群体受共享环境影响，会不断地累积并发展针对外群体的记忆与感情，各个群体若相互适应，最终则会融汇为一个体系，这种融合是一个动态的、渐进式的、多维度的、互动的过程（Park & Burgess，1921）。一般说来，社会融合包括了经济、文化以及心理三个维度的融合。由于人们生存的需要，经济融合是首要的融合因素，它强调个体如果获得平均水平或高于平均水平的社会经济地位，则会因此感到满意；其次就是文化融合，它侧重不同群体中的个体在语言、着装、情绪表达、日常习惯、价值观和规范等方面的融合；比较容易被忽视的是心理融合，它主要强调个体在心理和情感上对自己的社会成员身份和归属感的认同。

西方针对社会融合的研究以同化论和多元化论两大流派为主。同化论认为，相较于长久稳定的定居生活模式，流动人口往往会经历移居阶段、适应阶段及同化阶段，最终适应当地语言并具有独立的经济能力，形成文化的认同。在这一过程中，流动人口自动且不可逆地适应并学习所在地的行为方式和社会文化观念，同时，替换原有的文化与习俗，从而实现社会同化与融入。与强调对文化认同的同化论不同，多元化论看重的是种族或群体间拥有差异性的权利，流动人口将各异的文化背景、社会经历和价值理念塑造形成一个新体系，并搭筑起内涵更为丰富的秩序，形成更为细化的社会。

受国外社会融合研究的影响，我国学者在此领域的研究中也较为关注同化过程。在流动人口社会融合的过程中，经济起到基础性作用，其变化带来了文化等方面的变革。通常经济融合可以实现流动人口基本生存层面的立足，而只有当流动人口在心理或文化层面适应了本地水平之后，才能够表明其实现了真正的融入。近年来，流动人口的社会融合问题引起了国内学者的广泛重视。田凯（1995）提出，流动人口适应城市生活的过程实际上是一个“再社会化”的过程，这一过程必须符合三方面的基本条件：首先，在城市找到相对稳定的工作；其次，这种工作带来的经济收入及社会地位，能够形成一种与当地人接近的生活方式，从而使其具备与当地人进行社会交往并参与当地社会生活的条件；最后，由于这种生活方式的影响和与当地人的接触，其可能接受并形成新的、与当地人相同的价值观。

## 二、社会排斥

社会排斥与社会融合是一对对立概念，社会排斥形成对社会融合的巨大阻力。社会排斥的本质是个体在被群体或他人拒绝的过程中，归属感与爱的需求受到阻碍与破损。社会排斥始于 20 世纪 90 年代，伴随社会学提出的社会计量器理论而兴起。Leary 等（2003）研究了发生于美国 1995~2001 年的校园枪击案，发现 90%的主犯都曾遭遇社会排斥，从而提出社会排斥与攻击行为之间存在密切联系。在枪击案的事件中，社会排斥使得个体不顾后果地报复他人，甚至残害无辜的人，其行为具有突发性而难以预测。毋庸置疑，社会排斥对一个国家的公共安全来说是一个巨大的潜在威胁。另外，遭遇排斥的个体受强烈的归属感驱使，十分需要他人及群体的接纳，在这种情况下如作用机制。对外来人口而言，社会排斥会挫伤其社交自信，带来控制感与自我价值的丧失，进而直接降低其对生活满意度的评价。社会排斥对外来人口感知生活的负面影响反映出社会排斥的伤害本质。社会自我效能感围绕个体社交自尊、社交果敢性、社交信心等方面发挥了不可忽视的作用，监控着个体人际行为的发生和发展，对生活感知评价有着特殊且重要的意义。这类研究不仅为社会排斥与外来人口生活满意度之间的消极联结提供了新的证据，同时也为人们理解社会排斥影响流动人口生活满意度的心理机制提供了新的视角。

再次，我们还将深入探究社会自我效能感对个体生活满意度的作用边界，探索外地人感知的家庭及朋友支持对社会自我效能与生活满意度之间的关系是否起调节作用，即社会自我效能感对生活满意度的影响是否会随着家庭和朋友支持的提高而加强，也即较高的社会支持是否能够缓冲由于社会自我效能的降低所导致的生活满意度下降，对社会排斥的消极作用起到一定的抑制作用。这一研究结果不仅对探究社会自我效能感对生活满意度的作用边界有意义，还将为社会支持相关理论在社会排斥研究中的应用提供实证支持。

最后，我们将社会支持策略应用于政府管理实践之中，若能发现社会支持策略在实际管理中的有效性，则会在一定程度上从实践角度拓展本研究的外部效度，为社会排斥的相关研究提供更加有效的实践证据。

### （二）实践价值

目前，社会融合问题已经到了非解决不可的地步。从大的方面可以看到，改革开放快速发展的同时，也激化了社会各阶层的矛盾，在全国范围内表现出民族矛盾、阶层矛盾和各地区人员融合的矛盾。如果这些问题不能从根本上得到解决，任其发展，到一定的时候，矛盾就会转化为对抗，这显然不利于和谐社会的建设。因此，开展珠江三角洲的社会融合模式的研究，其意义远远超越这个地区，对于我国的其他地区也有借鉴意义，所以这是一项具有现实意义的工作。

首先，社会融合是一个多维度的复杂过程，除了经济融合之外，还包括外来人员所享受到的住房、医疗、子女教育等公共社会保障，这些都会影响到外来人员对于自己社会身份的认知。因此，关注社会公共资源的合理分配，保障外来人员在公共资源方面的权益，为其提供针对性的服务极其重要。另外，对于文化融合来说，这是外来人员为实现与本地人的融合共处所采取的方式与途径，通过在生活、习俗等问题上保持一致，以期获得来自本地人的身份认同；而从政府社会管理层面来看，外来人员通过对于本地语言、文化、生活习俗等方面的深入了解，习惯并喜欢上新城市的文化习俗，会促进外来人员对新城市产生认同感，这也有利于外来人员的社会融合。外来人员的心理融合则是社会融合要达到的最终目的。对所在城市产生归属感与认同感、与本地人能够平等和谐地互动、对当前生活感到满意才能够在真正意义上实现社会融合。因此，研究外来人员的心理需求，把握他们需要哪些方面的工作技能培训以及心理援助，从客观外在竞争力和内在心理资本两个方面加强外来人员在新城市中的竞争力，都需要专门的调查研究来获得。此外，增强外来人员的参与感与认同感，使他们感知到自己对于所在区域的建设与发展具有一定的贡献，增强其控制感，从而促进外来人员的社会融合。

其次，要研究社会自我效能感是否能够减缓社会排斥对生活满意度的影响，这是因为社会自我效能感决定人们如何感知生活、如何思考社会排斥问题、如何自我激励以及如何采取措施。如果能够发现社会自我效能感与哪些积极的生活感受密切关联，以多种形式增强人们的成就感和幸福感，也是关爱外来人员的重要途径。对于在外打拼的人，亲友相伴具有抵抗社交挫折的作用，可以令风波平静度过。因此，要想降低社会排斥引发的效应，就需要重视个体获得的支持感和归属感，这不仅能够直接带来正面的生活状态和评价，而且有助于降低社会排斥对个体认知和行为的负面影响。

最后，要研究社区管理者如何区别对待社会支持水平不同的外地人口。如果在实践中能够找寻出对社会支持较低的外地人提供帮助的方法，比如帮助他们解决一些具体的困难，也是一种增强社会支持的方面；对于社会支持感较高的外地人口，可以树立亲友支持意识，以帮助他们建立社会自我效能感。反过来，个体社会自我效能感不断提高后，也会逐渐地主动寻找帮助并学会有意培养社会关系来处理人际冲突，减缓压力，获得幸福感。

## 第三节　开展社会融合研究的基本思路

本研究将从社会排斥的理论模型与实验研究、青少年的友谊与群际态度研究、职场排斥与员工反生产行为的影响机制、社会排斥对社会归属感的影响机制、生活满意度对于社会融合的影响研究和荔湾区的社会融合促进模式六部分来展开。

## 一、社会排斥的理论模型与实验研究

该部分主要是阐述社会排斥的理论模型和研究范式。人是一种社会性动物，有被社会接纳的需要和寻求与他人建立关系的动机。当这种被接纳的需求不能得到满足时，个体会感受到价值感缺失与自尊受损。这种在社会交往中被他人拒绝、贬低或排斥的现象，会导致其建立社会联系的需求无法得到满足。实验室实验法是心理学，包括社会心理学的主流研究方法，十分关注研究中的实验范式和理论模型的应用。在介绍关于被排斥者的社会排斥理论模型，如需要—威胁的时间模型、多元动机模型、认知解体说模型之后，本部分将开展对被排斥者的社会排斥的实验研究，这将加深对社会排斥现象的系统理解。社会排斥是现实生活中一种普遍的现象，如学校中的欺负行为、工作中对女性的歧视、家长要求孩子面壁思过，以及伴侣之间的冷战等。社会排斥对不同对象有不同的影响，如对被排斥者的影响、对排斥者的影响、对无关他人的影响等，也包括性别、预期、自尊、排斥敏感性、归因等客观影响结果的作用，以及金钱、药物、社会支持、文化影响等环境因素的作用。最后，将进行单独受排斥与共同受排斥的实验研究，探索单独受排斥与共同受排斥的差异、与熟人共同受排斥以及与陌生人共同受排斥的差异。虽然本研究确认了共同受排斥能有效缓解社会排斥所带来的不利影响，且共同受排斥者之间的亲密关系对这一不利影响具有调节作用，但是本研究也将探索共同受排斥特别是与熟人一起受排斥是否能够有效减少对归属感和存在意义感的损害，社会支持在其中发挥怎样的作用。这部分的实证研究结果将为后期的研究和实践奠定坚实的理论和方法基础。

## 二、青少年的友谊与群际态度研究

关于青少年友谊与群际态度的研究，实际上与社会排斥和融合模式有密切的关系。青少年这种被试比成年人更加单纯，获得的结果有其特殊意义。我们选择了美国亚裔青少年跨种族友谊与群际态度的关系研究作为切入点，根据 Allport 的群际接触理论，在合适的条件下与外群体进行接触可以有效减少对外群体的偏见。我们探索了美国亚裔青少年跨种族友谊与群际态度的关系，重点检验了跨种族友谊的独特类型与功能。本研究通过对美国亚裔学生的调查，探究亚裔学生的跨种族友谊对群际态度的影响，以期发现友谊对青少年的健康是否起着至关重要的作用；亚裔青少年在友谊选择中是否会表现出明显的内群体偏好；在本种族所占比例较小且接近性原则被满足的情况下，亚裔学生是否更愿意同白人同伴交友；学业成绩是个人层面上预测跨种族友谊的关键指标，在学校水平上是否也是如此。本研究还将探索：共享时间是否是减少亚裔青少年对外种族行为回避的关键因素，作为积极的一面，跨种族友谊的形成是否对群际态度的行为层面（减少行为回避）作用会显著，而行为的亲近是否更有可能改善群际交往中的情感体验和认知评价。

由于我们的研究主要在广州流动人口中进行，接下来的调查将在广州荔湾区的青少年中进行，主要探索外来人口跨群体友谊与群际态度的关系。我们将采用整班取样的方式，对流动儿童的友谊质量进行测量，并且对其群际态度进行测量，考查：民办学校中本市常住学生与外来学生的友谊选择以及群际态度；外来学生是否更倾向于选择同是外来人的同学做朋友；在本地学生的朋友选择中，是否存在本群体偏好；处于高社会地位的群体（本研究中的本地学生）是否更容易刻板化地看待他人，对外群体的态度是否更难发生改变，来自外群体朋友的情感支持与更为积极的外群体情感和更少的消极刻板印象是否相关联；跨群体友谊通过减少群际焦虑是否有利于改善外群体态度。本研究将实验本地学生与外来学生混合编班，看能否为外来学生提供更多的与本地同学交往的机会，促进他们融入新居住地的生活。

我们的另外一项调查研究，试图通过对少数民族与汉族青少年之间的友谊模式进行比较，探索外群体友谊数量、友谊质量、受歧视知觉、民族交往开放性和群际态度之间的关系，揭示外群体友谊数量及友谊质量的各维度对群际态度的积极、消极方面的影响程度，并进一步考察外群体友谊数量如何通过受歧视知觉和民族交往开放性对外群体积极态度产生影响，验证外群体友谊数量、受歧视知觉、民族交往开放性和外群体积极态度四者之间的关系。我们还将分析汉族和少数民族青少年针对内外群体的不同友谊特征及具体友谊模式，分别探究汉族和少数民族青少年友谊的不同方面（数量、质量）和态度不同维度（积极、消极）之间的关系，同时探索汉族和少数民族青少年群际态度改变的心理机制，考察受歧视知觉和民族交往开放性在态度改变过程中的作用。在内群体友谊中，探索汉族和少数民族青少年在“排他性”与

“争吵与冲突”这两个维度是否存在显著的性别差异。在外群体朋友数量与外群体积极态度的关系中，探索受歧视知觉是否起着调节作用，以及这种调节作用是否通过民族交往开放性的完全中介作用来实现。

## 三、职场排斥与员工反生产行为的影响机制

排斥是一种普遍存在于我们日常生活中的社会现象，从某种程度上来说，我们大部分人都有过排斥他人或被他人排斥的经历，大量员工表示曾在工作中有过被同事或领导排挤、无视、冷漠对待的经历。已有研究发现，排斥会对个体的基本需要、情绪、认知、行为等方面产生一系列负面作用，在某些情况下，甚至会带来比性骚扰、攻击、欺负等职场热暴力更为严重的危害。目前，借鉴社会学、心理学领域对社会排斥的相关研究，专门针对组织情境下的职场排斥的研究已开始逐渐受到组织管理领域研究者们的关注。

本研究以资源保存理论为基础，首先，将探讨个体情绪衰竭在职场排斥与员工反生产行为间的中介作用；其次，结合调节焦点理论，从个体水平出发，检验个体防御型调节焦点在“职场排斥—情绪衰竭—反生产行为”中的调节作用，以探讨上述中介效应在个体水平上的作用边界；最后，结合相互依赖理论和计划行为理论，探讨团队任务互依性和团队规范两个团队水平变量在“职场排斥—情绪衰竭—反生产行为”中的跨水平调节作用，从团队层面来探讨上述中介效应的边界条件。

本研究基于资源保存理论的视角，探索情绪衰竭在职场排斥与员工反生产行为之间的中介作用，为打开职场排斥与员工负面行为之间的“黑箱”提供可能的研究视角。这将丰富对二者之间中介机制的研究，并从个体和团队两个层面深入探讨上述中介效应的作用边界：一方面，从个体层面出发，结合调节焦点理论，探讨个体防御型调节焦点对上述中介效应的调节作用，为调节焦点理论在职场排斥相关研究中的拓展应用提供实证支持；另一方面，结合相互依赖理论和计划行为理论，本研究将探讨团队因素（任务互依性和团队规范）在上述中介效应两个阶段的跨水平调节作用，将个体特征与个体所处组织情境因素结合在一起进行考虑，从组织情境角度入手探究职场排斥对员工行为的影响。

## 四、社会排斥对社会归属感的影响机制

随着我国城市化的发展和人口的地域流动的加速，尤其是在大中城市，

外来人口已经占据了较大的比例，这对社会管理提出了新的挑战。外地人与本地人在生活方式和语言文化等方面存在差异，在部分地区针对外地人的社会排斥现象时有发生，外地人的城市归属感普遍不高。如何缓解社会排斥对外地人归属感的消极影响成为社会管理者关注的核心问题。在构建和谐社会的过程中，如何通过多种途径实现社会融合，客观存在的社会排斥对外来人口的心理影响作用以及政府公共管理职能在社会融合中如何发挥关键的作用，是我们关注的核心问题。这项研究将采用文献分析、问卷调查、案例研究等方法，探索广州市荔湾区外来人员与本地人员社会融合的促进模式。

本研究采用文献研究和问卷调查相结合的方法，首先，探究社会排斥与社区归属感的关系，以及社会自我效能对二者之间关系的调节效应，进而揭示社会自我效能感的调节效应是否能够通过社会距离的中介效应发挥作用。其次，研究社会距离在社会排斥与社区归属感之间的中介效应，并引入社会支持来探索其对社会距离中介效应的调节作用，即验证一个有调节的中介模型。这些研究结果将启发社会管理者关注社会排斥对社区归属感的消极影响，通过缩小社会距离，制定社会支持性的政策，为外地人的社会交往创造良好的条件，缓解社会排斥带来的心理压力，促进实现社会和谐。

## 五、生活满意度对于社会融合的影响研究

探索生活满意度对于社会融合的影响机制，可以从探索社会排斥对生活满意度的影响开始，特别是，社会自我效能感与社会支持的作用是本研究的核心问题。本研究将通过对广州市荔湾区流动人口的多时间点问卷调查，考察生活满意度对于社会融合的影响机制，特别是社会排斥对外地人生活满意度的影响机制，并探讨社会自我效能感的中介作用和社会支持的调节作用。本研究试图发现，社会排斥是否对生活满意度有负向影响，社会排斥是否能负向影响社会自我效能感，进而降低生活满意度，家庭支持和朋友支持能否调节社会自我效能感和生活满意度的关系，即个体感知到的家庭和朋友支持越高时，社会自我效能感对生活满意度的正向影响是否越强。

## 六、荔湾区的社会融合促进模式

这一部分就是要把前几部分的理论研究成果应用于广州市荔湾区的社会实践中，考察政府的社会融合行动计划能否为荔湾区外来人员提供社会支持，

在感知上能否增加情感支撑，拉近人际距离，继而缓解社会压力，此外，能否综合反映出外来人口和本地群体之间的融合程度得到了进一步的提升。

我们将采用实证研究的方法，将有关社会排斥的理论研究成果和实验研究的发现，运用于干预实验设计，并将国外亚裔青少年友谊的测量结果，也包括一些有效的干预方法，特别是流动人口中的孩子与本地人员的融合模式纳入干预模式；然后，将企业职场排斥研究和社会排斥对于社会归属感、生活满意度的影响机制，纳入荔湾区社会融合计划中，通过对于社会融合计划前后两次的测试，观察社会距离和生活满意度的变化，以便验证政策干预的有效性。总之，我们希望这些研究结果和发现，能够为下一步我们在全国各地推广这一社会融合模式提供依据。

（时勘、陈建、陈晨）

# 第二章
# 社会排斥的理论模型与实验研究

## 第一节　社会排斥的理论模型和研究范式

人是一种社会性动物，有被社会接纳的需要和寻求与他人建立关系的动机。当这种被接纳的需求不能得到满足时，个体会感受到价值感缺失与自尊受损。这种在社会交往中被他人拒绝、贬低或排斥，导致其建立社会联系的需求无法满足的现象称为社会拒绝或社会排斥。事实上，社会排斥在不同的文化、国家和时代都是一种极其普遍的现象（Gruter & Masters，1986），一直以来受到社会学、政治学、社会政策等领域研究者的高度关注。社会心理学家对社会排斥的研究起始于 20 世纪 90 年代，与归属需要和自尊的社会计量器理论的提出和发展密切相关。此外，美国校园枪击案的频发也促使研究者开始关注社会排斥现象。有研究者发现，枪击案的主犯大都曾受到社会排斥，因此，认为社会排斥和攻击行为之间可能密切相关。社会排斥一方面可能使被排斥者为了满足归属需要，而去加入任何愿意接纳他们的组织，甚至包括一些极端组织或邪教组织；另一方面当被排斥者的归属需要无法满足时，可能会出现报复和伤害无辜他人、社会弱势群体的情况，对社会安全造成极大威胁。社会排斥会损害人们四种基本需要的满足，即归属需要、控制需要、自尊需要和存在意义感。大量研究也发现了社会排斥对被排斥者的行为、认知、情绪等方面所产生的负性影响（杜建政和夏冰丽，2008）。

心理学界对社会排斥还没有非常统一的界定，研究者们常用 social exclusion、rejection、social rejection、interpersonal rejection、ostracism、social ostracism、interpersonal ostracism 等来指代，其中最常用的是 social exclusion、rejection 和 ostracism。虽然这三个术语的含义有些差异，但很多研究者基本上都对这三个概念进行混用，认为不需要过多地辨析它们之间的差异（Williams，2007）。心理学是一门实验科学，实验室实验法是心理学包括社会心理学的主流研究方法，自然十分关注研究中的实验范式和理论模型的应用。国内心理学界对于社会排斥的研究还相对较少，特别是关于排斥者的研究还没有看到，因此，本章拟对社会排斥关于被排斥者的理论模型和实验范式以及被排斥者的实验范式进行总结和介绍，方便国内研究者开展相关研究。

## 一、关于被排斥者的社会排斥理论模型

### （一）需要—威胁的时间模型（Temporal Need-threat Model）

该模型是由美国普渡大学心理学教授 Williams 提出的。他认为，从时间进程来看，遭遇社会排斥之后个体会依次经历三个不同的阶段，即反射阶段（Reflexive Stage）、反省阶段（Reflective Stage）以及退避阶段（Resignation Stage），个体在这三个阶段的心理和行为反应会存在显著的差异（Williams，2009）。

1. 反射阶段

反射阶段是个体在经历社会排斥之后经历的第一个阶段，是个体对于社会排斥的即时反应，类似于个体的本能性反应，会感受到明显的疼痛感和四种需要（归属感、自尊、控制感和存在意义感）的受损（Williams，2009）。Williams（2009）认为，由于是即时的本能性反应，因此，这一阶段被排斥者的反应不会受到个体差异（如人格、性别）和情境因素（如排斥原因、排斥严重程度、排斥者等）的影响。

2. 反省阶段

在经历即时反应之后，个体接下来会对受排斥事件进行评估，对包括受排斥的原因、后果的严重性、受损社会关系恢复的可能性等因素进行思考并据此采取相应的措施来应对被排斥事件，这便是需要—威胁的时间模型的第二个阶段，即反省阶段。由于个体要对整个受排斥事件进行评估，因此大量的个体差异变量和情境因素均会对个体产生影响（李森和张登浩，2016），包括他们采取什么样的行为方式来应对这一消极的人际关系事件、如何从消极

的情绪状态中恢复以及如何修复四种受损的需要等。例如有研究发现，相比于那些低排斥敏感性的个体来说，高排斥敏感性的被试在遭受到社会排斥后，会更容易产生逢迎讨好的行为；高自恋者在受到社会排斥后会更加愤怒，并表现出更多的攻击性；给予被排斥者直接的金钱补偿能够有效缓解其受到排斥后的消极情绪；被同伴排斥的青少年具有更多的消极情绪以及更少的积极情绪；与他人共同受排斥能缓解对受排斥者基本需要的损害，与熟人一起受排斥所起到的缓解作用更明显。

3. 退避阶段

如果个体长时间遭到社会排斥，就很可能进入退避阶段，此时，受排斥者的心理资源耗竭，很难采取有效措施去应对排斥事件。处于这一阶段的个体通常会感到抑郁、无助，感到人生没有价值。

### （二）多元动机模型（Multimotive Model）

多元动机模型是由 Richman 和 Leary（2009）提出的，该模型与需要—威胁的时间模型有许多相似之处，比如，该模型也认为，当个体遭遇社会排斥之后会首先出现即时反应，而且这一反应对不同个体而言基本上是相似的，之后的反应才会有所不同。但该模型更加强调被排斥者对于受排斥事件的解释是造成被排斥者出现不同行为反应的重要原因。

1. 即时反应

在受到社会排斥后，个体的负性情绪增加，大量实验室研究均证实，受排斥个体会有受伤感，并感到更加愤怒（Reijntjes et al.，2011）。

2. 个体的三类动机反应

在即时反应之后，受到排斥的个体可能会表现出不同的行为，这涉及被排斥者的三类反应动机，即亲社会动机、反社会动机以及回避动机。首先，被排斥者由于归属需要和关系联结受损，会寻求他人的社会接纳，在这种情况下，被排斥者会更倾向于表现出亲社会动机；其次，被排斥者也可能产生愤怒情绪，并产生对排斥者的攻击与报复行为，即存在反社会动机；最后，对于部分个体而言，在受到社会排斥后，他们竭尽全力避免再次遭受排斥，并进而表现出一种退缩行为，即不再与排斥者接触，甚至会怀疑那些接纳自己的人，并避免与其接触，表现出一种回避动机。多元动机模型认为，在经历被排斥事件后，个体究竟会产生何种动机，取决于被排斥者对排斥事件的解释（Richman & Leary，2009）。

根据这一模型，被排斥者会对被排斥事件进行分析与解释，具体来说，主要是对被排斥事件进行以下六方面的评估：①感知到被排斥事件的不公平性。在被排斥者看来，被排斥事件的发生可能是公平的，是自己应得的惩罚，也可能是由于排斥者的偏见或不公平对待而导致的。一般来说，如果个体认为被排斥事件是公平的，则会产生内疚感和亲社会动机；若是感到被排斥事件是非公平的，则会感到愤怒，并产生反社会动机。②对关系修复的期望。受排斥者会对受损的人际关系进行评估，当其认为关系具有重新修复的可能性时，个体就会表现出亲社会动机，以期与排斥者重新建立良好的人际关系；若是感到受损的人际关系再无修复可能性，则更可能出现反社会动机或回避动机，不再做出任何有利于良好人际关系形成的行为。③关系的价值。被排斥者对关系重要性的评价会影响其之后的行为动机。如果被排斥者认为关系是极其重要、有价值的，则亲社会动机占主导地位；反之，若个体认为关系没有价值，则会表现出反社会动机或回避动机。④存在其他关系的可能性。当被排斥者感知到还存在其他可替代的人际关系时，则更容易出现回避动机；如果个体认为没有其他替代关系存在，亲社会动机就会占据主导地位，以重建和谐的人际关系。⑤被排斥事件的长期性和普遍性。当个体遭受到长期、普遍的社会排斥时，更容易出现回避动机。⑥感知到被排斥的代价。当个体认为被排斥事件给自己造成巨大损失时，就更倾向于表现出亲社会行为，以减少被排斥事件对自己的不利影响（程苏等，2011）。

综上所述，被排斥者对被排斥事件的解释不同，所表现出的行为动机也会存在差异。而个体在遭受社会排斥后究竟会产生何种动机，是对以上六方面综合评估的结果。

### （三）认知解体说（Cognitive Disintegration）

社会排斥会导致个体处于一种暂时的认知解体状态，此时的个体情感麻木，与个体在自杀之前所出现的情绪异常平静的状态极为相似。在受到社会排斥后，个体会处于一种麻木状态，既包括情绪上的麻木，也包括生理上的麻木。处于这一状态的个体，其情绪系统似乎关闭了。这种麻木状态对个体具有重要意义，可以使个体暂时降低痛苦程度，从而有能力来应对排斥事件。

## 二、关于被排斥者的实验范式

Williams（2007）在美国著名心理学杂志 *Annual Review of Psychology* 上归

纳了在实验室中研究社会排斥的研究范式，主要包括以下几种：

1. 网络投球范式（Cyberball Paradigm）

该范式源于 Williams 在 1997 年开发的投球范式，它将原先投球范式中的真人面对面投球，改编成网络在线虚拟投球。由于其操作方便、简单以及伤害性较小，被广泛用于有关社会排斥的行为及认知神经科学研究中（Eisenberger, Lieberman & Williams, 2003），是实验室中研究排斥的最经典范式。实验的指导语是主试告知被试将会做一个游戏，该游戏是来训练心理想象能力（Mental Visualization Skills）的。被试被告知："你正在通过网络和另外的两个（或三个）人同时参与网络投球游戏。在游戏过程中，请想象自己在真实的场景中进行投球游戏，例如，想象一下周围的环境、温度等，想象得越逼真越好。"实际情况是其他游戏玩家并不存在，被试能否接到球是计算机程序控制的。该程序一般将被试分到两组：一组为接受组，另一组为排斥组。关于接到来自其他玩家的球数，排斥组远远少于接受组，并且一般只在游戏的开始接收到 1~2 个球，而接受组能接到球总数的 1/3。一般来说，该游戏共有 30~50 次投球。

2. 相互熟悉范式（Get Acquainted Paradigm）

Nezlek 等（1997）开发出相互熟悉范式，它是让一小组被试真正地参与讨论，讨论的时间一般设定在 15~20 分钟，小组人数一般为同性别的 4~6 人。实验者会给定他们一些讨论的主题（如最爱的电影、大学里的专业等），然后让组内的同学轮流发言并进行讨论。在讨论的过程中，小组成员们逐渐相互认识、熟悉。讨论结束后，每个人被分配到不同的实验组。接下来，主试告知他们："有一个需要两个人同时参与的任务，现在，你要从刚才讨论的小组中选出你的搭档，并写下他/她的名字。"几分钟后，被试会收到两种随机的反馈。接受组被试被告知："很高兴告诉你，组内所有人都选择你作为他们接下来的实验伙伴。"拒绝组则被告知："很抱歉告知你，组内没有一个人选择你作为接下来任务的搭档。"该范式让被试进行面对面的交流，与现实生活中的拒绝、排斥场景十分相似。

3. 孤独终老范式（Future-alone Paradigm）

Twenge 等（2001）最先使用孤独终老范式进行社会排斥的相关研究，该范式整体上来说是一个虚假的人格测验。操作步骤是：首先，被试完成艾森克人格问卷，然后主试向他们反馈问卷真实的内外向得分，以此增加测验的可信度。其次，将被试随机分配到三组，分别是未来接受组（the Future Belonging Condition）、孤独终老组（the Future Alone Condition）和不幸控制组（the Misfortune Control Condition）。这三组被试得到的反馈都是提前设定的，并不是其人格的真实反映。但有的研究会增加一个无反馈控制组（No Feedback Control Condition），以此来看仅有内外向人格的反馈，被试的反应是怎样的。

三组被试得到的反馈分别如下：未来接受组被试得到的反馈是“你一生都会有良好的、有回报的人际关系，将拥有长久而稳定的婚姻，有真心关心你的朋友，且你们的友谊会持续一生”；孤独终老组被试得到的反馈是“在今后的人生中，你将会孤独终老。尽管你现在还有朋友或其他的人际关系，但当你 25 岁之后，他们会逐渐离去。你可能会经历几段婚姻，但没有一段婚姻能长久，并且你会孤独终老”；不幸控制组被试得到的反馈为“你今后将经常遭遇意外事故或伤害，如车祸、摔胳膊、断腿等，虽然你以前可能没有遇到过，但是以后很可能会遇到”，设置该组的目的是排除消极事件给个体带来的影响。

除了以上范式外，还有一些使用频率相对较低的范式，如聊天室范式、面对面谈话范式、角色扮演范式、眼神诱导范式等。不同的范式对归属感、控制感、自尊以及有意义的存在这四种需要的影响可能是不同的（Bernstein & Claypool, 2012）。所以，研究者应根据其研究情况谨慎地选择合适的研究范式。

## 三、关于排斥者的研究范式

社会排斥不是一个单方面的行为，它同时包含了排斥者与被排斥者两种角色。以往有关社会排斥的研究主要集中于社会排斥对被排斥者的影响，近年来，研究者也逐渐开始关注在排斥他人后排斥者的心理体验，虽然还没有形成比较成熟的理论模型，但也取得了一些重要的研究成果。例如，有研究发现，排斥事件发生后，排斥者会有更多的羞耻感和内疚感（Legate et al., 2013）以及自我去人性化（Bastian et al., 2013）等负性体验。但是，也有研究发现，拒绝他人会增强个体的控制感，并且会强化排斥者之间的关系。Feinberg 等（2014）也发现，社会排斥有助于增加群体合作行为。当个体可以通过流言传播一些名誉信息时，信息接收者会利用这些信息线索去排斥自私的个体，从而促使被排斥者增加合作行为。因此，排斥者通过社会排斥而得

以维护群体的利益，进而有助于维护排斥者自身的利益。究其原因，排斥他人是一种复杂的现象，个体可能因为单纯的厌恶而排斥他人，也可能因为迫于同伴的压力而拒绝别人。不同情况的社会排斥对排斥者的影响必然有所不同。在实验室中，不同的排斥者研究范式对应的现实情境也不尽相同。目前比较常用的研究范式包括以下几种：

1. 回忆范式

回忆范式是许多心理学研究领域的常用范式。研究者在对排斥者的研究中，使用了回忆范式进行社会排斥的操作，即要求被试花 10~15 分钟的时间写下关于他们拒绝或排斥另一个人的经历，要求越详细越好。相比于其他操作范式而言，回忆范式较为简单，也直接启动了排斥他人的心理体验。然而，回忆范式显然还存在诸多不足之处：单纯地让被试回忆一段排斥他人的经历会严重地受到个体差异的影响，这一排斥事件的对象、起因、具体的排斥方式和排斥他人到何种程度都无法控制；此外，个体回忆的准确程度也受其记忆重构与选择性回忆的影响（Zadro & Gonsalkorale，2014）。

2. 指示排斥范式

在指示排斥的研究范式中，主试通常会直接要求被试在接下来的人际互动中排斥他人。Zadro 等（2005）使用了一种偏向于情境表演的研究方式进行社会排斥操作，研究了社会排斥、社会冲突与社会接纳对个体的影响。实验的具体操作如下：在被试到达实验室之前，实验人员首先将九把椅子面向同一方向排成三乘三的布局，并在墙上贴上“禁止吸烟”“禁止把脚放到椅子上”这样一系列的标语以营造一个下班坐车回家的模拟情境。随后被试到来，并被随机分为三个小组，每组三人坐在一排上，其中两人为排斥者/接纳者/愤怒表达者，分坐两边，被排斥者/被接纳者/遭受愤怒者坐在中间。所有的被试都会收到一本列车乘坐手册，内容包括实验情境、被试的角色的描述以及实验的前测，并被告知想象他们正处在一列繁忙的回家的列车上。分配到被排斥组和遭受愤怒组的被试被告知“你有一些担忧，由于参加派对的人数限制，你在上周的生日派对上没有邀请坐在你旁边的两位同班同学参加”。而排斥组和愤怒表达组的被试则被告知“你和你的另一位同学对坐在你们中间的同学很生气，因为他上周没有邀请你们去他的生日派对”。要求愤怒表达组被试直接向目标表达愤怒，而排斥组被试则采取忽视的手段来对待中间的同学，即越过中间的被排斥者向另一边的被试交谈。接纳组被试（接受者和被接受者）进行正常谈话。互动时长为五分钟。

Poulsen 和 Kashy（2012）也在研究中使用了类似的研究范式，他将被试分为四人小组，分别编号为 A、B、C、D。A、B、D 都会收到拒绝 C 的指导语："我们的研究关注的是个体在不同情境下的互动反应，今天的研究主题是关于社会排斥的。也就是说，在接下来的实验过程中，你们需要去排斥 C，从而营造出一种社会排斥情境，C 对此并不知情。你们要尽自己所能减少或避免与 C 进行互动或交流。你们在今天研究中的任务就是将 C 排除在你们的谈话之外，并忽略他的意见。"随后四人被要求进行一项讨论，讨论题目为"如果你要在月球上进行一次路途长度为 200 英里的小组旅行，你们需要带些什么装备并将这些装备的重要性排序"。要求四人注重讨论的过程，而不必苛求讨论的结论，讨论时间为 10 分钟。讨论过程会被录像录音。最后，对在讨论过程中被试的行为表现进行了编码。当分析了数种排斥者的排斥方式，如直接地忽视 C、大声训斥 C、窃取 C 的想法等之后，进一步分析证实了排斥他人也会影响到排斥者的心理体验的情况，并观察其影响效果。总体来说，Poulsen 等（2012）使用的拒绝范式与 Zadro 等（2005）使用的范式类似，均是实验者直接指示被试去拒绝他人，这会让被试感受到相当的心理压力，存在类似米尔格莱姆实验的伦理争议。指示排斥范式的情境类似于现实世界中迫于外部压力而排斥他人的情况，因而不宜用来研究其他类型的排斥情境。

3. 引导排斥范式

引导排斥与指示排斥虽然类似，但又有所不同。在引导排斥范式中，实验者会引导、鼓励而非强制要求被试去排斥他人。在 Ciarocco、Sommer 和 Baumeister（2001）的研究中，当被试到达实验室后会被告知，实验者正在研究人际互动的相关内容。被试可以自由选择与他人进行自由讨论的情境或者在讨论中对他人进行排斥的情境。但是，实验者会告知被试由于之前的大部分人都选择了和他人自由讨论，因此，日前更加需要有被试能够选择排斥他人的情境。当然，最后的选择权仍在被试手中。选择排斥他人的被试接下来会被要求与另一个被试（其实是实验者的同盟者）在一个房间里待 3 分钟，并尽一切可能拒绝与他交谈。在指示排斥的条件下，排斥者可能会在一定程度上把排斥他人的责任归咎于发出指示的主试身上。而如果给予被试自由选择的权力，则被试应该会感到对这一排斥事件的发生负有更多责任。这可能与现实生活中的排斥事件更为相似，即一般来说，排斥者是主动而非被迫去排斥他人的。

4. 诱发排斥范式

诱发排斥范式是近年来受到较多关注的排斥者研究范式。在这一范式中，研究者并不直接或间接要求被试去排斥他人，而是让主试的同盟者表现出某些令人厌恶的特征，从而使得被试自发去排斥他。Wesselmann 等（2013）在其研究中首先使用了这种诱发排斥的范式，他采取 2（接纳 vs. 排斥）×2（正常团队 vs. 负担团队）的实验设计，整个实验过程应用了网络投球的实验操作。参与投球的是被试以及三名虚拟人物 A、B 和 C。接纳组的三名虚拟人物 A、B、C 均随机扔球给其他人。而在排斥组中，A、B 会表现出对 C 的排斥，即在投球过程中不把球扔给他。在正常团队中，所有虚拟人物的投球速度都差不多，而在负担团队的情境中，C 的投球速度明显要慢于 A 和 B。被试可以自由选择投球给另外三人，实验者会记录被试投球给各个虚拟人物的次数。在这里，研究者创设了一个给团队带来负担的人物以诱导被试去拒绝他。研究结果也显示，相比正常团队中的 C，被试对团队负担 C 表现出了更多的排斥行为，也就是在实验中更少地投球给他。严格来说，此研究并非严格意义上的对排斥者的研究，而更符合对排斥事件中旁观者的研究，即考察一名旁观者在观察到排斥事件发生时的行为反应。然而，他所创设的这种由于他人的原因而导致被试去排斥与拒绝的情境，在一定程度上代表了现实生活中我们主动排斥他人的情况。

Gooley 等（2015）在对拒绝者研究的基础上，开发了一套较为行之有效的诱发拒绝的研究范式。整个研究是在一个类似网络聊天室的情境下进行的，被试被要求与其他两位在另一栋大楼中的被试共同完成实验。实际上并不存在另外两名被试，而是实验者事先编写好的程序。被试为学生 1，学生 2 被设定为一名女性，学生 3 被设定为一名男性。实验者首先告知被试，在接下来的实验中，他将要和另外两名被试共同完成一项网络投球任务。第一阶段，告知被试与另外两人进行一项互相了解的任务，具体来说，就是要求被试通过麦克风谈谈自己的大学经历，同时通过耳机认真倾听另外两位被试的观点。在诱发排斥组，学生 2 的谈话内容被设定为中性内容，而学生 3 则会表现出不耐烦和歧视性的特征，包括种族主义和性别歧视的观点。在中性组条件下，学生 2 和学生 3 均会说中性的内容。这一阶段的目的是唤起被试的惩罚性动机，进而去排斥他人。第二阶段，实验者要求三人互相发送一些信息进行交流。在诱发排斥组，学生3同时发送给被试和学生2："我们不如让实验更有趣些，一会儿进行投球时我们都不把球投给学生1。"随后，被试收到学生2发给他一个人的信息："我不敢相信他居然想把你排除在外，让我们以其人之道还治其人之身，以后我只把球扔给你，你只把球扔给我怎么样?"随后要求被试对二人发送一些信息，中性组学生2和学生3均说中性的内容，如"让我们开始吧"等。这一阶段是为了诱发被试防御性的拒绝他人的动机。随后，主试让被试进行网络投球实验并记录被试投球给学生2和学生3的次数，以此判断被试是否会排斥学生3。Gooley等（2015）的实验操作同时激发了排斥者的惩罚性动机和防御性动机，这也更贴近现实生活中错综复杂的排斥事件。但是，由于两种动机的混淆，我们无法分辨出被试的排斥行为主要是由哪种动机所引起的。诱发排斥这一范式类似于现实生活中我们因各种原因主动地拒绝他人的情境。然而，由于社会赞许性影响以及个体差异的因素，在实验中很可能会出现尽管被试很厌恶另一名被试（实际是同盟者），但是仍然选择不去排斥的情况，这对于实验的分析以及研究成本来说都是很大的挑战。

## 四、小结与展望

总体而言，有关社会排斥的理论主要包括需要—威胁的时间模型、多元动机理论以及认知解体说。毫无疑问，这几种社会排斥理论的提出为我们进行社会排斥的相关研究、对相关实验结果的解释提供了指导，加深了我们对社会排斥现象的系统理解。但是，这几种理论观点的侧重点以及适用性有所不同：需要—威胁的时间模型主要从时间维度阐述了在受到社会排斥后的不同阶段中，个体在行为以及情绪反应等方面的差异；多元动机理论则为我们提供了更多的有关受排斥者不同行为动机的原因解释；相较而言，认知解体说主要解释了一些具体的结果，即为何被排斥者在遭遇社会排斥之后情绪状态并没有发生明显变化，而且出现了更多自我控制失败的现象。

在有关社会排斥的研究范式方面，迄今为止，对被排斥者进行研究的范式比较丰富和成熟，并得到了大量实验数据的验证和支持。相比而言，有关排斥者的研究则相对较少，范式也不够成熟。究其原因，主要是因为对排斥者进行实验操作的复杂性，操纵被试主动地去拒绝他人总是相对更加困难。

比如，指示拒绝是通过主试强制要求的方式来解决这个难题的，然而，被迫的排斥只是排斥他人这一行为的一种情况，更多的时候我们是由于内部动机而拒绝他人。诱发排斥范式虽被证明是有效的，却同样存在诸多问题。Gooley等（2015）的范式中使用了多个内在动机，包括厌恶动机、防御性动机以及同伴的支持等，而各个具体动机对被试排斥行为的影响就无从得知。此外，排斥者范式的伦理问题同样不容忽视。

实验范式和理论模型在一门实验科学中的重要性不言而喻，虽然研究者创立了多种实验范式，也提出了不同的理论模型，但作为一种极其普遍的社会现象，仅有的这些实验范式还远远不能涵盖所有的社会排斥现象，实验范式本身被研究者看作是社会排斥研究中的一个重要变量的现象，更加说明实验范式之间的巨大差异。因此，在应用经典的研究范式进行研究的过程中，还需要不断地创建更多的实验范式。此外，由于对被排斥者的研究相对较少，目前还没有相对比较成熟的理论模型，这更需要研究者的努力工作。而且，作为一种受到多种个体和情境因素影响的人际过程（李森和张登浩，2016），社会排斥在不同的文化下必然会表现出不同的特点（Garris et al.，2011），作为我国的心理学工作者更加需要在借鉴西方实验范式和理论模型的基础上，发展出能够描述和解释中国社会排斥现象的范式和模型。

## 第二节　社会排斥的结果：对象与影响因素

社会排斥是现实生活中一种普遍的现象，表现在人们生活中的方方面面，如学校中的欺负行为、工作中对女性的歧视、家长要求孩子面壁思过，以及伴侣之间的冷战等。由于社会排斥现象的复杂性与多样性，目前还没有对它形成一个统一、明确的定义。心理学界主要将社会排斥分为排斥、拒绝和放逐三类，但是在具体研究中，这些术语存在交叉混用的现象。国内研究者杜建政和夏冰丽（2007）对社会排斥进行了比较全面的总结，并将社会排斥定义为个体被某一社会团体或他人排斥或拒绝，一个人的归属需求和关系需求受到阻碍的现象。虽然许多研究表明，社会排斥会给排斥者与被排斥者带来多方面的影响，甚至会影响无关他人的心理与行为。但大量研究所发现的有关社会排斥的结果并不一致。理解这些不一致产生的各种影响因素，有助于我们有效地对社会排斥的消极结果进行干预。

## 一、社会排斥对不同对象的影响

### （一）社会排斥对被排斥者的影响

社会排斥对被排斥者的影响最显著也最直接。相关研究发现，社会排斥可能给被排斥者带来不同效价的影响。首先，社会排斥不利于被排斥者心理与行为的健康发展。Williams（2007）指出，社会排斥会损害人们的四种基本需要的满足，即归属需要、控制需要、自尊需要和存在意义感。大量研究也发现了社会排斥对被排斥者的行为、认知、情绪等方面所产生的负性影响。其次，社会排斥可以增加被排斥者的适应性行为。社会排斥可能会导致被排斥者的友好行为增加，遭遇排斥后，个体会更喜欢热的食物与饮料，同时被排斥者会更多地进行自动积极情绪调节（DeWall C. N.，Twenge J. M.，Koole S. L.，et al.，2011）。Knowles 等（2013）通过一系列的实验发现，社会排斥会导致被排斥者歪曲人际距离判断，被排斥者将接纳自己的人以及社会目标（他人）判断为距离自己更近。排斥组的被试将自己与他人的距离判断为更近，从而使自己获得一种心理安慰。Bernstein 等（2008）在实验中利用回忆范式，将被试随机分为排斥组、接受组与控制组，并分别让其判断 20 张面部微笑表情图片，其中有 10 张图片是真实的微笑，10 张图片是虚假微笑。结果发现，排斥组被试比另两组被试更准确地对真假微笑进行了判别。

### （二）社会排斥对排斥者的影响

对他人的排斥，也会影响排斥者自身归属需要以及情感需要的满足。Poulsen 等（2012）在实验中，将被试随机分配到排斥组与控制组，每组四人，并一起进行问题讨论。研究者要求排斥组被试中的三人去排斥另一个人，而对控制组的被试没有要求，最后对被试进行一系列心理测量。结果发现，社会排斥对排斥双方均有不利影响，对于排斥者来说，其排斥行为越严重，对自身的影响越消极。因此，排斥他人也会使排斥者自身付出心理代价。一些学者研究了社会排斥对排斥者情绪以及四种基本需要满足的影响。他们首先测量了被试的情绪与四种需要的基线水平，接下来利用网络投球范式，要求实验组被试去排斥“投球者 B”，随后对被试的情绪与基本需要进行了后测。结果发现，社会排斥会通过阻碍排斥者心理需要的满足而导致消极情绪。根据自我决定理论，由于人们具有自主感、关联性等需要，排斥他人的同时，排斥者自身也付出了极大的心理代价。

另外，社会排斥对排斥者也有积极影响。社会排斥可以增加排斥者的权力感与控制感。虽然社会排斥会导致排斥者不道德感增加，从而使自我去人性化（Self-dehumanization），但是，这种去人性化的自我感知会增加排斥者的亲社会行为与自我牺牲，他们更愿意帮助实验者无偿做接下来的实验。社会排斥有助于增加群体合作行为。当个体可以通过流言传播一些名誉信息时，信息接收者会利用这些信息线索去排斥自私的个体，从而促使被排斥者增加合作行为。因此，排斥者通过社会排斥而得以维护群体的利益，进而有助于维护排斥者自身的利益。

### （三）社会排斥对无关他人的影响

社会排斥不仅会影响排斥者与被排斥者的心理活动，也会给无关他人带来影响。大量研究已经发现，被排斥者的攻击行为会涉及无关他人。与接受组被试相比，受到社会排斥的个体给他人（并不是排斥者）提供了更多的辛辣食物，以及施加强度更大、时间更长的噪声刺激。除此之外，社会排斥也会影响无关他人对排斥者与被排斥者的态度与行为。Wesselmann 等（2013）研究发现，在网络投球范式中，当被试在觉察到其他两名游戏者均排斥另一名游戏者，并且没有任何理由时，会自发地更多投球给被排斥者，即呈现一种补偿行为；但是，当被试发现，是由于被排斥者本身投球速度太慢而导致其他两人产生排斥行为时，被试给被排斥者的投球数量也会有所减少，即加入到排斥者的同盟中来。研究者认为，这是因为在现实生活中，人们会根据公平原则采取相应的行为。当无关他人知觉到被排斥者是无辜受害者时，倾向于对其进行补偿；但当无关他人知觉到是被排斥者的行为影响了团体的运作，进而受到他人排斥时，不仅不会出现补偿行为，反而会加入到排斥过程中来，一同去惩罚被排斥者。因此，无关他人既有可能被动地受到社会排斥的影响，甚至成为无辜的受害者，也可能主动地采取策略与行为去干预社会排斥的过程。

## 二、影响社会排斥结果的个体因素

### （一）性别

被排斥者的性别不同，对排斥事件的反应也有所差异。在什么情况下社会排斥会导致被排斥者出现讨好行为呢？实验发现，当社会排斥引起被试的地位威胁时，高排斥敏感性的男性更容易产生讨好行为；当社会排斥引起亲密关系威胁时，高排斥敏感性的女性更容易出现讨好行为。女性被试会更担心自己受到社会排斥，在面对排斥威胁时，会比男性更积极地选择与他人结盟，以避免自己被孤立与排斥。这可能是由于男性更看重自己的社会地位，更愿意为了保持一个较高的社会地位而做出努力；而女性更在意情感需要的满足，会尽全力去保证亲密关系的存在与良好运行。Wittenbaum 等（2010）证实了群体的性别构成对社会排斥的结果具有调节作用，当目标被试被由一个与自己同性别和一个与自己不同性别的人所组成的混合群体排斥时，会比被均与自己不同性别的两人所组成的外群体排斥产生更多的受伤感。这是因为我们将与自己同性别的人知觉为内群体成员，与自己不同性别的人知觉为外群体成员，而当内群体成员选择与外群体成员共同排斥自己时，会更大程度地损害我们的归属感。

### （二）预期

预期不仅可以缓冲社会事件对个体产生的影响，也可以激发人们的行为动机。Moor 等（2010）研究了无预期的社会排斥对个体产生的影响。在实验中，实验者在正式实验前几周要求被试上交一张自己的照片，并告知被试他人会根据这张照片对其做出评价。在正式实验中，给被试呈现他人的图片，要求实验组的被试猜测图片中的人会喜欢自己还是排斥自己，被试可以回答“是”或“否”，主试随机给予其猜测正确与否的答案，并对被试的心跳频率进行测量；要求控制组的被试判断图片中的人年龄是大于 21 岁还是小于 21 岁，被试可以回答“是”或“否”，主试随机给予其判断正确与否的答案，并对被试的心跳频率进行测量。根据被试回答与主试反馈的不同，每组实验条件均有四种情况：“是”—“正确”；“是”—“错误”；“否”—“正确”；“否”—“错误”。结果发现，当被试预期自己是被喜欢，而收到的反馈是被拒绝时，其心跳最慢，也就是说，无预期的社会排斥比意料中的排斥给个体带来的消极后果更严重。除此之外，大量研究表明，被排斥者在预期自己有机会给排斥者留下好的印象，使自己被重新接纳时，会出现更多的亲社会行为。被排斥者反社会行为与亲社会行为的出现，一定程度上取决于对他人接纳的预期，即是否认为有被重新接纳的可能性。在被排斥者对他人的友好性评价中，社会期望与对人际关系的担心起到中介作用。

### （三）自尊

自尊作为一种比较稳定的人格特质，对个体的心理与行为有较大的影响。

DeWall 等（2011）对个体在受到急性社会排斥后的自动情绪调节以及这一积极情绪调节存在的边界条件进行了实验研究。在实验七与实验八中，分别要求被试想象一个苛责的人或者进行单词分类任务的阈下启动（快速呈现与排斥有关的单词）进行排斥操作，然后通过评价决策任务（判断呈现词汇的正负效价）进行自动情绪调节的测量。结果表明，个体受到急性的社会排斥后，会增加无意识的积极情绪调节，并且，这种积极情绪调节在心理健康的被试身上更容易出现，而高自尊就是心理健康的一个重要因素。也就是说，相比于低自尊的人来说，高自尊被试更多地出现了自动积极情绪调节。但是，也有研究并未发现自尊的调节作用。在研究社会排斥与攻击性之间的关系时，并未发现自尊水平与受排斥后所表现的攻击行为有关，这可能是由于实验测量的指标与方法存在差异，DeWall 等（2011）测量的是被试的无意识情绪调节，而 Twenge 等（2003）测量的是被试的有意识攻击行为。

**（四）排斥敏感性**

排斥敏感性代表了个体对社会排斥的不同感知阈限，个体之间感知阈限的差异会影响对社会排斥的感知以及受排斥后心理与行为反应的强烈程度。Romero-Canyas 等（2010）研究了处于浪漫关系中的个体在受到社会排斥后的反应，并对他们愿意为接下来的约会花钱的数目或者所选礼物的价值进行了评估。结果发现，高排斥敏感性的个体比低排斥敏感性的个体倾向于付出更多的金钱，更容易表现出逢迎与讨好的行为。在研究社会排斥对个体生理指标黄体酮的影响时，也发现排斥敏感性具有调节作用。在有机会获得接纳的情况下，高排斥敏感性个体的黄体酮含量呈现一个上升的变化，代表其亲和动机增加。这些结果充分说明，排斥敏感性是影响社会排斥结果的一个重要调节变量。Bernstein 等（2012）专门研究了排斥敏感性对社会排斥产生的影响，结果发现，之所以社会排斥可能导致受伤感或者情感麻木的矛盾结果，是因为在不同的排斥研究中，研究者采用了不同的范式进行排斥操作。孤独终老范式引起的排斥感更严重，会降低疼痛敏感性而导致情感麻木；网络投球范式引起的排斥感相对较弱，因而会导致被试的排斥敏感性提高而增加受伤感。我们认为，这一排斥敏感性的变化具有适应意义。个体在受到较低程度的社会排斥时，排斥敏感性增加可以使自己提高警惕，以防被进一步排斥；在受到严重排斥的情况下，处于一种麻木状态有利于个体的痛苦暂时降低，从而有能力来应对排斥事件。

### （五）归因

归因差异反映了个体对事件的不同理解，而这种认知方式的差异会进一步影响个体的心理与行为。当被试将排斥事件归因于他人的无意操作时，个体的攻击行为显著降低。虽然信息排斥阻碍个体基本需要的满足、信任感与对群体成员的喜欢程度等，但是，相对于无意的信息排斥，有意信息排斥所带来的消极影响更大。进一步实验发现，虽然归因为有意的信息排斥带来的消极影响更明显，但是当个体知觉到排斥者是出于建设性的动机（如为了增加趣味性而故意提供较少的线索）时，可以缓解社会排斥带来的消极影响；与此相反，虽然无意的信息排斥给个体带来的消极影响较小，但是当个体将这一排斥现象知觉为本可以避免（如由于搭档在相互了解阶段对自己了解不足，而使自己获得较少线索）的时候，排斥的消极影响会增大。虽然社会排斥会增加个体的不诚实行为，但是当被试认为排斥会给自己带来有益影响时（被试阅读一篇关于描述排斥对个体有利性的文章），能够有效减少不诚实行为的发生。另外，在社会排斥损害自我控制的研究中，相比于无意排斥组，被有意排斥的被试吃了更多不利于身体健康的饼干，说明其自我控制能力更差。

## 三、影响社会排斥结果的环境因素

### （一）金钱

金钱有助于保障与提高人们的生活水平，增加人们的掌控感。因而，对受排斥个体进行一定的金钱补偿有助于缓解社会排斥的不利影响。金钱对社会排斥所引起的社会疼痛具有补偿作用，研究者利用网络投球范式，比较了个体在受到社会排斥后，分别在收到金钱补偿与没有收到金钱补偿情况下的情绪状态以及神经活动的差异。结果表明，相对于无金钱补偿的被试，被排斥者在有金钱补偿的情况下，自我报告的抑郁水平较低，且前额叶扣带回的脑电活动减弱，从而证明了金钱可以缓解社会排斥导致的社会疼痛。Zhou 等（2009）对金钱与社会疼痛及生理疼痛的关系进行了系统的研究，并得出了以下结果：①个体在受到社会排斥后，对金钱的渴望增加（将硬币画得更大）；②生理疼痛导致对金钱的渴望增加；③金钱能够减少社会排斥带来的不利影响；④金钱能减少生理疼痛；⑤金钱的支出会增加被排斥者的抑郁水平；⑥金钱支出会增加生理疼痛。但是，也有一些研究得出了不同的结果，即金钱并不具有对社会排斥的补偿作用。Van Beest 和 Williams（2006）研究了个体受到社会排斥后的即时反应是否会因为金钱的给予而有所不同，结果表明，即使在排斥导致个体有金钱的收益，而接受会导致金钱的损失时，排斥仍然会使个体产生受伤感，这也证明了在社会排斥的反射阶段，是不受任何其他因素影响的。因而，我们认为，金钱对社会排斥确实存在影响，只是这种影响不会在反射阶段出现。

### （二）药物

大量研究已经发现，社会疼痛与生理疼痛具有相同的生理机制，两种疼痛都会引起前扣带回皮层（dACC）和前脑岛（Anterior Insula）等脑区的变化。我们有理由相信，一些可以缓解生理疼痛的药物也可以减轻社会排斥所带来的社会疼痛。Eisenberger（2012）研究了生理疼痛与社会疼痛的相似性，发现对生理疼痛更敏感的人对社会疼痛的敏感性也较高；社会支持不仅可以有效降低社会疼痛，还可以减少生理疼痛及相应脑区的活动，而社会排斥会导致前额叶扣带回与前脑岛的活动增加。更为重要的是，研究发现，阿片类药物不仅可以减轻生理疼痛，还可以减轻个体的抑郁症状。Dewall 等（2010）直接研究了药物对社会疼痛的缓解作用。在实验一中，分别要求实验组与控制组的被试早晚各服用对乙酰氨基酚与安慰剂三周，并且在每天晚上测量受伤感以及积极情绪。结果发现，相对于服用安慰剂的被试，服用对乙酰氨基酚的被试虽然没有提高积极情绪，但是其日常生活中的受伤感却显著下降。在实验二中，在被试服药三周后，实验者采取了网络投球范式进行了社会排斥的操作，并同时对被试进行功能性磁共振成像技术测量。结果发现，对乙酰氨基酚可以有效降低社会排斥引起的对应脑区（前额叶扣带回、前脑岛）的神经活动。实验结果验证了对乙酰氨基酚不仅可以减少生理疼痛，还可以减少由社会排斥引起的社会疼痛。

### （三）社会支持

社会支持是满足人们归属需要的重要手段，有利于个体心理的健康发展，因而能够缓冲社会排斥带来的不利影响。DeWall 等（2010）通过实验证明了他人接纳可以有效减少社会排斥引起的攻击行为。在实验中，分别被 1 人、2 人……接纳的被试，提供给他人辛辣食品的数量以及对他人施加噪声的强度与时间均显著低于完全受排斥的被试。也就是说，他人的接受可以减少被排斥者的攻击行为。值得注意的是，即使只有一个人接受了被试，被试的攻击行为也有显著下降。除此之外，大量研究表明，受到社会排斥后，在有机会获得接纳的情况下，被试会更多地表现出亲社会行为。Chen 等（2015）研究了温度对归属感的影响，实验发现，喝冷水可以降低归属感，但是这一结果只出现在具有较低社会支持的群体中，证明了社会支持的调节作用。在受到社会排斥后，除他人之外的一些事物同样具有社会支持的作用。社会排斥会增加人们的宗教信仰，而且具有宗教信仰者攻击水平更低。宗教作为一种精神的寄托，可以对被排斥者起到一定的社会支持作用。Aydin 等（2012）研究了宠物狗对被排斥者的作用，并证明宠物的陪伴能够有效缓解社会排斥对被排斥者心理产生的不利影响。在社会排斥后的各心理指标测量中，有宠物狗陪伴的被试其情绪显著高于无陪伴组，并且社会接受感起到中介作用。还有研究发现，仅仅是非生命的拟人化物体，如毛绒玩具，也可以有效缓解社会排斥带来的心理受伤感，提高他们的亲社会行为。

### （四）文化

文化对人们行为以及反应的塑造具有潜移默化的影响，不同文化背景下的社会主流价值观不同，导致个体对事件的看法不同，因此对社会排斥的反应会有所差异。个人主义倾向的被试在受到社会排斥后会出现更多的反社会行为以及回避行为倾向，而集体主义倾向的被试在不同条件下的行为没有显著差异。Garris 等（2011）对社会排斥进行了跨文化的研究，选取了集体主义文化下的日本被试与个体主义文化下的美国被试进行实验。结果发现，社会排斥对不同文化下的被试有不同影响。具体来说，在排斥组中，日本被试比美国被试报告了更多的消极情绪、更少的积极情绪；受到排斥后，美国被试的存在意义感显著高于日本被试，而日本被试的归属感显著高于美国被试；另外，日本被试具有更高的排斥敏感性以及更多的被排斥经历，而且更容易受到无关他人排斥的影响（无论排斥者地位的高低），而美国被试则更容易受到社会地位较高的人的排斥影响。

## 四、小结与展望

社会排斥不仅会对被排斥者产生影响，同时也会影响排斥者自己以及无关他人。而众多的个体因素和环境因素对社会排斥的结果具有一定的调节作用。总体来看，个体因素受到的关注较多，环境因素受到的关注相对较少。社会排斥作为人际互动过程中的重要现象，无论是引起排斥行为还是在减少排斥的消极影响方面，环境因素都发挥着重要的作用。有研究发现，存在一系列的组织因素可以增加工作中有意与无意社会排斥的发生，如高压力的工作环境、不同工作群体之间的排斥、较低的任务依存性等。因此，需要进一步加强影响社会排斥结果的环境因素研究。现有的大多数研究都是从排斥者、被排斥者或无关他人的单一角度对社会排斥进行研究，很少考察他们之间的相互关系所带来的影响。被外群体成员排斥与被内群体成员排斥对被排斥者的影响程度不同。在现实生活中，发生在陌生人之间的社会排斥与发生在亲密关系双方之间的排斥相比，无论是对排斥者还是被排斥者以及无关他人，都会带来不同的影响。可以说，社会排斥的结果既是多维度的，又是多水平的。多维度是指社会排斥不仅影响排斥者与被排斥者，还影响无关他人的心理与行为；多水平是指社会排斥不仅对排斥所涉及的不同对象有不同影响，对同一类对象的影响水平也存在差异。这是因为，存在各种可以影响社会排斥结果的调节变量与因素。这启示我们，在以后的研究中，需要更全方位地对社会排斥进行分析，即同时考虑多方面影响因素的作用，这不仅有利于对社会排斥的深入理解，而且也更接近现实中的社会排斥现象，生态效度会得到进一步提升。

按照 Williams（2009）提出的社会排斥的需要—威胁模型，在反射阶段，被排斥者的反应不受个体差异和情境因素的影响，类似本能反应。而在反省阶段，个体会对所遭遇到的排斥的原因和重要性进行评估，究竟会做出什么样的反应取决于个体哪方面的需要受阻。按照这一模型，在即时反应阶段并不存在调节变量。因此，未来研究中，需要我们能够对社会排斥的各个阶段进行测量，在此基础上，探索不同变量或者同一变量在社会排斥的不同阶段所发挥的不同作用。另外，社会排斥经历了反射阶段、反省阶段以及退避阶段等多个阶段，每一阶段所持续的时间究竟多长、社会排斥的影响究竟会持续多长时间，这需要更多纵向的研究对此进行探讨。此外，还需要注意的是，目前研究更多的是关注社会排斥对被排斥者的影响以及相应的影响因素，而对于排斥者和无关他人的影响以及相关的影响因素关注很少。已有的研究已经证实，社会排斥所带来的伤害不仅仅是对于被排斥者，也会伤及无辜，同时也会对排斥者自身带来伤害，这应该引起研究者更多的思考和关注。同时，本节所回顾的研究主要是从减少或消除社会排斥的角度进行的，这些因素虽然可以为发展相关的干预措施提供依据，但主要针对的是对结果的应对而不是对结果的预防。探索社会排斥产生的原因并由此发展相关的干预措施，可能更能发挥“治本”的作用。

有趣而且特色鲜明的研究范式是心理学领域中社会排斥研究的重要特点。这些范式在推动社会排斥研究的同时，也带来了一些问题。在很多研究中实验范式本身已经成为了一个重要的自变量，这一方面固然反映了社会排斥现象本身的复杂性，另一方面也使得我们在分析和讨论社会排斥的某种结果或某个影响因素的时候，必须高度重视研究者所使用的实验范式，而不能一概而论。社会排斥领域的研究者应该采用不同的实验范式对同一假设进行验证从而确保结论的可靠性。

## 第三节 单独受排斥与共同受排斥的实验研究

美国著名小说家海明威在《丧钟为谁而鸣》一书中就曾引用“没有谁是一座孤岛”这句诗作为开篇词。社会排斥是指个体受到他人的忽视和排斥，是非常消极的人际体验，对个体的情感、认知和心理健康有很多不利影响，会降低人们的四种基本需要，即归属感、自尊、控制感以及存在意义感。社会排斥会让个体感觉到脱离群体的威胁，是人际疏离的一种。研究发现，即使非常微不足道的排斥，也会损害个体的归属需要，甚至有研究者认为社会排斥损害的唯一需要就是归属感。由于社会排斥是外界强加给受排斥者的，违背个体本人的意愿，会使个体感觉自己没有办法影响排斥的结果，因此会损害其控制感。存在意义感是指个体相信自己的人生有价值和意义，能够和外部世界进行有意义的互动，社会排斥会使个体感到自己似乎是不存在的，代表了“社会死亡”的一种形式，从而会威胁其存在意义感。自尊受损是其他需要受损的一个标志，会伴随着其他三种需要的受损而受损。在本研究中，我们以四种基本需要为因变量，探索单独受排斥和共同受排斥对被排斥者可能产生的不同影响。

### 一、相关的研究设想

#### （一）单独受排斥与共同受排斥的差异

目前，关于社会排斥的研究大都集中于个体间多对一或一对一的排斥情境。但现实中除了这些排斥情境之外，我们也会因为个体的成员身份，而选择排斥一类人或者一群人，也就是说，被排斥者并不是单独而是和他人一起受排斥。有研究者发现，共同受排斥在一定程度上可以缓解社会排斥对被排斥者四种基本需要的损害（Van Beest I.，Carter-Sowell A. R.，Van Dijk E.，et al.，2012）。对于其中的原因，首先，他人的存在本身就是一种社会陪伴，是社会支持的一种基本形式，而社会支持能够有效缓解个体的负面心理状态，因此，当与他人共同受到社会排斥后，相互之间的陪伴是一种简单但十分有效的社会支持，可以缓解社会排斥对基本需要的不利影响。其次，根据Richman 和 Leary（2009）提出的多元动机模型，被排斥者出现不同的行为反应取决于被排斥者如何解释排斥事件。当和他人一起受到社会排斥时，被试会得到一致性较高的信息（自己和他人均受到了第三方的排斥），因此，他们倾向于对排斥事件进行外归因，从而减小消极事件对自身的不利影响，产生更少的挫败感和受伤感。最后，当他人与自己一同受到社会排斥时，被排斥者之间由于相似的社会经历与心理体验，可能会形成一个新的内群体，进而减轻社会排斥的不利心理影响。Betts 和 Hinsz（2013）研究发现，当个体受到排斥时，会有报复、攻击的内隐态度以及逢迎讨好的外显态度，但在群体受到排斥时，群体成员的外显讨好态度明显更少，这可能是因为群体身份缓冲了对被排斥者基本需要满足的威胁，单独受排斥者比共同受排斥者遭受的影响更大。

虽然 Van Beest 等（2012）的研究已经确认了共同受排斥在一定程度上可以缓解社会排斥对被排斥者四种基本需要的损害，但需要注意的是，Van Beest 等的研究只使用了网络投球范式进行社会排斥的操纵，有大量研究发现，不同的社会排斥范式会对结果产生不同的影响。例如，Bernstein 和 Claypool（2013）比较了网络投球范式和孤独终老范式对四种基本需要的影响，结果发现使用网络投球范式比孤独终老范式对被试的四种基本需要产生了更大的威胁。因此，有必要通过不同范式对 Van Beest 等的研究结果进行验证。

### （二）与熟人共同受排斥以及与陌生人共同受排斥的差异

Coan 等（2006）考查了 16 名具有满意婚姻关系的妻子在面对电击威胁时，握着丈夫的手、握着陌生人的手以及不握他人手时脑电的差异。结果发现，虽然握着丈夫的手或握着陌生人的手都可以减轻被试对电击威胁的反应，但握着丈夫的手会更加有效。此外，研究也发现，当个体感受到社会性联结遭受威胁时，与其具有某种社会关系的他人的存在可以提供一种有力的庇护和保障，甚至仅仅想象一名支持自己的亲密他人，就可以减小陌生人排斥给个体带来的消极影响。相对于陌生人的陪伴，在亲密他人（伴侣或好朋友）陪伴的情况下，被排斥者感受到的需要威胁更少。同时，相比于被外群体接纳或排斥，被内群体排斥会使被试更加受伤，而被内群体接纳则会使被试产生更多的满意感。所有这些研究都在一定程度上表明，在共同受排斥后，被排斥个体之间的亲疏关系可能是调节个体基本需要受损的一个重要变量。可以预期的是，相比于同陌生人共同受排斥，与熟人共同受排斥可以更为有效地缓解社会排斥对基本需要的损害。

## 二、实验一：想象范式进行社会排斥操作的实验研究

通过想象范式进行社会排斥操作，在中国文化下比较单独受排斥者以及与他人共同受排斥者在四种基本需要上的差异。

### （一）研究方法

1. 被试

通过网络招募被试 191 名，发放问卷 191 份，收回有效问卷 169 份，有效率为 88.48%。接受组被试 50 名，男性 23 名，女性 27 名，平均年龄 24.62 岁；单独受排斥组被试 59 名，男性 22 名，女性 37 名，平均年龄 26.32 岁；共同受排斥组被试 60 名，男性 27 名，女性 33 名，平均年龄 25.43 岁。

2. 实验过程

采用想象范式进行社会排斥操作，将被试随机分为接受组、单独受排斥组以及共同受排斥组。要求接受组被试想象以下情境：在今天的团队会议中，你需要做一次至关重要的会议报告，你已为此准备了三四个月。在你报告完之后，老板和同事都给予了热烈的反应，并提出了中肯的意见。你感到自己被完全接纳了。要求单独受排斥组被试想象以下情境：在今天的团队会议中，你需要做一次至关重要的会议报告，你已为此准备了三四个月。但是在你报告完毕之后，老板和同事都没有给予任何反应，没有人赞同你的建议。你感受到了极大的孤独，觉得自己被完全排斥在外了。

与之类似，共同受排斥组被试则想象自己与同事共同做报告，且均没有得到认同而感受到排斥的情境。之后，要求被试对“我感觉自己受到了排斥”和“我感觉自己被他人所忽略”两个条目进行 1~5 级的评分作为对社会排斥操作的检验，1 代表“一点也不”，5 代表“完全是这样”。然后完成四种基本需要量表，该量表共包含 20 道题目，要求被试对各个条目进行 1~5 级的评分，1 代表“完全不符合”，5 代表“完全符合”。在本研究中，该量表的内部一致性系数分别为 0.78、0.79、0.72、0.64。

### （二）结果

1. 社会排斥操作检验

以实验操纵为自变量，以被试在“我感觉自己受到了排斥”和“我感觉自己被他人所忽略”两个条目上的总分作为因变量进行单因素方差分析。结果表明，三组被试在排斥感受上差异显著，$F(2, 166)=32.32$，$p<0.001$。接受组得分（3.37±1.92）显著低于单独受排斥组（6.34±1.97）（$p<0.001$）与共同受排斥组（5.69±2.17）（$p<0.001$），后两组之间差异不显著（$p=0.085$）。社会排斥操作成功。

2. 四种基本需要的差异比较

从表2-1中可以看出，在归属感得分上，三组被试差异显著，$F(2, 166)=36.01$，$p<0.001$，$\eta^2=0.3$。接受组得分显著高于单独受排斥组（$p<0.001$）和共同受排斥组（$p<0.001$），且共同受排斥组被试得分显著高于单独受排斥组（$p=0.03$）。在存在意义感得分上，三组被试差异显著，$F(2, 166)=20.51$，$p<0.001$，$\eta^2=0.2$。接受组得分显著高于单独受排斥组（$p<0.001$）与共同受排斥组（$p<0.001$），且共同受排斥组得分显著高于单独受排斥组（$p=0.005$）。在自尊得分上，三组被试差异显著，$F(2, 166)=25.57$，$p<0.001$，$\eta^2=0.24$；接受组得分显著高于单独受排斥组（$p<0.001$）和共同受排斥组（$p<0.001$），但后两组之间差异不显著（$p=0.368$）。在控制感得分上，三组被试差异显著，$F(2, 166)=17.81$，$p<0.001$，$\eta^2=0.18$。接受组被试的控制感显著高于单独受排斥组（$p<0.001$）与共同受排斥组（$p<0.001$），后两组之间没有显著差异（$p=0.615$）。

**表2-1　想象范式下四种基本需要的描述性统计结果**

| | 接受组（n=50） | | 共同受排斥组（n=60） | | 单独受排斥组（n=59） | |
|---|---|---|---|---|---|---|
| | M | SD | M | SD | M | SD |
| 归属感 | 20.23 | 3.03 | 16.10 | 4.27 | 14.66 | 3.19 |
| 存在意义感 | 21.33 | 2.23 | 19.05 | 4.01 | 17.32 | 3.29 |
| 自尊 | 19.17 | 2.78 | 15.74 | 3.53 | 15.22 | 2.98 |
| 控制感 | 19.23 | 2.97 | 16.41 | 3.20 | 16.14 | 2.76 |

### （三）讨论

从实验一的结果来看，首先，不管是哪一种基本需要，接受组的得分都显著高于排斥组（包括单独受排斥组和共同受排斥组），这与前人的研究结果完全一致（Van Beest I.，Carter-Sowell A. R.，Van Dijk E.，et al.，2012）。其次，共同受排斥组在归属感和存在意义感两种需要上的得分显著高于单独受排斥组，这表明共同受排斥确实可以缓解社会排斥对自身归属感和存在意义感的损害。但与 Van Beest 等（2012）研究不同的是，两组被试在自尊和控制感上并没有显著差异。这一差异性结果的出现，可能就源自两个研究所采用的社会排斥操作范式的差异。因此，我们希望用另外一种范式再对这一结果进行验证。

## 三、实验二：真实的相互认识范式进行社会排斥操作的实验研究

采取更为真实的相互认识范式进行社会排斥操作，进一步考查单独受排斥者及与他人共同受排斥者在四种基本需要上的差异。

### （一）研究方法

1. 被试

随机选取大学生被试 97 人，剔除 24 个无效数据（被试对实验目的产生怀疑或问卷填写不符合要求），最后有效被试为 73 人。接受组被试 24 名，男性 11 名，女性 13 名，平均年龄 24.22 岁；单独受排斥组被试 21 名，男性 7 名，女性 14 名，平均年龄 23.34 岁；共同受排斥组被试 28 名，男性 13 名，女性 15 名，平均年龄 22.59 岁。

2. 实验过程

采用相互认识范式进行社会排斥操作。每次实验的被试人数为 4~8 名，彼此之间互不认识，且均为同性别。将被试随机分到接受组、共同受排斥组以及单独受排斥组。在被试进入实验室之后，要求他们一起谈论 10 分钟，作为互相了解的过程。讨论结束后，根据实验条件，将被试单独或两人一起安排到独立的实验室中，要求他们从刚才参与讨论的被试中选出一位自己喜欢与尊重的成员作为自己的搭档以完成接下来的任务。几分钟后，实验者会分别给予被试虚假的反馈。共同受排斥组的两名被试会一同被告知“很遗憾地告诉你们，没有人选择你们两人作为接下来任务中的搭档”；单独受排斥组的被试则会被告知“很遗憾地告诉你，没有人选择你作为接下来任务中的搭档”；接受组的被试被告知所有人都选择他作为搭档。之后对社会排斥进行操作检

验并测量被试的四种基本需要（同实验一）。

### （二）实验结果

1. 社会排斥操作检验

方差分析结果表明，三组被试在排斥感受上差异显著，$F(2, 70)=15.58$，$p<0.001$。接受组得分（2.59±0.89）显著低于单独受排斥组（5.19±1.72）（$p<0.001$）与共同受排斥组（4.04±2.07）（$p=0.002$），且共同受排斥组得分显著低于单独受排斥组（$p=0.019$）。社会排斥操作成功。

2. 四种基本需要的差异比较

从表2-2中可以看出，在归属感得分上，三组被试差异显著，$F(2, 70)=29.01$，$p<0.001$，$\eta^2=0.45$。接受组得分显著高于单独受排斥组（$p<0.001$）和共同受排斥组（$p<0.001$），且共同受排斥组被试得分显著高于单独受排斥组（$p=0.008$）。在存在意义感得分上，三组被试差异显著，$F(2, 70)=14.15$，$p<0.001$，$\eta^2=0.29$，接受组得分显著高于单独受排斥组（$p<0.001$）与共同受排斥组（$p=0.006$）；且共同受排斥组得分显著高于单独受排斥组（$p=0.013$）。在自尊得分上，三组被试差异显著，$F(2, 70)=10.62$，$p<0.001$，$\eta^2=0.23$，接受组得分显著高于单独受排斥组（$p<0.001$），但与共同受排斥组差异不显著（$p=0.077$），共同受排斥组得分显著高于单独受排斥组（$p<0.001$）。在控制感得分上，三组被试之间差异显著，$F(2, 70)=4.34$，$p=0.017$，$\eta^2=0.11$，接受组被试的控制感显著高于单独受排斥组（$p=0.008$），但与共同受排斥组无显著差异（$p=0.802$），共同受排斥组得分显著高于单独受排斥组（$p=0.017$）。

**表2-2　相互认识范式下四种基本需要的描述性统计结果**

| | 接受组（n=24） | | 共同受排斥组（n=28） | | 单独受排斥组（n=21） | |
|---|---|---|---|---|---|---|
| | M | SD | M | SD | M | SD |
| 归属感 | 21.63 | 2.20 | 17.84 | 3.12 | 15.57 | 3.08 |
| 存在意义感 | 22.00 | 1.98 | 19.88 | 2.83 | 17.86 | 3.24 |
| 自尊 | 18.67 | 2.37 | 18.48 | 2.45 | 15.76 | 2.26 |
| 控制感 | 18.56 | 2.97 | 18.36 | 2.45 | 16.33 | 2.99 |

### （三）讨论

实验二的结果表明，共同受排斥组被试在四种基本需要上的得分均显著高于单独受排斥组，这一结果与 Van Beest 等（2012）的研究结果完全相同，说明共同受排斥相对于单独受排斥确实可以有效缓解社会排斥所带来的不利影响，同时也印证了实验一出现不同结果的原因可能在于实验范式的差异。相对于想象范式来说，相互认识范式是一种更为凸显的排斥形式，该类范式的拒绝反馈即时、明确和直接，更加接近真实的生活情境，可以使被试更加真切地体会到被排斥的感觉，从而影响被排斥者的基本需要。综合实验一和实验二的结果，共同受排斥在不同的社会排斥范式下均可以有效缓解社会排斥对被排斥者基本需要的损害。接下来我们希望进一步探讨，在共同受排斥的情境下，受排斥者之间关系的不同对其缓解作用的影响。

## 四、实验三：相互认识范式与陌生人共同受排斥者以及与熟人共同受排斥者在四种基本需要上的差异研究

通过相互认识范式比较与陌生人共同受排斥者以及与熟人共同受排斥者在四种基本需要上的差异。

### （一）研究方法

1. 被试

随机选取在校大学生 66 人，剔除无效数据，有效被试为 59 人。熟人组被试 31 名，男性 7 名，女性 24 名，平均年龄 23. 14 岁；陌生人组 28 名，男性 6 名，女性 22 名，平均年龄 21. 37 岁。

2. 实验过程

社会排斥的操作：采用与实验二相同的相互认识范式进行社会排斥操作。不同之处在于，在招募被试时要求被试与自己熟悉的朋友或者单独一个人来参与实验。在相互认识之后，将与熟人一起来的被试安排到一个独立的实验室，作为与熟人共同受排斥者；将单独来参与实验的被试随机与其他单独的被试安排到一个独立的实验室，作为与陌生人共同受排斥者，并分别给予相应的反馈。最后，对社会排斥进行操作检验并测量被试的四种基本需要（同实验一）。

### （二）实验结果

描述性统计结果如表 2-3 所示，独立样本 t 检验结果表明，在归属感和

存在意义感得分上，两组被试差异显著，熟人组被试得分均显著高于陌生人组：t(57) = 2.07，p = 0.014，d = 0.59；t(57) = -3.25，p = 0.002，d = 0.68。在自尊与控制感得分上，熟人组与陌生人组无显著差异：t(57) = -0.51，p = 0.611；t(57) = -1.48，p = 0.145。

**表 2-3　与熟人和陌生人共同受排斥者四种基本需要的描述性统计结果**

| | 熟人组（n=31） | | 陌生人组（n=28） | |
|---|---|---|---|---|
| | M | SD | M | SD |
| 归属感 | 19.10 | 3.54 | 16.57 | 4.09 |
| 存在意义感 | 21.41 | 2.32 | 18.50 | 4.26 |
| 自尊 | 18.00 | 3.39 | 17.53 | 3.62 |
| 控制感 | 18.79 | 2.98 | 17.53 | 3.53 |

### （三）讨论

实验三的结果表明，相对于与陌生人共同受排斥，与熟人一起受排斥可以更大程度、更有效地缓解社会排斥的不利影响，这一作用主要体现在归属感和存在意义感上，而两组被试在自尊和控制感上并无显著差异。这似乎表明，在不同情境下，四种基本需要受到损害的容易程度是不同的，亲密关系（熟人）能有效缓解个体归属感和存在意义感的损害，而非自尊和控制感的损害。

## 五、总体讨论

从实验一和实验二的结果来看，相对于单独受排斥，共同受排斥可以缓解社会排斥对基本需要的损害，这与 Van Beest 等（2012）的研究结果具有一致性。实验三的结果证实，与同陌生人共同受排斥相比，与熟人共同受排斥可以更为有效地缓解社会排斥对个体归属感和存在意义感的损害。

至于实验一和实验二结果的不一致，原因很可能就在于社会排斥范式的差异。相互认识范式是一种更为真实的社会排斥情境，而想象范式的虚拟性更强，想象自己在某种情境下的反应与在真实情境中的反应，总会有所差异。这在本研究中得到了证实，在实验一与实验二中，单独受排斥组在需要满足总分上无显著差异，t(78) = -1，p = 0.321；但是在实验二中，共同受排斥组被试的需要满足总分却显著高于实验一，$t(70) = -3.45$，$p = 0.001$。这说明，相对于想象范式，在相互认识范式中，与他人共同受排斥起到了更为明显的缓解作用，大大减弱了社会排斥对四种基本需要的损害。Blackhart 等（2009）通过一项社会排斥对情绪影响的元分析也曾指出，被试被真实排斥比想象在未来受到排斥会报告出更多的消极情绪。相对于想象范式，相互认识范式和网络投球范式都更加真实，因此实验二的结果与 Van Beest 等（2012）的研究结果更为类似，而与实验一的结果存在一定的差异。

实验三的结果证明，与熟人共同受排斥的被试比与陌生人共同受排斥的被试有更高的归属感和存在意义感，但是两组被试在自尊和控制感上没有显著差异，原因可能在于这四种基本需要的性质存在差异。与控制感和自尊需要相比，归属需要与存在意义感均与社会支持密切相关，更高水平的社会支持能够预测更高的存在意义感，同时社会支持水平越高，个体的归属感就越容易满足，因为归属需要本身就是一种寻求与他人建立联结的需要，是一种追求平等与亲密的体验。同时也发现，归属感与意义感具有显著正相关，更多的归属感能够显著预测意义感的提升。相对于与陌生人一起受排斥，当熟人与自己共同被排斥时，这种社会陪伴和社会支持显然更为有力，也更有利于缓解社会排斥所带来的不利影响，特别是对归属感和存在意义感的影响。

虽然本研究确认了共同受排斥能有效缓解社会排斥所带来的不利影响，且共同受排斥者之间亲密关系对这一不利影响具有调节作用，但本研究也存在一些局限。首先，本研究只考察了两人共同受排斥的情况，而没有进一步考虑共同受排斥者数量的增加对这一缓解作用的影响。其次，在对与熟人共同受排斥以及与陌生人共同受排斥的比较中，只将被试简单分为熟人组以及陌生人组，并没有考虑熟人之间的关系类型和亲密程度。更重要的是，作为一个探索性研究只是初步确认了共同受排斥能够有效缓解社会排斥所带来的不利影响，对于其中的作用机制并没有进行深入的研究。实际上，从本研究的结果可以看出，共同受排斥特别是与熟人一起受排斥之所以能够有效减少对归属感和存在意义感的损害，社会支持在其中可能发挥了非常重要的作用，因此，在未来的研究中可以从以上这几个方面对这一问题进行更加深入的探索。

（张登浩、李森、刘盼盼、林泽宇）

# 第三章
# 青少年的友谊与社会排斥研究

## 第一节 友谊与群际态度的研究概述

### 一、友谊问题的提出

21 世纪以来，现代化和信息化的进程日益完善，不同种族、民族、国家之间的人口流动和人员交流日渐频繁，这使得本已复杂的社会环境变得更趋动态和不确定。无论在世界范围还是国家范围，加强不同背景的人员之间的融合是解决当前社会矛盾的关键。个体是依存于社会而存在的，作为社会性动物，个体在生活中不可避免地会和周围的其他个体产生各种联系。在这一联系交往过程中，人们会倾向于和某些与自己具有共同特质或是相互吸引品质的个体建立长久稳定的亲密契约关系，这种契约关系的产生就标志着友谊的出现。对于青少年发展而言，友谊至关重要，因为他们正处在发展的关键期，友谊能有效提升他们的心理健康水平，提高他们的主观幸福感，帮助他们更好地适应社会。青少年之间彼此信赖并相互建立健康的友谊关系能帮助他们顺利地实现从青春期到成年期的过渡。

根据 Allport（1954）的群际接触理论，在合适的条件下与外群体进行接触是有效减少对外群体的偏见，并进一步促进群际间融合的有效手段。他指出了四种群际接触的最佳条件：平等地位、合作、共同目标，以及权威、法律或习俗的支持。Pettigrew（1998）进一步对接触理论进行了重构，他指出，友谊情境至少满足前三个最佳接触条件，因此，跨群体的友谊是一种理想的接触形式。现有的关于外群体友谊的研究多是基于西方文化背景下的不同种族间的研究，而在我国这种多民族混合的独特社会背景下，研究更具有中国特色、时代特色的青少年群体间的友谊与态度的关系显得至关重要。作为一个多民族国家，不同民族间的交流与融合是政府和社会一直以来所关注的重点，而教育作为民族发展和进步的基础，更是被放在了重视的焦点位置。目前，我国已建立起了包括幼儿教育、基础教育、高等教育及职业教育在内的较为完善的教育教学体系，少数民族学生数量不断增长，同时培养了一大批高层次的少数民族人才，民族教育师资队伍建设不断加强，同时双语教学也在不断推进中。但与此同时，由于少数民族客观上具有的一些不同于汉族的特点，制约民族教育的一些瓶颈也逐渐显现：一是应试教育严重，缺乏对于个人素质提升方面的关注；二是由于民族文化和官方语言的不同，双语教学与多元文化课程的有效性无法得到保证；三是现代化课程知识的传输和民族传统文化的传承之间存在的冲突问题（王鉴，2010）。从现实结果来看，少数民族和汉族在融合过程中依然存在着较大的障碍。一方面，青壮年劳动力的流动带来了青少年群体流动规模的扩大；另一方面，由于青少年未进入社会，相比于成年人更加单纯，更加容易受到“污染”。因此，关注民族混合学校中少数民族青少年和汉族青少年之间的跨民族友谊，考察民族间不同的友谊模式和影响因素，通过这种跨群体的友谊来进一步分析其对不同民族青少年的内群际态度的影响差异，是学术界所要关注的核心问题之一。

## 二、友谊的概念及相关研究

### （一）友谊的概念

友谊是指两个个体间的一种持久稳定的交互关系，友谊双方在日常生活中彼此相互交往、相互依赖并共同参与活动，它是两个个体之间的一种双向关系，这一关系较为持久稳定，基于双方的共同认同而非简单的喜爱或依恋。Bukowski 和 Hoza（1989）对受人欢迎程度（也称同伴接纳）和拥有友谊这两种类型的同伴关系进行了明确区分。他们指出，受人欢迎程度是集体主义导向的，是基于集体对个体的一种单方向概念，是个体能否被群体成员接纳的反映；而友谊却与之相反，指的是两者之间的双向关系，是以个人主义为导向。因此，需要注意的是，友谊不同于简单的同伴接纳和受人欢迎，它是反映个体之间相互情感联结的双向结构。有三个条件是在确定友谊时不可回避的前提：第一，友谊是彼此互相作用的双向关系；第二，友谊的基础是信任，友谊关系中必须存在彼此情感上的亲密支持；第三，友谊是一种稳定的长期关系（张文新，1999）。

### （二）友谊对青少年发展的作用

友谊对个体发展至关重要。大量研究表明，友谊对于个体的积极发展起到不可忽视的重要作用（Reis & Collins，2004）。对于青少年发展而言，友谊至关重要，因为他们正处在发展的关键期，友谊能有效提升心理健康水平，提高主观幸福感，帮助他们更好地适应社会。有研究表明，青少年之间彼此信赖并相互建立健康的友谊关系，能帮助他们顺利地实现从青春期到成年期的过渡。特别是在中学阶段，家庭对青少年的影响逐渐被同伴所超越（Brechwald & Prinstein，2011），友谊成为青少年青春期发展的至关重要的影响因素。

首先，友谊对于青少年情绪的健康发展具有至关重要的作用，友谊支持对少年儿童的孤独感的影响起主导作用。良好的友谊关系能帮助提高青少年的情绪适应水平，显著减少青少年的孤独感并进一步降低他们的抑郁水平。其次，友谊能促进社会生存必要能力的发展，帮助少年儿童掌握更复杂的社会技能。友谊的产生是以社会交往能力的发展为基础，同时又反向促进社交能力的提升。青少年在与朋友的交往过程中就是进行自我展示和理解他人的过程，在这个过程中，同理心的运用、自我表露的技能、观点采择的技能都能在实践过程中得到发展和提升，这对于青少年发展更复杂的观点采择、移情以及社会问题解决等技能具有重要的价值。最后，友谊对少年儿童的自我发展也具有促进作用。有研究表明，建立了稳固友谊关系的儿童在自我概念上显著高于没有建立友谊关系的青少年（Mannarino，1978）。友谊的建立为青少年提供了和他人分享情感、交流态度的有效途径，这个过程也是自我一致性确认的过程。当青少年感到朋友也和自己有着一样的态度、兴趣和感情时，其自我价值感就会增加。因此，那些具有良好友谊关系的青少年具有更强的自尊。此外，青少年在与同伴交往中建立的友谊也是其获得社会支持与归属感的重要来源，朋友的影响也会使个体的态度与行为发生显著改变。

### （三）友谊的理论和结构

人类对友谊重要性的研究兴趣早在20世纪以前就产生了，孔子就曾提出“独学而无友，则孤陋而寡闻”。但关于友谊的实证研究至今却没有超过100年。近代心理学领域关于友谊的研究主要集中在定义友谊的概念及其组成因素（Sullivan，1953）和研究友谊及同伴关系在发展中的重要性方面。回顾儿童友谊的研究历史，早期对于友谊的研究多集中于性质的描述和对这种社会关系的普遍特征的识别。20世纪二三十年代，出现了大量关于儿童社会性发展的研究，儿童、青少年同伴关系的类型受到了研究者们的关注，然而“友谊”这一概念本身却依然不受重视。事实上，在很长的一段时间内，研究者们并没有将友谊和同伴关系进行区分，研究主要关注的还是同伴关系的特征、功能及行为表现形式等。Sullivan（1953）是最早提出友谊发展性理论的研究者之一。他的理论也是当时为数不多的对友谊进行解释并就其对青少年发展的作用进行进一步阐释的理论。Sullivan认为，在人类发展的不同阶段会出现不同的人际关系需求，这种人际需求的满足与未来成功所必需的社会技能和胜任能力的发展直接相关。尤其对于前青春期（9~12岁）的青少年，成功建立友谊关系的重要性是不容忽视的。青少年在这一时期会首次出现和他人（除父母之外）建立亲密关系的需要，这种需要已不再满足于被某个群体承认或是接纳，而是转而寻求和他人建立良好的双向同伴关系，这也即是说明，在青春期，友谊具有更加重要的意义。Sullivan指出，友谊是一种协作关系，朋友之间对彼此的需要具有敏感性，寻求的是双方的共同满足。因此，友谊提供了自我价值的相互验证方式并加速了社会协作能力的发展。根据Sullivan的理论，Buhrmester和Furman（1987）进一步证明了通过相互协作的友谊关系的发展，儿童能够学会对他人的同理心、忠诚、同情以及换位思考的能力。

### （四）友谊的测量

French等（2006）编写完成了修订版友谊质量问卷（Modified Friendship Quality Questionnaire，MFQQ）。问卷包括七个维度，分别是亲密性、陪伴、可信赖联盟、工具性帮助、自我价值提升、争吵与冲突和排他性。该问卷由34个题目组成，采用李克特七点式计分，要求被试判断每一项描述与自己和朋友关系的符合程度，1表示“完全不符”，7表示“完全符合”，分数越高表示符合程度越大。尽管French等（2006）已在跨文化友谊的测量中证明了MFQQ问卷具有较好的跨文化适用性，而国内业已有研究者证明了其汉化版同样具有稳定的因素结构，但是现有研究并没有对内外群体的友谊进行区分，其研究对象多是被试的内群体友谊。因此，对于外群体友谊而言，修订版友谊质量问卷是否具有显著有效性以及其具体的因素结构如何，还需要我们进一步探究。

## 三、外群体友谊与群际态度的研究

### （一）群体与外群体

群体是一个社会学概念，主要指个体之间通过互相交流往来而产生的、由某种相互关系联结在一起的同一体。因此，从这个概念上来看，群体成员间应该具有所属于某个组织的共同意识，这一组织的成员间具有清晰而持久的相互关系。而在心理学研究领域，研究者们对群体的概念进行了泛化，群体被界定为一种集合，由两个以上的个体构成。在这种群体结构中，个体对自身的知觉将会归属于同一社会范畴，个体将自己作为群体中的一员，对群体存在某种水平上的情感投入，并且在对本群体及其成员进行评论时具有某种内化的约定俗成的共识（Tajfel & Turner，1986）。换句话说，即个体具有归属感和认同感，认同自己作为群体当中的一部分，同时，也被群体当中的其他成员甚至其他非群体成员认为是这个群体当中的一部分。从这一层面来看，包含了个人、内群体成员和外群体成员对个体身份的多重判定，即对群体的定义是双向互动作用形成的（方文，2005）。群体增强了人们的自尊，使人们更加明确自己与他人的差异，它帮助人们更好地了解社会，满足人类集群活动的心理需求，在这个意义上，群体对人类非常重要。

关于内群体与外群体的定义，“内群体”即人们自身所处的群体，它会潜移默化地控制人们的思想，进而影响人们的态度和行为。人们对内群体总是有不可控制的偏向，在态度上对其表示忠诚，而在行为上会对内群体成员表现得更为友好和包容；“外群体”即内群体以外的其他群体，人们通常会对外群体及其成员表现出一定程度的戒备和敌意，并在行为上倾向于对其进行排斥。在这个研究里，“群体”的界定主要指的是民族。对于汉族的青少年而言，外群体为少数民族的青少年；而对少数民族青少年来说，外群体指的是汉族青少年。

### （二）外群体友谊

根据社会交往中个体的内外群体属性的差别，可以将友谊分为内群体友谊和外群体友谊。内群体友谊是指个体和本群体的成员之间的双向而持久的情感依存；而外群体友谊则是和不属于同一群体的其他外群体成员之间的持久稳定的交互关系。外群体友谊是一种特殊的友谊类型，它能够在不同的社会背景下为所处不同群体的成员间提供相互接触的更广泛的机会。外群体友谊能有效减少群际交往中的偏见，人们在和不同群体的人进行交往的过程中，会逐渐模糊彼此之间的群体边界，从而潜移默化地树立起彼此之间的信任感。已有大量研究证明，跨群体友谊能显著减少群际焦虑，并增加个体对待外群体的亲密性，它是群际和谐不可或缺的因素（Mendoza-Denton & Tropp，2008）。先前的研究者将个体与外群体成员之间的亲密接触经验看作是外群体友谊的一个重要特征，认为外群体友谊在事实上更像是内群体友谊在边界上的一种扩大。事实上，尽管在定义和概念上存在除边界外的相似性，内群体友谊和外群体友谊在作用上依然存在着差异。尹丽莉（2013）的研究表明，外群体友谊相比于内群体友谊而言，能更为显著地降低孤儿的身份拒绝敏感性。Wright 等（1997）的研究则证明了，不仅和外群体成员之间直接建立的友谊能减少个体对待外群体的偏见，甚至间接的、替代性的友谊（内群体成员如何与外群体成员建立友谊的知识）也能有效减少个体的群际偏见。

一般来看，外群体友谊作为一种群际接触，具有以下特点：泛化性、次级传递性、普适性与不对等性。泛化性指的是外群体友谊的作用结果可以从外群体的个别成员泛化到完整的一个外群体，也就是说，一旦个体与外群体中的某个个体通过交往从而建立起友谊，个体就会产生对这个所属外群体的单一个体的积极的认知，这种积极认知能够进一步扩散，使得个体对整个外群体都产生一种积极的认知态度。次级传递性指的是外群体友谊产生的积极态度可以在外群体成员以及外群体间进行传递，即当个体与外群体的某个成员建立友谊从而建立对这一个体成员的积极认知后，这种积极认知首先泛化到整个外群体，然后，再进一步传递，使得个体对这个外群体中的其他未经接触的群体成员也产生积极态度，甚至可以进　步扩散到其他未经接触的外群体中（Eller，2012）。普适性指的是外群体友谊产生的积极作用对各种类型的个体都会产生影响，而并不仅仅是针对某类特殊人群。不对等性则意味着外群体友谊对于处在差异地位的群体所产生的影响也是具有差异的。

### （三）群际态度

态度在心理学中是一种核心概念，得到了研究界的较多关注。态度是一种心理预备的状态，根据个体的先验知识和经历而得到系统化，能对个体的反应产生指示性的影响。个体的现有的知识结构对于态度的形成具有重要作用，主要关注行为的倾向性。态度是人们在信念、感情和行为中体现出来的一种评价性回应，说明了个体对某物或某人的好恶。我国学者则认为态度是一种稳定的内部心理倾向，它指导了个体对特定社会客体的反应形式，它是信念和看法、好恶情感以及具体行为表现的集合体现（刘俊升和桑标，2010）。依据这种内部心理倾向的不同，可以将态度分为积极和消极两种维度。

群际态度的产生则是人类社会性的表现，它是指某一群体对其他群体的总的评价和稳定性的反应倾向。群体态度的出现必然以共存着不同的群体为前提，即必定具有可以参照的样本。若一个地区只存在一种类型的群体，该地区的所有的个体都把自身知觉为同一社会范畴的成员，那么这个群体是不会对本群体产生不同的偏爱心理的。只有当两个及以上的群体同时存在且各群体之间会进行相互交往活动时，群体成员才能直接感受到本群体和外群体的差异，也才能进而体会出对本群体的态度和群际态度之间的差异性。

根据群体类型（内、外）和态度的不同维度（积极、消极），可以将群体态度分为四种类型：内群体积极态度、内群体消极态度、外群体积极态度（群际积极态度）、外群体消极态度（群际消极态度）。社会心理学的研究表明，当被试被要求评价自己所在的内群体时，他们的评价往往是偏向积极的，如赞扬、欣赏（内群体偏爱）；而当要求被试评价其他群体（外群体）时，他们的评价却是消极的，如贬损、厌恶（外群体排斥）。有研究者将这种现象称为“内—外群体效应”（the Inter-out Group Effect），即相比于自己本身所属的群体，个体会认为，其他与自身不存在直接关系的外群体更加具有相异性，同时更容易产生对于外群体的消极群际态度（Carey & Laura，1997）。这种消极的群际认知态度即为群际偏见，它是指“个体对某个社会群体或属于该社会群体的成员所持有的消极负向的评价”（Crandall & Eshleman，2003）。已有实验证明，对外群体的刻板印象的效价趋于消极且十分顽固，基本上不受加工方式的影响。

目前，西方有关不同种族群际态度的研究多关注的是青少年对民族的认同感和能否很好地顺应外群体文化。Griffiths 和 Nesdale（2006）的实证研究结果表明，主流民族的 5~12 岁的儿童对本民族存在更显著的民族偏向性，而少数民族的儿童则对本群体和外群体都不加区别地表示出积极的认知态度。

而在我国，由于较晚才出现关于不同民族间群际态度的研究，目前的实证研究多集中在人类学、社会学范围内，在心理学领域的实证研究较少，现有的大多数研究都是有关民族认同理论的综述性研究和有关民族认同和民族态度的关系的探索。

我国现有的关于民族之间群际态度的实证调查，重点关注不同群体间的群际偏见。较为完整地对不同民族的群体之间的群际态度的差异及影响因素进行分析的只有吕庆燕和王有智（2011）的相关研究。目前，大多数以民族为关注对象来考察群际态度的研究都是仅从单向的角度来考虑，或是仅关注汉族，研究其对于少数民族群体的态度，或是仅关注少数民族，研究其对于汉族群体的态度，而鲜少对汉族和少数民族进行探索、对两个群体在群际态度上的异同进行比较，探索内在影响机制的差别的研究也较少进行。

### （四）外群体友谊与群际态度

外群体友谊之所以重要，主要在于它有助于改善群际态度。Allport（1954）提出了群际接触假设（Intergroup Contact Hypothesis），他认为，不同群体的群体成员之间进行相互接触有助于改善群际态度并减少偏见。他还提出，群际偏见的出现是因为信息的错位或缺失，是某个群体在不了解其他群体的信息或是了解到的信息存在错误的情况下对其他群体产生的消极认识，因此，群际接触就给两个群体提供了获取彼此之间的新信息或是修正错误信息的途径。Allport 指出了四种群际接触的最佳条件：①平等的地位。一方面，群际接触中的两个群体必须处于同一水平的同等地位，只有在所处划一的条件下，与外群体的交往接触才会更有效果；另一方面，群际接触也能促进平等地位的形成，二者是一个相辅相成的过程。②共同目标。在群际接触中，群体双方需要具有相同且明确的目标，在这个一致目标的作用下，群体双方要共同努力，积极交流，达到信息的及时沟通与共享。③群际合作。要实现群体双方的共同目标，需要两个群体间的积极、有效的合作，只有相互合作、共同努力才能实现最终的双赢目标。④权威、法律的支持。那些获得权威、法律支持的群际接触更容易被群体双方所接纳，因此，更容易取得所需要的成果。

Wagner 等（2007）证明了外群体友谊与群际偏见呈高度负相关。甚至不需要真实接触，只要通过对接触过程进行想象就能使被试的群际态度得到显著改善（Turner，Crisp & Lambert，2007）。早期关于群际接触假设的研究重点关注直接的外群体友谊，而近些年来，越来越多的研究者逐渐重视间接的外群体友谊。已有研究证明了间接的外群体友谊也同样能在一定程度上减少群际之间的偏见。有研究表明，对于一个有很多黑人朋友的白人大学生来说，不仅他本人对于黑人的态度会有所改善，甚至他的其他白人朋友也会受到影响，从而降低对黑人的偏见。

国内研究者也开始关注相关领域，有关维吾尔族和汉族青少年的友谊和其孤独感程度及攻击性行为的影响的研究显示：友谊数量与孤单感程度呈显著负相关，与维吾尔族学生的攻击性行为也呈负相关。这也就是说，维吾尔族学生与汉族学生之间的群际接触程度越深，他们的孤独感越低，表现出的对外群体的攻击性行为也越少。还有研究证明，良好的群际交往可以提升被试在与外群体往来时的交往信心，减少跨文化敏感性，使其对外群体形成更客观、理性、成熟的认知，逐渐减少消极的刻板印象。

但需要引起关注的一点是，对于不同群体来说，外群体友谊的效应有所不同。早期研究主要关注人数较多的主流群体，研究发现，外群体友谊对于主流群体的群际态度的影响要大于对非主流群体的影响（Pettigrew & Tropp, 2000）。但随着研究的深入，研究者也逐渐开始关注人数较少的非主流群体。Mendoza-Denton 和 Page-Gould（2009）发现，在西方那些以白人为主流群体的学校中，黑人学生在与白人学生经过广泛接触建立友谊后，归属感明显提高，而对于学校的不满情绪也同时得到了显著下降。此外，外群体友谊与群际态度的联系强弱还受到对友谊的测量方式的影响（Davies, Tropp, Aron, Pettigrew & Wright, 2011）。研究者总结了几种常见的友谊测量方式，包括友谊的数量、与朋友共处的时间长短、亲密感和知觉到的支持等。尽管每种测量方式都表明，外群体友谊与更好的群际态度相关，但是，友谊的不同方面与态度不同维度间的具体关系尚不清楚。已有元分析表明，与负向的认知维度相比，态度的积极认知维度与友谊的关联更强。

### （五）态度改变的心理机制

良好的外群体友谊可以有效改变群际态度，这种作用的发生机制也得到了研究者的广泛关注。现有研究认为，外群体友谊改变态度的作用机制主要包括依存关系、群际互动、情绪因素以及认知因素四个方面（Dovidio, Gaertner & Kawakami, 2003）。受歧视知觉就是一种负向的认知因素，歧视是“人身上所特有的劣质性特征所引发的不良反应”。在此之后，学术界开始广泛关注这一概念。但在早期研究中，研究者们所关注的多为“歧视”现象本身，而并不涉及个体在这一过程中的心理感受。直到 1996 年，Dion 和 Kawakami 才首次提出歧视属于一种心理知觉，并不等同于事实歧视。在此基础上，心理学界对受歧视者的心理感受展开了广泛的探索。依据社会认同理论，Lorelynn（1994）对受歧视知觉进行了定义，认为它是个体知觉到的一种不平等待遇，这种待遇的产生是由于个体处在某一群体之中。而 Ambrose、Hess 和 Ganesan（2007）则认为，受歧视知觉是一种主观体验，来自于个体在某一群体中的成员资格，它既包括个体知觉到的指向自身的歧视，也包括个体知觉到的指向所处内群体的歧视。虽然到目前为止研究界还无法确定受歧视知觉能否作为客观存在的歧视的直接体现，但作为个体的“主观心理知觉”，受歧视知觉还是受到了心理学研究者越来越多的重视。正如 Dion 等（1996）所说的那样，对个体的认知与行为产生影响的有效变量事实上并不是客观存在的歧视，而恰恰是受歧视知觉这种主观心理体验。受歧视知觉是社会融合过程中的一个破坏性因素，会对融合过程产生负向的影响。在压力的应对理论中将受歧视知觉定义为较为弱势的一方所感受的压力体验的重要来源，它会使得个人产生一系列的消极反应。而郝振和崔丽娟（2014）则进一步证明了，受歧视知觉会对青少年的社会融入产生显著的消极影响。

## 第二节　美国亚裔青少年跨种族友谊与群际态度的关系研究[①]

### 一、研究背景

大量研究表明，友谊对于个体的积极发展起到至关重要的作用，特别是在中学阶段，家庭对青少年的影响逐渐被同伴所超越。大多数美国青少年的友谊都是在学校中形成，随着美国公立学校的种族多样性日益扩大，友谊相

① 该研究基于第一作者陈晓晨提交给加州大学洛杉矶分校教育系的博士论文。该研究得到了美国国家儿童健康与人类发展研究所（5R01HD059882）以及 Sandra Graham 教授获得的美国国家科学基金的共同资助。笔者在此致谢 Jaana Juvonen、Rashmita Mistry、Connie Kasari、Leslie Echols 以及答辩委员会诸评审提出的宝贵建议。关于本研究更多的信息请联系作者陈晓晨，中国人民大学心理系，中国，100872，xiaochenchen@ ruc. edu. cn。

关研究人员已经开始区分同种族友谊和跨种族友谊，并且检验跨种族友谊的独特类型与功能。譬如最近的研究表明，跨种族友谊与更积极的群际态度、更好的社会能力、更强的领导技能和更少的在校脆弱性（Graham，Munniksma & Juvonen，2014）相关。尽管越来越多的研究开始关注跨种族友谊，但大多数研究还是侧重白人和黑人儿童（Graham，Taylor & Ho，2009），很少有研究关注在基础教育越发多元化的背景下，加入美国的那些新移民如何影响跨种族友谊和同伴关系。因此，本研究旨在通过关注亚裔美国青少年的交友现状来弥补这一缺失。

在过去十年中，亚裔美国人是美国增长最快的群体，截止到 2010 年，美国公立学校的亚裔入学人数超过 240 万人，预计到 2020 年这一数字将超过 300 万。平均而言，在多种族学校中就读的亚裔学生也比其他种族更多。然而，多数研究都忽略了这一人口趋势，现有对亚裔美国青少年的心理学研究仍主要集中于学业成绩和心理调试，譬如亚裔学生经常因其卓越的学业成绩而被当作少数族裔中的典范。但实际上相比白人和黑人同学，亚裔学生更容易受低自尊、焦虑、抑郁等不良情绪的影响。而且很可能由于学业成绩优异易受老师偏袒，亚裔美国学生会招致更多的同辈歧视和憎恨（Qin，Way & Mukherjee，2008）。友谊的发展对青少年健康成长至关重要，这对学业出众但人际紧张的亚裔学生尤其如此，可惜目前罕有相关研究。譬如：究竟是什么因素阻碍了亚裔美国学生发展跨种族友谊？与其他少数种族，特别是与传统的少数族裔黑人和占比最大的拉丁裔相比，亚裔学生是否更愿意与白人学生（主流群体）交友？学校因素会对友谊选择产生什么影响？与异族同学的友谊如何影响亚裔学生对外群体的感受和想法？本研究中我们选取了有大量亚裔学生就读的多种族学校，旨在研究影响亚裔学生友谊形成的关键因素以及跨种族友谊与群际态度的关系。研究美国增长最快的移民群体在人生关键的青春期中的跨种族友谊选择现象有着非凡的意义。通过对跨种族友谊和群际态度的仔细研究，我们可为跨种族的和谐关系提供独到的见解。

### （一）跨种族友谊的影响因素——学校层面

接近性与相似性是影响友谊形成的两条基本原则。相似性是指人们愿意和相似的人成为朋友。现有文献已经指出，学生们在交友选择中表现出较强的内群体偏好（Hamm，Brown & Heck，2005）。种族因素之外，群体地位的相似性也是影响跨种族友谊的关键因素（Allport，1954）。因为学业水平是中学里表现群体地位的重要指标，因此，我们假设亚裔与某种族学生的学业水平越相似，则越容易选择与其交友。接近性是指人们愿意和身边容易接触到的人成为朋友（Mouw & Entwisle，2006）。有关学校种族构成对朋友选择的研究表明，该原则确实对青少年跨种族交友产生影响（Quillian & Campbell，2003）。随着学校种族多样性的增加，跨种族友谊明显增多，因此我们假设，随着校内白人、黑人及拉丁裔学生的增多，亚裔美国青少年会形成更多跨种族友谊。

### （二）跨种族友谊的影响因素——个体层面

我们研究了可能会影响亚裔美国学生交友意愿的三个因素：

第一个是学生的社会经济地位。对白人和黑人青少年的研究表明，种族间的社会经济地位差距越大，跨种族友谊越少。因此，我们有理由怀疑社会经济地位同样会影响亚裔学生与其他种族的学生建立友谊。Portes 和 Zhou（1993）在讨论移民适应问题时指出，移民中并未形成有单一的“核心群体”，家庭资源会影响青少年的跨种族融合。尤其是中产阶级亚裔家庭会鼓励孩子多与白人建立联系。因此，我们推测，社会经济地位高的亚裔学生更可能与白人交往。

第二个是移民的代际关系。关于亚裔学生的跨种族友谊是否在代际间存在差异，目前的研究还未达成一致看法。一些研究表明，在美国居住的时间越长则跨种族友谊形成也越多（Hamm et al.，2005）。另一些研究则发现，移民代际并不产生多大的影响（Quillian & Campbell，2003）。因此，在本研究中，我们测量移民代际这个变量，但是对此暂未提出具体的假设。

第三个是亚裔亚群体。亚裔美国人作为一个泛群体分类常见于跨种族同伴关系的研究和政府部门的教育统计资料（California Department of Education Statistics）。“亚裔”作为一个泛种族标签实际上包含了很多亚群体。假设这些亚群体彼此同质其实掩盖了不同亚群体的独特属性。譬如说，南亚裔人的地位在美国就是一个有争议的问题（Shankar & Srikanth，1998）。在美国人口普查中南亚裔人（印度或巴基斯坦人）可以被归为“印度人”“白人”“亚裔”或“其他”。此外，由于外貌、语言文化和移民史上的差异，南亚裔美国人比其他亚裔美国人报告更多的“种族歧义”（Racial Ambiguity）（Shankar & Srikanth，1998）。有鉴于此，我们推测，南亚裔美国人与东亚和东南亚裔美国人的跨种族友谊和群际态度可能有所不同，但是，三者间的具体差异还不明确。

### （三）跨种族友谊和群际态度

增进群际态度是心理学家对跨种族友谊产生研究兴趣的原因之一。在经典的群际接触理论（Intergroup-contact Theory）中，Allport（1954）认为，只要群体间地位较为平等，且不同群体间的成员可以在工作中相互合作，共享同一目标，则不同群体间的接触可以促进积极的群际态度，减少群际偏见。Pettigrew（1998）在对群际理论进行重新解读时指出，跨种族友谊可以天然地满足 Allport 提出的那些前提，因此，是强有力的接触形式。最近对群际友谊态度的元分析也表明，虽然方法因素造成了效应量的不同，但是跨种族友谊确实能够增强群际态度（Davies，Tropp，Aron，Pettigrew & Wright，2011）。

影响友谊效应的因素之一就是群际态度的类型。相关文献表明，群际态度是一个多维概念。具体而言，情感维度表示个体与外群体成员的情感联系，如喜爱和尊敬。认知维度侧重于群际间的刻板印象，对认知态度的衡量标准通常采用典型性特质评定法（Brown & Bigler，2002），如有多少亚洲人是聪明的，有多少非洲裔美国人是吝啬的，第三个研究较少的维度是“对社会距离的渴望”（Desire for Social Distance）（Bogardus，1933）及其触发的避免跨种族交往行为。最近的一项元分析（Davies et al.，2011）揭示，在跨种族友谊影响群际态度的过程中，情感因素的作用大于认知因素。但是，目前还没有研究细致检验跨民族友谊对态度不同维度的影响。影响友谊效应的另一因素是友谊的类型。Davies 等（2011）总结了六种常用的友谊测量指标，包括跨种族友谊的数量、与朋友在一起的时间以及亲密感和支持感等。虽然友谊的类型与群际态度相关，但是，还未有研究仔细探究两个变量在各维度上的独特联系。例如，与外群体朋友的共享时间可能有助于减少个体的社会距离渴望；而友谊情感维度中的亲密感体验有可能促进个体对外群体的积极情感。因此，在研究中仔细划分友谊的类型和群际态度的不同维度是非常重要的。

## 二、调查研究

### （一）被试

本研究通过对 19 所中学近 800 名六年级亚裔美国学生的调查，探究亚裔学生的跨种族友谊对群际态度的影响。之所以选择六年级的学生，是因为友谊在青春早期具有重要意义（Brechwald & Prinstein，2011），并且相比更低年级，该年龄段的学生接触到的跨种族社交开始增多，社会认知成熟度也有所增长（Umaña-Taylor et al.，2014）。此外，在青春期，包括种族身份等在内的社会认同的发展使得内外群体的边界越发明显。因此，我们使用同伴提名的方法来研究亚裔学生与白人、黑人、拉丁裔同学的友谊及其与群际态度的关系。与已有研究不同的是，我们同时调查了友谊的数量和质量，以及群际态度的情绪、认知和行为三个层面，以探查不同变量的不同维度间更为详细的关系。研究假设如下：首先，基于接近性和相似性这两条影响友谊形成的基本原则，我们假设亚裔学生在选择朋友时会表现出内群体偏好。其次，由于亚裔美国学生的成绩相对较好，我们假设成绩的相似性可以预测亚裔学生的跨种族友谊。基于接近性原则，我们假设，随着学校学生种族多样性的增加，亚裔学生更可能形成跨种族友谊。基于群际接触理论我们假设，跨种族友谊有利于形成更积极的群际态度，但是，友谊不同方面和群际态度不同维度究竟具有怎样的联系，还有待统计分析才能得知。最后，我们尝试探索亚裔亚群体间的友谊及态度差异，南亚裔学生的跨种族同伴关系可能与东亚裔和东南亚裔不同。

### （二）方法

#### 1. 样本选取

本研究的数据来自加州大学洛杉矶分校的中学种族多样化项目（Middle School Diversity Project，MSDP）。该纵向研究旨在考察加州公立学校中学生的学业表现和社交情况。2009 年秋季，洛杉矶地区 6 所中学的六年级学生被招募为被试；2010 年秋季，另有 14 所中学的六年级学生（8 所来自洛杉矶，6 所来自北加利福尼亚地区）被纳入研究样本。由于该项目侧重研究学校种族多样性对学生学业和社交表现的影响，因此，被调查学校的学生种族构成有所不同。一些学校有一个多数群体（如亚裔），其他为少数群体；另一些学校有两个规模相当的多数群体（如亚裔—白人、亚裔—拉丁裔）；还有些学校并没有明显的多数群体，各种族的学生规模大致相当。为了避免混淆种族多样性与社会经济地位，我们在取样中避免了社会经济地位极端状况的学校，所选取的学校中，有 20%~80%的学生享受午餐减免政策优惠。20 所学校学生的参与率为 74%~94%（M=83%）。

作为研究方案的一部分，学生要从以下 13 个选项中勾选其种族：美洲印第安人、黑人/非洲裔美国人、黑人/其他籍、拉丁裔/其他籍、墨西哥裔美国人、中东裔、太平洋岛居民（如萨摩亚、菲律宾）、东亚（如中国、韩国、日本）、东南亚（如越南、柬埔寨、泰国、老挝）、南亚（如印度、巴基斯坦）、白种人、多种族/混血、其他。在本研究中我们关注的主要群体如下：黑人

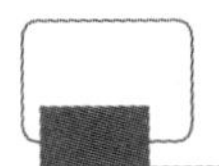


(包括黑人/非洲裔美国人、黑人/其他籍);拉丁裔(包括墨西哥、墨西哥裔美国人、拉丁裔/其他籍);亚裔(包括东亚、东南亚和南亚);白种人。由于本研究所用的部分指标来源于加州教育部的统计数字,我们也依循其对亚裔的定义,将133名太平洋岛居民排除在亚裔样本之外,剔除1所不含亚裔的非洲裔—拉丁裔学校后,这样,一共选取了19所学校的4923名学生(其中男生48%,女生52%),各种族的比例分别为:亚裔17%、白人17%、黑人10%、拉丁裔32%、多种族/混血18%、其他种族6%。

在762名亚裔学生中,60%为东亚人(N=456)、26%为东南亚人(N=4194)、南亚人占11%(N=87)、东亚—东南亚混血25人。其中,东亚人主要为中国人、韩国人,东南亚主要为越南人,南亚人主要为印度和巴基斯坦人。几乎所有的亚裔学生都是新移民(30%为一代移民;64%为二代移民;6%为三代移民)。

2. 研究程序

首先,本研究得到了学生家长同意,并请其填写知情同意书,我们对其承诺保密。其次,正式施测时先由经过培训的研究助理大声阅读调查说明,同时第二名研究助理将问卷发给每位学生,并留在现场指导填答。每名学生可以获得5美元的报酬。

**(三)研究工具**

1. 友谊的测量

友谊的测量采用同伴提名法,要求学生列出同年级中要好朋友的姓名,被提名者的种族根据其自我报告中填写的种族决定。由于本研究关注的是个人和学校因素对亚裔学生跨种族友谊的影响,因此,主要关注亚裔学生的提名,无论该提名是否得到被提名者的认可(Joyner & Kao, 2000)。此外,采用自我报告这种常用的友谊测量方法。友谊质量的测量也采用量表评定。一道题目测量共享时间(如“在放学后或假期我们一起学习,一起玩儿”);三道题目测量情感支持(如“当我沮丧时,这个朋友会安慰我”)。题目采用三点评分,1表示“从不”,2表示“有时”,3表示“总是”。该量表在本研究中的Cronbach α系数为0.77。

2. 群际态度的测量

群际态度的测量分为三个方面。情感维度询问学生对四大主要种族(亚裔、白人、黑人、拉丁裔)的整体感受(如喜爱、信任、尊重、相处舒服)。

题目如“我喜欢拉丁裔的同学”，评分从 1（完全不是）到 5（当然是）。该量表在本研究中的 Cronbach α 系数分别为 0.87（对白人）、0.88（对黑人）和 0.88（对拉丁裔）。

对于态度的认知维度（消极刻板印象），采用群体特质典型性评定法进行测量（Brown & Bigler，2002）。在问卷中向学生们呈现四个消极特质词（自私、刻薄、霸道、懒惰）和四个积极特质词（善良、诚实、聪明、友善）。学生们需回答有多少外族同学具备该特质（如“有多少拉丁裔学生是善良的?”），选项从 1（几乎没有）到 5（几乎都是）。该量表在本研究中的 Cronbach α 系数的取值范围为 0.82~0.87。

对态度行为维度的测量我们选取“对社会距离的渴望”这一指标。采用的量表改编自 Bogardus（1933）的社会距离量表（Original Social Distance Scale）。被试需要评估其与异族同学共同参与以下四项活动的可能性：一起吃午餐、去对方家里玩、在校园派对上一起跳舞、校车上坐在一起。选项从 1（当然会）到 5（不可能），分数越高表明越渴望社会距离。该量表在本研究中的 Cronbach α系数分别为 0.86（对白人）、0.87（对黑人）和 0.88（对拉丁裔）。

3. 学校特征的测量

采用学校中各种族学生在总人数中的占比作为该种族朋友可得性的指标。该部分的数据是从加州教育局网站直接获得。由于我们的样本关注的是六年级的被试，因此，选取了六年级学生的种族构成比例。采用 Simpson's（1949）指数表示学校种族多样性的程度：

$$D = 1 - \sum_{i=1}^{g} p_i^2 \tag{3-1}$$

其中，$p_i$ 代表种族 i 在全体学生中所占比例，g 表示种族数；D 表示某学校中任意两个学生分别来自不同种族的概率，D 值介于 0 到 1，值越高表示种族多样性越大。本研究中学校的 Simpson's 指数在 0.48 ~ 0.75（M = 0.63，SD = 0.08）。不同种族学生的学业成绩差异利用加州标准测验（California Standards Tests，CST）中的数学成绩进行计算。例如，在某校中亚裔学生的 CST 数学平均分为 426 分，拉丁裔学生为 358 分，则该校中此两族学生的学业成绩差异为 426−358 = 68（分）。

4. 个体水平变量

移民代际的决定因素是个体及其父母是否出生于美国，其中一代移民指的是自己在美国出生的学生；二代移民指的是自己出生于美国，且父母中至少有一人也出生于美国；三代移民指的是自己与父母均出生于美国的学生。选用父母受教育程度作为社会经济地位的指标。选项从 1（小学/初中）到 6（研究生）。亚裔样本在此项上的平均分为 4.36（SD=1.53）。

5. 学业水平

学业水平的测量以平均学分绩（Grade-point Average，GPA）为指标。在六年级春季学期的成绩单中，数学、科学、英语、社会科学四个科目的成绩分别用 A、B、C、D、F 表示 4、3、2、1、0 分。不同种族学生的平均学分绩为：亚裔，M=3.38，SD=0.71；白人，M=3.23，SD=0.79；拉丁裔，M=2.61，SD=0.89；黑人，M=2.53，SD=0.91。其中，亚裔学生的学分绩显著高于其他三个种族（$p<0.01$）。

## 三、研究结果及分析

### （一）分析计划

研究采用三个步骤来完成：首先，初步分析学校的种族构成是否对亚裔学生的友谊提名产生影响；其次，利用多层次逻辑回归来检验个体和学校水平中影响亚裔学生跨种族友谊形成的因素；最后，采用多层线性模型探索友谊对群际态度不同维度的影响。在这组分析中，我们首先考察拥有一个异族朋友对个体群际态度中情感、行为和认知层面的影响；接下来选出至少拥有一个异族朋友的子样本，分析其友谊质量对群际态度不同维度的影响。我们对"亚裔—白人"友谊、"亚裔—拉丁裔"友谊、"亚裔—黑人"友谊分别进行了分析。

### （二）亚裔学生的友谊提名情况

762 名亚裔学生共计提名 2521 名好友，其中 91%（N=2293）为同性别好友，因此，本研究只关注了同性别友谊。被提名者中 55%为亚裔（即同族朋友，N=1256），10%为白人（N=231），12%为拉丁裔（N=276），4%为黑人（N=90），13%为多种族混血，6%为其他种族。由于我们主要研究亚裔学生与白人、黑人、拉丁裔学生的友谊，因此，被提名者为多种族混血和其他种族的样本被剔除在外。约有 25%的亚裔学生报告自己至少拥有一名白人或拉丁裔朋友，只有 10%报告拥有至少一个黑人朋友。相比其他两个亚群体，更多的南亚学生报告拥有一名以上异族朋友［（白人，$X^2(2, N=762)=23.78$，$p<0.001$；黑人，$X^2(2, N=762)=29.76$，$p<0.001$；拉丁裔，$X^2(2, N=762)=7.53$，

$p<0.05$）]。性别和移民代际对亚裔学生的跨种族友谊没有造成影响。

### （三）学校水平的检验

如果亚裔学生是按照可得性原则选择朋友，则其提名的朋友中他族朋友所占的比例应该与校内他族学生占总学生数的比例相似。本研究采用 Hamm 等（2005）研究中报告的方法，对朋友提名进行比例差异的显著性检验，检验公式如下：

$$z=\frac{p-\pi}{\sqrt{\pi(1-\pi)/n}} \qquad (3-2)$$

其中，p 表示目标群体人数占被提名朋友总数的比例；π 表示目标群体在整个年级内所占的比例；n 表示被提名的朋友总数。举例来说，在某个亚裔学生占比 10.2%的学校，学生共提名了 51 个朋友，其中 41.2%为亚裔，则 $z=\frac{41.2\%-10.2\%}{\sqrt{10.2\%\times(1-10.2\%)/51}}=7.34$，$p<0.001$。这表明在该学校中，考虑亚裔学生的占比后（即控制可得性后），亚裔学生在选择朋友时存在本族偏好。对 19 所学校的分析结果表明，多数学校中亚裔学生在选择朋友时存在本族偏好（z-scores＝−0.1～16.04）。在 12 所学校中，亚裔学生提名的黑人朋友数明显少于概率水平（z-scores＝−6.08～0.71）；在 11 所学校中，亚裔学生提名的拉丁裔朋友数明显少于概率水平（z-scores＝−4.58～1.4）。有两所学校中亚裔学生明显占比过小（低于全体学生的 8%），此类学校中的亚裔学生更多提名白人朋友（z-scores＝1.97～2）为朋友。

我们利用多层逻辑回归探索个体水平和学校水平的跨种族友谊预测因素。第一层（学生水平）的预测变量为年龄、性别、移民代际、亚裔亚群体、父母的受教育程度以及 GPA。对性别和移民代际进行哑变量编码（0＝男性；0＝一代移民），亚群体中以南亚裔为参照组。学生提名的朋友总数也作为控制变量进入水平 1 的回归模型，作为个体一般交友倾向的指标。对所有预测变量进行组均值中心化处理。

我们首先建立了基本模型（见表 3-1 和表 3-2），该模型不考虑学校水平的因子。接下来令学校水平的预测变量（如外群体占比、亚裔占比、学校种族多样性、学业水平差异）逐个进入模型，形成模型 2 至模型 5，允许不同学校间存在不同截距。对白人和拉丁裔朋友提名进行单独分析，详见附录 A 和附录 B。由于亚裔学生提名的黑人朋友不多（仅 90 名），且 13 所学校中提名至少一名黑人朋友的人数还不足 5 人，所以，本研究中的多水平模型不适合用来探索亚裔与黑人同伴的友谊。

**表 3-1 “亚裔—白人”青少年友谊的多层逻辑回归结果**

| | 模型 1 | 模型 2 | 模型 3 | 模型 4 | 模型 5 |
|---|---|---|---|---|---|
| 学生水平 | | | | | |
| 性别 | -0.18（0.27） | -0.19（0.27） | -0.19（0.27） | -0.20（0.27） | -0.21（0.27） |
| 移民代际 | -0.22（0.29） | -0.22（0.29） | -0.24（0.29） | -0.23（0.29） | -0.25（0.29） |
| 父母受教育程度 | -0.03（0.10） | -0.03（0.10） | -0.03（0.10） | -0.03（0.10） | -0.04（0.10） |
| 东南亚裔 | -0.01（0.54） | -0.01（0.54） | -0.01（0.54） | -0.01（0.56） | -0.07（0.56） |
| 东亚裔 | -0.72（0.35）* | -0.72（0.35）* | -0.73（0.35）* | -0.72（0.35）* | -0.69（0.34）* |
| GPA | 0.19（0.21） | 0.20（0.21） | 0.20（0.21） | 0.19（0.20） | 0.20（0.20） |
| 提名的友谊数 | 0.35（0.08）*** | 0.36（0.08）*** | 0.36（0.08）*** | 0.36（0.08）*** | 0.34（0.08）*** |
| 学校水平 | | | | | |
| 拉丁裔占比 | | 8.93（1.62）*** | 6.41（1.09）*** | 5.35（0.94）*** | 5.00（1.14）*** |
| 亚裔占比 | | | -4.34（1.03）*** | -4.19（0.96）*** | -4.76（1.09）*** |
| 种族多样性 | | | | 8.63（2.82）** | |
| 学业水平差异 | | | | | -0.01（0.01） |
| -2 * log likelihood | 437.30 | 418.93 | 407.85 | 398.15 | 388.92 |

注：提名的友谊数=该学生提名的友谊总数；学业水平差距=亚裔与白人学生的学业水平差距；* p <0 .05，** p <0 .01，*** p <0.001。

**表 3-2 “亚裔—拉丁裔”青少年友谊的多层逻辑回归结果**

| | 模型 1 | 模型 2 | 模型 3 | 模型 4 | 模型 5 |
|---|---|---|---|---|---|
| 学生水平 | | | | | |
| 性别 | -0.33（0.21） | -0.33（0.21） | -0.33（0.21） | -0.33（0.21） | -0.32（0.21） |
| 移民代际 | 0.07（0.23） | 0.05（0.23） | 0.02（0.23） | 0.05（0.23） | 0.04（0.23） |
| 父母受教育程度 | 0.07（0.07） | 0.09（0.07） | 0.10（0.08） | 0.10（0.08） | 0.09（0.08） |
| 南亚裔 | -0.11（0.39） | -0.03（0.42） | -0.03（0.42） | -0.03（0.42） | -0.07（0.43） |
| 东亚裔 | -0.41（0.30） | -0.37（0.31） | -0.36（0.30） | -0.36（0.30） | -0.41（0.31） |
| GPA | -0.32（0.15）* | -0.35（0.15）* | -0.35（0.16）* | -0.35（0.15）* | -0.35（0.15）* |
| 提名的友谊数 | 0.29（0.06）*** | 0.29（0.07）*** | 0.29（0.07）*** | 0.29（0.07）*** | 0.30（0.07）*** |

续表

| | 模型 1 | 模型 2 | 模型 3 | 模型 4 | 模型 5 |
|---|---|---|---|---|---|
| 学校水平 | | | | | |
| 拉丁裔占比 | | 3.08 (1.10)** | 2.15 (0.97)* | 2.00 (1.07)* | 2.43 (0.89)** |
| 亚裔占比 | | | -1.99 (0.76)** | -2.12 (0.86)* | -2.09 (0.66)** |
| 种族多样性 | | | | -0.75 (2.41) | |
| 学业水平差异 | | | | | -0.02 (0.01)** |
| 2 * log likelihood | 626.71 | 619.41 | 614.00 | 613.93 | 591.68 |

注：提名的友谊数=该学生提名的友谊总数；学业水平差距=亚裔与拉丁裔学生的学业水平差距；* $p<0.05$，** $p<0.01$，*** $p<0.001$。

（1）“亚裔—白人”青少年友谊。如表 3-1 模型 1 所示，在控制了朋友总数后，南亚裔比东南亚裔学生更可能结交白人同伴。学生水平的其他预测变量都不显著。在模型 2 中，白人在校内总人数中的比例数是学校水平的重要预测变量。该比例越高，亚裔学生提名白人同伴的可能性越大。在模型 3 中加入亚裔学生在校内总人数中的比例数，结果表明，该比例越高则亚裔学生提名白人同伴的可能性越小。模型 4 证明了多样性效应的存在：在控制了亚裔和白人的占比后，学校的种族多样性越高，亚裔提名白人同伴的可能性也越高。模型 5 表明，成绩差异并不是造成学校水平间提名白人朋友差异的显著预测因子。

（2）“亚裔—拉丁裔”青少年友谊。在学生水平上，GPA 是亚裔学生跨种族友谊的重要预测因子（见表 3-2）。GPA 较低的亚裔学生更可能提名至少一位拉丁裔朋友。如模型 2 和模型 3 所示，拉丁裔在校内占比数和亚裔在校内占比数都是学校水平上的重要预测因子。拉丁裔比例越大，亚裔占比越小时，亚裔学生更可能提名拉丁裔同伴。模型 4 显示，种族多样性并非学校水平的显著预测变量。模型 5 显示，学业水平差异能够显著预测亚裔学生提名拉丁裔同伴的数量。两者学业水平越接近，则亚裔学生提名拉丁裔同伴的可能性也越大。

（3）“亚裔—黑人”青少年友谊。作为多水平模型的替代方案，我们对被提名的黑人学生与未被提名的黑人学生进行差异检验。对黑人学生的 GPA 进行学校内和种族内的标准化处理，经标准化后的成绩越高，则表明该个体在学校的黑人学生中成绩越好。61%被亚裔学生提名的黑人朋友的 GPA 都显著高于黑人学生成绩的总体均值（z-GPA>0）；而在未被提名的黑人学生中，成绩高于均值的仅有 38.8%［$\chi^2(1)=4.74$，$p<0.05$］。这一结果说明，亚裔学生更有可能与学业水平高的黑人同伴交朋友。

综上所述，亚裔学生在选择朋友时表现出较强的内群体偏好。南亚裔学生比其他亚裔亚群体更可能寻求跨种族友谊。当本族人占比较少时，亚裔学生会提名更多的白人同伴，更少提名黑人和拉丁裔同伴。学校的种族多样性有利于促进“亚裔—白人”友谊的形成；学业水平的相似性则有利于促进“亚裔—拉丁裔”和“亚裔—黑人”友谊的形成。

### （四）跨种族友谊和群际态度

如图 3-1 所示，相比没有白人朋友，至少提名一位白人朋友的亚裔学生对白人具有更加积极的态度［更多的积极情感，$t(485)=3.97$；更少的对社会距离的渴望，$t(724)=-5$；更多的积极评价，$t(717)=3.1$；更少的消极评价，$t(682)=-2.74$；所有的 $p<0.01$］。与认知评价（r 积极特质 =0.12；r 消极特质=0.1）相比，群际态度的行为（r=0.2）和情感（r=0.18）维度效应量更大。相似的友谊效应在“亚裔—拉丁裔”友谊中同样存在。但是“亚裔—黑人”友谊对群际态度的改变仅仅表现为更少的行为回避［$t(762)=-3.58$，$p<0.001$，$r=0.13$］。“亚裔—黑人”友谊与积极的外群体情感仅呈现边缘显著［$t(482)=1.94$，$p=0.052$，$r=0.09$］，其对积极和消极的认知评价都无影响（$rs<0.05$）。

接下来进行多水平模型分析（Raudenbush & Bryk，2002），考察“亚裔—白人”和“亚裔—拉丁裔”友谊效应对群际态度不同维度的具体影响。在学生层面（水平 1），首先对水平 1 中的所有预测变量进行组均值的中心化处理。在控制人口统计学变量（包括性别、移民代际、父母受教育程度和亚裔亚群体类型）后，用友谊预测群际态度。$\beta_{0j}$代表的是不同学校间未调整的群际态度的均值。由于初步分析显示友谊效应在不同学校间的斜率几乎没有变化，所以这里的斜率在不同学校间相等。

水平 1：$Attitude_{ij}=\beta_{0j}+\beta_{1j}(\text{性别})_{ij}+\beta_{2j}(\text{移民代际})_{ij}+\beta_{3j}(\text{父母受教育程度})_{ij}+\beta_{4j}(\text{东南亚裔})_{ij}+\beta_{5j}(\text{东亚裔})_{ij}+\beta_{6j}(\text{友谊})_{ij}+e_{ij}$

水平 2：$\beta_{0j}=\gamma_{00}+u_{0j}$，$\beta_{pj}=\gamma_{p0}$，for $p>0$

如表 3-3 所示，整体上来说在控制了人口统计学变量后，跨种族友谊有利于形成更积极的外群体情感，减少行为回避，增加对外族人积极特质的认

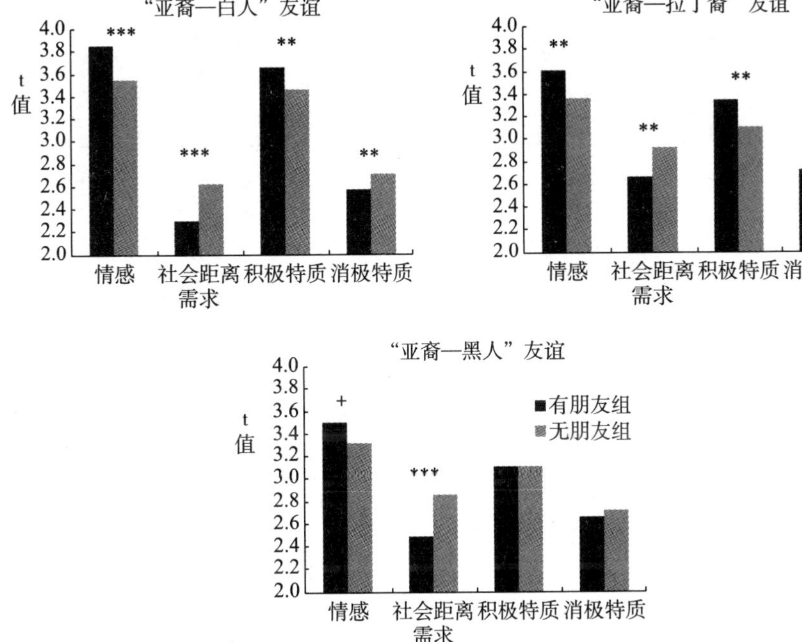


**图 3-1　亚裔青少年跨种族友谊对群际态度的影响**

注：+ p <0.10，* p <0.05，** p<0.01，*** p <0.001。

知评价，减少消极特质的认知评价。"亚裔—白人"和"亚裔—拉丁裔"友谊都是如此。女生（相比男生）对白人和拉丁裔同学的社会距离需求更少，积极情感更多。本研究未发现移民代际对群际态度任何维度的影响。亚裔亚群体的区域差异明显，与东亚学生相比，南亚裔学生在对白人和拉丁裔同学的情感、行为和认知评价上都更积极。此外，南亚裔学生比东南亚裔学生对拉丁裔和白人的情感及认知评价更为积极。亚裔的三个亚群体在评价白人和拉丁裔的负面特质上没有明显差异。替换参照组我们发现，东亚和东南亚裔学生之间的群际态度无显著差异。

接下来对友谊质量进行类似的检验。结果发现友谊质量的两个维度（共享时间、情感支持）对亚裔学生群际态度影响不同。如表 3-4 所示，不论"亚裔—白人"还是"亚裔—拉丁裔"友谊，共享时间预测更少的行为回避，但对态度的情感维度和认知维度没有显著影响。如表 3-5 所示，"亚裔—白人"友谊中的情感支持维度显著预测更少的行为回避；"亚裔—拉丁裔"友谊

表 3-3 跨种族友谊效应影响群际态度的系数估计

| | 情感 | | 社会距离需求 | | 积极特质 | | 消极特质 | |
|---|---|---|---|---|---|---|---|---|
| | 白人 | 拉丁裔 | 白人 | 拉丁裔 | 白人 | 拉丁裔 | 白人 | 拉丁裔 |
| 截距 | 3.63（0.06）*** | 3.42（0.06）*** | 2.50（0.07）*** | 2.81（0.07）*** | 3.54（0.05）*** | 3.20（0.04）*** | 2.81（0.04）*** | 2.80（0.04）*** |
| 性别 | 0.11（0.10） | 0.18（0.06）** | -0.31（0.06）*** | -0.36（0.07）*** | -0.03（0.07） | 0.05（0.06） | -0.13（0.08） | -0.17（0.06）** |
| 移民代际 | -0.01（0.09） | 0.02（0.08） | 0.11（0.12） | 0.02（0.14） | 0.03（0.10） | 0.09（0.07） | -0.06（0.04） | -0.12（0.08） |
| 父母受教育程度 | 0.02（0.02） | -0.01（0.02） | -0.03（0.02） | -0.01（0.02） | -0.03（0.01）** | -0.01（0.02） | 0.02（0.02） | 0.01（0.02） |
| 东南亚裔 | -0.30（0.09）*** | -0.11（0.05）* | 0.07（0.17） | 0.07（0.14） | -0.27（0.11）** | -0.19（0.09）* | 0.03（0.11） | 0.00（0.12） |
| 东亚裔 | -0.49（0.09）*** | -0.39（0.12）*** | 0.31（0.14）* | 0.40（0.14）** | -0.37（0.07）*** | -0.35（0.12）** | -0.07（0.14） | 0.02（0.11） |
| 友谊 | 0.24（0.10）* | 0.24（0.10）* | -0.21（0.08）* | -0.22（0.08）** | 0.14（0.06）* | 0.27（0.06）*** | -0.16（0.08）* | -0.18（0.07）** |
| 方差成分[a] | 0.02 | 0.01 | 0.04* | 0.02 | 0.02 | 0.02 | 0.01 | 0.01 |

注：① [a]代表群际态度校均值的变异量。② $^{*}p<0.05$，$^{**}p<0.01$，$^{***}p<0.001$。

表 3-4 亚裔青少年跨民族友谊质量（共享时间）对群际态度的影响

| | 情感 | | 社会距离需求 | | 积极特质 | | 消极特质 | |
|---|---|---|---|---|---|---|---|---|
| | 白人 | 拉丁裔 | 白人 | 拉丁裔 | 白人 | 拉丁裔 | 白人 | 拉丁裔 |
| 截距 | 3.84（0.09）*** | 3.60（0.08）*** | 2.33（0.07）*** | 2.64（0.08）*** | 3.66（0.06）*** | 3.38（0.06）*** | 2.58（0.06）*** | 2.70（0.06）*** |
| 性别 | 0.26（0.15） | 0.41（0.14）** | -0.34（0.12）** | -0.33（0.12）*** | 0.02（0.09） | 0.16（0.10） | -0.10（0.15） | -0.12（0.09） |
| 移民代际 | -0.14（0.13） | -0.26（0.14）+ | 0.12（0.11） | 0.03（0.16） | -0.06（0.16） | 0.05（0.09） | 0.13（0.09） | -0.02（0.10） |
| 父母受教育程度 | -0.04（0.05） | -0.05（0.05） | -0.06（0.04） | 0.02（0.04） | -0.05（0.04） | -0.05（0.04） | 0.06（0.04） | 0.07（0.04） |
| 东南亚裔 | -0.24（0.26） | 0.02（0.15） | 0.05（0.14） | -0.02（0.24） | -0.07（0.20） | -0.07（0.14） | 0.01（0.19） | 0.07（0.24） |

续表

| | 情感 | | 社会距离需求 | | 积极特质 | | 消极特质 | |
|---|---|---|---|---|---|---|---|---|
| | 白人 | 拉丁裔 | 白人 | 拉丁裔 | 白人 | 拉丁裔 | 白人 | 拉丁裔 |
| 东亚裔 | -0.37（0.19） | -0.54（0.15）*** | 0.16（0.17） | 0.43（0.21）* | -0.11（0.14） | -0.35（0.14）* | 0.09（0.16） | 0.14（0.22） |
| 友谊 | 0.17（0.11） | 0.16（0.21） | -0.26（0.08）** | -0.19（0.10）* | 0.16（0.10） | 0.06（0.13） | -0.03（0.07） | -0.02（0.09） |
| 方差成分[a] | 0.02 | 0.01 | 0.02 | 0.02 | 0.00 | 0.01 | 0.00 | 0.00 |

注：① [a]代表群际态度校均值的变异量。② $^{+}$ $p<0.10$，$^{*}$ $p<0.05$，$^{**}$ $p<0.01$，$^{***}$ $p<0.001$。

**表 3-5　亚裔青少年跨民族友谊质量（情感支持）对群际态度的影响**

| | 情感 | | 社会距离需求 | | 积极特质 | | 消极特质 | |
|---|---|---|---|---|---|---|---|---|
| | 白人 | 拉丁裔 | 白人 | 拉丁裔 | 白人 | 拉丁裔 | 白人 | 拉丁裔 |
| 截距 | 3.83（0.08）*** | 3.60（0.08）*** | 2.34（0.07）*** | 2.67（0.08）*** | 3.66（0.06）*** | 3.37（0.06）*** | 2.58（0.06）*** | 2.69（0.06）*** |
| 性别 | 0.28（0.15） | 0.24（0.14） | -0.39（0.13）** | -0.27（0.11）* | 0.02（0.10） | 0.02（0.09） | -0.08（0.15） | -0.09（0.08） |
| 移民代际 | -0.14（0.12） | -0.31（0.11）** | 0.17（0.10） | 0.11（0.13） | -0.07（0.16） | 0.01（0.07） | 0.12（0.10） | -0.01（0.10） |
| 父母受教育程度 | -0.05（0.05） | -0.04（0.05） | -0.05（0.04） | 0.02（0.03） | -0.06（0.04） | -0.05（0.04） | 0.07（0.04） | 0.06（0.03）+ |
| 东南亚裔 | -0.16（0.26） | -0.07（0.15） | 0.02（0.13） | 0.05（0.22） | -0.23（0.14） | -0.08（0.14） | 0.01（0.19） | 0.03（0.22） |
| 东亚裔 | -0.31（0.21） | -0.42（0.17）** | 0.10（0.18） | 0.43（0.23）+ | -0.27（0.19） | -0.31（0.16）* | 0.08（0.17） | 0.07（0.22） |
| 友谊 | 0.15（0.16） | 0.61（0.12）*** | -0.30（0.13）* | -0.56（0.12）*** | 0.02（0.09） | 0.53（0.10）*** | 0.04（0.15） | -0.16（0.08）* |
| 方差成分[a] | 0.02 | 0.02 | 0.02 | 0.01 | 0.00 | 0.00 | 0.00 | 0.00 |

注：① [a]代表群际态度校均值的变异量。② $^{+}$ $p<0.10$，$^{*}$ $p<0.05$，$^{**}$ $p<0.01$，$^{***}$ $p<0.001$。

中的情感支持维度显著预测态度的三个维度。

## 四、讨论

友谊对青少年的健康发展起着至关重要的作用。随着学龄儿童面临的种族多样化进程越发加快，对跨种族友谊的研究也随着时间的推移而变得越发重要。本研究对既有研究进行了扩展，考察了跨种族友谊的预测因素及其对群际态度的影响。此前的跨种族友谊研究忽视了亚裔美国青少年这一群体，因此，我们以该群体为研究对象考察了友谊影响社会适应的作用过程。

### （一）亚裔学生与白人、拉丁裔和黑人的友谊

研究表明，亚裔青少年的友谊选择在不同种族间有所不同，与相似性原则一致，亚裔青少年在友谊选择中表现出明显的内群体偏好。在本族所占比例较小且接近性原则被满足的情况下，亚裔学生更愿意同白人同伴交友，更不愿与拉丁裔和黑人同伴交友。亚裔青少年在交友中表现出的内群体偏好和白人同伴偏好与之前的研究结果（Kao & Joyner，2004）一致。在学校水平上，其种族多元化越强越有利于“亚裔—白人”友谊。但是，对“亚裔—拉丁裔”和“亚裔—黑人”友谊没有明显促进作用。亚裔—黑人友谊的数量是最少的，部分原因可能是亚裔学生本身接触黑人同伴就少。我们在研究中也确实发现样本学校中很少存在大量黑人或亚裔的情况，这或许在一定程度上反映了加州较严重的种族隔离现象。而在少数几个黑人较多的学校中（一般是黑人为主或黑人、拉丁裔混合），亚裔学生的数量屈指可数。综上所述，与黑人学生缺乏接触的现实条件可能是“亚裔—黑人”青少年友谊难以形成的关键原因。

对亚裔青少年跨种族友谊形成产生重大影响的另一因素是学业成绩。一般来说，亚裔学生的成绩比黑人和拉丁裔优异（Hsin & Xie，2014），我们的研究也再次证实了这点。亚裔学生在发展跨种族友谊时更倾向于结交与其成绩相似的同伴。愿意与拉丁裔同伴交友的亚裔学生一般 GPA 较低，而在与黑人同伴交友时亚裔学生也倾向于选择成绩较好的黑人同学。学业成绩的相似性增多了亚裔学生与成绩相似的外族同伴交往的机会（譬如按照学业水平分班），从而促进了跨种族友谊的形成。

学业成绩不仅是个人层面上预测跨种族友谊的关键指标，在学校水平上也是如此。当学校中亚裔和拉丁裔学生的成绩差异较小时，亚裔学生更可能

与拉丁裔同伴交友，这一发现与此前对白人—黑人青少年友谊的研究结论（Hallinan & Teixeira，1987）一致，即在学业水平差异不大的班级内，白人学生更有可能与黑人同伴交往。从群际接触理论（Allport，1954）的角度分析，不同群体间学业成绩的相似性是群体间"地位平等"的标志，这是跨种族接触的最佳条件。因此，强调合作和掌握目标的班级氛围更有利于促进亚裔青少年与拉丁裔和黑人同伴发展友谊。

### （二）跨种族友谊和群际态度

与群际接触理论一致，本研究证实了跨种族友谊对改善群际态度的促进作用，并且友谊效应的作用在不同的群体间有不同表现。与白人和拉丁裔同伴的友谊有利于促进亚裔青少年对这两种族整体产生更积极的情感、认知评价和更亲密的行为。但是，与黑人的友谊并没有减少亚裔青少年对黑人的消极刻板印象，也没有促进其更积极的情感。相比"亚裔—白人"和"亚裔—拉丁裔"友谊，"亚裔—黑人"友谊的群际态度改善作用更小。这点发现与Killen、Mulvey和Hitti（2013）的研究结果一致，即在青少年的跨种族交往中，各种族的历史、社会、文化等因素都会产生不同影响。虽然本研究中大部分亚裔青少年都还是新移民（90%以上为一代和二代移民），但是，亚裔青少年的跨种族友谊模式已经反映出美国社会的种族阶层差异，即亚裔青少年更愿意与白人同学交友，即便是与黑人同学交友，友谊效应对消极刻板印象的作用也比较有限。我们的研究强调了跨种族友谊中双方的种族构成对友谊效应的影响，弥补了此前研究未涉及此问题的遗憾。

本研究的另一个创新之处是对友谊（数量和质量）和群际态度（情感、认知和行为）进行多个维度的测量［另一个例子可参见Binder等（2009）］，对两变量不同维度间的联系进行了详细探讨。研究发现，共享时间是减少亚裔青少年对外种族行为回避的关键因素。一方面，共享时间增多了亚裔青少年与异族同伴接触的机会；另一方面，跨种族友谊的形成也有利于亚裔青少年寻求更多的跨种族交往。此外，共享时间还可以通过减少群际焦虑（Paolini，Hewstone，Carrins & Voci，2004）进而降低群际交往中的行为回避。

友谊质量中的情感支持维度对改善群际态度的作用更为显著。在"亚裔—白人"友谊中，情感支持能够显著降低行为回避；"亚裔—拉丁裔"友谊中情感支持对群际态度的三个维度都有改善作用。这一发现与Pettigrew（1998）的观点较为一致，即相比改善认知和行为，积极的情感体验才是改善

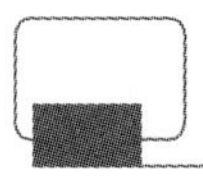



群际态度的核心因素。从好朋友那里获得的亲密感有助于减少对整个外群体的偏见。亲密感越高则友谊对改善群际态度的作用越大。

本研究最具新意的一点发现是，亚裔美国青少年的友谊形成及友谊效应的作用在不同的亚群体中表现不同。据我们所知，此前的研究还未有过类似探讨。随着美国亚裔移民的种类越发多样，对亚裔亚群体进行分门别类的研究显得更为必要。本研究主要区分了东亚、东南亚和南亚裔三个亚群体，发现南亚学生报告了更多的跨种族友谊和更积极的群际态度。一个可能的解释是南亚（如印度）具有悠久的殖民历史，因此，与移民国家的文化差距更小。近期的一项研究也显示，相比东亚和东南亚移民，南亚移民报告的同化压力确实更小（Tummala-Narra, Alegria & Chen, 2012）。关于移民和文化适应的相关文献表明，较大的文化差异确实会引发更多的负面群际态度。由于本研究未对文化距离进行仔细考察，因此，上述猜测也仅是一种可能的解释。除了地理区域外，不同的亚裔亚群体还可能存在其他维度上的差异，今后的研究可以扩大研究范围，以对不同的亚群体进行更加细致的研究。

### （三）研究局限

虽然本研究在一定程度上为跨种族友谊研究做出了贡献，但仍然存在一定的局限性。第一个局限是本研究是一个横断研究。我们虽然对友谊效应和群际态度的关系进行了小心的求证，但是，仍旧没有很好地说明作用的方向问题。到底是积极的群际态度促进了跨种族友谊的形成（选择效应），还是友谊效应改善了群际态度（友谊效应），目前还不得而知。未来的研究可以考虑使用纵向追踪的办法来探明具体的作用机制。本研究中发现的友谊数量和质量对群际态度的作用已经在一定程度上为未来的纵向研究奠定了基础。

第二个局限在于结论的可推广性。友谊形成和跨种族交往是学生在青春期早期面临的一个关键问题（Rutland, Abrams & Levy, 2007），因此，本研究着重考察六年级学生的跨种族友谊及群际态度。然而，相关结论是否能在其他年龄层的被试身上得到验证还不得而知。例如，与初中生相比，小学阶段的亚裔学生是否会发展更多的跨种族友谊？另外，由于学业分组导致的种族隔离是否会造成高中阶段亚裔学生的跨群体友谊比初中阶段有所减少？亚裔学生跨种族同伴关系的发展性研究是未来应探索的一个重要问题。

### （四）对实践工作的启示

与此前的元分析结果（Tropp & Pettigrew, 2005）一致，我们的研究表明，友谊效应对改善他族对黑人的消极刻板印象作用不大。刻板印象作为与种族文化息息相关的稳固信念，不仅在无意识情况下发挥着不小的作用，更难以在后期发生改变。不过研究发现，积极的一面是跨种族友谊的形成对群际态度的行为层面（减少行为回避）作用显著，而行为的亲近更有可能改善群际交往中的情感体验和认知评价。未来研究可以检验以下关于态度改变的过程的假设：跨种族友谊—行为亲近—情感变化—认知变化。现有的研究还未对此进行实证性研究。该态度改善的过程对于干预研究有怎样的启发呢？现有的偏见减少计划大多以说教为主，旨在从改善认知入手促进跨种族的社会融合（Hill & Augoustin，2001），但是，我们的研究结果表明，行为上的亲近很可能引发对外群体情感和认知的转变。这些结果提示，在促进多种族学生融合的教育中，应该重视营造鼓励交往的环境，为学生提供更加积极的跨种族交往体验。

（陈晓晨、Sandra Graham 著，刘子旻译，陈晓晨、时勘校对）

原文载：Chen X. & Graham S. Cross-ethnic friendships and intergroup attitudes among Asian American adolescents ［J］. Child Development，2015，86（3）：749-764.

## 附录 A “亚裔—白人”青少年友谊的多水平逻辑回归预测模型

模型 A1：

水平 1：$\eta_{ij} = \beta_{0j}+\beta_{1j}$(性别)$_{ij}$+ $\beta_{2j}$(移民代际)$_{ij}$+ $\beta_{3j}$(父母受教育程度)$_{ij}$+ $\beta_{4j}$(东南亚裔)$_{ij}$+$\beta_{5j}$(东亚裔)$_{ij}$+ $\beta_{6j}$(GPA)$_{ij}$+$\beta_{7j}$(提名的友谊数)$_{ij}$+$e_{ij}$

水平 2：$\beta_{0j} = \gamma_{00}+u_{0j}$

$\beta_{pj} = \gamma_{p0}$, for $p>0$

模型 A2：

水平 1：$\eta_{ij} = \beta_{0j}+\beta_{1j}$(性别)$_{ij}$+ $\beta_{2j}$(移民代际)$_{ij}$+ $\beta_{3j}$(父母受教育程度)$_{ij}$+ $\beta_{4j}$(东南亚裔)$_{ij}$+$\beta_{5j}$(东亚裔)$_{ij}$+ $\beta_{6j}$(GPA)$_{ij}$+$\beta_{7j}$(提名的友谊数)$_{ij}$+$e_{ij}$

水平 2：$\beta_{0j} = \gamma_{00}+\gamma_{01}$(白人占比)$_j$+$u_{0j}$

$\beta_{pj} = \gamma_{p0}$, for $p>0$

模型 A3：

水平 1：$\eta_{ij}=\beta_{0j}+\beta_{1j}$(性别)$_{ij}$+ $\beta_{2j}$(移民代际)$_{ij}$+ $\beta_{3j}$(父母受教育程度)$_{ij}$+ $\beta_{4j}$(东南亚裔)$_{ij}$+$\beta_{5j}$(东亚裔)$_{ij}$+ $\beta_{6j}$(GPA)$_{ij}$+$\beta_{7j}$(提名的友谊数)$_{ij}$+$e_{ij}$

水平 2：$\beta_{0j}=\gamma_{00}+\gamma_{01}$(白人占比)$_j$+ $\gamma_{02}$(亚裔占比)$_j$+$u_{0j}$

$\beta_{pj}=\gamma_{p0}$, for $p>0$

模型 A4：

水平 1：$\eta_{ij}=\beta_{0j}+\beta_{1j}$(性别)$_{ij}$+ $\beta_{2j}$(移民代际)$_{ij}$+ $\beta_{3j}$(父母受教育程度)$_{ij}$+ $\beta_{4j}$(东南亚裔)$_{ij}$+$\beta_{5j}$(东亚裔)$_{ij}$+$\beta_{6j}$(GPA)$_{ij}$+$\beta_{7j}$(提名的友谊数)$_{ij}$+$e_{ij}$

水平 2：$\beta_{0j}=\gamma_{00}+\gamma_{01}$(白人占比)$_j$+ $\gamma_{02}$(亚裔占比)$_j$+ $\gamma_{03}$(种族多样性)$_j$+$u_{0j}$

$\beta_{pj}=\gamma_{p0}$, for $p>0$

模型 A5：

水平 1：$\eta_{ij}=\beta_{0j}+\beta_{1j}$(性别)$_{ij}$+ $\beta_{2j}$(移民代际)$_{ij}$+ $\beta_{3j}$(父母受教育程度)$_{ij}$+ $\beta_{4j}$(东南亚裔)$_{ij}$+$\beta_{5j}$(东亚裔)$_{ij}$+ $\beta_{6j}$(GPA)$_{ij}$+$\beta_{7j}$(提名的友谊数)$_{ij}$+$e_{ij}$

水平 2：$\beta_{0j}=\gamma_{00}$+ $\gamma_{01}$(白人占比)$_j$+ $\gamma_{02}$(亚裔占比)$_j$+ $\gamma_{03}$(学业水平差异)$_j$+$u_{0j}$

$\beta_{pj}=\gamma_{p0}$, for $p>0$

水平 1：$\eta_{ij}=\beta_{0j}+\beta_{1j}$(性别)$_{ij}$+ $\beta_{2j}$(移民代际)$_{ij}$+ $\beta_{3j}$(父母受教育程度)$_{ij}$+ $\beta_{4j}$(东南亚裔)$_{ij}$+$\beta_{5j}$(东亚裔)$_{ij}$+ $\beta_{6j}$(GPA)$_{ij}$+$\beta_{7j}$(提名的友谊数)$_{ij}$+$e_{ij}$

水平 2：$\beta_{0j}=\gamma_{00}+u_{0j}$, $\beta_{pj}=\gamma_{p0}$, for $p>0$

模型 A2：

水平 1：$\eta_{ij}=\beta_{0j}+\beta_{1j}$(性别)$_{ij}$+ $\beta_{2j}$(移民代际)$_{ij}$+ $\beta_{3j}$(父母受教育程度)$_{ij}$+ $\beta_{4j}$(东南亚裔)$_{ij}$+$\beta_{5j}$(东亚裔)$_{ij}$+ $\beta_{6j}$(GPA)$_{ij}$+$\beta_{7j}$(提名的友谊数)$_{ij}$+$e_{ij}$

水平 2：$\beta_{0j}=\gamma_{00}+\gamma_{01}$(白人占比)$_j$+$u_{0j}$, $\beta_{pj}=\gamma_{p0}$, for $p>0$

模型 A3：

水平 1：$\eta_{ij}=\beta_{0j}+\beta_{1j}$(性别)$_{ij}$+ $\beta_{2j}$(移民代际)$_{ij}$+ $\beta_{3j}$(父母受教育程度)$_{ij}$+ $\beta_{4j}$(东南亚裔)$_{ij}$+$\beta_{5j}$(东亚裔)$_{ij}$+ $\beta_{6j}$(GPA)$_{ij}$+$\beta_{7j}$(提名的友谊数)$_{ij}$+$e_{ij}$

水平 2：$\beta_{0j}=\gamma_{00}+\gamma_{01}$(白人占比)$_j$+ $\gamma_{02}$(亚裔占比)$_j$+$u_{0j}$, $\beta_{pj}=\gamma_{p0}$, for $p>0$

模型 A4：

水平 1：$\eta_{ij}=\beta_{0j}+\beta_{1j}$(性别)$_{ij}$+ $\beta_{2j}$(移民代际)$_{ij}$+ $\beta_{3j}$(父母受教育程度)$_{ij}$+ $\beta_{4j}$(东南亚裔)$_{ij}$+$\beta_{5j}$(东亚裔)$_{ij}$+ $\beta_{6j}$(GPA)$_{ij}$+$\beta_{7j}$(提名的友谊数)$_{ij}$+$e_{ij}$

水平 2：$\beta_{0j}=\gamma_{00}+\gamma_{01}$(白人占比)$_j$+ $\gamma_{02}$(亚裔占比)$_j$+ $\gamma_{03}$(种族多样性)$_j$+ $u_{0j}$, $\beta_{pj}=\gamma_{p0}$, for $p>0$

模型 A5：

水平 1：$\eta_{ij} = \beta_{0j}+\beta_{1j}$(性别)$_{ij}+ \beta_{2j}$(移民代际)$_{ij}+ \beta_{3j}$(父母受教育程度)$_{ij}+$ $\beta_{4j}$(东南亚裔)$_{ij}+\beta_{5j}$(东亚裔)$_{ij}+ \beta_{6j}$(GPA)$_{ij}+\beta_{7j}$(提名的友谊数)$_{ij}+e_{ij}$

水平 2：$\beta_{0j} = \gamma_{00}+ \gamma_{01}$(白人占比)$_{j}+ \gamma_{02}$(亚裔占比)$_{j}+ \gamma_{03}$(学业水平差异)$_{j}+$ $u_{0j}$，$\beta_{pj} = \gamma_{p0}$，for p>0

## 附录 B “亚裔—拉丁裔”青少年友谊的多水平逻辑回归预测模型

模型 B1：

水平 1：$\eta_{ij} = \beta_{0j}+\beta_{1j}$(性别)$_{ij}+ \beta_{2j}$(移民代际)$_{ij}+ \beta_{3j}$(父母受教育程度)$_{ij}+$ $\beta_{4j}$(东南亚裔)$_{ij}+\beta_{5j}$(东亚裔)$_{ij}+ \beta_{6j}$(GPA)$_{ij}+\beta_{7j}$(提名的友谊数)$_{ij}+e_{ij}$

水平 2：$\beta_{0j} = \gamma_{00}+u_{0j}$

$\beta_{pj} = \gamma_{p0}$，for p>0

模型 B2：

水平 1：$\eta_{ij} = \beta_{0j}+\beta_{1j}$(性别)$_{ij}+ \beta_{2j}$(移民代际)$_{ij}+ \beta_{3j}$(父母受教育程度)$_{ij}+$ $\beta_{4j}$(东南亚裔)$_{j}+\beta_{5j}$(东亚裔)$_{ij}+ \beta_{6j}$(GPA)$_{ij}+\beta_{7j}$(提名的友谊数)$_{ij}+e_{ij}$

水平 2：$\beta_{0j} = \gamma_{00}+\gamma_{01}$(拉丁裔占比)$_{j}+u_{0j}$

$\beta_{pj} = \gamma_{p0}$，for p>0

模型 B3：

水平 1：$\eta_{ij} = \beta_{0j}+\beta_{1j}$(性别)$_{ij}+ \beta_{2j}$(移民代际)$_{ij}+ \beta_{3j}$(父母受教育程度)$_{ij}+$ $\beta_{4j}$(东南亚裔)$_{ij}+\beta_{5j}$(东亚裔)$_{ij}+ \beta_{6j}$(GPA)$_{ij}+\beta_{7j}$(提名的友谊数)$_{ij}+e_{ij}$

水平 2：$\beta_{0j} = \gamma_{00}+\gamma_{01}$(拉丁裔占比)$_{j}+ \gamma_{02}$(亚裔占比)$_{j}+u_{0j}$

$\beta_{pj} = \gamma_{p0}$，for p>0

模型 B4：

水平 1：$\eta_{ij} = \beta_{0j}+\beta_{1j}$(性别)$_{ij}+ \beta_{2j}$(移民代际)$_{ij}+ \beta_{3j}$(父母受教育程度)$_{ij}+$ $\beta_{4j}$(东南亚裔)$_{ij}+\beta_{5j}$(东亚裔)$_{ij}+ \beta_{6j}$(GPA)$_{ij}+\beta_{7j}$(提名的友谊数)$_{ij}+e_{ij}$

水平 2：$\beta_{0j} = \gamma_{00}+\gamma_{01}$(拉丁裔占比)$_{j}+ \gamma_{02}$(亚裔占比)$_{j}+ \gamma_{03}$(种族多样性)$_{j}+u_{0j}$

$\beta_{pj} = \gamma_{p0}$，for p>0

模型 B5：

水平 1：$\eta_{ij} = \beta_{0j}+\beta_{1j}$(性别)$_{ij}+ \beta_{2j}$(移民代际)$_{ij}+ \beta_{3j}$(父母受教育程度)$_{ij}+$ $\beta_{4j}$(东南亚裔)$_{ij}+\beta_{5j}$(东亚裔)$_{ij}+ \beta_{6j}$(GPA)$_{ij}+\beta_{7j}$(提名的友谊数)$_{ij}+e_{ij}$

水平 2：$\beta_{0j}=\gamma_{00}+\gamma_{01}$(拉丁裔占比)$_j+\gamma_{02}$(亚裔占比)$_j+\gamma_{03}$(学业水平差异)$_j+u_{0j}$

$$\beta_{pj}=\gamma_{p0}, \text{ for } p>0$$

# 第三节　青少年跨群体友谊与群际态度的关系研究

## 一、问题的提出

随着改革开放和经济的发展，我国流动人口数量持续快速增长。在流动人口规模不断增加的同时，流动儿童的数量也在不断增加。据近期的数据推算，4 周岁到 16 岁以下流动儿童规模达到 1834 万人，占流动人口的 12.45%。由于成长环境、个人习惯等方面的差异，流动儿童在适应与融入新的学习、生活环境时面临许多困难。例如，有研究发现，与城市常住儿童相比，流动儿童存在更多的社交焦虑与孤独感（藺秀云、方晓义、刘杨和兰菁，2009）、更少的社会支持、受歧视现象普遍、身份认同存在困难（王中会、周晓娟和 Gening Jin，2014）等问题。流动儿童的积极发展与社会融合已成为社会各界关心的热点问题之一。本研究从群际接触理论（Allport，1954；Pettigrew，1998）的视角出发，考查城市常住与外来学生间的交友情况以及友谊与群际态度的关系，希望为促进不同背景青少年的融合提供有科学依据的建议。

### （一）朋友选择的原则

国内外大量研究表明，友谊对于个体的积极发展起到至关重要的作用，特别是在中学阶段，家庭对青少年的影响逐渐被同伴所超越（Brechwald & Prinstein，2011），青少年在与同伴交往中建立的友谊是其获得社会支持与归属感的重要来源，朋友的影响也会使个体的态度与行为发生显著改变。然而，在城市常住人口与外来人口混合的学校中，来自不同区域的学生是如何相处的？他们在朋友选择时存在哪些偏好？对于这些问题研究者们了解尚少。接近性与相似性是影响友谊形成的两条基本原则。接近性是指人们愿意和身边容易接触到的人成为朋友（Mouw & Entwisle，2006）；相似性是指人们愿意和与自己相似的人成为朋友（McPherson，Smith-Lovin & Cook，2001）。有关学校种族构成对朋友选择的研究表明，这两条原则共同对学生的友谊产生影响。

与接近性原则一致，随着学校种族多样性的增加，跨种族友谊明显增多。同时，与相似性原则一致，各种族的学生在选择朋友时都表现出对同种族同伴的偏爱（Hamm，Brown & Heck，2005）。特别是少数族裔的学生（黑人、拉美裔人）作为相对社会地位较低群体的成员，在朋友选择时表现出更强烈的本群体偏好，以便从同族的朋友中获取更多的社会支持（Quillian & Campbell，2003）。据此，本研究形成了关于学生友谊选择模式的假设：根据接近性原则，本地与外来学生的混合编班为不同群体学生的接触交往提供了机会，因此，跨群体的友谊会普遍存在（H1a）。另外，根据相似性原则，学生们（特别是外地学生）在选择朋友时会存在本群体偏好。也就是说，在控制班级中本地和外地学生的比例后，本地学生更倾向于选择本地学生做朋友，外地学生更倾向于选择外地学生做朋友（H1b）。

### （二）跨群体友谊与群际态度

不同群体间学生的友谊（跨群体友谊）之所以重要，一个主要原因在于它有助于改善群际态度。根据 Allport（1954）的群际接触假说，不同群体成员间的相互接触有助于改善对外群体的态度并减少偏见。Allport 指出了四种群际接触的最佳条件：平等地位、合作、共同目标，以及权威、法律或习俗的支持。在对接触理论的重构中，Pettigrew（1998）指出，友谊情境至少满足前三个最佳接触条件，因此，跨群体的友谊是一种理想的接触形式。已有大量研究证实，跨群体的友谊与更为积极的外群体态度相关联（李森森、龙长权、陈庆飞和李红，2010）。但是，友谊与态度联系的强弱受到不同测量方式的影响（Davies，Tropp，Aron，Pettigrew & Wright，2011）。

群际态度是一个多维的概念，一些研究主要关注态度的情感维度，即与外群体成员所建立的情感联结，如喜欢或尊重外群体（Paolini，Hewstone，Cairns & Voci，2004）。另一类常见的友谊—态度关系研究则聚焦于态度的认知维度，即对外群体成员的信念和评价（Feddes，Noack & Rutland，2009）。一种很常见的测量方式是群体典型性特质评定法（Brown & Bigler，2002）。该方法要求被试回答有多少外群体成员具备某种刻板化的特质（如“有多少外地人是邋遢的?”）。元分析结果表明，与认知维度相比，态度的情感维度与友谊的关联更强（Davies et al.，2011）。研究者认为，这可能是由于态度的情感与认知维度与跨群体友谊存在着不同的联结。当回答对外群体的情感时，人们更容易想到自身的经历，因此，与好朋友所建立的积极情感联结更容易

迁移到整个外群体。然而，在进行认知评价时，人们更倾向于将熟识的朋友看作是特殊的个体，对朋友的积极印象可能不足以引发对整个外群体刻板印象的改变（Rothbart，1996）。目前进行的元分析包含了大量来自不同样本、不同方法的研究，其结果虽然具有一定启发性，但尚缺少同时包含不同态度测量方式的研究，以便直接比较态度的情感和认知维度与跨群体友谊的关系。另外，友谊与态度联系的强弱还受到友谊测量方式的影响。Davies 等（2011）总结了几种常见的友谊测量方式，包括：朋友的数量、与朋友共处的时间、亲密感和知觉到的支持等。尽管每种测量方式都表明跨群体的友谊与更好的外群体态度相关联，但是友谊的不同方面与态度不同维度间的具体关系尚不清楚。为弥补上述不足，本研究包含多种友谊（数量、质量）与态度（情感、认知）的测量方式，并提出假设 H2：跨群体友谊与更为积极的外群体态度相关联。对于友谊不同方面和态度不同维度之间的关系没有具体假设。

另一个值得注意的问题是，尽管群际接触假说得到了普遍支持，但是，对于不同群体而言，接触的效应存在大小的差异。一项包含主流群体与少数群体被试的研究表明，与外群体成员的友好接触更为有效地减少了少数群体成员对主流群体的内隐偏见（Henry & Hardin，2006）。也就是说，在少数群体成员上发现了更强的接触效应。研究者认为，由于少数群体成员所处的社会地位较低，他们本身就存在一定程度的外群体偏好（Ashburn - Nardo，Knowles & Monteith，2003），因此，他们对于主流群体的态度更容易改变。据此，本研究提出假设 H3：相对本地学生而言，较强的友谊效应会存在于外地学生当中。

### （三）态度改变的心理机制：群际焦虑的中介作用

群际态度改变的心理机制也得到了接触理论研究者们的广泛关注。Pettigrew（1998）在对经典的接触假说重构时，强调指出了情绪因素在改变外群体态度时发挥的重要作用。其中，群际焦虑（Intergroup Anxiety）是与外群体成员接触时一种典型的负性情绪反应。群际焦虑是指在与外群体成员接触时，由于担心被拒绝、歧视或被误解而产生的一种忧虑不安的情感体验。已有研究表明，群际接触可以显著地减少群际焦虑。例如，Mendes 等（2002）的研究发现，那些与黑人接触较多的白人大学生的外群体焦虑要显著低于那些没有过类似经历的白人大学生。另外，关于想象接触的研究表明，想象的外群体接触可以减少群际焦虑，进而改善外群体态度（Turner，West & Christie，2013）。据此，本研究提出假设 H4：跨群体友谊作为一种亲密的群际接触形式，可以减少群际焦虑，进而提升外群体态度（即跨群体友谊通过群际焦虑的中介作用提升外群体态度）。

总之，跨群体友谊被认为是心理学中改善群际关系最有效的途径之一。西方已有研究证实了跨群体友谊有助于减少对少数种族、同性恋者、老年人和精神病患者的偏见（Davies et al.，2011），群际接触假说为促进城市新移民的社会融入问题提供了很好的理论视角，但相关的实证研究还非常匮乏。另外，国外已有相关研究主要关注跨群体友谊对提升主流群体对弱势群体态度的作用。关于跨群体友谊在移民群体的融合与适应中可能发挥的作用了解相对较少。本地与外地学生由于成长经历、所处社会环境等方面的不同，很可能在与外群体同伴的交往模式中存在差异。基于此，本研究致力于考查学校情境中本地与外地学生的跨群体友谊和群际态度。首先，本研究考查了不同群体学生的友谊选择模式；其次，研究通过回归分析考查了跨群体友谊与群际态度的关系，并检验了友谊效应的大小是否在不同群体中存在差异；最后，本研究将采用结构方程模型考查群际焦虑在跨群体友谊与外群体态度之间的中介作用，这将有助于在更为广阔的社会背景中检验和完善群际接触理论。

## 二、研究方法

### （一）被试

本研究采用整班取样的方式，对广州市三所民办初中的 1045 名初一、初二学生进行了问卷调查。参与研究的学生均得到了家长的许可，并签署了知情同意书。剔除无效样本后，共得 905 份有效数据。其中，男生 462 人，女生 443 人；广州本地学生 445 人（49.2%），外地学生 388 人（42.9%），72 人（8%）未填写户籍。被试年龄在 11~15 岁，平均年龄为 12.7±0.69 岁。需要说明的是，在我国，一般将流动人口理解为户籍不在“本地”（流入地），但在“本地”居住半年以上的人口。相应地，将流动儿童定义为流动人口中 18 周岁以下的儿童人口（段成荣、吕利丹、王宗萍和郭静，2013）。根据这一定义，本研究中的“外地学生”均为流动儿童。

## （二）研究工具

### 1. 友谊的测量

采用非限定性同伴提名的方式测量朋友数量。学生需写下他们在班级中好朋友的名字，有几个写几个。被提名朋友的户籍根据他们自我报告的信息决定。另外，学生需对每位朋友进行友谊质量评定。对于友谊质量的测量，采用了改编自 Chen 和 Graham（2015）研究中的问卷。问卷经由三名心理专业硕、博研究生和两名心理系教师进行翻译与回译。问卷由五道题目组成，包含“共享时间”（两道题）与“情感支持”（三道题）两个维度。例如，“在放学后或者假期我们一起学习、一起玩”；“当我沮丧时，这个朋友会安慰我”。问卷采用三点计分，1 表示“从不”，3 表示“总是”。分别计算共享时间与情感支持维度项目均分，分数越高表明在该维度上友谊质量越好。本研究中，共享时间与情感支持分量表的 Cronbach α 系数分别为 0.66 和 0.78。

### 2. 群际态度的测量

本研究从情感和认知两个维度测查群际态度。针对态度的情感维度，本研究借鉴了 Binder 等（2009）研究中的测量方式。学生需要就他们对广州本地和外地学生的整体感受（喜欢、信任等）分别进行评分，量表包括四个项目，如“考虑来自广州/外地的学生，我喜欢他们”。采用五点计分，1 表示“完全不同意”，5 表示“非常同意”。计算所有项目的均分，分数越高表明情感态度越积极。探索性因子分析发现，仅有一个因子特征值大于 1，表明只能提取一个因子，方差贡献率为 74.23%，各项目的载荷在 0.7～0.85。在本研究中，对于广州本地和外地学生，量表的 Cronbach α 系数分别为 0.89 和 0.88。

对于态度的认知维度（消极刻板印象），采用了针对儿童青少年较常用的群体特质典型性评定法进行测量（Brown & Bigler, 2002）。在问卷中向学生们呈现四个消极特质词（邋遢、粗鲁、贪财、斤斤计较），特质词的选取基于近年国内学者关于城市居民对外来人口态度的研究（刘林平，2008）。学生们需回答有多少广州/外地的成员具有这些特质，如“在你看来，有多少广州/外地的学生是粗鲁的”。采用五点计分，1 表示“几乎没有”，5 表示“全部都是”。计算所有项目的均分，分数越高表明越多的消极刻板印象。探索性因子分析发现，仅有一个因子特征值大于 1，表明只能提取一个因子，方差贡献率为 65.02%，各项目的载荷在 0.8～0.82。在本研究中，对于广州本地和外地学生，量表的 Cronbach α 系数分别为 0.83 和 0.82。

3. 群际焦虑的测量

研究采用了改编自 Levin 等（2003）研究中的群际焦虑问题，共两道题目。问题经由三名心理专业硕、博研究生和两名心理系教师进行翻译与回译。两道题目分别是："我能和来自不同地区的同学很好地相处"（反向计分）、"和其他地区的同学相处时，我感到紧张不安"。采用五点计分，1 表示"完全不同意"，5 表示"非常同意"。计算两道题目的平均分，分数越高表明群际焦虑程度越高。本研究中，两道题目的相关系数为 $r = 0.41$，$p < 0.001$。

4. 控制变量

研究中控制了被试的性别、年级、父母受教育程度（1＝小学或初中，4＝大学本科或研究生）、粤语流利程度（"你粤语说得怎么样"；1＝很差，5＝非常好）、班级中本地学生与外地学生之比以及移民代际。采用国际上常用的确定移民代际的标准（Hamm et al.，2005），根据学生报告的其自身及父母的出生地确定其移民代际。具体地说，出生在广州以外的学生，为第一代移民；自己出生在广州，且父母中至少有一方出生在广州以外，为第二代移民；自己及父母均出生在广州本地的学生，为第三代（或以上）移民。

### （三）研究程序与数据处理

以班级为单位在课堂上团体施测，由各班班主任担任主试。施测前对各班班主任进行测试说明，要求班主任读测试指导语，以确保测试的有效性。整个测试在 30~40 分钟完成。本研究收集的数据采用 SPSS22.0 软件进行录入和管理，并用 SPSS22.0 和 Mplus7 两个软件进行数据分析。

## 三、结果与分析

### （一）本地与外地学生的友谊模式

1. 朋友选择的情况

本研究中的 905 名被试共提名了 3658 名朋友。与以往有关初中生友谊的研究结果类似（Kao & Joyner，2004；Quillian & Campbell，2003），绝大多数提名（91%）为同性别的朋友，因此，本研究只关注了同性别的友谊。样本中跨群体友谊十分普遍：在广州学生中，有 344 人（77.3%）提名了至少 1 位外地学生为朋友；在外地学生中，有 346 人（89.2%）提名了至少 1 位广州本地人为朋友。为进一步考查学生在朋友选择时是否存在（地域）本群体偏好，本研究采用 Hamm 等（2005）研究中所报告的方法，对朋友提名进行了比例差异的显著性检验。检验中所使用的公式如下：

$$z=\frac{p-\pi}{\sqrt{\pi\ (1-\pi)\ /n}} \tag{3-3}$$

其中，p 表示目标群体人数占被提名朋友总数的比例；π 表示目标群体在整个班级内所占的比例；n 表示提名的总人数。举例来说，在某个 50 人的班级中，有 50%的广州本地学生。如果学生们完全是按照可得性原则选择朋友，那么在他们提名的朋友中应该有 50%（π）为广州本地人。假设在该班级的 25 名广州学生共提名了 80 位朋友（n），其中有 70%（p）为本地人，在这种情况下，z= 3. 58，大于 1. 96 的临界值（$p<0.05$），表明在该班级中，广州学生在选择朋友时对本群体成员的选择显著高于期望比例，即存在本群体偏好。本研究对样本中 21 个班级里广州本地和外地学生的朋友选择情况逐一进行了分析。结果表明，广州本地学生在选择朋友时不存在显著的本群体偏好（z-scores=-1. 25~1. 9）。也就是说，在广州学生的朋友当中，本地人和外地人的比例与班级中不同地区学生的比例大致相等。有趣的是，在五个班级中，外地学生在选择朋友时存在显著的本群体偏好（z-scores=2. 04~3. 19）。

2. *友谊质量*

为进一步考查本群体与跨群体友谊在质量上的差异，本研究针对友谊质量（关于友谊质量的分析只包括了至少拥有一个外群体朋友的总数为 690 的子样本）的每个维度（共享时间、情感支持）进行了 2（地区：广州、外地）× 2（友谊类型：本群体、跨群体）的方差分析，结果未发现显著的主效应或交互作用（all $ps > 0.05$）。这说明，对于广州本地及外地学生，与内群体及外群体成员所形成的友谊在质量上不存在显著差异。广州本地与外地学生的友谊质量评分如表 3-6 所示。

**表 3-6 本群体和外群体友谊质量评分的平均数（标准差）**

| | 广州学生 | | 外地学生 | |
|---|---|---|---|---|
| | 本群体 | 外群体 | 本群体 | 外群体 |
| 共享时间 | 1. 93（0. 60） | 1. 99（0. 58） | 1. 98（0. 59） | 1. 97（0. 60） |
| 情感支持 | 2. 49（0. 55） | 2. 55（0. 54） | 2. 56（0. 50） | 2. 50（0. 51） |

## （二）跨群体友谊与群际态度的关系

本研究进一步考查了跨群体友谊与群际态度的关系。如表 3-7 所示，外群体朋友数量与群际态度中的积极情感呈显著正相关，与消极刻板印象呈显著负相关；友谊质量中的共享时间与积极情感呈显著正相关，情感支持与积极情感呈显著正相关、与消极刻板印象呈显著负相关。这表示，拥有外群体朋友的数量越多、友谊质量越高，外群体态度越积极。

**表 3-7 跨群体友谊与群际态度的相关分析**

| | M ± SD | 1 | 2 | 3 | 4 | 5 | 6 |
|---|---|---|---|---|---|---|---|
| 外群体朋友数 | 1.88（1.52） | 1.00 | | | | | |
| 共享时间 | 1.96（0.53） | 0.08* | 1.00 | | | | |
| 情感支持 | 2.51（0.49） | 0.08* | 0.35** | 1.00 | | | |
| 积极情感 | 4.21（0.75） | 0.10* | 0.20** | 0.31** | 1.00 | | |
| 消极刻板印象 | 2.48（0.82） | -0.09* | 0.04 | -0.16** | -0.28** | 1.00 | |
| 群际焦虑 | 1.76（0.82） | -0.09* | -0.12** | -0.17** | -0.35** | 0.25** | 1.00 |

注：* $p<0.05$，** $p<0.01$。

1. 朋友数量的影响

在控制性别（女=0）、年级（初一=0）、代际（移民三代为参照组）、父母受教育程度、粤语流利程度及班级中本地与外地学生之比的情况下，以外群体朋友数量为预测变量，并分别以积极情感、消极刻板印象为结果变量进行分层回归分析。由于友谊效应对于本地和外地学生可能存在差异，研究者对广州本地和外地学生分别进行了分析。结果如表 3-8 所示，对于广州本地学生，没有发现显著的友谊效应（积极情感，$\beta=0.04$，$p>0.05$；消极刻板印象，$\beta=0.01$，$p>0.05$）；然而，对于外地学生，跨群体朋友（即广州本地朋友）的数量可以显著地预测外群体情感（$\beta=0.18$，$p<0.01$）和消极刻板印象（$\beta=-0.19$，$p<0.01$）。也就是说，外地学生拥有的广州朋友越多，其对广州人的感情越积极，消极刻板印象越少。

2. 友谊质量的影响

由于友谊效应只存在于外地学生当中，针对这一群体，本研究进一步分析了友谊质量对群际态度的影响。在控制了人口统计学变量后，以共享时间

表 3-8 外群体友谊数量对群际态度的回归分析

| | 广州学生 | | | | | | 外地学生 | | | | | |
|---|---|---|---|---|---|---|---|---|---|---|---|---|
| | 积极情感 | | | 消极刻板印象 | | | 积极情感 | | | 消极刻板印象 | | |
| | $\Delta R^2$ | β | t | $\Delta R^2$ | β | t | $\Delta R^2$ | β | t | $\Delta R^2$ | β | t |
| 第一层 | 0.06 | | | 0.03 | | | 0.01 | | | 0.01 | | |
| 性别 | | -0.14 | -2.61** | | 0.11 | 2.05* | | -0.06 | -1.02 | | 0.05 | 0.92 |
| 年级 | | 0.06 | 1.12 | | 0.06 | 1.07 | | -0.01 | -0.22 | | -0.05 | -0.89 |
| 移民一代 | | 0.04 | 0.66 | | 0.01 | 0.12 | | 0.00 | 0.00 | | 0.08 | 0.43 |
| 移民二代 | | 0.01 | 0.15 | | -0.06 | -1.04 | | -0.01 | -0.05 | | 0.08 | 0.44 |
| 父母受教育程度 | | -0.11 | -2.16* | | -0.01 | -0.20 | | 0.00 | -0.01 | | 0.06 | 0.96 |
| 粤语流利程度 | | -0.14 | -2.38* | | 0.09 | 1.51 | | 0.06 | 1.10 | | 0.12 | 2.03* |
| 本地与外地学生比 | | 0.09 | 1.58 | | 0.05 | 0.95 | | -0.05 | -0.85 | | 0.07 | 1.22 |
| 第二层 | 0.07 | | | 0.03 | | | 0.04 | | | 0.05 | | |
| 友谊数量 | | 0.04 | 0.82 | | 0.01 | 0.22 | | 0.18 | 2.99** | | -0.19 | -3.13** |

注：* $p<0.05$，** $p<0.01$。

和情感支持为预测变量，并分别以外群体积极情感和消极刻板印象为结果变量，进行回归分析。结果如表 3-9 所示，共享时间只对外群体情感有显著的预测作用（$\beta=0.19$，$p<0.01$）；而情感支持对可以显著预测更多的外群体积极情感（$\beta=0.26$，$p<0.001$）与更少的消极刻板印象（$\beta=-0.22$，$p<0.01$）。

**表 3-9　外地学生跨群体友谊质量对群际态度的回归分析**

| | 积极情感 | | | 消极刻板印象 | | |
|---|---|---|---|---|---|---|
| | $\Delta R^2$ | β | t | $\Delta R^2$ | β | t |
| 第一层 | 0.00 | | | 0.03 | | |
| 性别 | | 0.04 | 0.64 | | 0.02 | 0.37 |
| 年级 | | 0.00 | 0.01 | | -0.06 | -1.03 |
| 移民一代 | | 0.09 | 0.50 | | -0.01 | -0.05 |
| 移民二代 | | 0.10 | 0.56 | | -0.01 | -0.06 |
| 父母受教育程度 | | -0.06 | -1.01 | | 0.05 | 0.86 |
| 粤语流利程度 | | -0.00 | -0.01 | | 0.14 | 2.29* |
| 本地与外地学生比 | | 0.01 | 0.17 | | 0.04 | 0.64 |
| 第二层 | 0.07 | | | 0.03 | | |
| 共享时间 | | 0.19 | 3.06** | | 0.04 | 0.58 |
| 第三层 | 0.13 | | | 0.07 | | |
| 情感支持 | | 0.26 | 4.15*** | | -0.22 | -3.40** |

注：* $p<0.05$，** $p<0.01$，*** $p<0.001$。

### （三）态度改变的机制：群际焦虑的中介作用

本研究进一步考查了友谊影响外地学生群际态度的作用机制。采用结构方程模型（SEM），用极大似然法对图 3-2 的假设模型进行估计和检验，结果表明各项拟合指数都良好（$\chi^2=11.452$，$df=9$，$p=0.246$；$RMSEA=0.03$；$CFI=0.958$；$TLI=0.942$）。采用 Bootstrap 对群际焦虑的中介效应进行显著性检验，选定的 Bootstrap 自行取样量为 1000。结果表明，跨群体友谊通过降低群际焦虑对外群体态度有着显著的影响，中介效应量为 0.05，且中介效应值的 95%置信区间（0.001，0.103）没有包括 0，说明所得的中介值具有可信度。跨群体友谊对于外群体态度的直接效应也显著，直接效应量为 0.231，其 95%的置信区

间为（0.009，0.453）。群际焦虑的中介效应量占总效应量的17.86%。

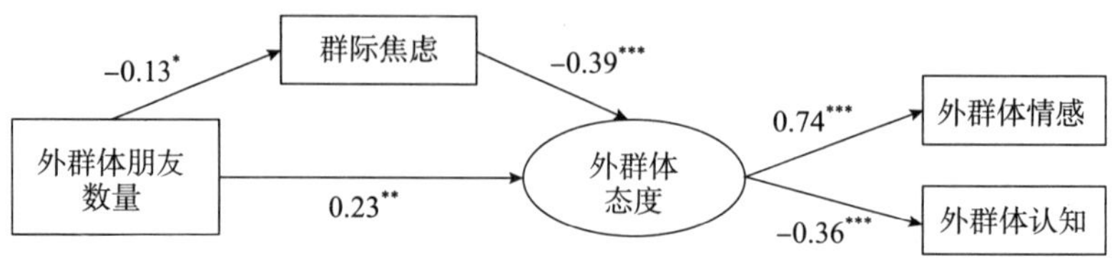


**图3-2　群际焦虑在跨群体友谊与群际态度之间的中介作用**

注：* $p<0.05$，** $p<0.01$，*** $p<0.001$。

## 四、讨论

### （一）不同群体学生的友谊选择模式

本研究从群际接触理论（Allport，1954；Pettigrew，1998）的视角出发，考查了民办学校中本市常住与外来学生的友谊选择以及群际态度。研究结果表明，跨群体友谊普遍存在，但是，本地与外地学生在朋友选择模式上存在一些差异。外地学生在选择朋友时存在一定的本群体偏好（符合相似性原则），也就是说，在控制班级中本地和外地人的比例后，外地学生更倾向于选择同是外来人的同学做朋友。这可能是由于外地学生共同面临在异乡学习、生活的各种困难，更容易相互理解和帮助。另外，国外有关移民青少年的研究表明，移民学生在受到不公平对待或歧视时更愿意与内群体成员交流以获取支持，与本群体成员的友谊有助于移民青少年自我同一性的健康发展（Graham，Munniksma & Juvonen，2014）。然而，在本地学生的朋友选择中，本研究没有发现本群体偏好。这可能是因为本地学生生活在自己的家乡，安全感较强，因此，能够以更加自信和开放的态度与来自不同地区的同学做朋友。

另外，本研究还比较了本群体和跨群体友谊在质量上的差异。与Aboud等（2003）的研究结果一致，本研究中，本群体和跨群体友谊在共享时间和情感支持两个质量维度上不存在显著差异。这表明，无论是本群体还是外群体的朋友，在提供陪伴和情感支持方面的功能是相似的。

### （二）跨群体友谊与群际态度

与已有研究结果一致的是（Levin et al.，2003），本研究发现，跨群体友谊数量与更为积极的外群体态度相关联。学生们将对其外群体朋友的积极情感和认知迁移到了整个外群体。值得一提的是，在对本地和外地学生分别进行分析时，这种“友谊效应”只存在于外地学生当中。对这一发现的可能解释是，负面的刻板印象主要是针对少数群体的（外地人），人们对于主流群体（本地人）的态度普遍较为积极。受社会上流行观点的影响，外地学生与本地朋友良好的交往经历比较容易影响对所有本地人的态度。另外，处于高社会地位的群体（本研究中的本地学生）可能更容易刻板化地看待他人（Fiske，1993），因此，对外群体的态度更难发生改变。

关于友谊质量的分析表明，与朋友的共享时间与更为积极的外群体情感相关联；来自外群体朋友的情感支持与更为积极的外群体情感和更少的消极刻板印象相关联。这一发现与 Tropp 和 Pettigrew（2005）元分析的结论一致，即态度的认知维度比情感维度更难改变。与外群体朋友反复的交流和接触有助于将对朋友的积极情感迁移到整个外群体；然而，这需要外群体朋友更多的情感投入才能减少个体对外群体的认知偏见。

情绪因素在改善外群体态度的过程中所发挥的作用已受到学者们的广泛关注。正因如此，本研究考查了群际焦虑的中介作用，并发现跨群体友谊通过减少群际焦虑进而改善外群体态度。Stephan 和 Stephan（1985）指出，个体在与外群体成员交往时，由于一些负性的期待（如被拒绝、被误解等）会容易出现焦虑情绪。然而，与朋友的交往通常是轻松愉快的，与外群体朋友成功的交往经验使个体在与外群体成员交往时的焦虑感降低，进而对外群体成员的态度有所改善。这一发现与以往关于友谊减少焦虑感的研究结果一致（La Greca & Lopez，1998）。

**（三）研究的不足**

本研究虽然取得了一定成果，但是仍然存在以下几点不足：首先，本研究是横断研究，只能揭示变量与变量之间存在某种相关关系，不能揭示因果关系。本研究中，研究者依据群际接触理论，考查了跨群体友谊降低群际焦虑问题，这一探索进一步深化了对于如何促进外群体态度的认识，即跨群体友谊—群际焦虑—外群体态度的发展过程，不过，与之相反的心理过程也可能存在，即那些具有消极外群体态度的个体可能会体验到更多的群际焦虑，因而更难与外群体成员做朋友。未来研究可以采用纵向追踪方法以厘清变量间的因果关系。其次，本研究只关注了初一、初二年级的学生，因为在初中阶段同伴关系尤为重要，学生们也是在这个年龄阶段对本群体的身份认同变得十分敏感（Rutland，Abrams & Levy，2007）。然而，未来研究需对不同年龄段儿童加以考查，以便了解群际态度随年龄的发展变化过程。最后，本研究所得结果主要是基于广州的样本，研究所得结果在其他地区（如北京、上海）的学校中是否同样存在，还需要进一步研究加以验证。

### （四）对实践工作的启示

尽管存在上述不足，研究者认为，本研究的发现对实践工作的展开仍然具有一定启示意义。首先，本研究发现，在学校中本地与外地学生间的友谊普遍存在，并且跨群体友谊与更为积极的外群体态度相关联。此结果提示，将本地与外来学生混合编班，可以为外地学生提供更多的与本地同学交往的机会，促进他们融入新居住地的生活。因此，混合编班很可能比相互隔离的学校（如专门的打工子弟学校）更能有效地促进本地与外来学生的社会融合。其次，本研究虽证实了跨群体友谊的积极作用，但同时发现，外地学生在朋友选择时，仍然存在一定的本群体偏好（即他们更愿意与同是外地学生的人做朋友）。这一发现提示教育工作者，在安排日常学习活动时，要有意创设条件，增加本地与外来学生相互接触合作的机会（如通过座位的安排、设计学习小组或团队合作任务等），以增加跨群体友谊的形成。最后，本研究的结果说明了情绪情感因素在态度改变中的重要作用（情感维度比认知维度更易改变，群际焦虑是跨群体友谊提升群际态度的中介变量）。这些结果提示我们，在促进不同群体学生融合的教育活动中，应着眼于为学生提供更为积极的与外群成员接触的情感体验，尽量避免说教（直接改变认知）。

## 五、研究结论

综上所述，本研究得出如下结论：

第一，在本地与外来学生混合的学校中，跨群体友谊普遍存在。但外地学生在选择朋友时，存在一定的本群体偏好；第二，跨群体友谊与更为积极的外群体态度相关联，且这种“友谊效应”只存在于外地学生中；第三，在外地学生中，友谊质量的共享时间维度可以显著预测外群体积极情感，友谊质量的情感支持维度可以显著预测外群体积极情感和消极刻板印象；第四，外地学生的跨群体友谊通过群际焦虑的中介作用对群际态度产生影响。

# 第四节　少数民族与汉族青少年的友谊模式研究

## 一、研究的目的、意义及目标

### （一）研究目的

本研究试图通过对少数民族与汉族青少年之间的友谊模式进行比较，探索外群体友谊数量、友谊质量、受歧视知觉、民族交往开放性和群际态度之间的关系，揭示外群体友谊数量及友谊质量的各维度对群际态度的积极、消极方面的影响程度，并进一步考察外群体友谊数量如何通过受歧视知觉和民族交往开放性对外群体积极态度产生影响，同时验证受歧视知觉、民族交往开放性以及外群体友谊数量和外群体积极态度四者之间的关系是一个带中介的调节模型。

### （二）预期目标

（1）分析汉族和少数民族青少年针对内外群体的不同友谊特征及具体友谊模式等。根据研究结果进一步比较我国民族混合学校中不同类型的青少年在不同群体间的友谊模式的差异。

（2）分别探究汉族和少数民族青少年友谊的不同方面（数量、质量）和态度不同维度（积极、消极）之间的关系，并对两个群体的差异进行进一步分析比较。

（3）探索汉族和少数民族青少年群际态度改变的心理机制，考察受歧视知觉和民族交往开放性在态度改变过程中的作用。

### （三）具体目标

（1）对不同民族及不同性别的青少年拥有的不同群体类型友谊质量的特点进行考察，对不同民族及性别的青少年友谊质量上的差别进行对比。

（2）考察外群体朋友的数目、外群体友谊的质量和外群体积极态度、消极态度之间的联系，并对比汉族和少数民族青少年在这种关系上的不同之处。

（3）探究外群体友谊对群际态度产生作用的内在机制，考察民族交往开放性和歧视知觉在这种关系中所起的作用。

## 二、研究假设和研究工具

### （一）研究假设

本研究的假设主要有如下三个：

H1：不同民族、不同性别的青少年所拥有的内、外群体友谊质量在不同维度上具有显著的差异。

H2：外群体的友谊可以显著预测青少年群际态度，但是友谊的数量和质量各维度的预测效果是不同的。

H3：在青少年外群体友谊与群际态度的关系中，受歧视知觉和民族交往开放性起着重要的影响作用。

### （二）测量工具

1. 友谊数量

对于友谊数量的测量，考虑到民族混合学校的特殊性，研究者在事先访谈工作中了解到学生对于填写姓名的排斥，因此在测量友谊数量时选择采取五点量表的方法，仅要求学生根据实际情况选择自己所具有的不同群体的朋友数量。但与此同时，为了避免学生单方面盲目虚报友谊数量（即把一些非长期稳定的关系也计入），研究者增加了一道问题来考察朋友之间的相处时间，在对数据进行分析时剔除那些选择了“几乎没有”和“很少在一起”的被试。

2. 友谊质量

本研究针对汉族和少数民族青少年的外群体友谊质量进行了修订版友谊质量问卷的探索性因素分析，具体的分析过程见研究一部分。EFA 的结果最终保留 19 题，分为亲密性和陪伴、物质与情感支持、自我价值提升、排他性、争吵与冲突五个维度，五个维度的内部一致性信度系数分别为 0.87、0.87、0.82、0.72 和 0.63，表明信度基本良好。

在填写这部分问卷时，要求被试先考虑和汉族的朋友在一起的情况，然后用 1~7 来表示符合程度，分数越高越符合，对汉族学生的调查结果作为被试本群体的友谊质量，而对少数民族学生的调查结果则作为其外群体的友谊质量。在完成了对汉族朋友的评价之后，要求被试再考虑和少数民族朋友在一起的情况，以同样的方法完成对少数民族友谊质量的评价。

3. 群际态度

借鉴国内外已有的适合儿童、青少年的态度测量方法，针对群际态度的积极和消极维度分别进行测量。采用针对儿童、青少年较常用的群体特质典型性评定法进行测量（Brown & Bigler，2002），主要关注被试的群际积极态度和消极刻板印象。在问卷中分别向学生们呈现四个积极特质词（善良、热情、聪明、勇敢）和四个消极特质词（保守、粗鲁、懒惰、粗心）。学生们需回答，有多少汉族/少数民族的成员具有这些特质。例如，“在你看来，有多少汉族的学生是善良的”（1=几乎没有，5=几乎全部）。四个积极特质词的内部一致性信度系数为0.815，四个消极特质词的内部一致性信度系数为0.731，二者的信度均较为良好。

4. 民族交往开放性

选取八个项目来测量学生对不同民族群体的民族交往开放性，其中有七项正向计分题目，分别为“我能和来自不同地区的同学很好地相处”“我喜欢和不同民族的同学做朋友”“我参加不同民族的文化活动”“我珍惜和不同民族同学交流的机会”“当我和不同民族的人在一起时，我可以学到新东西”“我和不同民族的同学一起参加活动”“和不同民族的学生在一起时，我感到舒服自在”以及一个反向计分题“和其他地区同学相处时我感到紧张不安”。采取李克特五点式量表对上述项目进行评分（1=非常不同意，5=完全同意）。题目平均分作为“民族交往开放性”这一特质的最后得分，内部一致性信度系数为0.855，表明量表的信度良好。

5. 受歧视知觉

选取两个项目来测量学生的受歧视知觉情况，分别为“我因为我的民族受到歧视”“我们民族的其他同学受到歧视”，采取李克特五点式量表对上述项目进行评分（1=从来没有，5=总是这样）。以题目的平均分作为受歧视知觉最后得分，得分越高说明被试知觉到的受歧视水平越高。本研究中，两道题目的相关系数为 $r = 0.47$，$p < 0.01$。

6. 控制变量

研究中控制了被试的性别、年级、父母受教育程度（1=小学或初中，2=高中或中专，3=大专，4=大学本科或研究生）、汉语流利程度（“你的汉语说得怎么样”；1=很差，2=不太好，3=一般，4=比较好，5=非常好）。

## 三、研究结果及分析

### （一）被试

本研究采用整班抽样法选取北京市四所高中10个内地民族班的389名青少年作为被试，采用问卷调查的方式，剔除无效样本后，共得363份有效数据，问卷的有效率为93.9%。

### （二）汉族与少数民族学生的友谊特点比较

在本研究的363名有效被试中，每个被试需要分别就自己和同民族朋友的友谊以及自己和外民族朋友的友谊进行评价，对汉族和少数民族学生的友谊质量的五个维度（亲密和陪伴、物质与情感支持、自我价值提升、排他性、争吵与冲突）分别进行计算，取被试每个维度的平均分作为该维度的得分。以性别（男、女）和民族（汉族、少数民族）作为自变量，友谊质量的五个维度为因变量，分不同的群体类型（内群体友谊、外群体友谊）分别进行2×2的MANOVA分析。内外群体中民族和性别在友谊质量5个维度上的平均数和标准差如表3-10所示。

表3-10 友谊质量的方差分析

| | 内群体 | | | | 外群体 | | | |
|---|---|---|---|---|---|---|---|---|
| | 汉族 | | 少数民族 | | 汉族 | | 少数民族 | |
| | 男 | 女 | 男 | 女 | 男 | 女 | 男 | 女 |
| 亲密和陪伴 | 5.56<br>(1.35) | 5.72<br>(1.15) | 4.10<br>(1.14) | 4.02<br>(1.08) | 5.23<br>(1.66) | 5.15<br>(1.42) | 3.95<br>(1.04) | 3.97<br>(1.13) |
| 物质与情感支持 | 6.36<br>(0.98) | 6.38<br>(0.89) | 4.08<br>(1.56) | 3.97<br>(1.60) | 6.18<br>(1.08) | 6.04<br>(1.11) | 3.50<br>(1.34) | 3.59<br>(1.36) |
| 自我价值提升 | 6.30<br>(0.91) | 6.24<br>(0.88) | 6.00<br>(0.83) | 6.09<br>(0.85) | 6.07<br>(1.25) | 5.99<br>(1.09) | 5.86<br>(0.91) | 5.92<br>(0.81) |
| 排他性 | 3.23<br>(1.58) | 3.78<br>(1.52) | 6.14<br>(0.73) | 6.22<br>(0.79) | 3.59<br>(1.88) | 3.69<br>(1.61) | 6.00<br>(0.92) | 5.92<br>(0.86) |
| 争吵与冲突 | 3.67<br>(1.41) | 3.86<br>(1.24) | 5.31<br>(1.23) | 5.74<br>(1.00) | 3.58<br>(1.65) | 3.79<br>(1.42) | 4.87<br>(1.47) | 5.17<br>(1.12) |

由MANOVA分析结果（见表3-11）可以看出，对内群体友谊而言，民

族的主效应在友谊质量的五个维度上均显著。即汉族学生在和汉族学生的友谊关系中所获得的亲密和陪伴、物质与情感支持以及自我价值提升都显著高于少数民族学生和少数民族学生之间的友谊；而少数民族和少数民族学生友谊关系之间存在的争吵与冲突以及排他性要显著高于汉族学生间的友谊。性别的主效应在亲密和陪伴、物质与情感支持及自我价值提升三个正向维度并不显著，这也就说明男女生在这三个维度上不存在显著差异；而在排他性和争吵与冲突两个负向维度，性别的主效应显著，从平均值看，女生都显著高于男生，这就说明女生对于友谊关系的独占性更强、更具有排他性，同时，在交往中出现争吵与冲突的可能性也大于男生的友谊。此外，对内群体而言，民族和性别不存在显著的交互效应。

**表 3-11　内群体友谊质量的方差分析**

| | 民族 | | 性别 | | 民族×性别 | |
|---|---|---|---|---|---|---|
| | F 值 | p | F 值 | p | F 值 | p |
| 亲密和陪伴 | 142.04 | 0.000 | 0.08 | 0.776 | 0.88 | 0.349 |
| 物质与情感支持 | 259.51 | 0.000 | 0.10 | 0.753 | 0.21 | 0.651 |
| 自我价值提升 | 5.16 | 0.024 | 0.04 | 0.850 | 0.56 | 0.455 |
| 排他性 | 353.35 | 0.000 | 4.83 | 0.029 | 2.67 | 0.103 |
| 争吵与冲突 | 164.75 | 0.000 | 5.23 | 0.023 | 0.75 | 0.387 |

对外群体友谊而言（见表 3-12），民族的主效应在除自我价值提升以外的其他四个维度显著。具体看来，在汉族学生和少数民族学生建立的友谊关系中，汉族学生获得的亲密和陪伴及物质与情感支持都显著高于少数民族学生所体验到的；而少数民族学生在这种跨群体的友谊关系中存在强的排他性，也能体验到更多的争吵与冲突；但这种跨群体的友谊都能给汉族学生和少数民族学生带来较大的自我价值的提升，二者不存在显著性差异；而性别的主效应在友谊质量的五个维度均不显著；同内群体友谊一样也不存在交互效应。由于是同一个被试分别评价本群体友谊质量和外群体友谊质量，我们不能认为这两者的评价结果是完全独立的，因此采用配对样本 t 检验的方法分别对汉族和少数民族学生的内外群体友谊质量进行对比。

表 3-12　外群体友谊质量的方差分析

| | 民族 | | 性别 | | 民族×性别 | |
|---|---|---|---|---|---|---|
| | F 值 | p | F 值 | p | F 值 | p |
| 亲密和陪伴 | 65.98 | 0.000 | 0.04 | 0.845 | 0.11 | 0.738 |
| 物质与情感支持 | 332.65 | 0.000 | 0.03 | 0.871 | 0.60 | 0.439 |
| 自我价值提升 | 1.46 | 0.228 | 0.01 | 0.906 | 0.31 | 0.577 |
| 排他性 | 216.82 | 0.000 | 0.00 | 0.959 | 0.32 | 0.575 |
| 争吵与冲突 | 70.65 | 0.000 | 2.58 | 0.109 | 0.07 | 0.794 |

从表 3-13 和表 3-14 的结果我们可以看到，不论对于汉族学生还是少数民族学生，差异都显著的维度有两个，分别是物质与情感支持和自我价值提升，这也就是说，对于所有民族和所有性别学生而言，他们从本群体中得到的帮助和从这种内群体友谊中获得的自我价值的增长都要显著高于从外群体友谊中获得的。

表 3-13　汉族学生内外群体友谊质量差异检验

| | 内群体（M±SD） | 外群体（M±SD） | t | Df | p |
|---|---|---|---|---|---|
| 亲密和陪伴 | 5.68（1.21） | 5.17（1.48） | 4.76 | 193 | 0.000 |
| 物质与情感支持 | 6.38（0.91） | 6.08（1.10） | 4.36 | 193 | 0.000 |
| 自我价值提升 | 6.25（0.88） | 6.01（1.13） | 3.42 | 193 | 0.001 |
| 排他性 | 3.64（1.55） | 3.67（1.68） | -0.33 | 193 | 0.741 |
| 争吵与冲突 | 3.81（1.29） | 3.74（1.48） | 0.89 | 193 | 0.373 |

表 3-14　少数民族学生内外群体友谊质量差异检验

| | 内群体（M±SD） | 外群体（M±SD） | t | Df | p |
|---|---|---|---|---|---|
| 亲密和陪伴 | 4.05（1.10） | 3.95（1.10） | 1.21 | 168 | 0.228 |
| 物质与情感支持 | 4.01（1.58） | 3.55（1.35） | 4.58 | 168 | 0.000 |
| 自我价值提升 | 6.05（0.84） | 5.90（0.85） | 2.88 | 167 | 0.005 |
| 排他性 | 6.19（0.77） | 5.94（0.88） | 4.28 | 168 | 0.000 |
| 争吵与冲突 | 5.58（1.10） | 5.05（1.26） | 6.16 | 168 | 0.000 |

对汉族学生而言，在亲密和陪伴、物质与情感支持及自我价值提升三个积极维度上，外群体友谊和内群体存在显著差异。汉族学生（不论男女）在和他/她们的汉族朋友的友谊关系中所获得的积极的帮助要显著高于那些少数民族朋友。而在排他性和争吵与冲突这两个负向维度上，汉族朋友和少数民族朋友间不存在显著差异。对少数民族学生而言，除了在物质与情感支持和自我价值提升两个维度存在显著差异外，在排他性和争吵与冲突两个负向维度也存在显著性差异。从均值来看，这一结果意味着少数民族学生和本民族朋友的日常交往过程中比起他/她们和汉族朋友的交往存在更多的争吵，更容易出现冲突，同时内群体友谊的排他性更强，对本民族朋友的独占性更大，不喜欢其他人加入他们的友谊关系中。基于以上分析，假设 H1 得到了验证：不同民族、不同性别的青少年所拥有的内、外群体友谊质量在不同维度上存在显著的差异。

## （三）外群体友谊与群际态度的关系

为了研究汉族学生和少数民族学生对于外群体的态度，研究者以民族为分类变量，以群际态度为因变量，进行了独立因素的 t 检验，结果如表 3-15 所示。

**表 3-15　不同民族学生对待外群体的态度**

| | 汉族 | 少数民族 | F |
|---|---|---|---|
| 积极态度（M±SD） | 4. 40（0. 59） | 3. 95（0. 67） | 0. 12 |
| 消极态度（M±SD） | 2. 36（0. 74） | 2. 56（0. 59） | 8. 90** |

注：** $p<0.01$。

独立样本 t 检验结果表明，在对待外群体的积极态度方面，虽然汉族学生的平均分略高于少数民族学生，但二者并不存在显著性差异。然而，在对待外群体的消极态度方面，少数民族青少年的评分要明显高于汉族青少年，这就说明少数民族学生对待汉族学生的态度要比汉族学生对待少数民族学生更加消极，更容易产生偏见和误解。为了更好地探究外群体友谊与群际态度之间的关系，分别对友谊数量和友谊质量对于外群体的态度的影响进行探究，各因素的相关性如表 3-16 所示。

**表 3-16 外群体友谊与群际态度的相关分析**

| | 1 | 2 | 3 | 4 | 5 | 6 | 7 | 8 | 9 | 10 |
|---|---|---|---|---|---|---|---|---|---|---|
| 外群体朋友数 | 1 | 0.15* | 0.11 | 0.27** | 0.05 | 0.06 | -0.15* | 0.25** | 0.29** | -0.01 |
| 亲密和陪伴 | 0.31** | 1 | 0.30** | 0.24** | 0 | -0.09 | 0.08 | -0.10 | 0.28** | -0.09 |
| 物质与情感支持 | 0.30** | 0.70** | 1 | 0.13 | -0.03 | -0.01 | -0.05 | 0.00 | 0.26** | -0.19** |
| 自我价值提升 | 0.32** | 0.66** | 0.81** | 1 | 0.08 | 0.13 | -0.17* | 0.25** | 0.46** | -0.00 |
| 排他性 | 0.02 | 0.35** | 0.05 | 0.09 | 1 | 0.33** | 0.00 | -0.06 | 0.06 | 0.08 |
| 争吵与冲突 | 0.04 | 0.13 | -0.08 | -0.06 | 0.25** | 1 | 0.12 | 0.20* | -0.05 | 0.39** |
| 受歧视知觉 | -0.16* | -0.10 | -0.11 | -0.20** | -0.05 | 0.04 | 1 | -0.60** | -0.16* | -0.05 |
| 民族交往开放性 | 0.35** | 0.23** | 0.36** | 0.40** | -0.12 | -0.24** | -0.35** | 1 | 0.21** | 0.02 |
| 外群体积极态度 | 0.23** | 0.31** | 0.39** | 0.31** | -0.15* | -0.16* | -0.19** | 0.43** | 1 | -0.17* |
| 外群体消极态度 | -0.06 | -0.20** | -0.29** | -0.26** | 0.12 | 0.34** | 0.05 | -0.23** | -0.32** | 1 |

注：左下为汉族青少年，右上为少数民族青少年；$^{*}p<0.05$，$^{**}p<0.01$。

由表 3-16 的结果可知，无论是汉族青少年还是少数民族青少年，外群体友谊数量维度与对待外群体的积极态度方面呈显著正相关，与对待外群体的消极态度方面呈负相关，但相关不显著。而在友谊质量的五个维度上，对汉族青少年而言，亲密和陪伴、物质与情感支持及自我价值提升这三个正向维度和外群体积极态度呈显著正相关，和外群体消极态度呈显著负相关；排他性和争吵与冲突两个负向维度与外群体积极态度呈显著负相关，争吵与冲突维度与外群体消极态度呈显著正相关。而对少数民族青少年而言，亲密和陪伴、物质与情感支持及自我价值提升三个正向维度和外群体积极态度呈显著正相关，而物质与情感支持与外群体消极态度呈显著负相关、争吵与冲突维度与外群体消极态度呈显著正相关。这表明，外群体朋友越多，友谊质量越高，个体对待外群体的态度就越积极，而与友谊数量无关，只有友谊质量得到提升，个体对待外群体的消极态度才会减少。

进一步分析外群体友谊的数量维度对于群际态度的影响。以性别（女=0）、年级（高二=0）、父母受教育程度和被试汉语流利程度为控制变量，以外群体朋友数量为预测变量，并分别以积极态度、消极态度为结果变量，进行分层回归分析。由于友谊效应对于汉族和少数民族学生可能会存在差异，因此对汉族学生和少数民族学生分别进行分析，结果如表 3-17 所示。可以发现，友谊数量的效应只存在于对外群体积极态度的影响中（汉族，β=0.11，p<0.01；少数民族，β=0.17，p<0.01）。这就意味着，不论是汉族学生还是少数民族学生，只要他拥有越多的外群体朋友，那他对外群体的态度就会越积极，对外群体积极方面的评价就会越高，但并不能减少其对外群体的消极态度，不能减少他们对外群体的负面认知。

**表 3-17　外群体友谊数量对群际态度的回归分析**

| | 汉族学生 | | | | | | 少数民族学生 | | | | | |
|---|---|---|---|---|---|---|---|---|---|---|---|---|
| | 积极态度 | | | 消极态度 | | | 积极态度 | | | 消极态度 | | |
| | $\Delta R^2$ | β | t | $\Delta R^2$ | β | t | $\Delta R^2$ | β | t | $\Delta R^2$ | β | t |
| 第一层 | 0.01 | | | 0.01 | | | 0.05 | | | -0.02 | | |
| 性别 | | -0.07 | -0.73 | | 0.22 | 1.73 | | -0.08 | -0.76 | | -0.07 | -0.69 |
| 年级 | | 0.03 | 0.23 | | -0.17 | -0.93 | | 0.09 | 0.40 | | 0.19 | 0.97 |
| 父母受教育程度 | | 0.04 | 0.94 | | 0.02 | 0.4 | | -0.03 | -0.57 | | 0.02 | 0.52 |
| 汉语流利程度 | | -0.03 | -0.47 | | 0.13 | 1.38 | | 0.14 | 2.10* | | -0.01 | -0.19 |
| 第二层 | 0.03 | | | 0.01 | | | 0.09 | | | -0.02 | | |
| 友谊数量 | | 0.11 | 2.99** | | -0.05 | -0.99 | | 0.17 | 3.00** | | -0.02 | -0.44 |

注：* p<0.05，** p<0.01。

进一步考察友谊质量的五个维度对群际态度的影响。研究结果表明，对于汉族学生而言，亲密和陪伴维度对外群体的积极态度产生正向影响，排他性维度对积极态度产生负向影响；争吵与冲突维度对外群体的消极态度产生正向影响。对于少数民族学生而言，只有当友谊对自我价值的提升产生积极作用的时候，对于外群体的积极态度才会得到增长；而在友谊关系中若不能提供物质与情感支持或是存在较多的争吵与冲突则会明显增加个体对外群体的消极态度（见表 3-18）。这一结果同样能说明，态度的积极维度比消极维度有更强的与友谊的关联，且负向的刻板印象比正向的积极态度更加顽固，更加难以改变，这与前人的研究结论是一致的，因此，假设 H2 得到了部分验证。

**表 3-18 外群体友谊质量对群际态度的回归分析**

| | 汉族学生 | | | | | | 少数民族学生 | | | | | |
|---|---|---|---|---|---|---|---|---|---|---|---|---|
| | 积极态度 | | | 消极态度 | | | 积极态度 | | | 消极态度 | | |
| | $\Delta R^2$ | β | t | $\Delta R^2$ | β | t | $\Delta R^2$ | β | t | $\Delta R^2$ | β | t |
| 第一层 | 0.01 | | | 0.01 | | | 0.05 | | | -0.02 | | |
| 性别 | | -0.09 | -1.02 | | 0.28 | 2.47* | | -0.09 | -0.81 | | -0.09 | -0.82 |
| 年级 | | 0.05 | 0.35 | | -0.25 | -1.48 | | -0.00 | -0.01 | | 0.27 | 1.34 |
| 父母受教育程度 | | 0.04 | 1.01 | | 0.04 | 0.86 | | -0.02 | -0.39 | | 0.03 | 0.70 |
| 汉语流利程度 | | -0.04 | -0.54 | | 0.11 | 1.29 | | 0.15 | 2.17* | | -0.07 | -1.11 |
| 第二层 | 0.17 | | | 0.20 | | | 0.12 | | | 0.02 | | |
| 亲密和陪伴 | | 0.11 | 2.43* | | -0.11 | -1.93 | | 0.04 | 0.74 | | 0.04 | 0.91 |
| 物质与情感支持 | | 0.12 | 1.62 | | -0.04 | -0.40 | | 0.00 | 0.03 | | -0.09 | -2.23* |
| 自我价值提升 | | 0.02 | 0.33 | | -0.05 | -0.59 | | 0.21 | 2.59** | | -0.05 | -0.57 |
| 排他性 | | -0.08 | -2.94** | | 0.05 | 1.49 | | 0.02 | 0.18 | | 0.05 | 0.59 |
| 争吵与冲突 | | -0.05 | -1.70 | | 0.17 | 4.92** | | -0.02 | -0.28 | | 0.11 | 2.12* |

注：* $p<0.05$，** $p<0.01$。

### （四）外群体朋友数量、受歧视知觉和民族交往开放性对群际态度的影响

根据温忠麟等（2013）总结的关于有中介的调节效应的检验方法，选择依次检验法，分层次地将自变量、因变量、调节变量和中介变量引入回归模型。但应注意，在分析调节效应之前必须对自变量、因变量、调节变量和中介变量都进行中心化处理，即各变量都要先减去其样本均值。第一步，检验

受歧视知觉（W）在外群体朋友数（X）对积极态度（Y）的影响中的调节作用。以外群体朋友数作为自变量 X，受歧视知觉为调节变量 W，自变量和调节变量的交互作用为XW，被试对外群体的积极态度为因变量 Y，做 Y 对 X、W 和 XW 的回归，若回归系数显著则说明受歧视知觉的调节效应显著。第二步，以中介变量民族交往开放性（M）为因变量，做 M 对 X、W 和 XW 的回归，该步骤中 XW 的回归系数必须显著。第三步，以外群体的积极态度 Y 做 X、W、M 和 XW 的回归方程，要求 M 的系数必须显著。此时，若 XW 的回归系数显著则说明中介变量 M 对 Y 和 X 的关系起完全中介作用，若回归系数不显著则说明起完全中介作用。

本研究通过以上步骤，将外群体朋友数量作为自变量、外群体积极态度作为因变量、受歧视知觉作为调节变量、民族交往开放性作为中介变量进行分析。回归步骤如表 3-19 所示：

**表 3-19　有中介的调节效应的检验**

| 步骤 | 预测变量 | 因变量 | 回归系数检验 | |
|---|---|---|---|---|
| | | | β | t |
| STEP1 | 外群体朋友数（$c_1$） | 积极态度（Y） | 0.12 | $3.71^{***}$ |
| | 受歧视知觉（$c_2$） | | −0.11 | $-2.65^{**}$ |
| | 外群体朋友数×受歧视知觉（$c_3$） | | −0.11 | $-3.25^{**}$ |
| STEP2 | 外群体朋友数（$a_1$） | 民族交往开放性（M） | 0.20 | $8.27^{***}$ |
| | 受歧视知觉（$a_2$） | | −0.29 | $-9.63^{***}$ |
| | 外群体朋友数×受歧视知觉（$a_3$） | | −0.20 | $-8.24^{***}$ |
| STEP3 | 外群体朋友数（$c_1'$） | 积极态度（Y） | 0.08 | $2.13^{*}$ |
| | 受歧视知觉（$c_2'$） | | −0.04 | −0.84 |
| | 外群体朋友数×受歧视知觉（$c_3'$） | | −0.06 | −1.70 |
| | 民族交往开放性（$b_1$） | | 0.24 | $3.30^{**}$ |

注：①结果已排除了性别、年级、父母受教育程度、汉语流利程度等控制变量的影响。② $^{*}p<0.05$，$^{**}p<0.01$，$^{***}p<0.001$。

第一步中乘积项系数显著，说明受歧视知觉的调节作用显著；第二步中的乘积项显著；第三步中民族交往开放性的系数显著，说明受歧视知觉的调节作用是通过民族交往开放性的中介起作用的；而第三步中外群体朋友数和受歧视知觉乘积项的系数不显著，说明这种中介作用是完全中介。使用偏差校正的百分位 Bootstrap 法来对民族交往开放性的中介效应 $a_3b_1$ 进行显著性检验，选定的 Bootstrap 自行取样量为 1000。中介效应的估计值为 $a_3b_1=-0.06$，SE=0.02，$p<0.001$；中介效应值的 95%的置信区间为［-0.093，-0.036］，不包括 0，所以中介效应结果可信。又由于 $c_3'=-0.06$，$p>0.05$ 不显著，因此民族交往开放性对受歧视知觉的调节效应起着完全中介作用，外群体朋友数量与对外群体积极态度的关系是有中介的调节模型（见图 3-3）。

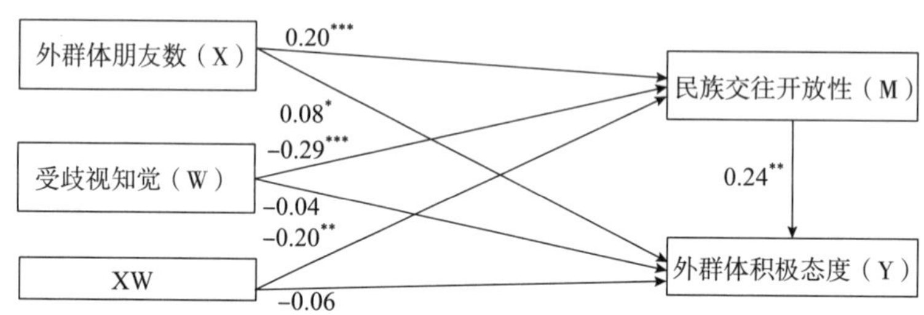


**图 3-3　有中介的调节效应模型**

注：* $p<0.05$，** $p<0.01$，*** $p<0.001$。

## 第五节　跨民族友谊研究的展望

友谊对于个体的积极发展有重要作用。儿童、青少年间的友谊是其获得社会支持与归属感的重要来源，也是其维持心理健康的基本条件。朋友的影响会使儿童、青少年的态度与行为发生重要的改变，儿童、青少年的情绪问题和行为问题往往与交友缺陷有关。对于学龄儿童而言，学校是其与同伴交往并形成友谊的重要场所。随着全球经济一体化和移民人数的增加，在校学生的构成也变得日趋多元化。近年来，西方学者开始关注不同民（种）族学生间的友谊，发现跨民族友谊对于儿童、青少年的健康发展具有特殊的功能。

## 一、跨民族友谊促进学生社交能力发展

研究表明，在种族多元的学校中，拥有外族朋友的学生比没有外族朋友的学生表现出更强的社交能力。例如，Hunter 等（1999）研究发现，与没有外族朋友的学生相比，拥有外族朋友的小学生具有更高的多元文化敏感性，他们对来自不同文化背景的人更能够表示尊重和理解，更加具有与来自不同文化背景的人进行有效沟通的能力，更善于与来自不同文化背景的人合作共事。另一项对小学四年级学生的纵向追踪研究也发现，跨民族友谊可以显著预测学生在一年后同伴支持的增加、同伴地位的提升和同伴欺凌的减少。Crick 等（2008）发现，自我报告在班级中有更多外族朋友的学生被教师评定为更具有领导能力。研究者认为，跨民族的友谊情境为学生提供了与不同背景的人频繁、亲密互动的机会，能够提高他们理解他人观点和情感的能力，进而促进其社交能力的发展。

## 二、跨民族友谊改善学生的民族态度

根据 Allport（1954）的群际接触假说，不同群体成员间的相互接触有助于改善其对外群体的态度并减少偏见。他指出了四种群际接触的最佳条件：平等地位、合作、共同目标，以及权威、法律或习俗的支持。跨民族友谊情境至少能够满足前三个最佳接触条件。因此，跨民族友谊是一种理想的群际接触形式。Graham 等（2014）对美国加州的 19 所学校 6000 多名初中生进行调查发现，与只拥有本族朋友的学生相比，拥有外族朋友的学生在行为上对外族成员更为亲近，并且对外种族的情感和认知评价也更为积极。对美国大学生的一项追踪研究发现，在控制了上大学之前的友谊和种族态度之后，大学二、三年级时的跨种族友谊可以显著地预测在大学毕业时更为积极的种族态度。Killen 等（2010）采用故事情境法，考察四年级、七年级和十年级白人学生对种族社会排斥的评价。他们向学生呈现三种常见的同伴交往情境（一起吃午饭、参加学校的舞会、到同学家参加聚会并留宿）。在每种情境中，都有一位黑人学生遭到了排斥。他们还向被试呈现了社会排斥的可能原因，并要求被试对每种原因的错误性进行评价。其中一些原因是基于被排斥者的种族身份，另一些原因则与种族身份无关（如不在一起吃午饭是因为缺少共同

兴趣、不让那位同学参加本校舞会是因为校际竞争)。结果表明，除年级和情境效应外，拥有更多黑人朋友的白人学生更倾向于认为基于种族的社会排斥是错误的。也就是说，拥有黑人朋友的白人学生对于种族社会排斥的容忍度更低。

## 三、拓展性友谊接触假说增强民族和谐

Wright 等（2010）提出了拓展性友谊接触假说，认为即使个体没有外群体朋友，仅知道内群体成员拥有外群体朋友的信息，也可以减少其对外群体的偏见，会更加愿意与外群体的成员接触和交流。Cameron 等（2007）根据该理论对 6~11 岁的儿童进行了拓展性友谊干预研究。在研究中，实验组的学生在研究者的带领下阅读故事（每周一次，持续六周)，控制组学生不接受任何干预。故事的主要内容是（与被试）同族的学生与外族学生是好朋友，他们相互帮助、共同努力完成了一项任务（如三名同学与一各外族学生组成一支乐队参加全国比赛)。研究表明，实验组的学生对外族的态度评价显著地优于控制组的学生。

## 四、跨民族友谊增强社会能力的发展

研究表明，跨民族的友谊有助于儿童、青少年社会能力的发展和民族态度的改善，我国是一个有着 56 个民族的多民族国家，如何促进不同民族学生之间的关系和谐发展是我国民族教育领域的热点问题。由于对外族朋友的积极态度可以辐射到整个外民族，因此，跨民族友谊在促进不同民族的学生交流、交融过程中起着至关重要的作用。为了培养和促进儿童、青少年的跨民族友谊，使儿童、青少年形成正确的民族态度和高水平的跨民族交际能力，可以采取如下措施：

其一，实行不同民族学生的混合编班。国外关于种族混合学校的研究表明，随着班级（学校）种族多样性的增高，儿童、青少年的跨民（种）族友谊也会显著增多。因此，在多民族混合地区的学校和招收少数民族学生的内地学校实行不同民族学生混合编班，就可以为学生提供与外族同学接触并形成友谊的机会。在这方面，一些人口较少的民族具有特殊的优势。但是，一些少数民族学生入学前以民族语言为口语，汉语不熟练，过早混合编班容易造成少数民族的学生由于语言问题而产生学习困难和交友局限。

其二，教育工作者在安排日常学习活动时，应该有意地创设条件、增加不同民族学生相互接触合作的机会，如通过座位安排、设计学习小组、设计课外团队合作任务等，促进跨民族友谊的形成和保持。

其三，培养儿童、青少年的双语或多语能力。充分的交流和相互理解在友谊形成过程中是必不可少的。语言障碍很可能阻碍少数民族学生与汉族学生结交朋友。美国有关移民的研究表明，英语水平是影响墨西哥裔青少年和白人同伴成为朋友的重要因素。基于此，在多民族的混合地区，应充分利用当地的丰富语言资源，培养儿童、青少年的双语或多语能力，以确保不同民族学生在交流沟通上无障碍，促进学生间跨民族友谊的形成。

其四，开展拓展性友谊接触干预。对于生活在本民族聚居区的学生而言，他们获得与外民族成员直接接触的机会较为困难。学校和老师可以通过故事阅读法对学生进行拓展性的友谊接触干预，从而为学生提供替代性的跨民族友谊经验。

（陈晓晨、蒋薇、Sandra Graham、时勘、张积家、刘子旻）

# 第四章

# 职场排斥与员工反生产力的影响研究

## 第一节　相关研究综述

### 一、排斥与职场排斥

#### （一）排斥

排斥（Ostracism）是指个体被他人忽视或拒绝的程度，是一种普遍存在于我们日常生活中的社会现象。排斥的表现形式多样，大到流放、放逐（Exile and Banishment）等极端形式，小到人际互动过程中对他人的冷漠回应、沉默对待、避免目光接触等委婉形式；从古代群落以排斥作为控制和惩罚手段来约束不遵守制度的问题成员，到如今外来人口、性少数群体等弱势群体不被主流社会所接受，排斥这一现象始终伴随于人类社会发展的进程之中。从某种程度上来说，我们大部分人都有过排斥他人或被他人排斥的经历，例如我们有时对朋友置之不理，或是在专注于工作时冷落了同事，或是在热烈的会议讨论中我们自身被他人所忽略（Williams et al.，2000），排斥已然深植于我们每一个人的日常活动之中。无论是上述哪一种形式的排斥都会给个体带来不快和痛苦的经历，导致被排斥者采取一系列的行为进行应对，比如采取更具攻击性的行为、减少亲社会行为或是采取自我损害行为（Twenge，Catanese & Baumeister，2002）等，更有甚者，还有可能引发个体的反社会行为。很多骇人听闻的社会事件都与排斥有着密切的联系，例如 Leary 等（2003）对发生于1995~2001年的15起校园枪击案的研究发现，其中有12起枪击案的主犯都曾遭受过不同程度的排斥。可见，排斥不仅十分普遍地存在于我们生活之中，还会对个体自身、他人、组织以及社会产生一系列负面，甚至是恶劣的影响，因此，对于排斥现象的关注显得尤为必要。

### （二）职场排斥

职场排斥是排斥在组织情境下的具体表现形式，是指员工在工作场所中感知到的自己被他人忽视、孤立或拒绝的程度（Ferris，Brown，Berry & Lian，2008）。在针对我国和西方国家企业员工的调查中都发现，大量员工曾在工作中有过被同事或领导排挤、无视、冷漠对待的经历。例如，Hitlan等在2006年针对5000名美国员工的一项调查中发现，其中有13%的员工表示，在过去的六个月中有过被他人排斥的经历。Fox和Stallworth（2005）所进行的另一项调查也表明，在其所调查的262名员工中，在过去的五年里，高达66%的员工都曾有过被他人沉默对待的经历，29%的员工有过自己一进入某个地方（如茶水间、办公室），其他人就马上离开的经历，还有18%的员工形容自己“仿佛是置身在孤岛之中工作一般”。我国某招聘网站上针对一万多名员工的调查结果也发现，一半以上的员工都表示，曾经在工作中遭受过“无人搭理”“坐冷板凳”“他人有意回避”的经历。

事实上，与性骚扰（Sexual Harassment）、攻击（Aggression）、欺负（Bullying）等职场热暴力相比，职场排斥作为职场冷暴力的一种表现形式，在工作场所中发生的频率更高，但由于其具有较强的隐蔽性而往往被管理者所忽略，未对其进行约束与制止，有时甚至连员工自身都不以为意（O' Reilly Robinson，Berdahl & Banki，2015）。然而，与其遭受忽视的现状相对，目前的研究却发现，职场排斥对于个体的危害不容小觑，它不仅会导致个体的痛苦体验，引发个体不适，还会对个体的工作态度、绩效、行为等多方面造成消极影响，在某些情况下，甚至会造成比某些职场热暴力行为更为严重的负面影响（O' Reilly et al.，2015）。大部分遭受过职场排斥的员工表示，他们的工作积极性、工作信心都因此受到了严重的影响，且常常感觉到疲惫不堪，甚至出现抑郁、焦虑、易怒等消极情绪，而这些现象都会成为组织健康发展中的隐患。因此，针对这一现实状况，关注职场排斥的影响，探明职场排斥对员工行为的内在作用机制则显得尤为重要。

### （三）研究问题的提出

根据所述研究背景，本章对现有研究的不足进行了总结，并相对应地提

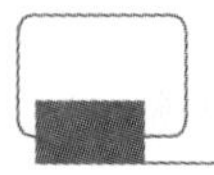



出以下三个方面的研究问题：

第一，目前研究中，职场排斥与员工反生产行为间的内在作用机制还尚不够明晰，可以看出，个体有限内在资源的消耗会在职场排斥和员工反生产行为之间起到重要的连接作用。因此，本研究试图从资源保存理论出发，从个体资源水平与动机角度探讨职场排斥与员工反生产行为间的内在作用机制。具体来说，本研究试图探究个体的情绪资源水平（情绪衰竭）在职场排斥与反生产行为间的中介作用，即本章的研究 1。

第二，现有文献尚未对职场排斥与员工反生产行为间的作用机制形成系统、成熟的理论解释，对其作用边界的探讨就更为有限。少数研究发现，个体特征在其中发挥了重要的调节作用（Leung et al.，2011；闫艳玲等，2014），会对职场排斥的影响起到增强或缓冲的作用。基于这一观点，本章试图在研究 1 的基础上，从个体调节系统角度出发，探究个体的调节焦点在其中的可能影响。本研究认为，由于个体调节系统倾向（调节焦点）的不同，个体对于社会信息的构建与处理过程会存在差异（Higgins，1998）。其中，尤其是与消极事件密切联系的个体防御型调节焦点可能会对职场排斥的影响起到重要的作用。由于防御型调节焦点倾向的差异，个体对于职场排斥事件的感知，以及在面对职场排斥事件时对于自身资源状态的解读都会对其产生不同程度的影响。因此，基于这一推论，本章结合调节焦点理论，试图探究个体的防御型调节焦点在“职场排斥—情绪衰竭—反生产行为”这一作用路径上所产生的调节作用，即本研究的研究 2。

第三，目前针对职场排斥的研究中，对于团队层面的因素考虑十分缺乏。但根据相互依赖理论和行为计划理论可知，个体在组织中的反应与行为在很大程度上会受到所在情境因素的影响（Mischel & Shoda，2008）。情境因素可能会放大（或缩小）人际互动过程对个体所产生的影响（Aubé，Rousseau，Mama & Morin，2009）。那么，在探究个体遭受职场排斥后的情绪资源状态与行为选择问题上，考虑团队层面因素的影响就显得十分重要。因此，本章试图结合团队层面的影响因素来进行考虑，以探讨团队情境因素在“职场排斥—情绪衰竭—反生产行为”上的调节作用，即本研究的研究 3。

综上所述，本章将研究聚焦于探讨职场排斥与员工反生产行为之间的内在作用机制及其边界条件这一问题上。基于资源保存理论的视角，首先探讨职场排斥与员工反生产行为间的内在作用机制，并在此基础上，从个体差异和团队情境因素两方面着手，探讨该作用机制的边界条件，以期回答现有研究在“职场排斥通过什么样的作用机制影响员工的反生产行为，以及在何时/何种情境下这一作用得以增强或减弱”这一问题上的不足，并据此为预防职场排斥及降低排斥的负面影响提供有效的参考。

## 二、排斥的相关研究

有关排斥的研究最早起源于社会学领域 Leary 等（2003）对校园枪击案的探究，他们发现社会排斥与个体的攻击行为之间存在着密切联系。这一发现引起了学术界与社会对于排斥现象的关注与重视，并引发大量社会学、心理学领域的研究者对这一现象及其影响进行探讨。社会排斥的相关研究为后续将排斥引入组织领域，针对性地进行职场排斥研究提供了基础。因此，本节先对排斥的概念及其相关研究进行回顾与评述，并针对性地回顾职场排斥的相关研究。

### （一）排斥的概念

排斥是普遍存在于我们日常生活中的现象。人类学、社会学、心理学、生物学与法学等多个领域都曾对排斥现象进行过研究，并采取不同的术语来描述这一现象，如冷落、回避、置之不理、沉默对待、放逐、驱逐等。其中，最为常用的术语为 Social Exclusion、Social Rejection 和 Ostracism，有研究将其分别翻译为“社会排斥”“社会拒绝”和“排斥（或放逐）”。除了流放、充军等极端的表现形式以外，排斥更常以孤立、无视、冷漠回应、沉默对待等较为委婉、隐蔽的形式表现出来。在排斥发生的这一过程中，也并不伴随明确地说明或过多地解释个体为何会遭受排斥（Williams，2007）。

社会排斥（Social Exclusion）则是与社会融合相对的一个术语，这一术语更多用于心理学实验研究中。研究者常常通过孤立被试、假设被试将会孤独终老，或是对被试明确表达不喜欢等实验操纵方法，使被试处于社会排斥情境中。在这一情境下，社会排斥往往更加强调个体知觉到自己缺乏归属感（Stillman，Baumeister，Lambert，Crescioni，Dewall & Fincham，2009）。

社会拒绝（Social Rejection）则是指个体想与某人建立或保持某种人际互动关系，却不被对方所接受。与排斥的含蓄表达形式相比，社会拒绝往往是对某人的人际互动请求表达明确的拒绝，且这一拒绝往往是发生在与某人的初次互动之后。Leary（2001）认为，个体会对自身与他人之间关系的价值、

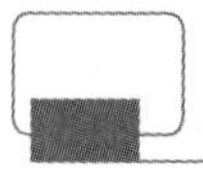



重要性和亲密程度进行评估，个体是采取人际接受还是人际拒绝则取决于对这一关系的评估结果。人际拒绝就是个体对于与某人的这一人际关系评估结果较低的状态，即认为自身与某人的关系价值不大、不重要或不亲密。

虽然研究者们尝试将以上构念的内涵及操作定义进行区分，但目前尚未有实证研究能够明确区别以上三个术语及其所造成的影响的差异。相反地，很多研究都是将这些术语交叉混用。正如 Williams（2007）所说，“研究者们无须执着于这些操作定义，也不必一味地投入于分辨这些术语间的细微差异”。根据这一建议，本章不再过多关注构念间的细小差异，也不再严格区分某个特定术语在特定领域的使用范围，这并非本研究的目的所在。因此，在进行相关文献综述时，本章对上述三个术语所涉及的相关研究都进行了回顾，但为了研究本身的统一，本章采用 Williams（2007）所提出的定义，将排斥定义为个体被他人忽视或拒绝的程度。根据前文的描述可以发现，这一术语的定义本身与其他术语间的重叠度更高、包含范围更广，且目前在这一领域的研究对象、范式也更加明确。

### （二）排斥的研究范式

在以往的研究中，大部分研究采用了实验室研究。所采用的研究范式包括掷球游戏（Ball Tossing）、网络掷球游戏（Cyberball）、孤独终老范式（Life Alone）、相互认识范式（Get Acquainted）等，其中以掷球游戏、网络掷球游戏和孤独终老范式较为常见。研究者们通过情境操纵，使被试产生被排斥的感知后，随后再进行相应的研究。除了以上三种最常用的范式以外，还有一些其他的研究范式，如 Nezlek 等（1997）开发的相互认识范式。在这一范式中，研究者首先要求参与的被试进行相互讨论（大约 15 分钟）。讨论完成后，被试被安排在独立的实验室中，并被要求从参与者中选出最想和谁一起进行后续的任务，然后随机反馈给每个被试虚假结果。排斥组的被试被告知，没有人愿意和他一起进行接下来的任务；而接纳组的被试则被告知，所有人都想要和他一起进行后续任务。另外，还有聊天室范式（Chat Room）、回忆范式、启动范式和想象范式等。由于不同范式对于排斥构念的界定和操纵方法上的差别往往也会导致个体反应上的差异，因此也会获得不同的研究结果。关于排斥的理论模型，包括了需要—威胁的时间模型（Temporal Need-threat Model）和多元动机模型（Richman & Leary，2009），我们已经在第二章介绍过，这里不再重复介绍。

### (三)排斥的影响

个体生活在社会中，很多时候都需要与他人接触、互动。与他人维持积极稳定的互动关系是个体最基本的需求之一。因此，个体对于排斥十分敏感，当个体感知遭受到他人的排斥后，会产生较为强烈的心理反应，同时可能对他的认知、情绪、态度、行为等各个方面产生影响。

1. 排斥对个体情绪的影响

大量实验研究中都发现，排斥会对个体的情绪产生一定的影响。Schachter（1959）最早的实验室研究中，探究了空间上的隔离对于个体归属需要与情绪的影响。研究发现，在完全隔离的物理环境下（没有窗户的空房间）的被试往往表现出消极的情绪、焦虑以及心理机能受阻。随后进行的研究表明，空间上的物理隔离并非排斥的必要条件，感知到他人对自己的排斥与拒绝更可能降低个体的自我评价，并且更容易导致被排斥者的敌对情绪。Geller 等（1974）将排斥视为“对社会互动的隐形规则的违背”，类似地，他们也发现在排斥情境下的个体会表现出更多挫败感、孤独感、焦虑，且对他人的宽容度更低。另外，大量研究者通过一系列研究发现，社会排斥不仅会引发个体强烈的焦虑感，还会导致个体产生孤独、抑郁、嫉妒、愤怒等消极情绪。

然而，Twenge 等（2001）的研究则认为，排斥会导致个体情绪麻木。他们采用孤独终老范式对被试进行了实验室研究，调查结果发现，从积极情绪和消极情绪的测量结果来看，接纳组和排斥组的被试无论是在积极情绪还是消极情绪方面都没有显著差异。但是，相比于接纳组，排斥组被试所报告的情绪反应间的离散度更小。因此，Twenge 等推论，这是由于排斥对个体产生了巨大威胁，进而导致情绪麻木状态作为个体的防御机制被激活，被排斥者以此保护自身免受社会排斥所带来的伤害（Twenge et al., 2003）。类似地，DeWall 和 Baumeister（2006）的研究也发现，排斥组与接纳组、控制组被试自我报告的情绪水平没有显著差异，但排斥组被试对他人的同情心显著低于其他组。

另外，还有一部分研究通过身体表征数据，从排斥所引发个体的生理反应角度对排斥的影响进行了探究。例如，Eisenberger 等（2003）应用核磁共振成像技术对排斥所造成的脑神经活动机制进行了探究。结果发现，个体遭受排斥后，前扣带皮层（Anterior Cingulate Cortex, ACC）和右腹侧前额叶皮层（Right Ventral Prefrontal Cortex，RVPFC）被明显激活，这与个体由于身体伤害而造成痛苦感所激活的区域相同。这也就是说，排斥所引发的痛苦感与身体伤害所导致痛苦的神经系统反应机制相似，即排斥会引发“社会性疼痛”。Mendes 等（2008）则发现，当个体遭受到来自不同种族伙伴的排斥后，他的心室收缩（Ventricular Contractility）和心率（Heart Rate）呈现较大的变化，而这一生理变化与个体的愤怒情绪有显著正相关关系。Kouchaki 和 Wareham（2015）的研究也发现，社会排斥会导致个体的生理唤醒。生理唤醒是伴随情绪与情感发生时的个体生理反应。该研究对个体皮肤传导水平（Skin Conductance Level）这一生理指标进行了测量，发现遭受到排斥的个体生理唤醒越大，越不可能以正常、自然的情绪来进行应对，进而也越难以理智地进行道德决策，从而更有可能引发个体的不道德行为。

总体来说，目前已有研究中，排斥对个体情绪影响的观点基本分为两大类：一类是以 Williams（2007）为代表的研究者，认为排斥会引发个体的消极情绪；另一类是以 Twenge 等（2003）为代表的研究者，认为排斥会导致个体的情绪麻木。这一差异可能是由于研究者们在对排斥情境进行操纵时选用了不同范式所导致的。Williams 等多采用网络掷球范式，而 Twenge 等则采用孤独终老范式和相互认识范式。这两种研究范式所构建的情境中，本身在排斥的严重程度上就具有很大差异。孤独终老范式中的排斥是彻底性的，而相互认识范式则是真实社会中认识的人之间的排斥，相比起来，这两种排斥情境都比网络掷球范式更为严重，且有可能使被试无法再重新被接纳，因此更有可能引发个体的防御型机制，产生情绪麻木。另外，孤独终老范式是对于未来情况的假设，而网络掷球范式则是发生在当下的排斥情境，这也可能对个体在排斥事件的判断上产生影响。由此可见，排斥究竟是导致了个体情绪悲伤还是情绪麻木，可能在很大程度上取决于个体遭受了哪一类型的排斥以及严重程度如何。而对于遭受排斥后个体情绪的测量，目前主要通过被试自我报告和客观生理指标测量这两种方式。

2. 排斥对认知的影响

已有研究发现，排斥会影响个体对自我的认知评价。根据自尊的社会计量器理论（Sociometer Theory），个体对自身的认知与评价在很大程度上受到他人看法和态度的影响，个体认知深植于人际关系之中，个体自尊主要来源于他人的评价。也因此，个体自尊对自身在群体中是被接纳还是被排斥的状态表现得极为敏感。如果遭受到排斥，个体就可能对自己的能力、价值等方面产生怀疑，他可能会认为是由于自己做错了什么事情，或是自身具有一些不被他人所喜欢的特质才导致了自己被排斥，从而进行自我否定，贬低自己的价值与意义，导致个体自尊降低（Williams，2007）。已有实证研究发现，个体遭受排斥后会导致自尊显著降低（Gerber & Wheeler，2009），然而，也有部分研究得到了不同的结果。例如，Blackhart 等（2009）的研究发现，并非排斥降低了个体的自尊水平，而是感知到被接纳能够提高个体自尊。除了影响个体对自己的认知评价外，排斥还会影响个体对他人的认知评价。个体遭受排斥后，会对排斥他的人做出更加消极的评价，并且会对新的、潜在的关系资源给予更积极的评价（Maner et al.，2007）。

另外，排斥会影响个体对社会网络关系的认知准确度。排斥导致个体产生沮丧、悲伤等消极情绪，而个体在消极情绪状态下对于社会互动的判断能力往往较差。例如，Ambady 和 Gray（2002）的研究发现，让被试观察两个正在谈话的人，并判断这两个人是什么关系（如陌生人、朋友还是伴侣），悲伤情绪的个体判断的准确性会显著低于其他被试。类似地，O’Connor 和 Gladstone（2015）通过实验研究也发现，相比于控制组，个体在遭受排斥后对于新的社会网络关系的认知会更加不准确，他们往往会高估这一网络关系的密度。而且，这一显著的认知差异只存在于对社会网络关系的评估上，对地理网络的认知则没有差异。

排斥还会损害个体的认知过程。Baumeister 等（2002）通过一系列实验探究了社会排斥对于个体认知过程的影响。结果发现，排斥会影响个体的认知能力，从而导致个体逻辑思维能力的下降，但对于简单信息的回忆能力则没有影响。类似地，Twenge 等（2003）的研究发现，排斥会导致个体出现认知解体（Cognitive Deconstruction）的状态和自我调节障碍（Self-regulation Impairment）。他们发现，当个体遭受排斥后，知觉到的时间间隔变长（即高估时间间隔），反应时也显著长于被接纳组的被试；另外，排斥还会导致个体更加关注于眼前的状况而忽略长远情况。

综上所述，目前研究中，针对排斥与个体认知的影响主要包括对自我及他人的认知评价、对社会网络关系的知觉，以及对认知过程的损害，进而导致逻辑推理能力减弱、认知解体等状态。从实证研究的结果来看，大部分研究都表明排斥对个体的认知会存在负面影响。部分研究还进一步探究了排斥影响个体认知后对个体绩效、行为等方面所造成的影响，认为认知评价状态是排斥与个体绩效、行为间重要的中介变量（Ferris et al.，2015）。

3. 排斥对个体行为的影响

目前已有大量实证研究探讨了社会排斥对个体行为的影响，所得结果却并不统一。有研究发现，个体在遭受排斥后，由于自我调节能力减弱，会引发一系列的失控行为，如攻击性行为、刻薄行为（Leary，Twenge & Quinlivan，2006）、自我损害行为（Twenge et al.，2002），甚至是反社会行为（Leary et al.，2003）。而另一些研究却发现，个体在遭受到排斥之后，会更积极地去建立新的社会关系，因此，会对潜在的、新的社会资源表现出更多的融入动机，因此他们会更加主动地进行交流与互动，并通过表现出更多亲社会行为来示好（Maner et al.，2007）。还有一些研究则发现，被排斥的个体会采取逃离、回避等消极的应对方式（Williams et al.，2000）。

Baumeister 等（2005）认为，个体遭受到排斥后会导致自我调节障碍，降低个体的自我调节、控制能力，进而导致被排斥者表现出更多的失控行为，如自我损害行为。他们通过实验研究发现，遭受排斥的被试抵抗干扰的能力更弱，在完成任务过程中更容易气馁和放弃，而且在饮食上也更不加控制，会食用更多甚至过量的不健康食品。排斥会导致个体的攻击性行为。遭受到排斥的个体对他人的评价会更消极，且对他人的攻击性更强。Buckley 等（2004）的研究也发现了类似的结果。他们要求被试从 16 个包含亲社会行为和反社会行为的词语中进行选择，用于自我评价，以此来检测个体的行为倾向。结果发现，排斥组的被试选择反社会行为或攻击性行为词语的显著高于被接纳组的被试，表明个体遭受排斥后会表现出明显的攻击倾向。Leary 等（2003）对 1995~2001 年所发生的 15 起校园枪击案进行研究的结果也发现，其中 13 名主犯都曾经（甚至是案发近期）有过被他人排斥的经历，因此推测排斥与攻击性行为、反社会行为间有着密切联系。

排斥对员工亲社会行为的影响则较为复杂。Twenge 等（2007）认为，排斥会导致个体情感麻木，进而影响到个体的共情系统，使个体无法体会、理解他人寻求帮助的需要，进而会减少对他人的帮助，即减少亲社会行为。他们的实验研究结果也证实了这一观点，他们发现，遭受排斥的个体会较少采取捐赠行为、互助行为、志愿行为，并且会减少与他人的合作。然而相反地，另一些研究者却认为，排斥会威胁个体的归属需求（Baumeister & Leary，

1995)，而与他人保持稳定、良好的关系则是个体基本需求之一，一旦由于遭受排斥而导致个体归属需求受到威胁，个体就会产生强烈的想要重新被接纳的动机。这时，他们就会通过采取示好、帮助他人、证明自身在组织中的价值等一系列方式来进行应对，以期重新被他人所接纳。Maner 等（2007）发现，被排斥者只会对新的成员表现出友好，对那些曾经排斥过他们的人则不会表现出友好。这也就表明，排斥之所以增强了个体的亲社会行为，很有可能是由于排斥引发了个体与新的关系资源进行联系、互动的动机，是对新关系/潜在关系的重新建构，而并不是对原先遭到破坏的关系的修复。

综上所述，排斥对个体的行为影响主要可以分为以下两个方面：一方面认为，排斥会造成被排斥者出现一系列针锋相对的负性行为，如增加攻击性行为、反生产行为、自我损害行为等，以及减少亲社会性行为。这一观点主要认为，个体在遭受排斥后由于认知、控制资源等受损，很难正确、迅速地处理接收到的社会信息，因此有可能做出不利于自己的决策。排斥所引发的个体心理挫败，导致个体同理心减弱，更少采取帮助行为。而且，由于控制个体情感、行为的心理资源受损，自控能力减弱，甚至有可能导致个体敌对的态度和攻击性行为。另一方面，以 Maner 等（2007）为代表的学者则认为，由于归属需求是个体的基本需求，个体总是期望与他人保持良性、稳定、持久的社会关系。因此，当个体感知到被他人排斥时，则更有可能通过表现出更加友好的态度与行为，以及提升自己在团队内的价值等方式来与潜在的新社会关系建立起联系，即进行社会关系重构。然而，这方面的研究也发现，当个体急于重获这一归属感时，则有可能会不加选择地融入一些团体，这也就解释了有些遭受排斥的个体会加入邪教组织的原因。

社会学、心理学等领域针对排斥的相关研究为排斥在组织情境下的研究提供了重要的理论基础，研究者们通过不同视角对排斥所带来的影响以及内在作用过程进行解释，这都为职场排斥的研究提供了丰富的借鉴视角和实证材料。不过，上述研究结论大部分是基于实验研究所得。目前的实验室研究多是采用某种研究范式操纵出排斥情境，这一方面与组织情境中的真实排斥情境有一定的差别，另一方面，实验室情境多为一次性的刺激，而组织情境中的排斥则有可能是长期存在的，对个体所造成的影响，尤其是个体在应对行为上的选择方面很可能存在差异。因此，目前的研究结论是否具有较好的外部效度，能否很好地用于解释组织情境中的关系还有待进一步验证。

## 三、职场排斥的相关研究

### （一）职场排斥的概念与测量

最初针对组织情境中排斥的研究来自 Miceli 和 Near（1992）对组织中的成员们对告密者的对待方式的调查。他们发现，组织成员们一旦发现团队中的某人对组织中违反规章制度或违反道德的事情进行告密时，他们就会对这一告密者采取沉默对待、回避、无视等行为。而由于遭受到同事及上级的排斥，告密者也会感到情绪低落、挫败、痛苦等，甚至会产生离职意向。随后，Henson（1996）针对组织中临时工的调查也发现，临时工在工作中常常会感觉到自己被其他同事所忽视，就好像是隐形的无名小卒，这使得他们在工作中会感受到更多的压力。

Hitlan、Cliffton 和 DeSoto（2006）参照社会排斥的相关研究，最早给出了职场排斥的定义。他们认为，职场排斥是个体或者群体在工作场所中被其他人或群体孤立、拒绝或忽视的现象，职场排斥对个体人际关系、工作绩效、个人声誉等方面都会产生负面影响。然而，这一概念在当时并未引起其他研究者的关注与重视。直到 Ferris 等（2008）明确提出职场排斥的定义，并开发出有效的职场排斥测量量表，组织行为研究者们对职场排斥的相关研究才逐步兴起。他们将职场排斥定义为员工在工作场所中感知到的自己被他人忽视、孤立或拒绝的程度。这也是目前职场排斥相关研究中应用最为广泛的定义，所提出的构念定义最大的不同点是，他们将职场排斥定义为个体的一种主观感受。这也就是说，员工在工作中是否会感知到被排斥，以及感受到的排斥程度如何在很大程度上与个体的主观评价及归因有关。他人一些无意的行为（如他人忙于工作而忽略了对方）有可能被个体解读为刻意的排斥；相反地，一些有意的排斥行为（如拒绝眼神接触）也可能不被个体所意识到。另外，作为职场冷暴力的一种表现形式，职场排斥的表现形式十分委婉，具有较高的隐蔽性。在这一行为实施过程中，排斥者基本不会和目标对象之间发生直接的冲突，而是以忽视、漠视、回避眼神接触、沉默对待等形式表现出来，且行为发生前并不会伴有明确说明。因此，当个体感知到自己被排斥时，有时并不清楚这一情况是何时发生，以及为什么会发生。虽然后续仍然有研究者对职场排斥的定义进行部分修订或调整（乐嘉昂、彭正龙和高源，2012），但定义所表达的本质并未发生大的改变，因此，在本章后续的研究中，采用了 Ferris 等（2008）的定义。

在职场排斥的测量方面，Ferris 等（2008）所开发的 10 道题单维度职场排斥量表是目前国内外职场排斥相关研究中应用最为广泛的量表。它包括了员工在职场一系列情境中所感知到的被他人孤立、无视、拒绝等情况，如“向别人打招呼却得不到回应”“在谈话中被忽略”“当个体去到某个工作地点的时候，别人就离开了”等。除了对量表的信效度进行了有效的检验之外，他们的实证研究结果还表明，个体感知到的职场排斥与自身归属感、自尊、控制感和存在意义四项基本需要有显著的负相关关系；另外，职场排斥还与社会阻抑（Social Undermining）、感知到的组织支持、人际公平、领导成员交换、团队凝聚力，以及感知到的组织公民行为准则等方面都存在显著的相关关系；同时，还与他人评价的被排斥者的工作绩效、越轨行为之间存在显著相关关系；而且，职场排斥对于个体五个月后的焦虑感、沮丧感，以及工作满意度、情感承诺等方面仍有显著的预测作用。

Hitlan、Cliffton 和 DeSoto（2006）所开发的职场排斥量表则将职场排斥分为了基于语言的排斥行为（3 题）和一般排斥行为（10 题）两个维度。其中，基于语言的排斥行为主要是针对企业中包含不同国家员工的情况，用于测量工作场所中同事是否会采用被排斥者听不懂的语言进行交流，从而造成语言上的排斥这一状况。但这一情境并不适用于当前大多数企业的发展状况，因此 Hitlan 等（2006）的量表由于具有一定的局限性而并没有得到广泛的应用。

随后，Hitlan 和 Noel（2009）对 Hitlan 等（2006）所开发的量表进行了修订，编制了 15 道题的修订版职场排斥量表。这一量表将职场排斥分为了主管排斥（5 题）、同事排斥（7 题）和基于语言的排斥（3 题）三个维度。他们发现，员工感知到的同事排斥与其人际指向的反生产行为显著相关，而感知到的来自主管的排斥反映了组织层面对个体的排斥，因此，个体会通过采取组织指向的反生产行为来进行应对。另外，他们还发现，个体的人格特质在其中发挥了重要的调节作用，当个体的人格特质表现出对行为越少的约束时（如较高的神经质、外倾性、开放性，较低的宜人性和尽责性），员工感知到的职场排斥与其反生产行为间的关系越强。Hitlan 和 Noel（2009）所修订的职场排斥量表在一定程度上细化了之前的量表，但一方面，这两份量表作者在开发过程、信效度检验等方面都没有进行详细的说明，致使该量表的可信度一直受到后来学者的质疑；另一方面，修订后的量表在职场排斥的分类上界限不清，其中主管排斥与同事排斥是从排斥的来源方面进行分类，而基于语言的排斥则是从排斥行为的性质方面进行分类。因此，由于以上原因，这一量表也并未得到非常广泛的应用，但 Hitlan 和 Noel（2009）针对职场排斥与反生产行为的研究仍为后续研究奠定了重要基础。

另外，国内部分学者针对中国企业的文化特点，编制了中国企业情境下职场排斥的量表。例如，蒋奖、鲁峥嵘和张雯（2011）从排斥的不同来源出发，将排斥分为上司排斥和同事排斥，开发出 20 题两维度的职场排斥量表。皮垚卉（2012）在综合国内外研究的基础上，重新开发出了我国文化环境下企业员工的职场排斥量表，他认为，我国环境下的职场排斥应包括人际排斥、互动排斥和工作排斥三个维度，共包含 17 个题项。乐嘉昂、彭正龙和高源（2012）则基于扎根理论，通过深度访谈对职场排斥的结构进行了重新探索，提出包含人际忽视、资源隔绝、蓄意抵触、价值诋毁和差序格局偏见的职场排斥五维度模型，但这一模型尚停留在理论模型阶段。

就已有研究来看，虽然不同的学者从不同角度对职场排斥的构念进行了阐述，并且开发出不同的测量工具，但目前应用最为广泛的、被较多实证研究验证具有较高信效度的，仍然是 Ferris 等（2008）所提出的构念内涵及其所开发的测量量表。因此，本研究中也将采用这一构念内涵，将职场排斥定义为员工在工作中感知到的被他人忽视、孤立或拒绝的程度，并且，为保证测量具有较高的信效度，本章在后续的实证研究中也将采用 Ferris 等（2008）所开发的职场排斥量表。

职场排斥的构念内涵及维度汇总如表 4-1 所示。

**表 4-1 职场排斥的构念内涵及维度汇总**

| 代表学者 | 构念内涵 | 维度 |
| --- | --- | --- |
| Hitlan、Cliffton 和 DeSoto（2006） | 个体或者群体在工作场所中被其他人或群体孤立、拒绝或忽视的现象 | 两维度，13 题，包括语言排斥和一般排斥行为 |
| Ferris、Brown、Berry 和 Lian（2008） | 员工在工作场所中感知到的自己被他人忽视、孤立或拒绝的程度 | 单维度，10 题 |
| Hitlan 和 Noel（2009） | 个体或者群体在工作场所中被其他人或群体孤立、拒绝或忽视的现象 | 三维度，15 题，包括主管排斥、同事排斥和语言排斥 |

续表

| 代表学者 | 构念内涵 | 维度 |
| --- | --- | --- |
| 蒋奖、鲁峥嵘和张雯（2011） | 在工作场所中，个体主观感知到的他人对自己的忽略、排挤和拒绝 | 两维度，20 题，包括上司排斥和同事排斥 |
| 皮垚卉（2012） | 员工在工作场所中所感知到的自己被其他人忽视或拒绝的现象（沿用了 Ferris 等（2008）的定义） | 三维度，17 题，包括人际排斥、互动排斥和工作排斥 |
| 乐嘉昂、彭正龙和高源（2012） | 组织成员在工作场所中受到的来自组织内部的人际忽视和他人利用职权范围内的操手，对其履行岗位职责和职场发展设置障碍，从而使其处于边缘化境地的行为 | 五维度，包括人际忽视、资源隔绝、蓄意抵触、价值诋毁和差序格局偏见，未开发对应的量表 |

### （二）职场排斥的前因变量研究

目前，针对职场排斥的前因变量研究还极为缺乏。现有研究中，一部分探讨了个体人格特质与职场排斥间的关系。Wu、Wei 和 Hui（2011）以中国两家石油公司和煤气企业员工为样本，探究了大五人格与个体感知到的职场排斥间的关系，发现宜人性和外倾性与职场排斥间存在负相关关系，而神经质与职场排斥则存在显著的正相关关系。Xu（2014）则探究了自恋这一人格特质对职场排斥的影响，并发现个体自身的专业地位与团队成员间目标互依程度的交互作用会对自恋与职场排斥间的关系起调节作用。另外，Ahmed、Wan 和 Amin（2014）基于社会交换理论，发现了具有中国特色的个体关系网络（Individual Guanxi Network）与职场排斥间的关系。他们发现，个体关系网络会通过组织支持感与领导成员交换对个体感知到的职场排斥产生影响。这一积极的交换关系对个体应对工作场所中的排斥起到了缓冲作用。Yang 和 Treadway（2016）则借鉴社会网络研究方法，探讨了工作场所中实际的排斥行为是否与员工感知到的排斥程度有关联，他们发现，当个体的归属需要较高时，他们往往会感知到更多的职场排斥。

Robinson、O’Reilly 和 Wang（2013）提出了组织层面影响职场排斥的因素。他们认为，可以将职场排斥的影响因素按意图分为有意的和无意的。当排斥的成本较低（如个体跟随同事一起排斥他人、团队间任务互依性较低），或是可采取的替代机制较少（如组织文化或组织规则都强调避免冲突、扁平化的组织结构）时，这种有意的排斥在工作场所中较普遍。另外，也存在一些因素会造成个体无意的排斥，如较高的压力环境导致个体全身心地投入工作无暇顾及他人，或者由于个体工作地点分散所造成的无意排斥等。虽然 Robinson 等（2013）从组织层面提出了更多可能影响职场排斥的因素，但遗憾的是，这些假设都还仅仅停留在理论构想基础上，并未经过实证检验。不过，Robinson 等（2013）的研究仍然为后续针对排斥的前因变量研究提供了新思路。

总的来看，目前针对职场排斥前因变量的研究仍然较少，多是基于被排斥者角度，探讨被排斥者的人格特质与职场排斥间的关系。Williams（2007）曾提出，对于排斥的前因变量，可以从员工特征、来源特征和情境特征三个方面进行探讨。从员工特征方面来说，除了个体的人格特质之外，个体的身份、地位、所拥有的网络资源也有可能对职场排斥产生影响；从组织情境方面来看，组织结构、组织文化，以及中国文化中盛行的“圈子文化”“小团体主义”等也都有可能与排斥有密切联系。因此，未来研究还有待于从多个角度探讨职场排斥的影响因素。

### （三）职场排斥的结果变量研究

与职场排斥的前因变量研究相比，学者们对于职场排斥所产生的影响则关注更多。目前研究的主要关注点集中在职场排斥对个体的工作态度、绩效、行为及心理健康等方面。

在职场排斥与员工工作态度间的关系研究方面，Hitlan 等（2006）的研究探讨了职场排斥与员工工作满意度以及心理健康之间的负性关系，并且发现性别在其中起到了调节作用。他们发现，与女性相比，对男性员工来说，职场排斥与工作满意度（包括对同事的满意度和对上司的满意度）和心理健康（包括个体幸福感和自尊威胁）间的负向关系更强。Wu、Liu、Kwan 和 Lee（2016）通过进行多时间点的员工—主管配对调查发现，职场排斥会降低个体的组织认同感，进而影响员工的组织公民行为。

在职场排斥对员工心理健康的作用研究方面，Wu 等（2012）针对中国两家石油天然气企业员工的调查发现，职场排斥对于个体的心理健康有重要影响。职场排斥不仅会使个体感受到工作中的压力，由于个体资源消耗，还会导致个体情绪衰竭，产生沮丧感。而个体的逢迎行为和政治技能的交互作用则对职场排斥和心理健康间的负向关系起到了重要的抑制作用。逢迎行为被视为一种员工应对职场排斥的行为策略，而政治技能则是决定该行为是否能够有效实施的重要能力。个体具有较高的政治技能时，才能够选择和采取更加适当的逢迎行为，这时，这一应对行为才更容易被同事解读为是有利于他人的亲社会行为，而非服务于被排斥者自己的，从而有效地缓解排斥所带来的消极心理效应。

在职场排斥对员工绩效的作用研究方面，Ferris 等（2015）、Leung 等（2011）的研究都发现，职场排斥对员工个体绩效有重要影响。Ferris 等（2015）基于自我验证/自我增强理论提出，员工在遭受职场排斥后会导致其自尊水平下降，基于自我验证的理论，个体会调整自己的行为与自身认知保持一致，进而导致工作绩效降低。但是，这一作用在一定程度上受到个体权变自尊的影响，如果个体的自尊在很大程度上是基于工作获得的，即工作绩效对于个体自尊水平极其重要，那么此时由于自我增强的效应，遭受排斥反而会导致个体在这一领域付出更多的努力，从而抑制绩效降低。而对于权变自尊不是基于工作绩效获得的个体来说，遭受到职场排斥导致个体自尊降低时，则更有可能遵循自我验证理论，工作绩效也进一步降低。这也就是说，虽然排斥会导致个体状态自尊的降低，但是，只有对于那些权变自尊并非基于工作绩效的个体来说，自尊水平的降低才会导致其个体绩效的下降。Leung 等（2011）则从资源保存角度出发，对职场排斥与个体绩效的关系进行了解释。他们针对服务业企业的员工调查结果显示，由于遭受职场排斥会引发个体资源损耗，持续的资源消耗致使个体无法专注于工作本身，工作热情减退，导致员工的工作投入程度减弱，进而降低个体的工作绩效。Williams 和 Sommer（1997）则发现，性别对职场排斥和个体绩效的关系有一定的影响，女性在遭受职场排斥后会提高自己的工作绩效，而男性则不会。他们认为，这可能是由于男性和女性在对社会排斥的解释和反应上存在差异。女性倾向于关系导向，因此，遭受排斥的女性会产生更强的社会补偿效应，即她们在集体环境中会更加努力地工作，以补偿由于排斥而带来的负向效应；未被排斥的女性则不会产生补偿效应。而男性在排斥和接纳两种状态下则没有这一差异。因此，当女性感知到被排斥后，更有可能激发她们努力工作，提高绩效以提升她们自身在团队中的重要性和价值。

在有关职场排斥对于员工行为的影响研究中，大多集中于探究其对员工亲社会行为的消极影响。大量研究从不同理论视角解释了职场排斥与员工亲社会行为间的作用机制。Wu 等（2016）基于社会认同理论发现，职场排斥会降低个体的组织认同，进而导致员工的组织公民行为降低，而这一中介作用在一定程度上受到个体工作流动性的影响。刘小禹等（2015）基于自我验证的视角，也发现职场排斥导致员工组织自尊降低，进而减少主动性行为。这其中的作用机制本研究会在后面进行详细探讨。

相对来说，关于职场排斥对员工负性行为的影响，尤其是二者间作用机制的研究则在近几年才逐步受到学者们的关注。以互惠原理和转移攻击力量为基础，Zhao 等（2013）发现，员工在遭受职场排斥后，会采取相似的方式进行回应，即导致个体的反生产行为，而个体的主动性人格和政治技能的交互作用则能有效地抑制职场排斥所带来的这一负向效应。这一研究对职场排斥与员工负性行为间的关系进行了直接的解读。另外，极少数针对职场排斥与员工反生产行为内在机制的研究表明，排斥主要影响了个体的动机资源或控制资源，进而导致其反生产行为增加。

综上所述，目前针对职场排斥的结果变量主要反映在个体的心理健康、工作态度、绩效和行为等方面。总体而言，大部分研究认为，职场排斥会带来消极的效应，如损害心理健康，降低工作满意度、工作绩效，减少亲社会行为，或是增加负性行为，而这一负性效应又存在着个体差异，或是在某些情况下能够得到有效的抑制。其中，个体差异（人格特质、心理资本等）和工作特征（工作流动性等）在其中起到了重要的调节作用，个体自尊、组织认同、状态自控、工作投入等则在职场排斥与员工绩效、行为间起到了重要的中介作用。

### （四）职场排斥的作用机制

根据现有实证研究结果，本章对目前所应用到的关于职场排斥与结果变量之间的作用机制及其解释力量进行了归纳总结，具体包括以下几个方面。

#### 1. 社会交换理论与社会困境论

社会交换理论中的基本假设是，个体任何一种行为的发生都可以归结为其对于获得利益后的回报性行为，或是为了获取某种利益的前期投入。基于此，互惠理论（Reciprocity Theory）提出，个体会尽量以类似的行为方式来回应他人对其所采取的行为（Cropanzano & Mitchell，2005）。这也就是说，当个体受到他人友好对待时，会采取友好的方式回应他人，而当个体遭受到他人无礼、冷漠、敌对的对待方式时，个体也会采取消极、负性的行为进行回应，以此来保持交换关系的平衡。

在职场排斥的相关研究中，此理论常常被用来解释职场排斥与员工行为二者之间的直接作用。例如，大部分研究以此来探讨职场排斥与员工组织公民行为间的关系。组织公民行为作为一种员工自发的角色外行为，由于不受组织中正式评价体系的评估，更大程度上代表了员工与组织成员以及组织之间的情感交换。根据互惠原则，当员工的物质、心理需要在组织中得以满足时，他可能会通过采取更多的组织公民行为这一方式来回馈团队成员与组织，反之则有可能减少组织公民行为。显然，作为一种消极的人际互动体验，职场排斥会给个体带来痛苦和不快的经历，无形中对员工与同事，甚至组织间的交换关系产生破坏作用。排斥切断了员工与团队成员、组织之间的情感纽带，进而导致员工的组织公民行为减少。在实证研究方面，Wu 等（2016）的研究结果验证了上述观点，他们发现，职场排斥对员工的组织公民行为有显著的负向影响。除了用于解释职场排斥与组织公民行为间的关系以外，也有部分研究者以此理论来解释职场排斥与员工负向行为间的关系。他们认为，当个体遭受到职场排斥后，基于“以牙还牙，以眼还眼”的思路，员工则更有可能采取负面、消极的行为（如反生产行为、社会懈怠）来进行应对（Xu，Huang & Robinson，2015）。

Balliet 和 Ferris（2013）则基于社会困境论（Social Dilemma Perspective），对排斥与组织公民行为间的关系给出了另一种解释。与社会交换理论不同，社会困境论将个体组织公民行为看作是一种社会两难困境的选择，即被排斥的个体会在“是减少组织公民行为以获取短期利益（即达到社会交换的平衡），还是牺牲短期利益，对他人仍然采取组织公民行为以获得长期收益（如重新被接纳）”二者间进行权衡。而个体的选择取决于他的未来导向，如果个体的未来导向更强，即更加关注长期收益时，个体在遭受排斥时，也仍然会采取组织公民行为。此时，组织公民行为已不再单纯是个体与组织间感情的维系，不单单出于利他的目的，而可视为个体出于利己的目的，为了达到长期收益而采取的有效措施。社会困境论的观点在一定程度上能够解释以往研究中排斥和组织公民行为二者之间关系不一致的问题，即个体不仅关注短期利益，出于长期利益的考虑，也有可能牺牲短期的社会交换平衡所带来的获利，即使遭受排斥也仍然可能采取组织公民行为，这为后续的研究提供了重要的启示作用。

2. 自我验证与自我增强理论

这两个理论多用于解释个体自尊在职场排斥和结果变量间的中介作用。自尊是个体对自我价值的总体评价以及胜任需求的满足程度。组织自尊则是个体在组织情境中，将自己作为一名组织成员的自我价值评价（Pierce Gardner & Cummings，1989）。员工的组织自尊越高，表明他认为自己在组织中越重要、越有价值。社会计量器理论（Leary & Baumeister，2000）认为，个体的自尊系统是一个人际关系计量器，监控着个体被他人所接纳或拒绝的程度，并不断地对他人的反应进行评估和监测。因此，随着时间的推移，那些经常感受到被拒绝的个体要比那些感受到被接纳的个体具有较低的自尊水平。同样地，员工在组织情境中所经历的各项事宜都向员工传递着“他在组织中是否具有重要价值”这一信息，进而会影响到员工对于自身作为一名组织成员的自我概念形成，以及对自我价值的判断。个体又会通过对这些外部信息的整合来不断形成和强化自我概念。因此，当个体遭受到职场排斥，感知到被同事或领导孤立、无视、冷漠对待时，便会对自己的能力和价值产生怀疑，否定自我，进而导致自尊水平下降。

根据自我验证理论，人们为了满足自身对外界的控制感和预测感，会不断寻求或引发与其自我概念相一致的反馈，以此来保持并强化他们固有的自我概念（Korman，1970）。那些具有高组织自尊的员工，由于认为自身对组织具有重要的价值，有较高的胜任力，为保持已有的自我概念，会更加积极地投入工作，进而提高个体的工作绩效，增加积极的角色外行为。相反地，当遭受职场排斥导致个体自尊降低时，个体对于自身的意义、能力、价值评估都会降低，遵循自我验证理论，个体为增强控制感与预测感，其行为也会随之改变，即消极的自我构念会导致个体工作绩效降低，主动性行为也进一步减少，部分实证研究也验证了这一观点（刘小禹等，2015）。然而，自我增强理论则认为，人们有一种提高自我价值感和增强自尊的动机，因此，个体总是不断寻求获得积极的反馈或评价。根据这一理论，当个体具有消极的自我构念时，个体并非去寻求与之相一致的消极反馈（自我验证理论的观点），而是会去寻求或创造积极的反馈以提高自尊。也就是说，此时个体自我增强的动机对个体行为起主导作用。

结合以上两个理论可见，对于具有积极自我观点的个体来说，无论是出于自我验证还是自我增强动机，他们都会去寻求积极的反馈；然而，对于具有消极自我构念的个体来说则有所差异，出于自我验证动机，个体会倾向于寻求消极的反馈，通过采取消极行为（如降低工作绩效、减少主动性行为）以获得控制感与预测感（Ferris，Brown & Heller，2009）。而出于自我增强的动机，个体则会偏好寻求积极的反馈，通过采取更加积极的行为（如提高工作绩效、增加组织公民行为、证明其在团队中的重要性）来恢复自尊水平（Baumeister，Campbell，Krueger & Vohs，2003）。事实上，以往实证研究结果中，对于职场排斥与个体绩效、行为间关系的不一致性也从一定程度上反映了这一问题。据此，Ferris 等（2015）提出，个体在遭受职场排斥这一消极人际互动体验时，虽然其整体自尊水平会有所降低，但这一消极的自我构念究竟是会引发员工的自我验证动机还是自我增强动机则取决于个体的权变自尊。当个体的自尊水平依赖于他的工作绩效时（即个体将自我价值基于自身的工作绩效，自身的工作绩效越高，越会觉得自己对于组织来说越重要，自己越成功)，那么他可能不会通过负向行为来验证消极的自我认知，相反，他会通过自我强化动机，在绩效方面努力提升，以使他人看到他在这个领域的出色表现，以此恢复自尊水平。也就是说，员工基于工作绩效的权变自尊水平越高，职场排斥通过个体自尊对工作绩效的影响越小，即权变自尊在“职场排斥—自尊—工作绩效”这一中介路径的第二阶段起调节作用。Ferris 等（2015）的研究结论在很大程度上推进了职场排斥与员工绩效间的相关研究，为以往研究结论上的不一致提供了新的解释角度。由于个体的自尊都是具有权变性的，其差异仅在于依赖的领域不同，那么个体不同的权变自尊也可能对这一关系造成不同的影响，这也为进一步完善个体自尊在职场排斥与结果变量间的中介作用机制及其边界条件提供了新的研究视角。

3. 社会认同理论

这一理论多用于解释组织认同在职场排斥与结果变量间的中介作用。社会认同是指个体对于自己归属于某一特定群体的认知，并据此认识到作为群体成员所带给他的情感和价值意义。社会认同理论指出，个体会根据自身所归属的社会群体特征来定义自我，进而形成自我概念。个体通过寻找自身与所在群体的共同性来产生社会认同，以此满足自身的归属需要与自尊。如果个体与所在群体产生社会认同，以上需要得以满足，个体就会将自我定义为群体的一部分，将“自我”的概念转化为“我们”，与群体融为一体，产生与所在群体同舟共济的使命感和责任感。相反地，如果个体在群体中无法产生社会认同，个体自尊与归属需要得不到满足，个体则有可能对所属群体产生消极评价，甚至有可能离开该群体。

组织认同（Organizational Identification）是社会认同的一种表现形式，是

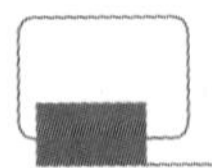



个体以组织成员的身份对自我进行定义，从而归属于组织的一种感知（Ashforth, Harrison & Corley, 2008）。基于社会认同理论，职场排斥会导致员工组织认同降低。首先，一般来说，当员工感知到与组织在价值观、态度等方面更加相似时，更容易建立起组织认同，并将组织价值观融入自我构念之中，将自身嵌入所在组织之内。然而，职场排斥则表明个体与组织成员及组织之间存在着差异，这便会导致员工的认同感降低。其次，组织认同能够满足个体的归属需要，而如果员工被其他成员排斥，切断了个体与组织之间的情感联系，威胁个体的归属需要，使被排斥者感到自己不被组织所接纳，影响自我认识，这也会削弱个体的组织认同感。最后，当个体得到组织欣赏与尊重时，更有可能产生认同感，而职场排斥会破坏个体自身对于组织价值的判断，从而导致组织认同感降低。组织认同感的降低又会导致员工认为自身与组织的联系并不紧密，组织的好坏与自身关系不大，对组织的情感减弱，进而不愿为组织贡献全部力量，致使个体职外绩效和组织公民行为减少（Wu et al., 2016）。可以看出，与仅仅从个体认知角度出发不同，组织认同感从个体与组织之间关系的角度出发，来考虑职场排斥的影响，从另一角度解释了职场排斥对员工行为，尤其是积极的角色外行为的影响及其内在作用机制。

4. 资源保存理论

资源保存理论认为，个体所拥有的资源是有限的，因此个体总是试图保护、维持和构建这些资源。个体一旦感受到自身有价值的资源遭受到潜在或实际的损失，或投入资源后无法获得相应的回报时，便会感到不适。因此，资源流失是造成个体抑郁的重要原因之一（Hobfoll, 1989）。作为工作场所中的一种消极人际互动，职场排斥会导致个体有限资源的消耗，给个体带来巨大的压力，并引发个体紧张、焦虑、抑郁等消极情绪，而为了应对这一压力源，个体又会持续付出精力、能量去进行应对，这一应对过程也会导致个体剩余资源的进一步损耗，资源的持续损耗导致个体疲于应对、无法专注于自身工作（Wu et al., 2012），影响个体的工作投入，并导致其工作绩效、工作奉献与人际促进等降低（Leung et al., 2011）。

另外，除了前文所论述的，将资源保存理论用于解释职场排斥对个体任务绩效和积极的职外绩效的影响之外，职场排斥会直接影响个体的动机资源，进而引发个体反生产行为。职场排斥会影响个体的心理控制资源，个体控制能力的减弱则往往会导致更多的反生产行为。虽然这些研究并未直接指明他们应用了资源保存理论，但可以看出，现有探讨职场排斥与员工消极行为内在作用机制的研究普遍认为职场排斥会对个体有限资源产生影响，而这一观点是资源保存理论中的一项重要论点。可见，资源保存理论为研究职场排斥与员工反生产行为间的内在作用机制提供了较好的研究视角，因此，本研究也选择以该理论为研究基础，来探讨职场排斥与员工反生产行为间的内在作用机制。

通过上述回顾可以看出，经过近十年的探究，职场排斥的相关研究也越来越丰富。大量研究者基于社会交换、自我验证、社会认同、资源保存等理论，从不同角度对职场排斥与员工工作绩效、亲社会行为及其作用机制进行了较为全面的解读。然而，与之相对地，对于职场排斥与员工消极行为（如反生产行为）之间的内在作用机制及其作用边界的探讨则较为缺乏。职场排斥究竟如何影响员工反生产行为，以及二者间的关系在何时会增强（或减弱）？现有研究尚无法很好地回答这一问题。根据目前极少部分的相关研究来看，研究者们普遍认为，个体有限资源的消耗是连接职场排斥与反生产行为间的关键因素（刘玉新等，2013）。因此，以此为基础，本研究试图从资源保存理论视角出发，探讨职场排斥与员工反生产行为间的内在作用机制及其边界条件。

## 四、反生产行为的相关研究

### （一）反生产行为的概念与测量

反生产行为（Counterproductive Work Behavior，CWB）是指个体有意实施的任何对其所在组织或利益相关者（包括委托方、同事、客户、上司等）的合法利益具有或存在潜在危害的行为（Spector & Fox，2005）。反生产行为所包含的内容较为广泛，既包含直接给组织或个人带来直接危害的行为，如偷窃、破坏组织财产、身体攻击、言语辱骂等行为；也包含带来潜在危害的行为，如怠工、故意做错任务以拖延完成任务的时间等。从上述构念可以看出，员工的反生产行为至少包括以下特点：首先，反生产行为是员工有意为之，而非偶然或被迫（如迫于上司指使）发生的（Marcus & Schuler，2004）；其次，只要该行为的发生会在客观上给组织或其他利益相关者的合法利益带来有形或无形的消极影响，无论是否违反组织正式或非正式规范，也无论组织成员是否感知到其严重性、接受程度如何，均应视为反生产行为。例如，在某个企业中，员工在工作时间浏览购物网页，或是用公司的纸张打印私人资料，是该企业中员工间相互默许的“默契”行为，同事甚至某些领导也并不认为这一行为有任何问题，但这依然属于反生产行为的范畴。

大量学者基于不同的理论视角对反生产行为进行了研究，这也导致在研究中不同的学者采用了不同的术语来描述，如工作场所的越轨行为（Workplace Deviance）（Lawrence & Robinson，2007）、不良行为（Bad Behavior）（Griffin & Lopez，2005）、攻击行为（Aggression）（Douglas & Martinko，2001）、敌对行为（Antagonistic Work Behavior）（Lehman & Simpson，1992）等。虽然术语叫法各不相同，但是这些术语背后所描述的行为本质却都存在较大的重叠。因此，在本研究中，并未深究各研究术语背后的细微差别，而是将其视为一类，只要满足前文所述的内涵特点，都将其视为反生产行为。但为保持本章自身的统一性，本研究中都采用“反生产行为”这一术语，构念内涵则采用前文所描述的 Spector 和 Fox（2005）的定义。

对于反生产行为的结构维度划分，目前学者们也还存在着一些分歧。例如，早期学者 Clark 和 Holliger（1983）将其分为以滥用雇主财务为主的财产型越轨和以违背工作规范为主的生产型越轨，但由于这两类行为都是组织指向的行为，所以，往往可以视为是一个潜在高阶因子结构。Chen 和 Spector（1992）根据员工所罗列的各项反生产行为的频率进行了因子分析，以行为表现方式为基础，将反生产行为分为敌对（Hostility）、破坏（Sabotage）、偷窃（Theft）、攻击（Aggression）和退缩（Withdraw）五种类型；Neuman 和 Baron（1998）将其分为敌对（Hostility）、妨碍（Obstruction）和公然攻击（Overt Aggression）三个维度。Robinson 和 Bennett（1995）以行为指向对象（组织指向还是人际指向）和行为的危害程度（轻微还是严重）两个维度将反生产行为划分为财产型越轨、生产型越轨、政治型越轨和人际型越轨四种类型；Fox、Spector 和 Miles（2001）则从前人的研究中总结出 64 种反生产行为，并将这些行为分为五个维度，包括：①伤害他人（Abuse of Others），如辱骂、羞辱、嘲笑同事；②威胁或恐吓（Threats），如采取伤害、威胁性的语言；③工作逃避（Work Avoidance），如有意拖延工作、怠工；④工作破坏（Work Sabotage），如在工作中故意出错；⑤过激行为（Overt Acts），如偷窃等。在这一分类中，伤害他人和威胁主要是针对组织中的人，工作逃避与工作破坏则主要是针对组织，过激行为的目标则既可能是人也可能是组织，但一般来说这一类行为程度更加严重（Spector & Fox，2002）。Rotundo 和 Xie（2008）则根据“人际—组织”和“任务相关—非任务相关”维度将反生产行为分为“人际—任务型”“人际—非任务型”“组织—任务型”和“组织—非任务型”四类。另外，Warren（2003）从行为的“建设—破坏性”这一维度将反生产行为分为建设性遵从、破坏性遵从、建设性越轨和破坏性越轨四类。Stewart 等（2009）则基于 Robinson 和 Bennett（1995）的研究进行了重新分类，将反生产行为分为生产偏差、资产偏差和人际偏差行为三个维度。

国内学者中，彭贺（2011）对我国知识型员工的反生产行为结构进行了探讨，并开发出知识员工反生产行为量表，将其分为失德行为、抵制行为、钻空子行为、消极服从行为、保守知识行为和撒谎行为六个维度。尤方华和陈志霞（2012）的研究以我国企业员工为样本，基于层面理论，将包含 92 个项目的反生产行为量表分解为行为指向和危害度两个层面。在行为指向层面，反生产行为可分为指向工作任务、指向人际、指向组织的一般性违规和财务型越轨四种类型；在行为的危害度层面，则可分为轻度、中度和高度危害三种类型。但这一研究目前停留在理论阶段，并未开发出相应的量表。

虽然目前对于反生产行为的维度划分并未达成统一，但大多数的分类中，都认可 Fox 和 Spector（1999）所提出的“将行为指向作为该行为分类标准”这一观点，即分为人际指向和组织指向两类。事实上，这也是目前大多数维度划分标准中所共有的特点。组织指向的反生产行为（CWB-O）以损害组织利益为目标，如蓄意破坏、散布企业流言、偷窃、怠工等，而人际指向的反生产行为（CWB-I）则是以损害组织中其他人的合法利益为目标，如无礼对待、羞辱、取笑他人等。

### （二）反生产行为的理论模型

#### 1. 互惠原理

“互惠原理”（Reciprocity Theory）认为，个体会尽量以类似的行为方式来回应他人对其所采取的行为（Cropanzano & Mitchell，2005）。一般我们较常采用社会交换理论来解释个体之间良性的互动交换过程。但事实上，互惠本身包含着两层含义，即当个体受到他人友好对待时，会采取友好的方式回应他人；而当个体遭受到他人无礼、冷漠、敌对的对待方式时，个体也会采取消极、负性的行为进行回应，即可能引发反生产行为。这也就是所谓的“以牙还牙，以眼还眼”。但互惠原理主要是从表象说明了个体反生产行为产生的原因，并未详细探讨引发反生产行为的个体心理机制。

2. 压力—情绪模型

基于挫折—攻击假说（Frustration-aggression Hypothesis），Spector 和 Fox（2005）提出了引起员工反生产行为的压力—情绪模型（the Stressor-emotion Model）。挫折—攻击假说提出，个体所遭受的挫折可能会引发其相应的攻击性反应。当个体所遭受的挫折较为剧烈时，可能会引发其直接且指向明确的攻击行为；而当挫折来源不明、程度较弱，或是由于某些原因无法直接对挫折源表现出反应性攻击时（如挫折源是领导、长辈等），则可能引发个体间接性、替代性的攻击行为，即替代攻击。

基于以上两点，压力—情绪模型的主要观点是：个体在压力情境中所产生的负性情绪是引发反生产行为的主要原因。具体来说，Spector 等（2005）认为，当个体在职场中感受到压力情境（如高工作负荷、角色模糊、人际冲突等）时，会导致其产生受挫感，进而引发个体的负性情绪（如愤怒等），而负性情绪是导致员工反生产行为的直接原因之一。这里需要强调的一点是，职场中客观存在的压力情境并非一定都会引发个体的负性情绪及反生产行为，这一过程还会受到个体认知的影响，只有当个体知觉到这一压力并产生受挫感时，才会导致负性情绪进而引发反生产行为。另外，人格特质也会在其中起到调节作用（见图 4-1）。

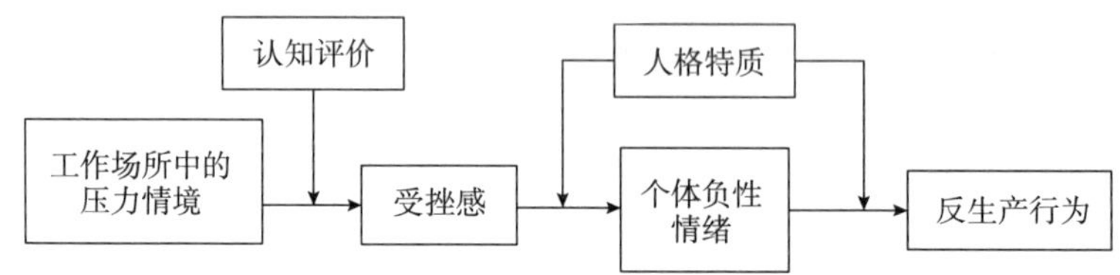


**图 4-1　反生产行为产生的压力—情绪模型**

资料来源：Spector P. E.，Fox S.（2005）. The stressor-emotion model of counterproductive work behavior//Fox S.，Spector P. E.，Fox S.，et al. Counterproductive work behavior：Investigations of actors and targets. Washington，DC，US；American Psychological Association，151-174.

3. 因果推理理论

因果推理理论（Causal Reasoning Theory，CRT）则主要从个体认知角度对反生产行为产生的作用机制进行了解释（Martinko，Gundlach & Douglas，2002）。该理论的核心观点是：个体对于事件的认知加工过程是个体是否采取反生产行为的主要原因。在个体认知加工过程中，个体知觉到的不平衡和对于该不平衡的归因在很大程度上影响了个体的情绪和行为反应。具体来说，个体在工作场所中经历的某些组织情境因素，如领导风格、组织文化、人际冲突以及个体特质差异（如情绪稳定性、控制点、归因风格等）会导致个体产生不平衡的知觉，对于这一不平衡感知的归因则会直接影响个体对于反生产行为的选择。

具体来说，个体对事件稳定性和可控性的归因会直接影响其反生产行为。当个体认为这一不平衡知觉是由于不稳定因素造成的，事件是偶然发生的时，个体往往不会出现反生产行为。如果个体认为这一不平衡知觉是由于个体内部稳定因素造成的，如认为自身能力差、性格缺陷不受他人喜欢等，则可能出现自责、内疚等情绪，并引发自我破坏行为，即指向自身的反生产行为，如酗酒、药物滥用、矿工、消沉等。而如果个体将这一不平衡归因于外部稳定因素，认为是他人故意为之时，辱虐型领导便可能引发个体愤怒、受挫等情绪，导致个体的控制感减弱，进而引发指向外部的反生产行为，如攻击、暴力、恐吓、偷窃等。需要指出的是，因果推理理论与压力—情绪模型并非矛盾，推理理论也认同个体的情绪反应是个体归因和反生产行为间的中介变量。可见，二者都关注个体在挫折事件中的认知归因过程和情绪反应状态，都遵从“挫折情境—认知加工—情绪反应—反生产行为”这一逻辑链（林玲、唐汉瑛和马红宇，2010），只是在研究视角的侧重点上有所差异（见图 4-2）。

4. 计划行为理论

计划行为理论（Theory of Planned Behavior，TPB）认为，个体对于行为的态度（Attitude）、感知到的行为规范（Perceived Norms of the Behavior）和知觉到的行为的可控性（Perceived Control over the Behavior）是影响个体行为意向的三个重要因素，而行为意向则是激发个体采取某项具体行为的主要前因变量。个体对于实施某项行为的意向越强烈，那么最终实施这项行为的可能性也就越大（Ajzen，1991，2001）。随后，Mikulay、Neuman 和 Finkelstein（2001）也提出了类似的观点，虽然在部分因素的解读上略有不同，但整体的逻辑思路与计划行为理论是相似的。例如，认为激发员工反生产行为的三个重要因素分别是“必要性知觉”（Perceptions of Necessity）、“可接受性知觉”

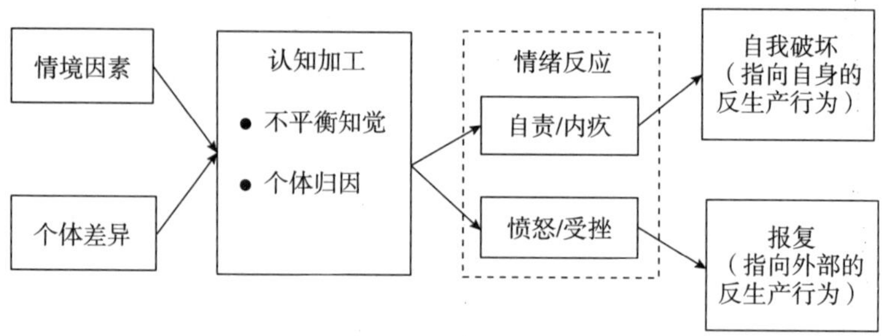


**图 4-2　反生产行为产生的因果推理理论模型**

资料来源 Martinko M. J.，Gundlach M. J.，Douglas S. C. （2002）. Toward an integrative theory of counterproductive workplace behavior：A causal reasoning perspective. International Journal of Selection and Assessment，10（1/2）：36-50.

（Perceptions of Acceptability）和“风险知觉”（Perceptions of Risk）。Mikulay 等（2001）则将其定义为“合意性”（Desirability）、“群体规范”（Group Norms）和“风险”（Risk）。其中，“必要性知觉”“合意性”与计划行为理论中的“行为态度”类似，只是更加强调个体为了达到某种目的而认为实施反生产行为是必要的；“可接受性知觉”和“群体规范”则与“感知的行为规范”类似，都强调个体知觉到的组织中的其他人对这一行为的评价和接受度；“风险知觉”则与“知觉到的行为的可控性”类似，个体知觉到的可控性越高，其感知到的行为风险就越小。因此，基于上述论述可以看出，当个体对采取反生产行为持有肯定的态度，即认为是正确合理（或必要）的，又知觉到组织中的他人对该行为的接受度较高，且自身对于能够成功实施这一行为的控制感较强时，个体更有可能采取反生产行为。

## 五、职场排斥与反生产行为：资源保存理论的视角

在前文针对职场排斥的结果变量及其作用机制综述部分已经可以看出，目前职场排斥与员工工作结果相关变量（Performance Related Outcomes）间的研究多集中在职场排斥对员工任务绩效和亲社会行为的影响方面。例如，大量研究者从社会交换、社会困境、组织认同、自我验证等视角解释职场排斥与员工组织公民行为或主动性行为间的内在作用机制。相对而言，职场排斥与员工反生产行为之间的内在作用机制及其边界条件则尚未明晰。根据前文

的论述已知，极少数针对二者内在作用机制的研究都反映出一个共同的观点，即职场排斥影响个体的内在资源（动机资源、心理控制资源）是导致员工反生产行为的可能原因（Yan et al.，2014）。基于此，本研究则认为，资源保存理论为解释职场排斥与员工反生产行为间的内在作用关系提供了一个较好的研究视角。因此，本节首先对资源保存理论的具体内容进行了回顾，随后对该视角下的职场排斥与员工反生产行为的相关研究进行了回顾与探讨，以期在本章后续的实证研究中以该理论为基础，从资源保存的理论视角切入，对职场排斥与员工反生产行为间的作用机制进行探究。

### （一）资源保存理论

资源保存理论（Conservation of Resource Theory）最早起源于学者们对工作压力的相关研究。为了解决由于工作压力给员工所带来的负面影响，使员工在工作中保持轻松愉快的心情，并能够维持较高水平的工作绩效，学者们从多个视角探讨了员工的压力源、压力造成的影响以及个体对压力的应对策略，进而发展出多种工作压力理论，如个体—环境匹配理论、工作要求—控制理论、工作需求—资源模型等。作为工作压力研究的重要理论之一，资源保存理论从资源得失的角度对个体压力情境下的状态与行为反应进行了解释。

美国心理学家 Hobfoll（1989）最早对资源保存理论进行了阐述，并用这一理论来解释个体在面对压力事件时心理压力的形成过程，以及对其身心健康的影响。该理论的基本观点是：个体具有保护自身现有资源（保存动机）以及获取新资源（获取动机）的动机。这里的资源是指“个体特征、条件、能力等个体觉得有价值的东西，以及能够获取这些东西的途径和方式”，包括物质性资源、条件性资源、人格特质和能源性资源。它们不仅能够满足个体需求，还会对个体的自我识别、社会定位起到积极作用（Lee & Ashforth，1996）。个体所拥有的资源是有限的，而且还会面临这些宝贵资源丧失的威胁。当个体一旦感受到自身有价值的资源遭受到潜在或实际的损失，或是投入资源后无法获得相应的回报时，便会感到不适，产生心理压力。因此，个体总是试图保护、维持和构建这些资源（Hobfoll，1989）。

基于资源保存与获取的基本观点，资源保存理论可以形成以下两个基本原则：第一个原则是“资源损失的首要性”（Primacy of Resource Loss），即对个体来说，资源的损失比资源的获取更加重要。具体来说，在面临损失或是获得相同资源的情况下，对个体而言，损失资源所带来的心理伤害要远大于获取资源所带来的益处。另外，在压力较低的情况下，获取资源对个体心理产生的影响十分有限，而在压力较大的情况下，他们获取的资源才会对其心理产生较大的作用。例如，当员工面临的工作要求较高时，资源获取对其工作动力的积极影响更大（Bakker & Hakanen，2007）。类似地，在遭受资源损失的情况下，个体再次获得资源会变得更加重要，对个体来说更具有重要意义，如长期失业的人重新获得就业机会（Vinokur & Schul，2002）。

以上观点在组织行为学研究中得到广泛的应用，学者们多用来解释员工在工作中所产生的压力与紧张感。大量实证研究发现，个体在工作中发生资源损失时更可能产生紧张、倦怠、抑郁以及一系列生理反应（Melamed，Shirom，Toker，Berliner & Shapira，2006），随后个体便会采取应对措施来避免资源的进一步损失。例如，在辱虐管理的情境下，员工遭受资源损失，产生高度紧张感，此时，员工往往会采取减少反馈（或不反馈）的方式进行应对，以避免在与管理者的互动过程中造成资源的进一步丧失（Whitman，Halbesleben & Holmes，2014）。

第二个原则是“资源投入”（Resource Investment），即为了防止资源的损失、从资源损失中恢复以及获得资源，个体必须投入资源（Hobfoll，2001b）。这一原则多被用于解释个体的应对行为，认为个体投入资源的应对措施是为了防止未来的资源损失（Ito & Brotheridge，2003）。在遭受资源损失后，个体采取的最优应对措施是防止现有资源的损失，使他们剩下的资源最优化，与他们的工作要求相匹配，进而满足核心工作任务的需求。然而，并非所有个体的剩余资源都能够满足或是匹配工作任务需求，这就导致个体无法选择最优化战略，此时，个体可能会采取资源补偿策略，即利用获得的额外资源补偿损失的资源，以此来满足个体的工作需求。

可以看出，资源保存理论不仅能够用于个体压力、紧张感的预测，而且可以用来解释个体在经历压力、紧张之后的行为动机（Hobfoll，2001b）。Hobfoll 运用资源保存理论中的资源保存和资源获取两大动机，解释了情绪衰竭对个体工作绩效和组织公民行为的不同作用机制，并发现，情绪衰竭会导致个体更低的角色内绩效，但同时会导致更多的组织公民行为投入，而这一投入正是个体为了通过互惠效应以重获资源，从而减弱资源进一步损失所采取的应对措施。事实上，很多资源投入都同时伴随着资源获取和资源消耗这两条作用路径。例如，Qin 等（2014）认为，工作场所中建言行为既可以被视为获取新资源的方式，也可以看作是对现有资源的威胁。Qin 等（2014）的研究发现，在某些情境下（如工作安全感、互动公平氛围较低时），当个体的资源遭受到损失时，会激发个体的资源保存动机，此时个体将建言视为对现有资源的消耗，往往较少采取建言行为；而在一定情境下（如工作安全感、互动公平氛围较高时），资源消耗到一定程度后，会激发个体的资源获取动机，此时个体则更可能通过采取建言行为来获取新资源。由此可见，个体的资源投入会受到多种心理因素的影响，是一个极其复杂的过程。

据此，Hobfoll（2001b）提出了一系列推论来解释资源投入的复杂过程，其中三条最主要的推论如下：第一，拥有资源的个体在资源投入上会占据更有利的地位。也就是说，资源储备充足的个体更有机会和能力去投入资源。第二，对于损失资源的个体来说，投入资源变得十分困难。具体来说，资源缺乏的个体更加容易遭受资源损失所带来的压力，为了缓解这一压力，个体往往会投入资源以防止资源的进一步损失，但由于压力过大或自身资源的缺乏，个体往往无法有效应对，并可能对其身心健康产生一定的负向影响，导致个体资源的再次损失，从而导致资源丧失加速，即陷入资源的丧失螺旋（Loss Spiral）。第三，对于资源储备充足的个体来说，他们不易受到资源损失的攻击，而且更加容易通过资源投入获得新的资源，即资源的增值螺旋（Gain Spiral）。

综合以上三条推论可以看出，推论一指明了资源投入的起始点，而推论二和推论三则阐述了由资源变化所带来的后续影响。另外，Hobfoll（2001）还提出，由于资源损失的速度比资源增长的速度快，当遭受资源损失时，个体对于如何进行下一步的资源投入往往会更具有防御性，他们往往会先试图保存自身现有的资源（推论四）（Halbesleben & Bowler，2007）。

综上所述，资源保存理论的基本宗旨是，个体具有保护现有资源和获取新资源的基本动机。因此，由于这两项不同动机的存在，这一理论既能用于解释个体资源损失后的状态，也能用来说明基于不同动机的资源投入、分配过程及其后续影响。

### （二）资源保存理论视角下的职场排斥与反生产行为研究

与前文所述的压力—情绪模型类似，资源保存理论认为压力情境会带来个体情绪资源的消耗，这是可能导致员工反生产行为的一项潜在因素。结合职场排斥情境来说，一方面，个体遭受职场排斥会导致其有限资源消耗，这其中既包括客观工作资源的消耗（如个体获取信息能力受阻），也包括个体心理资源、情绪资源的持续消耗，导致个体产生压力、紧张、焦虑、抑郁等消极情绪（Maslach et al., 2001），引发个体不适。而被排斥者为了防止资源的进一步丧失，可能会采取一定的措施来保存他们剩余的资源，但这种应对本身又是耗费个体有限内在资源的过程。能量耗费、热情耗尽、剩余资源无法满足工作需求甚至导致个体自尊岌岌可危，都会导致个体不适进一步增强，这不仅使员工无法专注投入工作，还会使其产生能量被耗尽、无法应对工作要求的疲惫感与倦怠感（Wu et al.，2012）。

另一方面，资源保存理论还强调个体在资源消耗之后，对于自身剩余资源的配置情况。由于排斥导致个体情绪资源的持续消耗，此时，资源缺乏的个体会更加倾向于将剩余资源用于应对这一损耗，而这就导致可用于控制反生产行为的个体心理控制资源减少，进而可能导致反生产行为的增加。以Baumeister 和 Heatherton（1996）为代表的学者从资源保存和自我控制视角出发，对反生产行为的内部约束机制进行了阐述。他们认为，个体的心理资源是有限且易耗的，个体通过这种心理资源来控制自己的思想、情绪与行为，因此，一旦这种资源被持续消耗，这种自控能力就会下降，从而可能出现不适应性反应。那么也就是说，当个体遭受到职场排斥时，个体的心理资源被消耗，自控能力下降，进而会导致反生产行为的增加。

由此可见，资源保存理论对于解释职场排斥与员工反生产行为间的内在作用机制提供了较好的视角。基于此，本章借鉴上述理论，从个体的情绪资源视角出发，对职场排斥与反生产行为之间的内在作用机制以及情绪衰竭在其中的中介作用进行了探索。

### （三）调节焦点的作用

#### 1. 调节焦点与调节焦点理论

Higgins（1997）提出的调节焦点理论（Regulatory Focus Theory）认为，个体具有两套自我调节体系：一套是以实现“理想自我”为主的，关注个体最终的理想目标，以提高、成就、获取、追求积极结果（如追求奖励）为主的促进型调节；另一套是与安全需要有关，以实现“应当自我”为主，关注责任终极状态，以履行职责义务、安全、保护、可靠、避免消极结果（如避免惩罚）为主的防御型调节。这两套不同的调节系统会在个体行为过程中产生重要影响，进而导致个体行事过程的差异。与早期动机理论所提出的“个体天生追求快乐、逃避痛苦”的“享乐原则”（Hedonic Preinciple）不同，调节焦点理论更加强调，在个体面对不同的需求时，享乐原则所提倡的“趋利避害”会发挥不同的作用。也就是说，个体的自我调节系统是与个体的目标状态紧密联系在一起的。Higgins（1997）认为，个体的促进型调节焦点（Promotion Focus）更多与个体的理想型目标联系在一起，在这一调节系统下，个体更加关注自身终极理想、获得与否的情境以及自身成长需要的激活；而防御型调节焦点（Prevention Focus）更多与个体的应当型目标联系在一起，在这一调节系统下，个体更加关注自身的责任与义务、损失与否的情境和安全需要的激活。

Dholakia 等（2006）对两类调节焦点的特点进行了归纳，认为不同调节焦点的个体主要在目标追求、行为规范方式和行为动机三个方面存在差异。在目标追求的设定方面，促进型调节焦点的个体更多地考虑“获得与否”，而防御型调节焦点的个体则会主要考虑“损失与否”；在行为规范方面，促进型调节焦点的个体的行为受到“理想自我”的激励，其所采取的行为以实现理想抱负、努力达成理想成就为目标，而防御型调节焦点的个体则受到“应当自我”的激励，采取的行为以履行应尽的义务和责任、避免失误与损失为主要目标；在行为动机水平方面，促进型调节焦点的个体高于防御型调节焦点的个体，他们对于实现目标更加执着，在遇到困难或失败后也更加容易重新振作起来。

除了 Dholakia 等（2006）所总结的三点以外，不同的自我调节机制还会影响到个体对于事件的解读，这就导致个体即使是在面对同一件事时，两种不同的自我调节动机对于事件的感受和解读也会存在很大差异，而对于事件的解读则会直接影响个体的感受、态度与行为。例如，对于经历成功事件（如大学生获得了好的学习成绩）来说，促进型调节焦点的个体会认为这是“成功”“获得”，个体会产生更多的积极情绪，并促进积极行为的产生；而对于防御型调节焦点的个体来说，则可能会认为是“没有失败”“没有损失”。相反地，在面对失败、挫折经历时，促进型调节焦点的个体会认为是“没有成功”“没有获得”，而防御型调节焦点的个体则会认为这是“失败”和“损失”，这一解读则更有可能对个体的情绪、心理产生消极影响，进而有可能导致个体采取负向行为的调节焦点理论。本研究对两种调节焦点进行了对比，具体如表 4-2 所示。

表 4-2 促进型调节焦点和防御型调节焦点的比较

| | 促进型调节焦点 | 防御型调节焦点 |
|---|---|---|
| 目标导向 | 理想自我 | 应当自我 |
| 目标结果 | 努力实现自身理想和愿望，注重个人发展和自我实现 | 努力避免失败和错误，注重履行自身的职责和义务，满足他人期望 |
| 战略方式 | 促进型战略（积极追求目标） | 防御型战略（努力避免错误） |
| 发生情境 | 关注“获得与否” | 关注“损失与否” |
| 结果反应 | 对积极、正面结果敏感 | 对消极、负面结果敏感 |
| 情感体验 | 对快乐—沮丧情感敏感 | 对平静—焦虑情感敏感 |

2. 调节焦点的分类与测量

调节焦点可以分为特质型调节焦点（Chronic Regulatory Focus）和情境型调节焦点（Situational Regulatory Focus）。Higgins（1997）认为，特质型调节焦点是个体在成长过程中形成的较为稳定的一种自我调节倾向，而情境型调节焦点则是可以通过一定的情境进行激发与引导的短期的、可变的个体状态。一般情况下，情境型调节焦点会受到环境和任务框架信息的激发。领导采用不同类型的语言框架（促进型/防御型）会激发下属不同类型的情境调节焦点，进而对个体创造力产生影响。当领导在向下属阐述工作任务时，采用强调理想、获得和激发下属成长需要的促进型语言框架，更加能够激发下属的促进型调节焦点，进而增强其创造力；相反，当领导采取强调责任、义务、损失以及正确地完成任务、不产生偏差的防御型语言框架时，下属的防御型调节焦点更可能被激发，进而使得下属更加保守，创造力水平较低。由于情境型调节焦点是会受到情境激发的短暂的个体状态，因此部分研究采取了实验研究，用不同的情境激发出个体不同类型的调节焦点，另外，也有部分研究采取量表进行测量（Koopman et al.，2016），其中最为常用的是 Neubert 等（2008）所开发的工作情境中的情境调节焦点量表。

本研究更加关注遭遇职场排斥的员工，由于个体的调节倾向的差异，对排斥事件的不同解释与建构对个体情绪资源所产生的影响，是个体特质类变量所反映出的特征，因此，本章后续主要对特质型调节焦点的作用进行探究。特质型调节焦点是个体在其成长过程中逐步形成的，它的形成与个体在成长过程中受到的父母教育、目标设定类型以及个体的成长经历等有重要联系。在这一成长过程中，个体使用促进型调节和防御型调节这两种不同的调节方式所积累下的成败经验会存在差异，长此以往，个体在面对事情时会逐渐倾向于使用某一种自我调节方式，久而久之便形成了一种较为稳定的调节焦点，即特质型调节焦点。

由于特质型调节焦点较为稳定，一般可直接通过心理学量表进行测量。学者们开发出了多种测量个体特质型调节焦点的量表。例如，Carver 和 White（1994）所提出的将人格特质分为焦虑型和冲动型两个维度的理论，开发了 BIS/BAS 量表（Behavior Inhibition System/Behavior Approach System），BIS 为单维度，共包括七个题项，主要反映了个体对自身行为的抑制，如担心会犯错等。BAS 则包括三个因子：对薪酬的反应（共有五个题项），如“当我得到想要的结果时，我会感到激动和充满活力”；追求理想目标的动力（共有四个题项），如“我会竭尽全力去争取我想要的”；追寻快乐（共有四个题项），如“即使没有什么特别原因，我也常会去做一些可能给我带来快乐的事”。

Higgins 等（2001）所开发的调节焦点量表（Regulatory Focus Questionnaire，RFQ）是目前较为常用的测量量表之一。Higgins 等认为，个体的调节焦点倾向与个体之前运用该调节系统的成功经历有关。例如，当个体在面临一个新的目标时，具有高促进型焦点的个体如果在曾经有采用促进型策略获得主观成功的经历，他在此时也更有可能倾向于运用促进型策略追求这一新的目标。因此，这一量表主要是通过测量个体以往凭借运用某一调节焦点获得成功的经历来进行评估。该量表共包含 11 个题项，分为促进型调节焦点（6 题）和防御型调节焦点（5 题）两个维度。

另一个应用广泛的特质型调节焦点量表是 Lockwood、Jordan 和 Kunda（2002）所开发的调节焦点量表，一般被称为通用调节焦点量表（General Regulatory Focus Measures，GRFM）。Lockwood 等（2002）基于调节焦点理论，结合个体的目标追求，开发了包含 18 个题项的调节焦点量表，同样也包括促进型调节焦点和防御型调节焦点两个维度。该量表最初用于大学生群体的调节焦点测量，后续研究者们对一些针对学业目标的题项进行适当的修订后，被广泛应用于其他群体（如企业员工）中。Fulher 等（2007）则以以往研究为基础，开发了包含 33 个题项、四个维度的调节焦点量表（Regulatory Focus Scale）。他们将调节焦点分为对新事物的开放性、自主性、他人的期望导向和责任感四个维度。其中，对新事物的开放性和自主性反映了个体的促进型调节焦点，而他人的期望导向和责任感则反映了个体的防御型调节焦点。

3. 调节焦点的研究现状

目前在组织行为学领域，有关调节焦点及其理论的研究正在逐步受到研究者们的关注，研究大多集中在人格、工作态度和工作绩效三个方面。以往研究认为，个体的人格特质、性格等末梢变量不会直接作用于个体的工作行为之上，而是需要通过激发个体的某些动机过程才会影响工作相关的结果（Barrick & Mount，2005）。在此基础上，Lanaj 等（2012）提出，个体的调节焦点是连接人格与工作行为间的中介变量，是与个体行为变量更加靠近的前因动机构念。个体的人格特质对其调节焦点产生影响，促使个体形成不同的动机，进而作用于个体的工作绩效、行为等方面。

从影响个体调节焦点的前因变量方面来说，已有研究发现，促进型/规避型性格、大五人格、自我评价倾向等都会对个体的调节焦点产生影响。具体来说，促进型性格（如外向型）与个体的促进型调节焦点正相关，而规避型性格（如神经质）则与防御型调节焦点相关（Ayduk，May，Downey & Higgins，2003）。大五人格中的尽责性、经验的开放性和宜人性（Friedman & Förster，2001）都与个体的自我调节有密切联系。

自我评估倾向方面，个体自尊和自我效能都与自我调节有关联（Elliot & Wood，2006）。高自尊个体往往具有自我增强导向，拥有美好的愿望，并具有高水平动机以实现积极结果。可以看出，高自尊与促进型调节焦点都受到自我增强的激发，事实上拥有同样的动机倾向（Ferris et al.，2015）。类似地，高自我效能者由于相信他们的努力会获取成功，往往也会给自己设定较高的工作目标，追求较高的绩效水平，与促进型调节焦点具有正相关关系（Bryant，2009）。而相反地，低自尊者则具有规避威胁与风险的动机，这与防御型调节焦点较为相关，二者拥有同样的自我保护倾向（Ouschan et al.，2007）。

在个体调节焦点的结果变量方面，Lanaj 等（2012）认为，个体的特质型调节焦点会影响情境型调节焦点，进而对个体的工作态度、绩效与行为等方面产生影响。在工作绩效方面，不同语言框架会激发下属不同的调节焦点，进而对下属创造力产生影响。由于个体防御型调节焦点与个体的安全需要紧密联系在一起，因此，一般会对个体的安全绩效产生影响（Gorman et al.，2012）。除此之外，个体调节焦点还会对个体行为有一定的影响，促进型调节焦点水平较高的个体除了本身对于理想目标的追求会采取更多的积极行为以外，还可能将采取组织公民行为（OCB）作为印象管理的一种策略，通过采取OCB达到他们追求奖励和职业机会的目的（Wallace，Johnson & Frazier，2009）。而对于反生产行为方面，目前实证研究方面则还较少涉及。

除了将调节焦点作为中介变量的研究外，还有部分研究探讨了不同调节焦点的调节作用。个体在采取组织公民行为时，一方面会增强个体的积极情感，另一方面也会妨碍自身工作目标进展感知，这两条不同方向的作用路径会同时影响个体的主观幸福感（包括情绪衰竭、工作满意度和情感承诺）。个体的调节焦点则会在其中起到调节作用，在不同的调节焦点倾向下，起主要作用的作用路径会有所差异。对于具有促进型调节焦点的个体来说，采取组织公民行为被认为更能激发他的积极情感，进而增加个体主观幸福感；而对于具有防御型调节焦点的个体，采取组织公民行为会影响他们的工作目标进展感知（认为采取OCB妨碍了工作进程），进而降低他们的主观幸福感。Brenninkmeijer等（2010）基于工作需求—资源模型的研究发现，防御型调节焦点会增强工作需求（工作负荷、人际冲突）对情绪衰竭的危害影响，促进型调节焦点则会减弱工作资源（同事支持、自主性）对个体动机过程（工作投入、情感承诺和工作满意度）的作用。

## 六、任务互依性的作用

### （一）相互依赖理论和任务互依性

相互依赖理论（Interdependence Theory）将分析个体感受、想法和行为的研究视角从单独个体转移到两名甚至多名存在相互作用的个体之间来。该理论认为，当个体之间存在相互作用时，便会产生互相影响。个体间的相互依赖意味着一个人得到的结果并不仅仅取决于自身，至少部分依赖于另一个人的行为，个体对于他人的依赖性越大，那么相应地，受到对方影响的程度也就越大（Berscheid & Reis，1998）。结合组织情境来看，任务互依性（Task Interdependence）是团队成员间互相依赖程度的一个反应指标，它是指为完成一项工作任务所需团队成员间密切配合、协调，共享资源、信息以及专业知识的程度，是影响团队合作的重要情境因素，团队之所以形成正是由于这种互相依赖性，互依性是团队的固有特征。

不同的研究者从不同角度定义了任务互依性，部分研究者认为，任务互依性是工作任务结构上的客观特征，是由于在工作设计过程中工作任务上的技术需求所造成的相互依赖性，不受到人为操控（Kiggundu，1981）。但也有研究者从个体认知的角度对任务互依性进行了定义，认为任务互依性是个体对于团队成员间结构关系的感知（van Der Vegt，Emans & van De Vliert，1999）。在这一视角下，任务互依性被视为一种合作需求（Wageman，1995），是个体在执行工作任务时的一种行为方式。个体与同事间的任务互依性越高，表明该员工在完成自身工作的过程中需要依赖他人的程度越大。从团队层面来说，团队的任务互依性高，意味着团队成员仅仅依靠自己所拥有的资源是很难独立完成自身工作的，团队成员需要在工作时间、流程、阶段性成果等方面紧密配合，在专业知识、信息、能力等多方面形成资源互依，在这种情况下，为了顺利、高效地完成工作任务，个体往往必须与团队成员之间进行更频繁的互动与协作。Johnson 等（1989）则对任务互依性进行了进一步的细分，认为任务互依性既包括任务流程执行层面的执行互依性，也包括分布在团队成员之间的资源的互依性，如共享信息、技术等。

### （二）任务互依性的作用

以往研究中，任务互依性多被用于解释团队协作过程以及对团队层面的结果变量的影响。Campion 等（1993）对金融行业团队的研究发现，任务互依性和目标互依性对团队的生产率有正向影响。由于衡量团队的有效性并不仅仅局限于团队绩效这一点，学者们对结果变量的研究范围也进行了拓展，对任务互依性在员工满意度、凝聚力、沟通与协调、知识共享、组织公民行为等方面的作用也进行了探讨。从团队成员态度、情感等方面来看，Shaw 等（2000）的研究发现，任务互依性对团队成员的满意度有正向影响，对团队工作的偏好与任务互依性的交互作用也对员工满意度产生影响。Van Der Vegt 等（1999）也发现任务互依性与员工的工作满意度、组织承诺等方面存在正相关关系，且产出互依性或目标互依性会在其中起调节作用。从团队成员互动方面来看，研究发现，任务互依性会增加团队成员间的沟通与信息共享（Wageman，1995）。从成员行为方面来看，Pearce 和 Gregersen（1991）的研究发现，任务互依性会影响员工的责任感知，进而影响员工的角色外行为。

在团队水平上，Gully 等（2002）的元分析研究发现，任务互依性在团队效能与团队绩效间起调节作用，任务互依性会增强决策团队控制和团队绩效之间的正向关系，会减弱团队自主性与团队工作动机之间的关系。在个体层面，Sargent 等（2001）发现了学生团队中，种族差异、社会凝聚力和任务互依性的三项交互作用。胡进梅和沈勇（2014）则探讨了任务互依性在员工工作自主性和个体创新绩效之间的调节作用。

然而，团队中的任务互依性高对个体来说一定是好的吗？部分研究者的研究结果表明并不尽然。例如，Stewart 等（2000）的研究表明，互依性与团队绩效并非简单的线性关系，而是呈曲线关系。当团队互依性处于中等水平时，团队绩效最低，成员之间的互动过程质量较低，且成员满意度也较低。在不同的任务类型下，任务互依性与团队绩效会呈现不同的关系。当团队以概念型任务（Conceptual Tasks）为主时（如提出新想法、新计划等类型的工作），互依性与团队绩效呈倒 U 型关系；而当团队以行为任务（Behavioral Tasks）为主时（如从事解决纠纷等具体的任务），互依性与团队绩效之间则呈 U 型关系。Welbourne 等（2016）也发现，当个体处于任务互依性较高的情境下时，消极人际互动经历（如不礼貌行为、职场攻击行为）会导致员工更低水平的主观幸福感和更多的反生产行为。

结合上述论述，作为团队层面的重要变量，任务互依性会对员工的心理健康、情绪资源状态和行为产生重要影响。任务互依性本身反映了个体对于他人的依赖程度，这也表明了团队成员在个体完成工作任务中的重要性。那么，结合本研究的研究框架来看，当个体处在不得不依赖于团队成员的情境之下时，一旦遭受到职场排斥是否会对个体产生更大程度的影响？个体又是否会产生更强烈的行为反应？团队层面的任务互依性这一情境变量是否在其中发挥了重要作用？这其中的作用机制又是如何？结合之前所提出的“职场排斥—情绪衰竭—反生产行为”模型与互相依赖理论能够对以上问题进行更好的回答。

## 七、团队规范的作用

### （一）团队规范的概念与测量

不同于团队中明文规定的规章制度、条例或纪律等，团队规范（Norms）是团队成员之间通过在长期集体工作或生活的过程中形成的约定俗成的，并且在团队中普遍实施的非正式规则，它是团队成员间普遍认同且接受的共同的行为标准，会对成员在团队中的行为产生重要影响。一般来说，团队规范是团队成员对于某项特定行为的共同标准，具有特定性，如不安全行为规范、团队阻抑行为规范、团队知识共享规范、反生产行为规范等。另外，由于团队规范是在团队内部成员间达成的共识，具有局部性和情境性，它有可能与普遍的社会规范背道而驰（Postmes & Spears，1998）。有些团队所形成的规范中可能允许与包容诸如酗酒、偷窃等不道德行为，这与普遍的社会规范并不一致。

具体到反生产行为来说，团队中形成的反生产行为规范（CWB Norms）则是团队中的成员对于反生产行为的共同认知，反映了在每个团队中，个体以其他同事为参照标准，作为所采取的反生产行为（Coworker-referent CWB）频率的平均认知水平。当某个团队中的成员们都认为其他同事在工作中采取的反生产行为的频率较高时，这就意味着对于这个团队来说，成员之间所形成的共同认知是：反生产行为是普遍存在且可被接受的，这个团队的反生产行为规范较高。相反，当成员们都感知到团队中的其他同事很少采取反生产行为时，这个团队成员之间所形成的约定俗成的准则是，反生产行为是不被允许的，此时团队的反生产行为规范的水平较低。

根据上述定义，团队规范的测量一般也是从个体所感知的团队环境这一视角出发进行测量。一般来说，研究问卷会询问个体所感知到的“团队中其他成员采取某项行为的频率”，以此作为每个成员对团队规范的感知，再进行团队层面的聚合，得到团队水平的行为规范（量表题为“你所在团队的同事从事以下反生产行为的频率如何”），然后将每个团队成员感知的得分求均值，便得到这个团队水平的反生产行为规范。

### （二）团队反生产行为规范的作用

根据前文所述团队规范的定义及形成过程可以看出，团队规范对员工在工作场所中的行为起到重要作用。一方面，根据社会信息加工理论（Social Information Processing Theory）的观点，员工会从他们自身所在的社会情境中提取信息，形成对于该情境的理解，并据此表现出与情境相符的、情境所期望的行为（Salancik & Pfeffer，1978），这也是团队规范形成的过程。而一旦某项规范在团队中得以形成，它本身又会在团队中起到重要的控制作用（Postmes，Spears & Cihangir，2001），并且随着时间的推移，团队成员由于持续受到这一社会信息的影响，该规范在团队中的作用又会得到进一步增强（Robinson & O’Leary-Kelly，1998）。此时，这种以团队中其他人为参照所建立起来的工作标准和行为准则便会在很大程度上影响员工自身的行为。此时，员工自身也会根据所接收到的这一社会线索来调整自己的行为，使之与团队规范中所反映出的社会标准保持一致（Robinson & O’Leary-Kelly，1998）。例如，对于反生产行为规范较高的团队来说，员工往往会有意识地降低自己的生产力水平以匹配这一团队规范。相反地，当团队规范不鼓励反生产行为时，这一行为便会得到抑制和减少。

另一方面，反生产行为规范会降低个体采取反生产行为的成本。反生产行为本身有悖于组织目标，且危害组织利益时，员工会明白采取反生产行为可能会对他们的绩效评估产生负面影响。因此，当员工试图采取反生产行为时，实施该行为后受到惩罚的可能性会对其产生抑制作用（Fox & Spector，1999）。如果员工观察到同事在采取反生产行为后未受到惩罚，这便向他传递出一个信号——该行为在团队中是能够被其他成员所容忍甚至接受的。更有甚者，如果团队中反生产行为发生的频率较高，这一消极行为甚至不会受到他人的注意和重视。即使这一行为被领导发现了，抱着“法不责众”的想法，员工也会认为自己不会受到多少惩罚。可见，在团队反生产行为规范较高的情境下，员工萌生反生产行为的想法时，实施这一行为的风险和潜在成本是很低的，这便更有可能促使这一想法变成实际行为；而在团队反生产行为规范较低时，反生产行为在这一环境下更难得到他人的容忍和接纳，此时，若采取反生产行为，可能会面临较为严重的后果，考虑到可能的行为成本，员工的这一行为便更有可能得到抑制（Ju，Xu & Qin，2014）。

### （三）团队反生产行为规范的小结

根据上述分析可以看出，团队规范对员工行为有重要的影响，这一团队共享的行为准则就像风向标一样，作为个体行为的参照物影响员工的行为。那么，当遭受到职场排斥之后，个体的行为反应除了受到自身资源水平的影响之外，还会受到团队层面的行为规范的影响，这其中的作用机制如何？结合计划行为理论和团队反生产行为规范这一变量，能够对以上问题进行更好的回答。有关团队反生产行为规范在“职场排斥—情绪衰竭—反生产行为”这一中介效应中所起的调节作用，将在后面的实证研究中得到验证。

## 八、研究问题的提出

从前面的文献综述可以看出，目前对于职场排斥与员工反生产行为间的内在作用机制及其边界条件研究还较为缺乏。职场排斥究竟通过什么因素影响个体的反生产行为？这一作用又受到哪些个体及组织情境因素的影响？这些问题都尚未得到较好的回答。因此，探索职场排斥与员工反生产行为之间的内在作用机制，并从个体和团队两方面探究影响该作用的调节因素，正是本研究的目的所在。为此，本研究主要开展以下三方面的子研究：

### （一）职场排斥与员工反生产行为：情绪衰竭的中介作用的研究

有关职场排斥的研究在近年来受到组织管理领域学者们越来越多的关注。从研究职场排斥的内涵、结构探索，逐步深入到职场排斥对被排斥者自身、他人以及所在组织的影响。到目前为止，已有大量研究发现，职场排斥对个体的任务绩效、职外绩效、亲社会行为（如组织公民行为、助人行为）等有显著的消极影响，并通过组织认同、资源保存、自我验证等视角，对二者间的内在作用机制进行了详细的探究。但是，与之相对应地，有关职场排斥与员工反生产行为之间关系的研究则停留在初级阶段。职场排斥究竟通过什么样的作用路径影响员工的反生产行为，还有待进一步探究。根据研究综述可知，资源保存理论在一定程度上能够解释职场排斥与员工反生产行为之间的关系。根据资源保存理论，作为一种消极的人际互动体验，职场排斥会使个体在工作中产生压力与不适（Wu et al.，2012），进而导致个体情绪资源的持续消耗，长此以往甚至会导致个体产生情绪衰竭。而在资源缺乏的情况下，个体很难有足够的精力和能量来控制自身的反生产行为，从而有可能导致反生产行为的增多。因此，基于以上分析，本研究试图从资源保存理论视角出发，探究职场排斥与员工反生产行为二者间的内在作用机制。具体来说，本研究试图探究个体情绪衰竭在职场排斥与反生产行为之间的中介作用，即子研究 1。

### （二）职场排斥、情绪衰竭与员工反生产行为：防御型调节焦点的作用

由于职场排斥是个体主观的感知与判断（Ferris et al.，2008），同事无意识的行为（如太忙而无暇顾及他人）可能会被解读为有意的排斥；同样，同事有意的排斥行为也可能被认为是无心之举。也就是说，个体本身对于排斥事件的解释和构建可能会影响职场排斥对个体所造成的影响。目前，仅有少量研究发现，个体的心理资本、政治技能能够有效地调节职场排斥与员工反生产行为之间的关系，但尚未形成完整的研究视角。另外，对于个体差异在“职场排斥—情绪衰竭—反生产行为”这一路径的作用也鲜少关注。基于此，本研究试图在子研究 1 的模型基础上，探讨影响该中介路径的个体水平的调节变量。根据调节焦点理论，我们推论，个体的自我调节系统（Regulatory System）可能会在其中发挥重要作用。由于个体在特质型调节焦点上的差异，个体本身对于目标的设定与关注、对积极/消极事件的关注度和敏感性，以及对于事件的解释都会存在差异，其中又以防御型调节焦点与消极事件更为相

关。个体的防御型调节焦点越高，对于消极事件的关注越高，敏感性就越强，便会在更大程度上受到职场排斥所带来的消极影响。此外，当个体遭受到职场排斥时，由于其在排斥事件的认知与解读上的不同，职场排斥对于个体情绪资源的影响程度也会存在个体差异，从而导致情绪衰竭的程度不同。也就是说，个体的防御型调节焦点可能会调节职场排斥对个体情绪衰竭的作用。因此，本研究的子研究 2 试图探讨个体的防御型调节焦点对“职场排斥—情绪衰竭—反生产行为”这一中介效应第一阶段的调节作用，即子研究 2。

### （三）职场排斥、情绪衰竭与员工反生产行为：团队任务互依性与团队规范的影响

根据研究综述的分析可知，个体在组织情境中的反应与行为不仅仅取决于自身因素（如行为态度、控制资源等），个体所在的组织情境因素也会对其产生重要影响。然而，在职场排斥的相关研究中，对于团队或组织层面的影响因素的探讨却极为缺乏。因为员工在组织中的行为并非仅仅受到单方面因素的影响，它在很大程度上是个体特征和工作环境相互作用的产物（Mischel & Shoda，2008）。因此，基于子研究 1 的主效应模型，本研究的第三个子研究试图探究团队层面因素在其中的调节作用。这里主要考虑团队任务互依性和团队规范这两个变量的作用。根据互相依赖理论，在一个工作团队中，个体对于他人的依赖程度越大，表明他人对于个体越重要，他人能够对个体所施加的影响也越大。因此，当个体处在任务互依性越大的团队时，在完成工作任务过程中越需要依赖于同事，他人往往掌握着某些对于个体来说十分重要的工作资源，此时如果遭受到同事的排斥，便会给个体完成自身工作带来更大的阻碍，从而导致其产生更强程度的情绪衰竭。另外，由于互依性的工作结构特点，个体又无法避开那些排斥他们的人，必须消耗更多的精力与资源来与排斥者互动协作，这也会扩大职场排斥对个体情绪衰竭的影响程度。因此，团队的任务互依性有可能会调节职场排斥与个体情绪衰竭之间的关系。此外，根据计划行为理论，团队规范是影响个体能否采取某项行为的重要情境因素，当个体感知到自身团队中的其他成员对某项行为（如反生产行为）持接受的态度时，个体往往也会认为这项行为在团队中是被默许的，那么，在这种情况下，便更有可能采取这一行为。对于遭受职场排斥而引发情绪衰竭的个体来说，当所在团队的反生产行为规范较高、成员们普遍认为这一行为可被接受时，情绪衰竭的个体便更有可能采取反生产行为。由此看来，团

队的反生产行为规范有可能会调节情绪衰竭与个体反生产行为之间的关系。基于以上分析，子研究 3 主要探讨团队任务互依性和团队反生产行为规范这两个团队层面的影响因素分别在“职场排斥—情绪衰竭—反生产行为”这一中介效应中两个阶段的跨水平调节作用，即子研究 3。

以上便是我们根据文献综述的分析结果，提出的需要研究的问题。

## 第二节　职场排斥与员工反生产行为：情绪衰竭的中介作用

### 一、研究目的

本子研究的主要目的是探讨职场排斥对员工反生产行为的内在作用机制。以资源保存理论为基础，探讨个体的情绪衰竭在职场排斥与员工反生产行为间的中介作用机制，以企业员工及其直接领导的配对数据为研究样本，对上述中介作用进行检验，以期从个体资源损失这一视角出发，来回答“职场排斥如何影响员工的反生产行为”这一问题。

### 二、理论背景与研究假设

#### （一）职场排斥与员工反生产行为

职场排斥是指员工在工作场所中感知到的自己被他人忽视、孤立或拒绝的程度（Ferris et al.，2008），往往以孤立、无视、冷漠回应、沉默对待等较为委婉的形式表现出来。无论是针对我国还是西方国家的员工调查都发现，职场排斥普遍存在于组织情境之中（Fox & Stallworth，2005；吴隆增等，2010），并会对个体的身心健康、绩效和行为等方面产生一系列的负面影响（闫艳玲等，2014）。

员工的反生产行为（Counterproductive Work Behavior，CWB）是指个体有意实施的、对其所在组织或利益相关者（包括委托方、同事、客户、上司等）的合法利益具有或存在潜在危害的行为（Spector & Fox，2005）。这也就是说，反生产行为是员工有意为之，而非偶然或被迫（如迫于上司指使）发生的，而且只要该行为的发生会在客观上给组织或其他利益相关者的合法利益带来有形或无形的消极影响，无论是否违反组织正式或非正式规范，也无论组织成员认为该行为严重性如何，以及对行为的接受程度如何，均应视为反生产行为。目前学者们对于反生产行为的结构维度划分还存在着一些分歧，使用较为频繁的是以组织指向和人际指向两维度进行的分类标准（Fox & Spector，1999）。组织指向的反生产行为（CWB-O）以损害组织利益为目标，如蓄意破坏、散布企业流言、偷窃、怠工等；而人际指向的反生产行为（CWB-I）则是以损害组织中其他人的合法利益为目标，如无礼对待、羞辱、取笑他人等。

资源保存理论认为，个体所拥有的资源是有限的，因此，个体总是试图保护、维持和构建这些资源。个体一旦感受到自身有价值的资源遭受到潜在或实际的损失，或是投入部分资源后却无法获得相应的回报时，便会感到不适，从而引发个体焦虑、紧张等情绪。

结合职场排斥来看，一方面，作为人际互动压力源之一，职场排斥会威胁个体的社会资源，造成个体用于解决问题、应对挑战性事务所需的资源减少（Wu et al.，2012）。社会资源的减少导致个体产生沮丧、焦虑、紧张等负面情绪（Wu，Wei & Hui，2011），而员工在工作环境中由于感知到压力源所产生的消极情绪是导致员工反生产行为的直接原因之一（Spector & Fox，2005）。

另一方面，职场排斥还会威胁个体的动机资源和心理控制资源。个体的归属、自主和胜任感对其行为起到动机作用，被视为个体重要的心理动机资源（刘玉新等，2013），这一内部动机资源的满足情况会对个体发展具有预测作用。个体内部动机资源得到满足的状况越好，便越有利于其积极发展。而职场排斥会导致个体内部动机资源的减少，一旦个体归属、自主和胜任感等心理需求受到威胁，往往会导致个体采取一些消极且有害的行为（如反生产行为）（刘玉新等，2013）。另外，以 Baumeister 和 Heatherton（1996）为代表的学者从自我控制的视角对反生产行为的内部约束机制进行了阐述。他们认为，个体用于控制自己思想、情绪和行为的心理资源是有限且易耗的，一旦这种资源被持续消耗，个体的自控能力就会下降，从而可能出现不适应性反应。因此，当个体遭受到职场排斥时，个体有限的心理控制资源逐渐被消耗，自我控制能力减弱，进而导致个体反生产行为增加。由此可见，职场排斥往往会导致个体反生产行为的增加。

在现有的实证研究中，部分研究者也发现了职场排斥与个体负面行为之

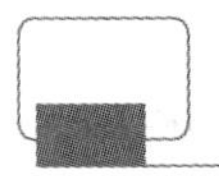


间的关系。例如，Twenge 等（2001）通过一系列实验研究发现，个体在遭受到排斥时会忽视长远目标，进入一种自我意识解构的状态，从而更有可能采取攻击行为；采用情景试验法直接验证了职场排斥与反生产行为间的关系，发现被排斥者无论是组织指向的反生产行为还是人际指向的反生产行为都显著高于被接纳者；通过问卷调查，也都发现职场排斥对员工的反生产行为有正向影响。因此，综上所述，本子研究提出以下假设：

H1：职场排斥对员工的反生产行为有显著正向影响。

根据文献综述的结果，员工的反生产行为包含组织指向和人际指向两个维度，因此，将假设 H1 细化为以下两个假设：

H1a：职场排斥对员工组织指向的反生产行为有显著正向影响。

H1b：职场排斥对员工人际指向的反生产行为有显著正向影响。

### （二）情绪衰竭的中介作用

情绪衰竭（Emotional Exhaustion）是个体工作倦怠（Job Burnout）的重要组成成分，是指个体缺乏能量，情绪资源被彻底耗尽的感觉（Maslach，1982）。感知到情绪衰竭的个体往往觉得工作很累，压力特别大，对自身工作缺乏动力，并在工作中感到挫折感、紧张感，甚至有可能产生害怕面对工作的情况（李超平和时勘，2003）。以往研究发现，人格特质（如高神经质、低核心自我评价、低宜人性、外控型人格等）、工作特征（如工作负荷、工作时间、角色模糊、压力等）以及组织情境因素（如组织公平、心理契约履行、辱虐管理等）是影响员工情绪衰竭的主要因素（李超平和时勘，2003）。

Hobfoll（1998）所提出的资源保存理论指出，资源充足的个体不易受到资源损失的攻击，他们往往能够更有效地达到工作要求，并能够更好地防止消极结果出现；而资源缺乏的个体则容易遭受资源损失所带来的压力，这时个体往往会表现出工作投入减少、工作努力程度降低等状态，从而导致员工怠工、社交退缩等行为。

情绪衰竭反映了个体所拥有的情绪资源状态，以往研究发现，当个体认为自己没有足够的资源来处理日常工作时，便往往会感知到情绪衰竭（Lee & Ashforth，1996）。基于资源保存理论，职场排斥会导致员工有限资源的消耗，这其中既包括客观工作资源的消耗（如个体获取信息能力受阻），也包括激发个体工作动机的心理资源的持续消耗，这便会直接导致个体产生压力（Maslach，Schaufeli & Leiter，2001），进而引发个体不适，并导致个体抑郁、紧张、焦虑等情绪。可见，职场排斥所引发的资源消耗是导致个体情绪衰竭的主要原因之一。另外，个体需要通过社会互动来与他人分享情感体验，进而增强自身的情感资源，保持身心健康（Heaphy & Dutton，2008）。而职场排斥则切断了个体与同事之间的情感联系，情感分享需求无法满足，情绪资源被持续消耗，也会导致员工情绪衰竭。

在相关实证研究中，Ferris 等（2008）发现，职场排斥会影响个体的幸福感，并降低其工作动机；职场排斥会直接影响个体的心理健康，不仅会使员工感知到工作压力增加，还会导致其产生沮丧感，持续被排斥还会导致员工情绪衰竭。因此，本研究认为，由于消耗了个体的有限资源，职场排斥往往会导致个体情绪衰竭增强。另外，情绪衰竭的员工往往无法“拥有足够的生理、心理能量来控制自身的反生产行为”（Christian & Ellis，2011），进而导致反生产行为增加。根据资源保存理论，由于个体资源被逐步消耗，保存现有资源会成为他们的首要选择。此时，情绪衰竭的员工往往会通过有意识或无意识的无作为来防止自身有限剩余资源的进一步流失，这便会导致他们精神上想要从工作中逃离出来，或是减少努力，进而出现怠工、故意拖延、开小差等反生产行为。情绪衰竭的个体对剩余资源和能量的分配会更加重视与谨慎，他们在将剩余资源分配到哪里以及如何分配等问题方面也会更加明智。在职场排斥情境下，员工由于遭受职场排斥引发紧张与情绪衰竭，个体往往会将剩余资源更多地分配到用于应对排斥事件上，这便会导致个体分配到用于抑制反生产行为的自我控制资源相应减少，进而更有可能导致反生产行为（Golparvar，Dehghan & Mehdad，2014）。另外，当员工的情绪衰竭较高时，他们对工作的热情和专注较低，也无法从工作中感受到快乐，甚至产生倦怠感，便可能会通过一系列消极方式（如怠工、开小差、诋毁同事或组织、报复等）来表达他们对于工作的不满（Ariani，2013），这也会导致其反生产行为的增强。在相关实证研究中，Halbesleben 和 Bowler（2007）发现，情绪衰竭会导致个体任务绩效和组织指向的组织公民行为减少，员工的情绪衰竭与其不安全行为显著相关。Shinan-Altman 和 Cohen（2009）也发现，护士的情绪衰竭会增强她们对于反生产行为的积极态度。因此，本研究认为情绪衰竭会增强个体的反生产行为。

结合以上两方面论述，本节提出，情绪衰竭在职场排斥和员工反生产行为之间起中介作用，具体的研究模型如图 4-3 所示。本研究认为，职场排斥使得员工对其工作情境产生消极感知（如沮丧、焦虑、紧张等），在工作中感到挫折感、紧张感，导致个体有限资源的消耗并引发个体不适，从而导致情绪衰竭，而情绪衰竭的个体用于控制自身行为的心理资源减少，以及对工作的消极态度增强，都会进一步导致反生产行为的增加。因此，提出以下假设：

H2：员工的情绪衰竭在职场排斥和反生产行为间起中介作用。

具体来说：

H2a：员工的情绪衰竭在职场排斥和组织指向的反生产行为间起中介作用。

H2b：员工的情绪衰竭在职场排斥和人际指向的反生产行为间起中介作用。

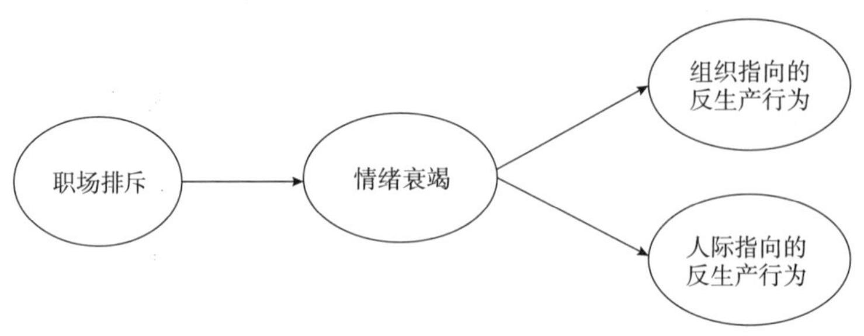


图 4-3　情绪衰竭的中介作用

## 三、研究方法

### （一）样本与数据收集

本研究采用问卷调查方式进行数据收集。研究数据来自广东地区的多家企业中的员工及其直接领导。行业涉及零售与批发业、制造业、服务业、金融保险业、仓储业等。研究者在企业人力资源部负责人的协助下分别对企业中的生产、财务、人力资源、质量管理、信息管理、销售、物流等多个部门的员工及其直接领导进行了纸质问卷调查。为减少共同方法偏差（Common Method Variance，CMV）的影响，本研究采用领导与员工配对的方式获取研究数据。问卷分为员工问卷（A 卷）和领导问卷（B 卷）。由员工自评完成 A 卷，分别对职场排斥、情绪衰竭和人口统计学信息进行填答，员工的直接领导完成 B 卷，负责对该员工的反生产行为进行评价。

本研究共向 35 位主管及其直接领导的 206 名员工进行了问卷调查。研究者在企业相关人员的协助下，按照事先完成的问卷编码一一对应发放纸质问卷。为保证被试的相关隐私，每份问卷均用信封装好，被试填答完成后将其密封，由研究者直接进行现场回收或由被试直接寄回给研究者。

本研究共回收员工问卷 186 份，领导问卷 33 份，回收率分别为 90.29% 和 94.28%。剔除无效问卷（缺失值超过 20%）后，进行员工—领导 A、B 卷匹配，最终得到的有效配对样本包括 32 个团队、165 名员工，平均每个团队有 5.16 名员工，问卷总有效率为 88.71%。其中，包括男性 54 人（32.73%），女性 90 人（54.54%），另有 21 人（12.73%）未提及性别。员工平均年龄为 35.72 岁（SD=9.54），平均工作年限为 9.19 年（SD=7.76）。参与研究的被试以普通员工居多（118 人，71.52%），其中大部分具有高中及以上教育水平（139 人，84.24%）。具体的研究样本信息如表 4-3 和表 4-4 所示。

**表 4-3　子研究 1 样本的性别、受教育程度、职位特征**

| | 个体特征 | 样本数（人） | 百分比（%） |
|---|---|---|---|
| 性别 | 男 | 54 | 32.73 |
| | 女 | 90 | 54.54 |
| | 缺失值 | 21 | 12.73 |
| 受教育程度 | 初中及以下 | 12 | 7.27 |
| | 高中/中专 | 58 | 35.15 |
| | 大专 | 40 | 24.24 |
| | 本科 | 38 | 23.03 |
| | 硕士及以上 | 3 | 1.82 |
| | 缺失值 | 14 | 8.49 |
| 职位 | 普通员工 | 118 | 71.52 |
| | 基层管理者 | 23 | 13.94 |
| | 中层管理者 | 10 | 6.06 |
| | 高层管理者 | 0 | 0.00 |
| | 缺失值 | 14 | 8.48 |

注：N=165。

**表 4-4　研究 1 样本的年龄和工作年限分布特征**

| | 极小值 | 极大值 | 均值 | 标准差 |
|---|---|---|---|---|
| 年龄（岁） | 18 | 57 | 35.72 | 9.54 |
| 工作年限（年） | 0.17 | 30.33 | 9.19 | 7.76 |

注：N=165。

### （二）研究工具

本子研究采用以往研究中使用过的成熟量表进行调查，以确保测量工具具有较高的信效度。对于英文量表，研究采用标准方法进行翻译和回译，以保证测量对等性。所涉及量表均采用李克特七分等级量表进行评价，1 代表“完全不同意”，7 代表“完全同意”。问卷中采用的量表具体如下：

1. 职场排斥

本子研究采用 Ferris 等（2008）所开发的职场排斥量表，该量表共有 10 个条目，主要用于测量个体在工作场所中所感知到的被他人忽略和无视的程度，如“在工作中，其他人会忽视你”“当你来到某个工作地点的时候，别人就离开了”“你向别人打招呼却没有得到回应”“工作的时候，其他人有意避开你”等题项。该量表的信度系数（Cronbach α）为 0.78。

2. 情绪衰竭

本子研究采用 Schaufeli 等（1996）所编制的国际通用的工作倦怠量表 MBI-GS（Maslach Burnout Inventory-General Survey）中的情绪衰竭维度，该量表由李超平和时勘（2003）翻译成中文版本，并基于中国员工样本进行了实证检验，具有较好的信效度。该量表中，情绪衰竭共有五个条目，包括“工作让我感觉身心俱惫”“下班的时候我感觉精疲力竭”“工作让我有快要崩溃的感觉”等题项。该量表的信度系数为 0.9。

3. 反生产行为

本子研究采用 Spector 等（2006）所编制的反生产行为量表（Counterproductive Work Behavior Checklist，CWB-C）的简版量表进行测量，Yang 等（2016）通过实证研究验证了该量表具有较好的信度。该量表共有 10 个条目，包括组织指向的反生产行为，如“该员工经常浪费时间在与工作无关的事务上”“有意拖延工作进度”“告诉工作以外的人所在单位很糟糕”等；以及人际指向的反生产行为，例如“羞辱别人的工作表现”“取笑别人的个人生活”“在工作时羞辱或是取笑别人”等。在本子研究中，该量表组织指向的反生产行为和人际指向的反生产行为的信度系数分别为 0.87 和 0.92，量表整体的信度系数为 0.94。

### （三）控制变量

参考以往研究，个体的性别、年龄、受教育程度、工作年限以及工作职位等因素都会对员工的情绪衰竭以及反生产行为产生影响，因此，本研究将员工的年龄、性别、工作年限、受教育程度、职位作为控制变量。其中，个体的性别采用虚拟变量进行处理，将男性设为“0”，女性设为“1”。年龄以岁数测量、工作年限以在该企业工作的年数来测量，这两项信息采取被试直接填写的方式获得。受教育程度分为五个等级进行测量，分别为：1=初中及以下，2=高中/中专，3=大专，4=本科，5=硕士及以上。职位测量为：1=普通员工，2=基层管理者，3=中层管理者，4=高层管理者。

## 四、研究结果及分析

### （一）总体分析

在进行具体分析之前，考虑到本子研究的调查是以团队为单位进行的，团队成员结果变量的评估来自同一个领导，数据具有嵌套性，本研究首先对反生产行为进行了单因素方差分析（ANOVA）。结果表明，组织指向的员工反生产行为和人际指向的反生产行为都存在显著的组间方差［CWB-O，$F(31, 133)=11.17$，$p<0.01$；CWB-I，$F(31, 133)=12.13$，$p<0.01$］。因此，参考 Muthén 和 Muthén（2012）、Preacher 等（2007）的观点，本子研究认为，采用嵌套方程的路径分析方法（Nested-equation Path Analytic Approach）来进行模型分析，将结果变量的组间方差分离出来进行假设检验更为合理。通过 SPSS20.0 和 Mplus7 软件，本子研究首先采用相关分析进行假设检验的初始测试；其次采用验证性因子分析（CFA）进行模型比较，检验职场排斥、情绪衰竭和反生产行为这几个变量是否相互独立；最后采用嵌套方程的路径分析方法进行中介作用检验。

### （二）相关性分析

如表 4-5 所示，职场排斥与组织指向的反生产行为（$r=0.22$，$p<0.01$）以及人际指向的反生产行为（$r=0.2$，$p<0.05$）间均呈现显著正相关关系，假设 H1a 和假设 H1b 得到初步验证。职场排斥与情绪衰竭之间呈正相关关系（$r=0.34$，$p<0.01$），情绪衰竭与反生产行为的两个维度间也呈正相关关系（组织指向的反生产行为，$r=0.20$，$p<0.05$；人际指向的反生产行为，$r=0.18$，$p<0.05$），这一相关分析结果为后续中介效应检验奠定了基础。

表 4-5 研究 1 各变量的均值、标准差及相关系数

| 变量 | 1 | 2 | 3 | 4 | 5 | 6 | 7 | 8 | 9 |
|---|---|---|---|---|---|---|---|---|---|
| 性别[a] | 1 | | | | | | | | |
| 年龄 | 0.01 | 1 | | | | | | | |
| 工作年限 | 0.09 | 0.75** | 1 | | | | | | |
| 受教育程度[b] | 0.09 | -0.57** | -0.49** | 1 | | | | | |
| 职位[c] | -0.04 | 0.02 | 0.12 | 0.10 | 1 | | | | |
| 职场排斥 | -0.09 | 0.12 | 0.04 | 0.01 | -0.03 | 1 | | | |
| 情绪衰竭 | 0.16* | 0.01 | 0.11 | 0.05 | -0.01 | 0.34** | 1 | | |
| 组织指向的反生产行为 | -0.18* | 0.19* | 0.15* | -0.12 | -0.05 | 0.22** | 0.20* | 1 | |
| 人际指向的反生产行为 | -0.14 | 0.19* | 0.19* | -0.17* | -0.05 | 0.20* | 0.18* | 0.82* | 1 |
| 平均值（M） | 0.72 | 35.72 | 9.19 | 2.74 | 1.33 | 1.47 | 2.90 | 1.84 | 1.79 |
| 标准差（SD） | 0.52 | 9.54 | 7.76 | 0.94 | 0.69 | 0.42 | 1.22 | 0.83 | 0.80 |

注：N(individual) = 165，N(group) = 32；* $p<0.05$，** $p<0.01$。

[a]其中，1=女，0=男。

[b]其中，1=初中及以下，2=高中/中专，3=大专，4=本科，5=硕士及以上。

[c]其中，1=普通员工，2=基层管理者，3=中层管理者，4=高层管理者。

## （三）模型检验

在对研究假设进行检验之前，本子研究采用验证性因子分析进行了模型比较，以确保模型中的变量具有较好的区分效度，并对以下模型进行了比较：模型一（M1）为将职场排斥、情绪衰竭、组织指向的反生产行为和人际指向的反生产行为看作独立因子的四因素模型；模型二（M2）是将反生产行为的两个维度负载在一个因子上，其他与模型一相同的三因素模型；模型三（M3）为在模型二基础上，将职场排斥、情绪衰竭负载在同一因子上的二因素模型；模型四（M4）则是将四个变量负载在同一个因子上的单因素模型。

目前，常用于模型拟合质量鉴别的指标包括卡方值、卡方自由度比、RMR（残差均方和平方根）、SRMR（标准化残差均方和平方根）、RMSEA（近似误差均方根）、CFI（比较拟合指数）、TLI（Tucker Lewis 指数，或称非规范拟合指数 NNFI）等。RMSEA、RMR、SRMR 等为绝对拟合指数取值范围

为最小值零，没有上限。一般来说，值越小表示整体模型与实际数据拟合得越好。但 RMSEA、RMR、SRMR 作为拟合指标的一个问题是，它们受样本量的影响较大。样本量越大，值往往也越大，从而容易造成模型被拒绝。相较于这些指标则消除了自由度的影响，在进行嵌套模型比较时较为适用，一般其值介于 1 到 3 之间时表示模型拟合情况可以接受。在绝对拟合指标中，RMSEA 受样本影响较小，且对错误模型十分敏感，对于惩罚复杂模型较为有效。一般认为，RMSEA 值小于 0.08 表示模型拟合较好。与 RMR 相比，标准化的 SRMR 受到变量尺度单位的影响较小，因此目前常采用 SRMR 这一指标。SRMR 的取值范围在 0 到 1 之间，一般来说，SRMR 小于 0.1 则认为模型可以接受，当 SRMR 小于 0.08 时，则认为模型拟合良好。CFI 和 TLI 为相对拟合指标，它们主要用于比较基线模型（Baseline Model）和假设理论模型的检验。CFI 和 TLI 的值越大，代表拟合程度越好，一般而言，这两个指标的取值大于 0.9 时，则认为假设的理论模型和数据的拟合程度较好。

本子研究采用 CFI、TLI、RMSEA 和 SRMR 指标来进行模型比较，具体结果如表 4-6 所示。由表 4-6 可知，将职场排斥、情绪衰竭、组织指向的反生产行为和人际指向的反生产行为作为单个独立变量的四因素模型 M1，以及职场排斥、情绪衰竭和反生产行为的三因素模型 M2 各项拟合指标均优于 M3 和 M4，且各项指标均达到模型拟合的可接受水平，说明本子研究提出的研究模型（M1）拟合度符合要求，即四因素模型的区分效度较好。由于组织指向和人际指向的反生产行为之间存在高相关性，在以往研究中也有学者将其视为单因子构念进行处理（Yang & Treadway, 2016），表 4-6 中的模型 M2 的拟合情况也从一定程度上反映了这样处理的合理性。

**表 4-6　子研究 1 模型比较结果**

| | $\chi^2$ | df | $\chi^2$/ df | CFI | TLI | RMSEA | SRMR |
|---|---|---|---|---|---|---|---|
| 四因素模型（M1） | 419.50 | 268 | 1.56 | 0.93 | 0.92 | 0.06 | 0.06 |
| 三因素模型（M2） | 449.94 | 271 | 1.66 | 0.92 | 0.91 | 0.06 | 0.06 |
| 二因素模型（M3） | 657.95 | 273 | 2.41 | 0.82 | 0.81 | 0.09 | 0.11 |
| 单因素模型（M4） | 1182.46 | 274 | 4.32 | 0.59 | 0.55 | 0.14 | 0.16 |

## （四）假设检验

本子研究采用嵌套方程的路径分析法进行中介效应模型检验，结果如表

4-7 和表 4-8 所示。根据表 4-7 的结果可知，职场排斥对个体的情绪衰竭有显著正向影响（$\gamma=1.09$，$p<0.01$），而个体的情绪衰竭又对其组织指向的反生产行为有显著正向影响（$\gamma=0.13$，$p<0.05$），检验情绪衰竭在职场排斥和组织指向的反生产行为间的中介作用发现，情绪衰竭的中介作用效应量为 $z=0.14$（$p<0.05$），95%置信区间为［0.014，0.262］，不包含 0，由此可知，情绪衰竭的中介作用显著，假设 H2a 得到验证。

**表 4-7　研究 1 情绪衰竭在职场排斥与组织指向的反生产行为间的中介作用**

| 变量 | 第一阶段<br>情绪衰竭 | | | 第二阶段<br>组织指向的反生产行为 | | |
|---|---|---|---|---|---|---|
| | 系数 | 标准误 | 显著性（p） | 系数 | 标准误 | 显著性（p） |
| 性别 | 0.39 | 0.19 | 0.04 | -0.33 | 0.14 | 0.02 |
| 年龄 | -0.03 | 0.01 | 0.03 | 0.01 | 0.01 | 0.16 |
| 工作年限 | 0.04 | 0.02 | 0.00 | 0.01 | 0.01 | 0.73 |
| 受教育程度 | 0.05 | 0.13 | 0.72 | 0.01 | 0.10 | 0.93 |
| 职位 | -0.04 | 0.12 | 0.72 | -0.07 | 0.08 | 0.35 |
| 职场排斥 | 1.09 | 0.27 | 0.00 | 0.22 | 0.11 | 0.04 |
| 情绪衰竭 | | | | 0.13 | 0.05 | 0.01 |
| 中介作用（a×b） | | | | 0.14 | 0.06 | 0.03 |

注：N=165。

**表 4-8　子研究 1 情绪衰竭在职场排斥与人际指向的反生产行为间的中介作用**

| 变量 | 第一阶段<br>情绪衰竭 | | | 第二阶段<br>人际指向的反生产行为 | | |
|---|---|---|---|---|---|---|
| | 系数 | 标准误 | 显著性（p） | 系数 | 标准误 | 显著性（p） |
| 性别 | 0.39 | 0.19 | 0.04 | -0.25 | 0.13 | 0.06 |
| 年龄 | -0.03 | 0.01 | 0.03 | 0.01 | 0.01 | 0.52 |
| 工作年限 | 0.04 | 0.02 | 0.00 | 0.01 | 0.01 | 0.33 |
| 受教育程度 | 0.05 | 0.13 | 0.72 | -0.06 | 0.07 | 0.45 |
| 职位 | -0.04 | 0.12 | 0.72 | -0.07 | 0.06 | 0.25 |
| 职场排斥 | 1.09 | 0.27 | 0.00 | 0.23 | 0.10 | 0.02 |
| 情绪衰竭 | | | | 0.10 | 0.05 | 0.04 |
| 中介作用（a×b） | | | | 0.11 | 0.06 | 0.06 |

注：N=165。

表 4-8 显示了情绪衰竭在职场排斥与人际指向的反生产行为间的作用。根据表 4-8 的结果可知，职场排斥对个体的情绪衰竭有显著正向影响（$\gamma=1.09$，$p<0.01$），个体的情绪衰竭对其人际指向的反生产行为有显著正向影响（$\gamma=0.1$，$p<0.05$）。检验情绪衰竭的中介作用发现，该中介效应量为 $z=0.11$（$p<0.1$），呈现边际显著的结果，90%置信区间为［0.015，0.202］。由此可知，情绪衰竭在职场排斥与人际指向的反生产行为间的中介作用仅呈现边际显著，假设 H2b 未得到验证。

## 五、讨论与阶段性结论

子研究 1 从资源保存理论视角出发，探讨了情绪衰竭在职场排斥与反生产行为间的中介作用。相比于职场攻击、欺负、性骚扰等职场热暴力，作为职场冷暴力之一的职场排斥，往往受到组织管理者的忽视而未加约束与禁止，但这一被忽视的消极人际互动体验却给组织及员工带来严重的负面影响，在某些情境下，甚至有可能带来比上述职场热暴力更为严重的危害。从本子研究的结果可以看出，职场排斥会导致个体的有限资源被逐步消耗，其中便包括个体的心理资源。情绪衰竭是个体心理资源缺乏的一种状态表现，当个体遭遇到排斥后，会产生紧张、焦虑、沮丧等一系列负面情绪，个体不得不疲于应对进而产生情绪衰竭。而情绪衰竭的员工在此情境之下很难有充足的能量和精力控制自身的反生产行为，从而导致其反生产行为增加。

有一点值得注意的是，本子研究的结果显示，“职场排斥—情绪衰竭—组织指向的反生产行为”这一中介作用显著，而“职场排斥—情绪衰竭—人际指向的反生产行为”这一中介作用仅呈现边际显著（$p=0.06$）。我们认为，这与反生产行为本身的特点以及本章所采用的变量测量方式有一定的关系。本章为了避免共同方法偏差，对反生产行为采用了领导评估的方式进行测量，但反生产行为本身具有一定的隐蔽性，尤其是从领导角度出发进行观测，相比于组织指向的反生产行为，领导可能更难观测到员工针对同事的反生产行为，从而导致了一定程度的偏差。但是，若要个体自评，一方面可能产生共同方法偏差，另一方面还会有潜在的社会称许性问题。因此，二者利弊权衡之下，并参考以往的研究（Zhao et al.，2013；闫艳玲等，2014），本子研究仍然采取了领导评估的方式，并在后续的两个子研究中对这一中介效应进行了重复检验。另外，本章推测，造成上述情况还与目前研究的样本量有一定的关系，因此，后续的两个研究都对样本量进行了扩大。

子研究 1 只是基于资源保存理论，简单地讨论了其中可能的内在作用机制，即在一定程度上回答了“职场排斥如何影响员工的反生产行为”这一问题，但对于该机制的边界条件尚未进行详细探究。一方面，职场排斥作为个体主观的知觉与判断，同事无意识的行为可能会被解读为有意的排斥；另一方面，同事有意的排斥行为也可能被认为是无心之举。这也就说明，个体对于排斥及其程度的知觉与解释的差异会在职场排斥及其给个体带来的影响中发挥重要的作用，其中的作用机制还有待进一步探究。目前已有少量研究发现了个体的情绪稳定性（神经质）能够有效地调节职场排斥与员工绩效/行为间的关系，但对于个体差异对“职场排斥—情绪衰竭—反生产行为”这一路径作用的影响却鲜少关注。因此，本章在接下来的子研究 2 中，将结合调节焦点理论，从个体调节焦点角度出发，对上述中介效应的边界条件进行详细探讨。

## 第三节　职场排斥、情绪衰竭与员工反生产行为：防御型调节焦点的作用

### 一、研究目的

在前一节中，我们以资源保存理论为基础，初步讨论了情绪衰竭在职场排斥与员工反生产行为间的中介作用。研究发现，职场排斥会导致个体情绪衰竭增强，进而增加员工的反生产行为，但尚未对该中介作用的边界条件进行探索。职场排斥作为个体在工作场所中的主观知觉与判断，同事无意识的行为可能会被解读为对他人的有意排斥；同样，同事有意的排斥行为也可能被认为是无心之举。这表明，个体对于排斥的敏感程度以及对排斥事件解释与构建都可能会影响职场排斥对个体所产生的作用。调节焦点理论认为，个体受到不同的自我调节系统影响时，对于消极事件的敏感程度和解释框架都会有所差异。那么，放在职场排斥这一情境下来看，我们推测，个体的调节焦点倾向不仅有可能影响员工本身对于职场排斥的感知程度（无论是对真实的职场排斥的感知，还是个体自身幻想出来的排斥），还有可能影响排斥对于个体情绪衰竭的影响作用。因此，在子研究 1 的中介模型基础上，本

子研究的主要目的是探讨与消极事件更为相关的个体防御型调节焦点对“职场排斥—情绪衰竭—反生产行为”这一中介效应的调节作用。

## 二、理论背景与研究假设

由于在上文研究中已对“职场排斥—情绪衰竭—反生产行为”这一中介作用的逻辑假设进行了详细的论述和验证，因此在本子研究中主要探讨个体防御型调节焦点在其中的调节作用。Higgins（1997）所提出的调节焦点理论认为，由于个体所接受的家庭教育不同，以及个体自身在以往经历中运用不同调节系统成功经验的差异，个体在遇到事件时采取促进型调节策略还是防御型调节策略的倾向会存在差异，这会使个体通过长期经历形成特质型调节焦点。

根据这一理论，不同调节焦点倾向的个体对于积极/消极事件的敏感性不同，对于同一事件的感知和解读也有所差异。由于在不同的调节系统下，个体分别受到“获得导向”和“规避导向”两类解释框架的影响，他们对于组织情境中同一类事件的解释也有所差异。例如，对于促进型调节焦点的个体来说，“成功”与“失败”往往被解释为“积极结果出现（获得）（Gains）或未出现（未获得）（Nongains）”；而对于防御型调节焦点的个体来说，则往往被解释为“消极结果未出现（未损失）（Nonlosses）和出现（损失）（Losses）”。从资源角度来看，个体调节焦点的差异也往往会导致个体对于自身资源状态的解读既可能是资源“获得/未获得”，也可能是资源“未损失/损失”，这一不同的认知与解释框架便会对个体的情绪、态度甚至行为造成不同的影响（Koopman，Lanaj & Scott，2016）。

以往研究发现，个体的促进型调节焦点与防御型调节焦点会独立地影响不同的工作相关结果（Gorman et al.，2012）。相比于促进型调节焦点来说，个体的防御型调节焦点在消极事件中发挥着更加重要的作用。因此，我们推测，作为个体在工作场所中的消极人际互动体验，职场排斥对员工造成的危害作用也更有可能受到个体防御型调节焦点的影响。一方面，防御型调节焦点水平较高的个体对于工作场所中的消极信息更为敏感，也往往更有可能产生消极情绪（Van-Dijk & Kluger，2004）。这就导致个体在面对某些事件时，更可能采取较为负面、消极的方式进行解读。具体到职场排斥情境，对于防御型调解焦点较高的个体来说，某些时候同事无意间的行为（如工作太忙而忽视了对方）有可能被解读为排斥，从而引发个体的消极情绪，造成个体压力（Lanaj et al.，2012），进而导致情绪衰竭加重。另外，结合资源保存理论，职场排斥会导致个体的资源消耗，对于防御型调节焦点较高的个体来说，他们对自身所拥有的资源的解读是建立在“损失—未损失”这一结构框架之下，这就导致对于资源的损失更为敏感，更有可能感知到自身有限情绪资源被消耗，从而使得职场排斥对这类个体所造成的消极影响更大，更容易感知到资源的匮乏，导致个体情绪衰竭增强。

另一方面，具有较强防御型调节焦点的个体更加强调自身的职责与义务，以正确无误地完成自身工作要求为主要目标。那么，当他们遭受到人际冲突、职场排斥等事件时，更有可能将之视作自身工作中（额外的）责任或约束。他们会在努力达到工作岗位要求的同时，不得不付出更多努力去解决冲突、排斥等人际间的消极互动问题，以此来获得安全感。这也就意味着，为了能够有效地完成自身工作，就需要花费更多的精力和资源来应对这一消极事件，而这一应对过程同时也会增加个体的情绪衰竭（Brenninkmeijer et al.，2010）。

在实证研究方面，Öztürk 等（2016）针对土耳其员工的研究显示，个体的防御型调节焦点会增强工作不安全感对情绪衰竭的正向作用。类似地，Brenninkmeijer 等（2010）以荷兰教师为样本的研究也发现，个体防御型调节焦点的差异会导致其在面对工作负荷、人际冲突等工作需求时感知到更强的情绪衰竭。

结合上述分析与子研究 1 的假设基础，我们认为，职场排斥会导致个体有限资源的消耗，使个体产生一定程度的情绪衰竭；由于个体的防御型调节机制倾向的不同，对于资源消耗的敏感性以及对自身资源状态的解释框架会存在差异，这会导致职场排斥对所产生的影响（情绪衰竭）也不尽相同。相比于防御型调节焦点较低的个体，对防御型调节焦点较高的个体来说，对于职场排斥事件以及资源损失的敏感性更强，由于其注重责任与义务的特质，这类个体会消耗更多精力与资源来进行应对，这两方面都会导致情绪衰竭的进一步增强。因此，子研究 2 提出以下假设：

H3：个体的防御型调节焦点对职场排斥和个体情绪衰竭间的正向关系起调节作用。具体来说，个体的防御型调节焦点越高，职场排斥与情绪衰竭间的正向关系越强。

结合子研究 1 中“职场排斥—情绪衰竭—反生产行为”的中介作用，我们认为，防御型调节焦点会对上述中介效应起调节作用。由此，子研究 2 进一步提出被调节的中介作用模型假设：

H4：个体的防御型调节焦点正向调节“职场排斥—情绪衰竭—反生产行为”之间的中介作用，即防御型调节焦点较高时，情绪衰竭对职场排斥与反生产行为之间的正向中介作用更强。

H4a：个体的防御型调节焦点正向调节“职场排斥—情绪衰竭—组织指向的反生产行为”之间的中介作用，即防御型调节焦点较高时，情绪衰竭对职场排斥与组织指向的反生产行为间的正向中介作用更强。

H4b：个体的防御型调节焦点正向调节“职场排斥—情绪衰竭—人际指向的反生产行为”之间的中介作用，即防御型调节焦点较高时，情绪衰竭对职场排斥与人际指向的反生产行为之间的正向中介作用更强。

综上所述，子研究 2 的整体理论模型如图 4-4 所示。

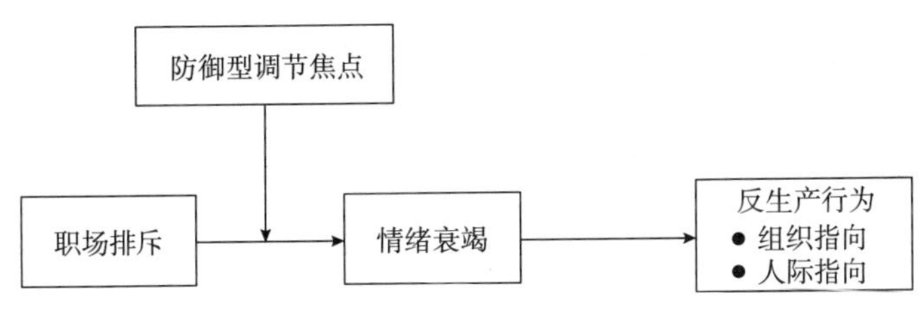


**图 4-4　子研究 2 的理论模型**

## 三、研究方法

### （一）样本与数据收集

本子研究采用问卷调查的方式进行数据收集，研究数据来自广州市一家交通运输企业和两家百货公司的员工及其直接领导。研究者们在企业人力资源部负责人的协助下确定调查对象，分别对企业中财务、人力资源、质量管理、信息管理、销售、物流、营运、技术监察、广告、后勤服务等多个部门的员工及其直接领导进行了问卷调查。为减少共同方法偏差的影响，本研究采用多源、多时间点取样的方式获取研究数据（Lindell & Whitney，2001）。问卷分为员工问卷（A 卷）和领导问卷（B 卷），分两次进行调查，时间间隔为 45 天。为保证被试的相关隐私，每份问卷均用信封装好，被试填答完成后将其密封，由研究者直接进行回收或由被试直接寄回给研究者。

本研究共向上述三家企业的 71 位主管及其直接领导的 379 名员工进行了问卷调查。首先由员工自评完成 A 卷（T1），分别对职场排斥、情绪衰竭、防御型调节焦点和人口统计学变量信息进行填答。第二次针对领导的调查（T2）在 45 天以后进行，由员工的直接领导完成 B 卷，负责对其直属下属的反生产行为进行评价。共收回员工问卷 314 份，领导问卷 65 份，回收率分别为 82. 84%和 91. 55%。剔除空白太多的问卷（缺失值超过 20%），然后进行员工—领导问卷匹配，最终得到了有效配对样本，包括 63 个团队、292 名员工，平均每个团队有 4. 64 名员工，总有效率为 92. 99%。其中，包括男性 115 人（39. 38%），女性 131 人（44. 86%），另有 46 人（15. 76%）未提及性别。员工平均年龄为 36. 82 岁（SD=9. 29），平均工作年限为 10. 8 年（SD=8. 12）。参与调查的被试以普通员工居多（180 人，61. 64%），其中大部分具有高中及以上教育水平（152 人，52. 05%）。研究样本的具体人口统计学特征如表 4-9 和表 4-10 所示。

**表 4-9　子研究 2 样本的性别、受教育程度、职位特征**

| | 个体特征 | 样本数（人） | 百分比（%） |
|---|---|---|---|
| 性别 | 男 | 115 | 39. 38 |
| | 女 | 131 | 44. 86 |
| | 缺失值 | 46 | 15. 76 |
| 受教育程度 | 初中及以下 | 17 | 5. 82 |
| | 高中/中专 | 63 | 21. 58 |
| | 大专 | 52 | 17. 81 |
| | 本科 | 132 | 45. 20 |
| | 硕士及以上 | 5 | 1. 71 |
| | 缺失值 | 23 | 7. 88 |
| 职位 | 普通员工 | 180 | 61. 64 |
| | 基层管理者 | 78 | 26. 71 |
| | 中层管理者 | 9 | 3. 08 |
| | 高层管理者 | 0 | 0. 00 |
| | 其他 | 4 | 1. 37 |
| | 缺失值 | 21 | 7. 20 |

注：N=292。

表 4-10 子研究 2 样本的年龄和工作年限分布特征

| | 极小值 | 极大值 | 均值 | 标准差 |
|---|---|---|---|---|
| 年龄（岁） | 22 | 60 | 36.82 | 9.29 |
| 工作年限（年） | 0.17 | 35.67 | 10.80 | 8.12 |

注：N=292。

### （二）研究工具

与子研究 1 相同，在子研究 2 中所涉及量表均采用李克特七分等级量表进行评价，1 代表“完全不同意”，7 代表“完全同意”。在本子研究中，职场排斥、情绪衰竭、反生产行为的测量工具均与子研究 1 中所用保持一致，因此不再赘述其来源。上述三个量表的信度系数分别如下：职场排斥（10 题）为 0.91，情绪衰竭（5 题）为 0.9，组织指向的反生产行为（5 题）和人际指向的反生产行为（5 题）的信度系数分别为 0.82 和 0.88，反生产行为量表整体的信度系数为 0.91。

对于防御型调节焦点，子研究 2 采用 Lockwood、Jordan 和 Kunda（2002）所开发的特质调节焦点量表。该量表共有 18 个题项，包括两个维度：促进型调节焦点（9 题）和防御型调节焦点（9 题），本子研究选取其中的防御型调节焦点维度来进行测量。由于该量表最初用于对大学生被试的研究，因此，其中涉及部分有关大学学业成绩表述的题项，在进行测量之前对这类表述进行了适当的修订，比如将“我目前在学校的主要目标是实现我的学业抱负”改为“我工作和生活的主要目标是实现我的个人理想和抱负”，以使其更加适合本研究样本。由两名管理学专业的博士研究生和一名老师采用 Brislin（1980）的标准方法进行翻译和回译，并对修订后的中文量表进行测试调整。结果显示，该量表的信度系数为 0.86。

参考以往研究，个体的性别、年龄、受教育程度、工作年限以及工作职位等因素都会对员工的情绪衰竭以及反生产行为产生影响，因此，将员工的年龄、性别、工作年限、受教育程度、职位作为控制变量。其中，个体的性别采用虚拟变量进行处理，将男性设为“0”，女性设为“1”。年龄以岁数测量、工作年限以在该企业工作的年数来测量，这两项信息采取被试直接填写的方式获得。受教育程度分为五个等级进行测量，分别为：1=初中及以下，2=高中/中专，3=大专，4=本科，5=硕士及以上。职位测量为：1=普通员工，2=基层管理者，3=中层管理者，4=高层管理者。

## 四、研究结果及分析

### （一）总体分析

虽然本研究所提出的被调节的中介模型理论框架是建立在个体水平层面的，但考虑到调查是以团队为单位进行，团队成员结果变量的评估来自同一个领导，数据具有嵌套性，这可能导致结果变量存在组间差异。此时直接进行单层次被调节的中介效应检验便有可能出现错误估计。因此，本子研究首先对员工反生产行为进行了单因素方差分析（ANOVA），结果表明，结果变量组织指向的反生产行为（CWB-O）[$F(62, 229)=6.98$, $p<0.01$] 和人际指向的反生产行为（CWB-I）[$F(62, 229)=7.20$, $p<0.01$] 均存在显著的组间方差。因此，采用多层次路径分析模型进行假设检验，将结果变量的组间方差分离出来更为合理。另外，与层次线性模型（HLM）分步式的回归相比，采用多层次路径分析方法同时进行整体模型的估计能够有效减少偏差。通过SPSS20.0和Mplus7软件，首先采用相关分析进行假设检验的初测，其次采用验证性因子分析（CFA）进行模型比较，检验职场排斥、情绪衰竭、防御型调节焦点和反生产行为这几个变量是否相互独立，最后采用多层次路径分析模型进行被调节的中介效应的全模型检验。

### （二）相关性分析

如表4-11所示，职场排斥与情绪衰竭之间呈显著正相关关系（$r=0.39$, $p<0.01$），情绪衰竭与反生产行为的两个维度间也存在显著的正相关关系（组织指向的反生产行为，$r=0.24$, $p<0.01$；人际指向的反生产行为，$r=0.17$, $p<0.01$）。职场排斥与组织指向的反生产行为（$r=0.25$, $p<0.01$）间正相关关系显著，而与人际指向的反生产行为间的关系则不显著（$r=0.10$, n.s.）。这一相关分析结果为后续模型检验提供了基础。

表4-11 研究2各变量的均值、标准差及相关系数

| 变量 | 1 | 2 | 3 | 4 | 5 | 6 | 7 | 8 | 9 | 10 |
|---|---|---|---|---|---|---|---|---|---|---|
| 性别[a] | 1 | | | | | | | | | |
| 年龄 | -0.10 | 1 | | | | | | | | |
| 工作年限 | -0.03 | 0.81** | 1 | | | | | | | |

续表

| 变量 | 1 | 2 | 3 | 4 | 5 | 6 | 7 | 8 | 9 | 10 |
|---|---|---|---|---|---|---|---|---|---|---|
| 受教育程度[b] | −0.05 | −0.42** | −0.24** | 1 | | | | | | |
| 职位[c] | −0.08 | 0.03 | 0.14* | 0.22** | 1 | | | | | |
| 职场排斥 | −0.13* | 0.17** | 0.14* | −0.04 | 0.03 | 1 | | | | |
| 情绪衰竭 | 0.04 | 0.10 | 0.16** | −0.01 | −0.01 | 0.39** | 1 | | | |
| 防御型调节焦点 | −0.15** | −0.14* | −0.06 | 0.15* | 0.04 | −0.02 | 0.10 | 1 | | |
| 组织指向的反生产行为 | −0.12* | 0.23** | 0.15** | −0.11 | 0.01 | 0.25** | 0.24** | −0.13* | 1 | |
| 人际指向的反生产行为 | 0.01 | 0.16** | 0.09 | −0.11 | −0.03 | 0.10 | 0.17** | −0.21** | 0.76** | 1 |
| 平均值（M） | 0.53 | 36.82 | 10.80 | 3.17 | 1.41 | 1.66 | 2.98 | 4.43 | 1.97 | 1.91 |
| 标准差（SD） | 0.46 | 9.29 | 8.12 | 0.97 | 0.67 | 0.64 | 1.12 | 0.98 | 0.68 | 0.66 |

注：N(individual) = 292，N(group) = 63；* p<0.05，** p<0.01。

[a]其中，1=女，0=男。

[b]其中，1=初中及以下，2=高中/中专，3=大专，4=本科，5=硕士及以上。

[c]其中，1=普通员工，2=基层管理者，3=中层管理者，4=高层管理者。

### （三）模型检验

在对研究假设进行检验之前，本子研究采用验证性因子分析进行模型比较，以确保模型中的变量具有较好的区分效度，并对以下嵌套模型进行了比较：模型一（M1）为职场排斥、情绪衰竭、防御型调节焦点、组织指向的反生产行为和人际指向的反生产行为分别独立的五因素模型；模型二（M2）为其他不变，将反生产行为的两个维度负载在一个因子上的四因素模型；模型三（M3）为在模型二的基础上，将职场排斥、情绪衰竭负载在同一因子上的三因素模型。

与子研究 1 相同，本子研究仍然采用了 CFI、TLI、RMSEA 和 SRMR 这几个拟合指标来进行模型比较，具体结果如表 4-12 所示。将职场排斥、情绪衰竭、防御型调节焦点、组织指向的反生产行为和人际指向的反生产行为作为独立变量的五因素模型（M1）与将职场排斥、情绪衰竭、防御型调节焦点和反生产行为的四因素模型（M2）的各项拟合指标优于三因素模型（M3），且各项指标均达到模型拟合的可接受水平。这与子研究 1 的结果也非常类似，这也反映了反生产行为的两个维度之间的高相关性。总体来说，子研究 2 所提出的研究模型（M1）拟合度符合要求。

**表 4-12　子研究 2 模型比较结果**

| | $\chi^2$ | Df | $\chi^2$/ df | CFI | TLI | RMSEA | SRMR |
|---|---|---|---|---|---|---|---|
| 五因素模型（M1） | 1018.58 | 508 | 2.00 | 0.91 | 0.90 | 0.06 | 0.07 |
| 四因素模型（M2） | 1043.54 | 512 | 2.04 | 0.90 | 0.90 | 0.06 | 0.08 |
| 三因素模型（M3） | 1609.56 | 515 | 3.12 | 0.80 | 0.79 | 0.09 | 0.10 |

## （四）假设检验

本子研究采用多层次路径分析方法来进行第一阶段被调节的中介效应模型检验，结果如表 4-13、表 4-14 所示。本子研究首先检验了情绪衰竭在职场排斥与反生产行为两个维度间的中介作用，检验结果如表 4-13 所示。根据表 4-13 的结果可知，职场排斥对个体的情绪衰竭有显著正向影响（$\gamma=0.64$，$p<0.01$），而个体的情绪衰竭又分别对其组织指向（$\gamma=0.18$，$p<0.01$）和人际指向（$\gamma=0.13$，$p<0.01$）的反生产行为有显著正向影响，两条中介作用路径均显著。具体来看，情绪衰竭在职场排斥和组织指向的反生产行为间的中介作用为 $z=0.11$（$p<0.01$），95%置信区间为［0.071，0.155］，在职场排斥和人际指向的反生产行为间的中介作用为 $z=0.08$（$p<0.01$），95%置信区间为［0.028，0.139］，置信区间都不包括 0，说明两条中介作用路径都显著。这一结果也对子研究 1 的假设进行了再次验证。

**表 4-13　子研究 2 情绪衰竭的中介效应检验**

| 变量 | 模型一 | | | | 模型二 | | | |
|---|---|---|---|---|---|---|---|---|
| | 第一阶段<br>情绪衰竭 | | 第二阶段<br>组织指向的反生产行为 | | 第一阶段<br>情绪衰竭 | | 第二阶段<br>人际指向的反生产行为 | |
| | 系数 | 标准误 | 系数 | 标准误 | 系数 | 标准误 | 系数 | 标准误 |
| 性别[a] | 0.16 | 0.14 | 0.05 | 0.07 | 0.16 | 0.14 | 0.17* | 0.08 |
| 年龄 | -0.02 | 0.01 | 0.01 | 0.01 | -0.02 | 0.01 | 0.01* | 0.01 |
| 工作年限 | 0.03* | 0.01 | 0.01 | 0.01 | 0.03* | 0.01 | -0.01 | 0.01 |
| 受教育程度[b] | 0.06 | 0.08 | -0.04 | 0.05 | 0.06 | 0.08 | -0.04 | 0.04 |
| 职位[c] | -0.02 | 0.08 | 0.02 | 0.04 | -0.02 | 0.08 | -0.04 | 0.04 |
| 职场排斥 | 0.64** | 0.08 | 0.02 | 0.06 | 0.64** | 0.08 | -0.07 | 0.06 |

续表

| 变量 | 模型一 | | | | 模型二 | | | |
|---|---|---|---|---|---|---|---|---|
| | 第一阶段<br>情绪衰竭 | | 第二阶段<br>组织指向的反生产行为 | | 第一阶段<br>情绪衰竭 | | 第二阶段<br>人际指向的反生产行为 | |
| | 系数 | 标准误 | 系数 | 标准误 | 系数 | 标准误 | 系数 | 标准误 |
| 情绪衰竭 | | | 0. 18** | 0. 03 | | | 0. 13** | 0. 04 |
| 中介作用（a×b） | | | 0. 11** | 0. 02 | | | 0. 08** | 0. 03 |

注：N(individual)= 292，N(group)= 63；* p<0. 05，** p<0. 01。

[a]其中，1=女，0=男。

[d]其中，1=初中及以下，2=高中/中专，3=大专，4=本科，5=硕士及以上。

[c]其中，1=普通员工，2=基层管理者，3=中层管理者，4=高层管理者。

**表 4-14 研究 2 防御型调节焦点对“职场排斥—情绪衰竭—反生产行为”的调节作用**

| 变量 | 模型一 | | | | 模型二 | | | |
|---|---|---|---|---|---|---|---|---|
| | 第一阶段<br>情绪衰竭 | | 第二阶段<br>组织指向的反生产行为 | | 第一阶段<br>情绪衰竭 | | 第二阶段<br>人际指向的反生产行为 | |
| | 系数 | 标准误 | 系数 | 标准误 | 系数 | 标准误 | 系数 | 标准误 |
| 性别[a] | 0. 23 | 0. 15 | 0. 04 | 0. 07 | 0. 23 | 0. 15 | 0. 12 | 0. 07 |
| 年龄 | -0. 01 | 0. 01 | 0. 01 | 0. 01 | -0. 01 | 0. 01 | 0. 01 | 0. 01 |
| 工作年限 | 0. 03* | 0. 01 | 0. 01 | 0. 01 | 0. 03* | 0. 01 | -0. 01 | 0. 01 |
| 受教育程度[b] | 0. 07 | 0. 08 | -0. 04 | 0. 05 | 0. 07 | 0. 08 | -0. 03 | 0. 04 |
| 职位[c] | -0. 04 | 0. 08 | 0. 02 | 0. 04 | -0. 04 | 0. 08 | -0. 05 | 0. 04 |
| 职场排斥 | 0. 65** | 0. 08 | 0. 02 | 0. 06 | 0. 65** | 0. 08 | -0. 07 | 0. 06 |
| 防御型调节焦点 | 0. 18** | 0. 07 | -0. 04 | 0. 03 | 0. 18** | 0. 07 | -0. 07* | 0. 04 |
| 职场排斥×防御型调节焦点 | 0. 21* | 0. 09 | 0. 02 | 0. 04 | 0. 21* | 0. 09 | 0. 01 | 0. 05 |
| 情绪衰竭 | | | 0. 18** | 0. 03 | | | 0. 14** | 0. 04 |
| $R^2$（within level） | 0. 238 | | 0. 233 | | 0. 238 | | 0. 178 | |

注：N(individual)= 292，N(group)= 63；* p<0. 05，** p<0. 01。

[a]其中，1=女，0=男。

[b]其中，1=初中及以下，2=高中/中专，3=大专，4=本科，5=硕士及以上。

[c]其中，1=普通员工，2=基层管理者，3=中层管理者，4=高层管理者。

根据表 4-14 的结果可知，个体的防御型调节焦点在职场排斥和情绪衰竭间起正向调节作用（$\gamma=0.21$，$p<0.05$），即个体防御型调节焦点水平越高，职场排斥与个体情绪衰竭的正向关系越强，假设 H3 得到验证。子研究 2 假设模型的路径系数估计结果如图 4-5 所示。

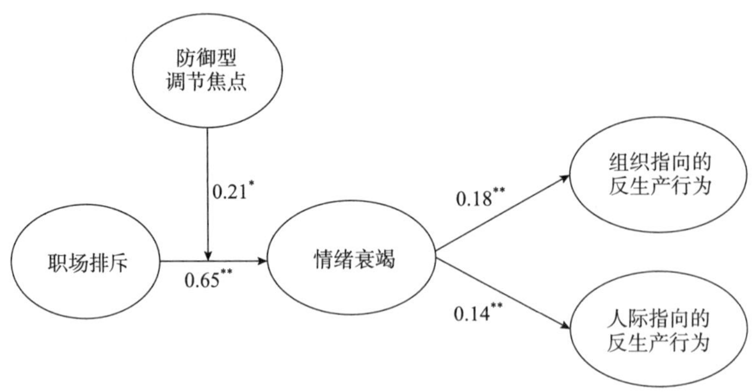


**图 4-5　子研究 2 假设模型的路径系数估计结果**

注：出于简洁考虑，图中没有把控制变量的影响效应列出；* $p<0.05$，** $p<0.01$。

为更加直观地表现防御型调节焦点的调节作用，本子研究以调节变量的均值加减一个标准差作为分组标准，分别对高水平防御型调节焦点和低水平防御型调节焦点时，职场排斥与个体情绪衰竭的关系进行了描绘，具体如图 4-6 所示。可以发现，当个体防御型调节焦点水平较高时，职场排斥的增加会导致个体情绪衰竭的显著增加，而个体防御型调节焦点水平较低时，职场排斥与个体情绪衰竭间的正向关系则相对较弱。也就是说，个体的防御型调节焦点增强了职场排斥与情绪衰竭间的正向关系。

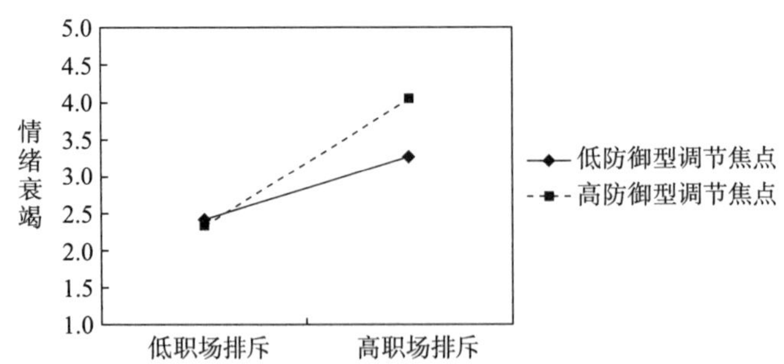


**图 4-6　子研究 2 防御型调节焦点对职场排斥与情绪衰竭的调节作用**

另外，本子研究进一步检验了防御型调节焦点对“职场排斥—情绪衰竭—反生产行为”这一中介效应的调节作用，具体结果如表 4-15 所示。个体的防御型调节焦点会调节情绪衰竭在职场排斥和组织指向的反生产行为之间的中介作用，即相比于较低的防御型调节焦点水平，在个体防御型调节焦点水平较高时，职场排斥导致个体情绪衰竭的程度更强，进而导致员工更多的组织指向的反生产行为；而防御型调节焦点在“职场排斥—情绪衰竭—人际指向的反生产行为”之间的调节作用则未得到验证。

**表 4-15　研究 2 第一阶段被调节的中介效应检验**

| 间接效应 | 调节变量 | 效应量 | 标准误 | 显著性（p） | 95%置信区间 | |
|---|---|---|---|---|---|---|
| | | | | | 下限 | 上限 |
| 职场排斥—情绪衰竭—组织指向的反生产行为 | 高防御型调节焦点 | 0.156 | 0.035 | 0.000 | 0.603 | 1.135 |
| | 低防御型调节焦点 | 0.081 | 0.019 | 0.000 | 0.264 | 0.635 |
| | 差异性 | 0.075 | 0.036 | 0.034 | 0.067 | 0.771 |
| 职场排斥—情绪衰竭—人际指向的反生产行为 | 高防御型调节焦点 | 0.122 | 0.043 | 0.004 | 0.038 | 0.205 |
| | 低防御型调节焦点 | 0.063 | 0.021 | 0.003 | 0.022 | 0.104 |
| | 差异性 | 0.059 | 0.033 | 0.078 | -0.007 | 0.124 |

具体来说，在个体防御型调节焦点水平较高时，“职场排斥—情绪衰竭—组织指向的反生产行为”这一中介效应的作用量为 z = 0.156（$p<0.01$），95%置信区间为［0.603，1.135］，该中介效应显著。在个体防御型调节焦点水平较低时，虽然该中介作用仍然显著（z=0.081，$p<0.01$，95%置信区间为［0.264，0.635］），但效应量显著低于高水平防御型调节焦点的个体，而且，在两种防御型调节焦点水平下的中介效应的差异显著（z=0.075，$p<0.05$，95%置信区间为［0.067，0.771］），假设 H4a 得到验证。而对于“职场排斥—情绪衰竭—人际指向的反生产行为”这一中介路径来说，个体的防御型调节焦点并没有对该中介效应起到调节作用，无论个体的防御型调节焦点水平高还是低，“职场排斥—情绪衰竭—人际指向的反生产行为”这一中介效应都显著，且两种水平下该中介效应的差异不显著（z=0.59，n.s.，95%置信区间为［-0.007，0.124］），假设 H4b 未得到验证。

## 五、讨论与阶段性结论

本子研究在子研究 1 的假设模型基础上，结合资源保存理论和调节焦点理论，探讨了个体的防御型调节焦点在“职场排斥—情绪衰竭—反生产行为”间的调节作用，以 63 个团队的 292 名员工及其直接领导为调查对象，采取多时间点、多源问卷取样获得的研究数据进行分析。结果发现：

第一，个体的情绪衰竭在职场排斥与反生产行为（组织指向的反生产行为和人际指向的反生产行为）间起中介作用。

第二，个体的防御型调节焦点对职场排斥和情绪衰竭间的正向关系起调节作用。

第三，防御型调节焦点对“职场排斥—情绪衰竭—组织指向的反生产行为”这一中介效应起调节作用，而对“职场排斥—情绪衰竭—人际指向的反生产行为”这一中介效应的调节作用则不显著。

根据以上结果可以看出，首先，本子研究对于子研究 1 的结论进行了重复验证，研究结果也较为一致，再次验证了情绪衰竭在职场排斥与员工反生产行为间的中介作用，这为从资源保存理论视角来解释职场排斥与反生产行为间的内在作用机制提供了实证支持。

其次，本子研究基于调节焦点理论，发现了防御型调节焦点在职场排斥与情绪衰竭间的调节作用，从个体自身调节系统的角度出发，对上述作用的边界条件进行了探讨。本子研究还发现，职场排斥由于引发个体有限心理资源的消耗，会导致其情绪衰竭增强。而当个体防御型调节焦点较高，他们更加关注于安全需求的满足，且倾向于以资源“损失—未损失”的框架来解释职场排斥事件时，个体对于负性事件的敏感性更强，更容易感知到排斥的存在（脆弱性更强），且更可能感知到自身资源的损失，便会导致更强的情绪衰竭。以往研究探讨了个体人格特质（如神经质、主动性人格）、心理资本在职场排斥与反生产行为间的调节作用，表明个体差异会影响职场排斥对个体所产生的心理作用的强弱，但显然还存在局限性。Williams（2001）和 Richman 等（2009）都指出，个体对于排斥事件的构建与解释会对其在遭受到排斥后的反应造成较大影响，但是，目前尚未有研究从这一视角来进行探究。本子研究结果则从一定程度上反映了这一论点，发现当个体倾向于以资源“损失—未损失”的框架解释排斥事件时，个体所遭受到的职场排斥的负面影响更大。这一研究结果从个体的调节焦点角度出发为解释职场排斥的影响提供了实证支持，拓展了调节焦点理论在职场排斥相关研究中的应用。

最后，本子研究还进一步探究了防御型调节焦点对“职场排斥—情绪衰竭—反生产行为”这一中介效应的调节作用。值得注意的是，基于本子研究的样本，我们只发现了防御型调节焦点在“职场排斥—情绪衰竭—组织指向的反生产行为”间的调节作用，对于“职场排斥—情绪衰竭—人际指向的反生产行为”这一中介路径的调节作用则不显著。根据数据分析的结果可以看到，在整体模型中，防御型调节焦点除了调节作用之外，对于人际指向的反生产行为还有直接的显著负向作用。也就是说，当个体的防御型调节焦点较高时，会对自己人际指向的反生产行为有一定的抑制作用。事实上，这一结果也与Lanaj 等（2012）所提出的观点一致。他们认为，与其他工作相关的结果变量相比，防御型调节焦点与反生产行为之间的关系可能较为复杂：一方面，防御型调节焦点对消极事件敏感、容易产生消极情绪，个体的负向情绪则是引发反生产行为的一个重要原因；另一方面，由于防御型调节焦点强调责任、义务与合规的特性，这又有可能会抑制反生产行为的发生。结合本子研究的结果来看，由于防御型调节焦点抑制了人际指向的反生产行为，便导致了情绪衰竭与人际指向的反生产行为之间的正向关系变弱，进而导致了整体的中介效应变弱，在调节变量的作用下差异不大。而这一作用只发生在人际指向的反生产行为中，对于组织指向的反生产行为的影响则不大，原因可能是由于挫折—攻击理论中所提到的，在个体遭受的挫折来源不明、程度较弱，或是由于某些原因无法直接对挫折源表现出反应性攻击时，更可能引发个体间接性、替代性的攻击行为，即替代攻击。一般来说，职场排斥行为与直接的攻击、欺凌等职场热暴力相比，程度较弱，且由于其隐蔽性，被排斥者有时也无法明确区分出源自同事或是领导的排斥是否是有意的，也无法清楚判断排斥源是某个单独的个体还是群体。因此，在这种情况下，相比于直接与领导或同事发生冲突而导致自身职业生涯前途受到影响（包括社会地位、组织地位、晋升机会等）（Vigoda-Gadot，2006），被排斥者会倾向于采取针对组织的替代攻击，而非具体针对特定个体（领导或同事）的直接攻击，如采取蓄意破坏、怠工、盗窃等针对组织的反生产行为。

总之，子研究 2 主要从个体水平探讨了“职场排斥—情绪衰竭—反生产行为”这一中介效应的作用边界，但个体行为的选择一方面受到自身因素的

影响，另一方面还会受到所在组织情境的作用。因此，在子研究 3 中，主要从团队水平出发，探讨了影响上述中介效应的团队因素。

此外，子研究 1 的结果发现，反生产行为存在显著的组间方差。我们考虑，这一方面可能是由于每个团队领导评估标准不同所引起的，另一方面也说明，可能存在影响员工反生产行为的团队层面因素。然而，关于职场排斥的影响研究针对团队层面情境因素的探讨还十分稀少，且员工在组织中的反应与行为并非仅仅受到某个单方面因素的影响，可能很大程度上是个体特征和工作环境相互作用的产物（Mischel & Shoda，2008）。因此，对于团队情境层面的研究也非常值得关注。基于此，在子研究 3 中，我们将从团队视角出发，对团队因素对“职场排斥—情绪衰竭—反生产行为”这一路径的调节作用进行探讨。

## 第四节　职场排斥、情绪衰竭与员工反生产行为：团队任务互依性与团队规范的影响

### 一、研究目的

以往针对职场排斥的研究较少关注团队水平因素在职场排斥及其影响中所发挥的作用，然而，员工在组织中采取的行为在很大程度上是个体特征和工作环境相互作用的产物（Mischel & Shoda，2008），仅仅从员工个体方面进行探讨很有可能存在局限性。因此，在探究职场排斥与员工反生产行为之间的作用边界时，将团队水平因素考虑在其中则显得尤为重要。

基于子研究 1 的基本假设，子研究 3 结合相互依赖理论（Berscheid & Reis，1998）和计划行为理论（Ajzen，2001）将分别探讨团队的任务互依性和团队反生产行为规范对“职场排斥—情绪衰竭—反生产行为”这一中介效应的两个阶段的跨水平调节作用，以探究上述中介作用在团队水平影响因素作用下的变化。本子研究 3 共分为两个分研究，分研究 1（研究 3a）以三家制造业企业 52 个团队的 255 名员工为样本，探究团队任务互依性对“职场排斥—情绪衰竭—反生产行为”这一中介效应第一阶段的跨水平调节作用；分研究 2（研究 3b）则以某电车公司 36 个团队的 165 名员工为样本，在检验团队任务互依性的第一阶段调节作用的基础上，进一步探讨团队反生产行为规范在

“职场排斥—情绪衰竭—反生产行为”的第二阶段的跨水平调节作用。

## 二、理论背景与研究假设

由于已对“职场排斥—情绪衰竭—反生产行为”这一中介作用的逻辑假设进行了详细的论述，因此，在本节中不再赘述。本节主要探讨两个调节变量在其中的作用。

### （一）团队任务互依性的调节作用

根据资源保存理论，我们在子研究 1 和子研究 2 中已经发现，个体遭受职场排斥后由于引发有限资源的持续消耗，会导致其情绪衰竭。本节则在此结论的基础上，结合相互依赖理论，从团队层面出发，对团队任务互依性的调节作用进行了探究。任务互依性（Task Interdependence）是指为完成一项工作任务所需团队成员间密切配合、协调，共享资源、信息以及专业知识的程度（Cummings，1978），是影响团队合作的重要情境因素。Campion 等（1993）认为，团队之所以形成，正是由于这种互相依赖性、互依性，它对个体成员的工作态度、绩效、行为以及团队绩效均起到重要作用（Chen et al.，2009）。

相互依赖理论认为（Berscheid & Reis，1998），团队中的相互依赖意味着一个人的工作结果至少部分依赖于另一个人。这也就是说，员工仅仅依靠自己所拥有的资源是很难完成自身工作的，员工可能不得不依赖于其他同事所提供的专业知识、信息、能力等，并与团队成员在工作时间、流程、阶段性成果等方面进行紧密配合。因此，当个体处在任务互依性较高的团队情境下工作时，他必须要与同事进行频繁的接触、互动、协同与合作，以便顺利完成自身工作任务。那么，在这一情境下，当个体遭受到诸如职场排斥、攻击、无礼行为等消极的人际互动时，对个体心理所造成的危害影响则会更大（De-Leon，2001），这便可能导致其更强的情绪衰竭。一方面，子研究 1 的论述中已经指出，遭受职场排斥会导致个体获取必要信息和资源的社会联结减少，引发个体压力进而导致情绪衰竭，而当个体处于任务互依性较高的团队情境下时，团队成员之间需要在工作中共享的资源、信息也较多，个体必须依赖于同事来完成自身任务。这也就表明，同事所提供的资源对于个体完成自身工作任务更为重要。显然，在这一情境下，由于遭受职场排斥而引发的资源损失对个体的负面影响会被进一步扩大（Robinson，O’Reilly & Wang，

2013)，重要资源的减少，使得个体在工作中更容易感受到没有足够的资源用于应对日常工作，进而导致其情绪衰竭也进一步增强。因此，当在任务互依性较高的情境下时，个体遭受到职场排斥便会引发其更高程度的情绪衰竭。

另一方面，当个体所在团队的任务互依性较高时，为保证自身工作任务能够高效、顺利的完成，个体必须与同事之间进行频繁的互动与协作，这其中也包括要排斥其他一些同事。这也就导致在这一情境下，个体在工作过程中很难避开或远离那些对他们不友善或置之不理的同事（Kelloway & Day，2005)，从而使得职场排斥对个体心理层面的负面影响被进一步放大。另外，由于处于不得不依赖对方的情境之下，员工必须花费更多的资源与精力来应对与排斥者之间的相处问题，这本身也会加速个体有限资源的消耗，致使员工感受到更强的情绪衰竭。因此，综合来看，当任务互依性较高时，职场排斥这一消极的人际互动经历对个体情绪衰竭的负面影响会被进一步放大(Welbourne & Sariol，2016)。

与此相反，当团队任务互依性较低时，团队成员之间的工作相对独立，需要的同事支持资源也较少，个体不用依赖其他同事也能够独立完成自己的工作任务。在这一情境下，个体由于遭受职场排斥所损失的工作资源对于他完成自身工作任务来说相对没那么重要，而且他们也不需要非得去处理与团队中排斥者之间的关系，通过有意识地避开排斥者也同样能够完成自己的工作任务（Aubé et al.，2009)。此时，职场排斥与情绪衰竭之间的关系则会相对减弱。结合上述分析可见，相比于任务互依性较高的情况，个体处在任务互依性较低的情境下时，职场排斥对于个体情绪衰竭的正向影响相应地减弱了。

在相关的实证研究中，针对任务互依性的研究也发现了部分类似的结论。例如，Aubé 等（2009）发现，当任务互依性较高时，职场攻击这一消极的人际互动与员工的主观幸福感之间的负向关系会更强。Welbourne 和 Sariol（2016）的研究也发现，任务互依性会增强无礼对待与员工反生产行为之间的关系，任务互依性会放大领导与团队成员间关系的差异化所带来的消极后果，引发员工更强烈的不公平感。综上所述，我们认为，团队的任务互依性会放大职场排斥对情绪衰竭的正向作用，对二者间的关系起调节作用。据此，提出以下假设：

H5：团队的任务互依性对职场排斥与情绪衰竭之间的正向关系起调节作用。具体来说，相对于任务互依性较低的团队，在团队任务互依性较高的情况下，职场排斥对于个体情绪衰竭的正向作用更强。

结合子研究 1 的中介作用的研究假设，我们认为，团队的任务互依性对“职场排斥—情绪衰竭—反生产行为”之间的关系起调节作用，即这一中介效应会受到团队任务互依性的第一阶段跨水平的调节。由此，我们提出以下被调节的中介效应模型假设：

H6：团队任务互依性对“职场排斥—情绪衰竭—反生产行为”之间的中介效应有调节作用。具体来说，相对于任务互依性较低的团队，在任务互依性较高的团队中，情绪衰竭对职场排斥和员工反生产行为之间的中介作用更强。

H6a：团队任务互依性对“职场排斥—情绪衰竭—组织指向的反生产行为”之间的中介效应有调节作用。具体来说，相对于任务互依性较低的团队，在任务互依性较高的团队中，情绪衰竭对职场排斥和组织指向的反生产行为之间的中介作用更强。

H6b：团队任务互依性对“职场排斥—情绪衰竭—人际指向的反生产行为”之间的中介效应有调节作用。具体来说，相对于任务互依性较低的团队，在任务互依性较高的团队中，情绪衰竭对职场排斥和人际指向的反生产行为之间的中介作用更强。

### （二）团队反生产行为规范的调节作用

团队规范（Norms）是团队成员之间在长期集体工作或生活的过程中形成的约定俗成的，并且在团队中普遍实施的非正式规则，它是团队成员之间普遍认同且接受的共同的行为标准（Morrison，2006），并会对成员在团队中的行为产生重要的影响（Walsh et al.，2012）。具体到反生产行为来说，团队中形成的反生产行为规范（CWB Norms）则是团队中的成员对于反生产行为的共同认知，反映了在每个团队中，个体以其他同事作为参照标准，对于团队成员所采取反生产行为（Coworker-referent CWB）的频率为平均认知水平。团队的反生产行为规范越高，表明团队成员之间所形成的共同认知更倾向于认为反生产行为是普遍存在且可被接受的（Ju，Xu & Qin，2014）。

结合子研究 1 的论述与研究结果，情绪衰竭的员工更有可能采取反生产行为（Banks，Whelpley，Oh & Shin，2012），而反生产行为规范则表明了该团队中反生产行为被接受的程度。基于计划行为理论，个体的行为受到个体态度和感知到的团队行为规范的共同影响。因此，当团队把采取反生产行为作为一种共同的规范准则时（即反生产行为规范水平较高时），较高的反生产行为规范有可能会增强情绪衰竭与反生产行为之间的正向关系。一般来说，当个体遭受到职场排斥导致情绪衰竭时，情绪衰竭的员工往往更加倾向于采取团队所接受和鼓励的行为（Ju，Qin & Xu，2016）。如果此时团队中反生产行为规范较高，表明这个团队对于反生产行为这一行为并不重视，也未加禁止。在这种情况下，即使采取反生产行为也不太可能受到同事的反击或领导的责难，此时，遭受职场排斥而导致情绪衰竭的员工在进行剩余资源配置时，便更有可能忽视对自身反生产行为的控制，而更倾向于避免剩余资源的消耗（如怠工），或将剩余资源用于其他地方来减轻职场排斥所带来的压力。另外，在反生产行为规范较高的团队，成员们会拥有更多采取不同类型反生产行为的信息与方法，且在他们试图实施反生产行为时，同事还有可能协助或掩护他们，这也促使反生产行为的实施更为便利。因此，在团队反生产行为规范较高时，员工情绪衰竭与反生产行为之间的正向关系可能得到增强。

与此相反，当团队中反生产行为规范较低时，团队中可能更加鼓励和倡导员工认真、合规地完成岗位职责所规定的工作，禁止对组织或其他利益相关者造成危害。员工会感知到团队规范所传达出的“反生产行为不被团队所接受”这一信号。在这一情境下，如果采取反生产行为，便有可能导致对个体不利的结果（如获得领导更差的评价）。因此，情绪衰竭的员工在考虑采取何种方式保存剩余能量与资源时，由于反生产行为规范较低的团队不太容忍员工的反生产行为，此时对于员工来说，有意识地控制自身反生产行为这一点十分重要。他们在进行剩余资源分配时，会更倾向于采取其他降低能量、资源损耗的替代方式，而不会忽视对反生产行为的控制。因此，在团队反生产行为规范较低时，员工情绪衰竭与反生产行为之间的正向关系可能得到抑制。综上所述，我们提出以下假设：

H7：团队的反生产行为规范对情绪衰竭与员工反生产行为之间的正向关系起调节作用。具体来说，相对于反生产行为规范较低的团队，在团队反生产行为规范较高的情况下，情绪衰竭对员工反生产行为的正向作用更强。

H7a：团队的反生产行为规范对情绪衰竭与组织指向的反生产行为之间的正向关系起调节作用。具体来说，相对于反生产行为规范较低的团队，在团队反生产行为规范较高的情况下，情绪衰竭对组织指向的反生产行为的正向作用更强。

H7b：团队的反生产行为规范对情绪衰竭与人际指向的反生产行为之间的

正向关系起调节作用。具体来说，相对于反生产行为规范较低的团队，在团队反生产行为规范较高的情况下，情绪衰竭对人际指向的反生产行为的正向作用更强。

结合子研究 1 的中介作用的研究结果，我们认为，团队的反生产行为规范对“职场排斥—情绪衰竭—反生产行为”三者间的关系起调节作用，即这一中介效应会受到团队反生产行为规范的第二阶段的跨水平调节。由此，本研究提出以下被调节的中介效应模型假设：

H8：团队反生产行为规范对“职场排斥—情绪衰竭—反生产行为”之间的中介效应有调节作用。具体来说，相对于反生产行为规范较低的团队，在反生产行为规范较高的团队中，情绪衰竭对职场排斥和员工反生产行为之间的中介作用更强。

H8a：团队反生产行为规范对“职场排斥—情绪衰竭—组织指向的反生产行为”之间的中介效应有调节作用。具体来说，相对于反生产行为规范较低的团队，在反生产行为规范较高的团队中，情绪衰竭对职场排斥和组织指向的反生产行为之间的中介作用更强。

H8b：团队反生产行为规范对“职场排斥—情绪衰竭—人际指向的反生产行为”之间的中介效应有调节作用。具体来说，相对于反生产行为规范较低的团队，在反生产行为规范较高的团队中，情绪衰竭对职场排斥和人际指向的反生产行为之间的中介作用更强。

综上所述，子研究 3 的整体理论模型如图 4-7 所示。

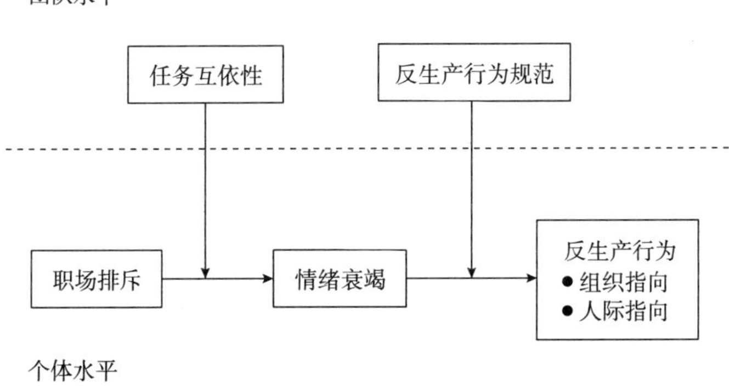


**图 4-7 子研究 3 理论模型**

## 三、分研究 1（研究 3a）的实验结果

### （一）研究方法

本分研究 1（研究 3a）采用问卷调查的方式进行数据收集。研究数据来自广州市三家制造业企业（一家为食品制造企业，两家为医药及医疗器械制造企业）的员工及其直接领导。研究者们在企业相关人员的协助下确定调查对象，分别对企业中财务、人力资源、安保、质量管理、信息管理、市场、生产、物流、仓储等多个部门的员工及其直接领导进行了问卷调查。为减少共同方法偏差的影响，本分研究采用多时间点领导与员工配对的方式获取数据。由员工自评完成自变量、中介变量、调节变量和人口统计学变量信息，其直接领导完成对该员工结果变量的评价。两次调查分开进行，前后时间间隔为 30 天。为保证被试的相关隐私，每份问卷均用信封装好，被试填答完成后将其密封，由研究者直接进行现场回收或由被试直接寄回给研究者。

本分研究共向三家企业 83 个团队的 535 名员工进行了问卷调查。首先，进行针对员工的调查（T1），由员工完成员工问卷，负责对职场排斥、情绪衰竭、任务互依性和相关人口统计学变量进行自评填答，共收回问卷 351 份，回收率为 65.61%。随后在 30 天后，向这 83 个团队的主管发送问卷进行针对领导的调查（T2），由主管对其直属下属的反生产行为进行评价，共收回领导问卷 73 份，回收率为 87.95%，剔除空白太多（缺失值超过 20%）、反应倾向过于一致的问卷后进行员工—领导问卷匹配，最终得到的有效配对样本包括 52 个团队、255 名员工，平均每个团队有 4.9 人，问卷总有效率为 72.65%。其中，包括男性 129 人（50.59%），女性 104 人（40.78%），另有 22 人（8.63%）未提及性别。员工平均年龄为 34.28 岁（SD=10.15），平均工作年限为 9.48 年（SD=10.36）。参与研究的被试以普通员工居多（213 人，83.53%），其中大部分具有高中及以上教育水平（224 人，87.84%）。研究 3a 样本的具体人口统计学特征如表 4-16 和表 4-17所示。

表 4-16 研究 3a 样本的性别、受教育程度、职位特征

| | 个体特征 | 样本数（人） | 百分比（%） |
|---|---|---|---|
| 性别 | 男 | 129 | 50.59 |
| | 女 | 104 | 40.78 |
| | 缺失值 | 22 | 8.63 |
| 受教育程度 | 初中及以下 | 17 | 6.67 |
| | 高中/中专 | 74 | 29.02 |
| | 大专 | 67 | 26.27 |
| | 本科 | 78 | 30.59 |
| | 硕士及以上 | 5 | 1.96 |
| | 缺失值 | 14 | 5.49 |
| 职位 | 普通员工 | 213 | 83.53 |
| | 基层管理者 | 34 | 13.33 |
| | 中层管理者 | 1 | 0.39 |
| | 高层管理者 | 0 | 0.00 |
| | 其他 | 1 | 0.39 |
| | 缺失值 | 6 | 2.36 |

注：N=255。

表 4-17 研究 3a 样本的年龄和工作年限分布特征

| | 极小值 | 极大值 | 均值 | 标准差 |
|---|---|---|---|---|
| 年龄（岁） | 18 | 59 | 34.28 | 10.15 |
| 工作年限（年） | 0.20 | 40 | 9.48 | 10.36 |

注：N=255。

## （二）研究工具

与子研究 1 保持一致，所涉及量表均采用李克特七分等级量表进行评价，1 代表“完全不同意”，7 代表“完全同意”。在本研究中，职场排斥、情绪

衰竭、反生产行为的测量工具均与子研究 1 中所用保持一致，因此不再赘述其来源。上述三个量表的信度系数分别如下：职场排斥（10 题）为 0.81，情绪衰竭（5 题）为 0.85，组织指向的反生产行为（5 题）和人际指向的反生产行为（5 题）的信度系数分别为 0.86 和 0.93，反生产行为量表整体的信度系数为 0.93。

对于任务互依性，本研究采用 Pearce 和 Gregersen（1991）所编制的任务互依性量表的五个条目，包括"工作中，我需要和团队的同事紧密协作""我必须经常协调自己和团队中其他成员的工作""我自己的工作表现取决于能否从其他成员那里获取正确信息"等题项。该量表的信度系数为 0.77。本研究将员工的性别、年龄、受教育程度、职位作为控制变量。其中，个体的性别采用虚拟变量进行处理，将男性设为"0"，女性设为"1"。年龄以岁数测量，由被试直接填写的方式获得。受教育程度分为五个等级进行测量，分别为：1=初中及以下，2=高中/中专，3=大专，4=本科，5=硕士及以上。职位测量为：1=普通员工，2=基层管理者，3=中层管理者，4=高层管理者。

1. 数据聚合恰当性检验

由于本研究涉及跨水平分析，任务互依性为团队层面员工间的任务互依程度，因此，需要检验员工个体自评测量的任务互依性聚合到团队层面的合理性。本分研究采用 $r_{wg}$、ICC（1）［Intra Class Correlation（1）］、ICC（2）［Intra Class Correlation（2）］三个指标进行检验。$r_{wg}$ 指标用于检验组内一致性（Within-group Agreement）（James, Demaree & Wolf, 1984）。在本分研究中，任务互依性的 $r_{wg}$ 的取值区间为［0.47, 1.00］，均值为 0.85，中位数为 0.89，大于 0.7 这一标准，表明聚合有足够的一致度。

ICC(1) 和 ICC(2) 则用于检验组间异质性（Bliese, 2000）。本分研究中，任务互依性的 ICC(1) = 0.14，大于 0.12 的聚合判断标准；ICC(2) = 0.46，小于标准要求的 0.7。但由于 ICC(2) 的取值与群体大小有关，而在组织研究中通常无法获得很大的群体样本，因此，多层次研究中 ICC(2) 通常会小于 0.7 这一标准。但有学者认为，如果聚合是获得理论支持且有较高的 $r_{wg}$ 以及显著的组间方差时，即使 ICC(2) 小于所要求的标准，聚合也是可行的。在本分研究中，任务互依性聚合到团队层次本身是具有理论意义的，并且具有较高的 $r_{wg}$，方差检验结果显示组间方差显著（$F(51, 203) = 1.74$, $p < 0.01$）。因此，总体来说，本研究将任务互依性的个体层次数据聚合到团队层

次是合理的。

2. 数据分析方法

本分研究统计分析采用 SPSS20.0 和 Mplus7 软件。首先，采用相关分析进行假设检验的初始测试；其次，采用验证性因子分析（CFA）进行模型比较，检验职场排斥、情绪衰竭、任务互依性和反生产行为这几个变量是否相互独立；最后，运用两层次路径分析方法进行假设检验。采取 Mplus 进行两层次路径分析方法，既可以将变量间关系的组内效应与组间效应有效地区分开来，又可以直接同时估计整体模型中所有变量之间的关系，统计功效更高，且参数估计质量更高。

## （三）研究结果及分析

1. 相关性分析

如表 4-18 所示，职场排斥与情绪衰竭之间呈正相关关系（$r=0.23$，$p<0.01$），与反生产行为的两个维度间也呈正相关关系（组织指向的反生产行为，$r=0.19$，$p<0.01$；人际指向的反生产行为，$r=0.20$，$p<0.01$）。情绪衰竭与反生产行为的两个维度间也呈正相关关系（组织指向的反生产行为，$r=0.17$，$p<0.01$；人际指向的反生产行为，$r=0.18$，$p<0.01$）。这一相关分析结果为后续模型检验提供了基础。

**表 4-18 研究 3a 各变量的均值、标准差及相关系数**

| 变量 | 1 | 2 | 3 | 4 | 5 | 6 | 7 | 8 | 9 |
|---|---|---|---|---|---|---|---|---|---|
| 性别[a] | 1 | | | | | | | | |
| 年龄 | -0.23** | 1 | | | | | | | |
| 受教育程度[b] | 0.20** | -0.55** | 1 | | | | | | |
| 职位[c] | -0.03 | 0.06 | -0.02 | 1 | | | | | |
| 职场排斥 | -0.08 | 0.26** | -0.08 | 0.03 | 1 | | | | |
| 情绪衰竭 | -0.05 | 0.05 | 0.04 | -0.04 | 0.23** | 1 | | | |
| 任务互依性[d] | -0.19** | 0.07 | -0.12 | 0.24** | -0.05 | -0.11 | | | |
| 组织指向的反生产行为 | -0.18** | 0.32** | -0.20** | -0.02 | 0.19** | 0.17** | -0.04 | 1 | |

续表

| 变量 | 1 | 2 | 3 | 4 | 5 | 6 | 7 | 8 | 9 |
|---|---|---|---|---|---|---|---|---|---|
| 人际指向的反生产行为 | -0.16** | 0.33** | -0.20** | -0.02 | 0.20** | 0.18** | -0.05 | 0.97** | 1 |
| 平均值（M） | 0.45 | 34.28 | 2.92 | 1.16 | 1.47 | 3.43 | 5.02 | 1.86 | 1.84 |
| 标准差（SD） | 0.48 | 10.15 | 0.97 | 0.43 | 0.47 | 1.26 | 0.49 | 0.54 | 0.53 |

注：N(individual) = 255，N(group) = 52；* $p<0.05$，** $p<0.01$。

[a]其中，1=女，0=男。

[b]其中，1=初中及以下，2=高中/中专，3=大专，4=本科，5=硕士及以上。

[c]其中，1=普通员工，2=基层管理者，3=中层管理者，4=高层管理者。

[d]任务互依性为团队层面变量。

2. 模型检验

在对研究假设进行检验之前，本子研究采用验证性因子分析进行模型比较，以确保模型中的变量具有较好的区分效度。本子研究对以下嵌套模型进行了比较：模型一（M1）为职场排斥、情绪衰竭、任务互依性、组织指向的反生产行为和人际指向的反生产行为分别独立的五因素模型；模型二（M2）为其他不变，将反生产行为的两个维度负载在一个因子上的四因素模型；模型三（M3）为在模型二基础上，将职场排斥、情绪衰竭负载在同一因子上的三因素模型；模型四（M4）为在模型三基础上，将职场排斥、情绪衰竭、任务互依性负载在同一个因子上的二因素模型；模型五（M5）为将所有变量负载在同一因子上的单因素模型。

与子研究 1、子研究 2 相同，本子研究仍然采用了 CFI、TLI、RMSEA 和 SRMR 这几个拟合指标来进行模型比较，具体结果如表 4-19 所示。由表 4-19 可知，将职场排斥、情绪衰竭、任务互依性、组织指向的反生产行为和人际指向的反生产行为分别独立的五因素模型 M1 拟合最优，拟合指标全部达到可接受水平；四因素模型的拟合指标也基本达到可接受水平，这与之前的研究结果也相似。其他模型则拟合较差，未达到可接受水平。因此，总体来说，本研究（研究 3a）所提出的研究模型（M1）较为合理，符合要求，即五因素模型的区分效度较好。

**表 4-19　研究 3a 模型比较结果**

| | $\chi^2$ | df | $\chi^2$/ df | CFI | TLI | RMSEA | SRMR |
|---|---|---|---|---|---|---|---|
| 五因素模型（M1） | 689. 72 | 392 | 1. 76 | 0. 92 | 0. 91 | 0. 05 | 0. 05 |
| 四因素模型（M2） | 738. 65 | 396 | 1. 86 | 0. 90 | 0. 89 | 0. 06 | 0. 06 |
| 三因素模型（M3） | 1104. 32 | 399 | 2. 77 | 0. 81 | 0. 79 | 0. 08 | 0. 09 |
| 二因素模型（M4） | 1381. 42 | 401 | 3. 44 | 0. 73 | 0. 71 | 0. 10 | 0. 10 |
| 单因素模型（M5） | 1970. 99 | 402 | 4. 90 | 0. 57 | 0. 53 | 0. 12 | 0. 15 |

3. 假设检验

本研究采用两层次路径分析方法进行整体模型检验，即检验团队任务互依性在“职场排斥—情绪衰竭—反生产行为”这一中介效应的第一阶段的跨水平调节作用，结果如表 4-20、表 4-21 和表 4-22 所示。

**表 4-20　研究 3a 情绪衰竭的中介效应检验**

| 变量 | 模型一 | | | | 模型二 | | | |
|---|---|---|---|---|---|---|---|---|
| | 第一阶段<br>情绪衰竭 | | 第二阶段<br>组织指向的反生产行为 | | 第一阶段<br>情绪衰竭 | | 第二阶段<br>人际指向的反生产行为 | |
| | 系数 | 标准误 | 系数 | 标准误 | 系数 | 标准误 | 系数 | 标准误 |
| 性别[a] | −0. 26 | 0. 22 | −0. 03 | 0. 05 | −0. 26 | 0. 22 | −0. 01 | 0. 04 |
| 年龄 | 0. 01 | 0. 01 | 0. 01 | 0. 01 | 0. 01 | 0. 01 | 0. 01 | 0. 03 |
| 受教育程度[b] | 0. 06 | 0. 12 | −0. 02 | 0. 03 | 0. 06 | 0. 12 | −0. 02 | 0. 03 |
| 职位[c] | −0. 20 | 0. 17 | −0. 04 | 0. 04 | −0. 20 | 0. 17 | −0. 04 | 0. 05 |
| 职场排斥 | 0. 54** | 0. 16 | 0. 06 | 0. 04 | 0. 54** | 0. 16 | 0. 05 | 0. 05 |
| 情绪衰竭 | | | 0. 05* | 0. 02 | | | 0. 05* | 0. 02 |
| 中介作用（a×b） | | | 0. 026* | 0. 01 | | | 0. 028* | 0. 01 |

注：N(individual) = 255，N(group) = 52；* $p<0.05$，** $p<0.01$。

[a]其中，1=女，0=男。

[b]其中，1=初中及以下，2=高中/中专，3=大专，4=本科，5=硕士及以上。

[c]其中，1=普通员工，2=基层管理者，3=中层管理者，4=高层管理者。

表 4-21 研究 3a 团队任务互依性的调节作用检验

| 变量 | 模型一 | | | | 模型二 | | | |
|---|---|---|---|---|---|---|---|---|
| | 第一阶段<br>情绪衰竭 | | 第二阶段<br>组织指向的反生产行为 | | 第一阶段<br>情绪衰竭 | | 第二阶段<br>人际指向的反生产行为 | |
| | 系数 | 标准误 | 系数 | 标准误 | 系数 | 标准误 | 系数 | 标准误 |
| Level-1 | | | | | | | | |
| 性别[a] | -0.35 | 0.23 | -0.03 | 0.05 | -0.35 | 0.23 | -0.01 | 0.05 |
| 年龄 | 0.01 | 0.01 | 0.01 | 0.01 | 0.01 | 0.01 | 0.01 | 0.01 |
| 受教育程度[b] | 0.06 | 0.11 | -0.02 | 0.03 | 0.06 | 0.11 | -0.02 | 0.03 |
| 职位[c] | -0.16 | 0.16 | -0.04 | 0.04 | -0.16 | 0.16 | -0.04 | 0.05 |
| 职场排斥 | 0.52$^{+}$ | 0.32 | 0.06 | 0.04 | 0.52$^{+}$ | 0.32 | 0.05 | 0.05 |
| 情绪衰竭 | | | 0.05$^{*}$ | 0.02 | | | 0.05$^{*}$ | 0.02 |
| Level-2 | | | | | | | | |
| 任务互依性[d] | -0.49 | 0.88 | | | -0.49 | 0.88 | | |
| 情绪衰竭×任务互依性[d] | 3.36$^{**}$ | 1.02 | | | 3.36$^{**}$ | 1.02 | | |

注：N(individual)= 255，N(group)= 52；$^{+}$p<0.10，$^{*}$p<0.05，$^{**}$p<0.01。

[a]其中，1=女，0=男。

[b]其中，1=初中及以下，2=高中/中专，3=大专，4=本科，5=硕士及以上。

[c]其中，1=普通员工，2=基层管理者，3=中层管理者，4=高层管理者。

[d]任务互依性为团队层面变量。

表 4-22 研究 3a 团队任务互依性对"职场排斥—情绪衰竭—反生产行为"被调节的中介效应检验

| 间接效应 | 调节变量 | 效应量 | 标准误 | 显著性(p) | 95%置信区间 | |
|---|---|---|---|---|---|---|
| | | | | | 下限 | 上限 |
| 职场排斥—情绪衰竭—组织指向的反生产行为 | 高任务互依性 | 0.078 | 0.038 | 0.038 | 0.004 | 0.152 |
| | 低任务互依性 | -0.035 | 0.020 | 0.080 | -0.073 | 0.004 |
| | 差异性 | 0.113 | 0.052 | 0.030 | 0.011 | 0.214 |
| 职场排斥—情绪衰竭—人际指向的反生产行为 | 高任务互依性 | 0.078 | 0.038 | 0.039 | 0.004 | 0.152 |
| | 低任务互依性 | -0.029 | 0.018 | 0.114 | -0.065 | 0.007 |
| | 差异性 | 0.107 | 0.049 | 0.029 | 0.011 | 0.203 |

本研究首先检验了情绪衰竭在职场排斥与反生产行为两个维度间的中介作用，检验结果如表 4-20 所示。根据表 4-20 的结果可知，职场排斥对个体的情绪衰竭有显著的正向影响（$\gamma=0.54$，$p<0.01$），而情绪衰竭对其组织指向的反生产行为（$\gamma=0.05$，$p<0.05$）和人际指向的反生产行为（$\gamma=0.05$，$p<0.05$）分别存在显著的正向影响。且在控制了情绪衰竭后，职场排斥对反生产行为的两个维度的直接作用不显著（组织指向，$\gamma=0.06$，n. s.；人际指向，$\gamma=0.05$，n. s.）。中介效应的检验结果显示，情绪衰竭在职场排斥和组织指向的反生产行为之间的中介作用量为 $z=0.026$（$p<0.05$），95%置信区间为［0.002，0.049］，在职场排斥和人际指向的反生产行为之间的中介作用量为 $z=0.028$（$p<0.05$），95%置信区间为［0.003，0.053］，置信区间都不包括 0，表明情绪衰竭的中介作用都显著，这也与子研究 1、子研究 2 的实证检验结果类似。

表 4-21 所示则是对团队任务互依性的跨水平调节效应进行全模型检验的结果。模型一是结果变量为组织指向的反生产行为时的检验结果，模型二是结果变量为人际指向的反生产行为时的检验结果。根据表 4-21 的结果可知，加入团队层面的任务互依性进行考虑之后，职场排斥对情绪衰竭的正向作用呈边际显著（$\gamma=0.52$，$p<0.1$），情绪衰竭对个体反生产行为的两个维度依然有显著正向影响（组织指向，$\gamma=0.05$，$p<0.05$；人际指向，$\gamma=0.05$，$p<0.05$），团队层面的任务互依性对个体层面的职场排斥和情绪衰竭之间的随机斜率有显著的正向影响（$\gamma=3.36$，$p<0.01$），即团队任务互依性对职场排斥和个体情绪衰竭间的正向关系起跨水平调节作用，假设 H5 得到验证。图 4-8 所示为假设模型的路径系数估计结果。

为更加直观地表现团队任务互依性的调节作用，本研究以调节变量的均值加减一个标准差作为分组标准，分别对高水平团队任务互依性和低水平团队任务互依性时，职场排斥与个体情绪衰竭的关系进行了描绘，具体如图 4-9 所示。可以发现，当个体处于任务互依性较高的团队时，职场排斥的增加会导致个体情绪衰竭的显著增加，而在团队任务互依性较低的情境下，职场排斥与个体情绪衰竭间的关系则不显著。也就是说，较高水平的团队任务互依性会放大职场排斥对个体情绪衰竭的正向作用。

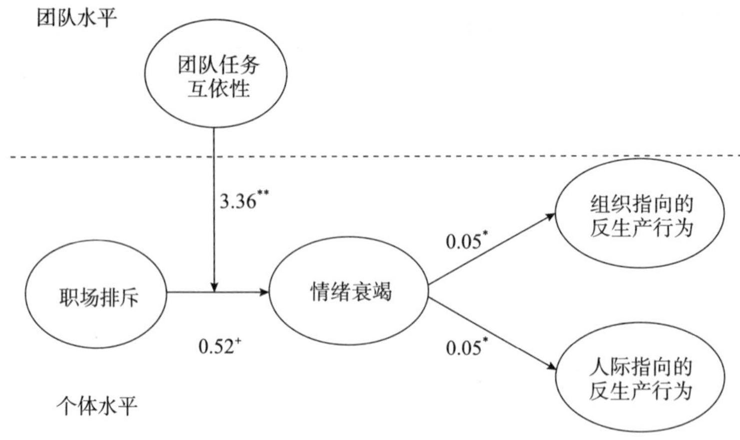


**图 4-8　研究 3a 假设模型的路径系数估计结果**

注：出于简洁考虑，图中没有把控制变量的影响效应列出；+ p<0.10，* p<0.05，** p<0.01。

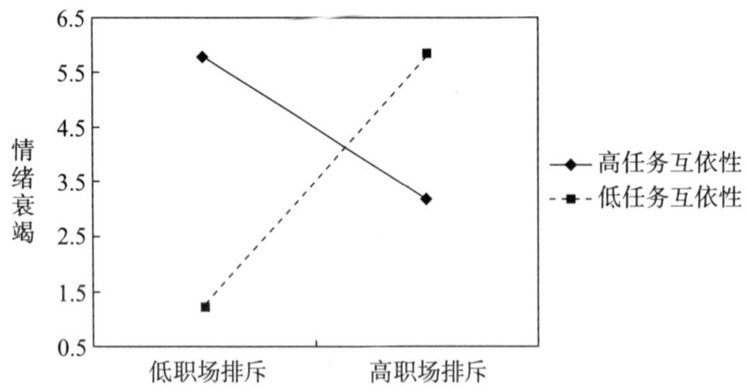


**图 4-9　研究 3a 团队任务互依性对职场排斥和情绪衰竭的调节作用**

本研究更进一步检验了团队任务互依性对“职场排斥—情绪衰竭—反生产行为”这一中介效应的调节作用，具体结果如表 4-22 所示。由表 4-22 可知，团队层面的任务互依性会调节情绪衰竭在职场排斥和个体反生产行为之间的中介效应。具体来说，在团队任务互依性较高时，职场排斥会引发个体情绪衰竭的显著增强，进而导致组织指向和人际指向的反生产行为增加。此时，“职场排斥—情绪衰竭—组织指向的反生产行为”间的中介效应作用量为 z = 0.078（p< 0.05），95%置信区间为［0.004，0.152］，不包括 0，该中介

效应显著；类似地，“职场排斥—情绪衰竭—人际指向的反生产行为”之间的中介效应作用量也为 z=0.078（$p< 0.05$），95%置信区间为［0.004，0.152］，这一中介效应也显著。而在团队任务互依性较低的情况下，职场排斥对于个体情绪衰竭的影响则较弱，进而对于反生产行为的影响也不大，从而导致上述中介效应不再显著。具体来看，在团队任务互依性较低的情境下，“职场排斥—情绪衰竭—组织指向的反生产行为”之间的中介效应作用量为 z=-0.035（n.s.），95%置信区间为［-0.073，0.004］，“职场排斥—情绪衰竭—人际指向的反生产行为”之间的中介效应作用量为 z=-0.029（n.s.），95%置信区间为［-0.065，0.007］，都包括 0，两个中介效应都不再显著。另外，结果显示，在任务互依性较高与较低这两种情境下的中介效应量的差异也显著（组织指向的反生产行为，z=0.113，$p<0.05$，95%置信区间为［0.011，0.214］；人际指向的反生产行为：z = 0.107，$p < 0.05$，95%置信区间为［0.011，0.203］），假设 6a 和假设 6b 得到验证。

## 四、分研究 2（研究 3b）的实验结果

### （一）研究方法

研究 3b 采用问卷调查的方式进行数据收集。研究数据来自广州市一家电车公司的非一线员工及其直接领导。研究者在企业相关人员的协助下确定调查对象，分别对企业中财务、人力资源、纪检、安全服务、技术检验、营运、后勤等多个部门的员工及其直接领导进行了问卷调查。为减少共同方法偏差（Common Method Variance，CMV）的影响，本分研究采用多源、多时间点领导与员工配对的方式获取数据。由员工自评完成自变量、中介变量、调节变量和人口统计学变量信息，其直接领导完成对该员工结果变量的评价。两次调查分开进行，前后时间间隔为 30 天。为保证被试的相关隐私，每份问卷均用信封装好，被试填答完成后将其密封，由研究者直接进行现场回收或由被试直接寄回给研究者。

本分研究共向该企业全部 36 个团队的 179 名员工进行了问卷调查。首先进行针对员工的调查（T1），由员工完成员工问卷，负责对职场排斥、情绪衰竭、任务互依性、反生产行为规范和相关人口统计学变量进行自评填答，共收回问卷 170 份，回收率为 94.97%。随后 30 天，向这个团队的主管发送问卷进行针对领导的调查（T2），由主管对其直接下属的反生产行为进行评价，

36 位领导全部完成了问卷。剔除空白太多（缺失值超过 20%）、反应倾向过于一致的 5 份问卷后进行员工—领导问卷匹配，最终得到的有效配对样本包括 36 个团队、165 名员工，平均每个团队有 4.58 人，问卷总有效率为 97.06%。其中，包括男性 88 人（53.33%），女性 53 人（32.12%），另有 24 人（14.55%）未提及性别。员工平均年龄为 36.67 岁（SD=9.38），平均工作年限为 11.83 年（SD=8.52）。参与研究的被试主要由普通员工（85 人，51.52%）和基层管理者（70 人，42.42%）组成，其中大部分被试具有大学本科学历（117 人，70.91%）。研究样本的具体人口统计学特征如表 4-23 和表 4-24 所示。

**表 4-23 研究 3b 样本的性别、受教育程度、职位特征**

| | 个体特征 | 样本数（人） | 百分比（%） |
|---|---|---|---|
| 性别 | 男 | 88 | 53.33 |
| | 女 | 53 | 32.12 |
| | 缺失值 | 24 | 14.55 |
| 受教育程度 | 初中及以下 | 0 | 0.00 |
| | 高中/中专 | 9 | 5.45 |
| | 大专 | 30 | 18.18 |
| | 本科 | 117 | 70.91 |
| | 硕士及以上 | 4 | 2.42 |
| | 缺失值 | 5 | 3.04 |
| 职位 | 普通员工 | 85 | 51.52 |
| | 基层管理者 | 70 | 42.42 |
| | 中层管理者 | 2 | 1.22 |
| | 高层管理者 | 0 | 0.00 |
| | 其他 | 4 | 2.42 |
| | 缺失值 | 4 | 2.42 |

注：N=165。

表 4-24 研究 3b 样本的年龄和工作年限分布特征

| | 极小值 | 极大值 | 均值 | 标准差 |
|---|---|---|---|---|
| 年龄（岁） | 22 | 60 | 36.67 | 9.38 |
| 工作年限（年） | 0.08 | 35.67 | 11.83 | 8.52 |

注：N=165。

### （二）研究工具

在本分研究中，职场排斥、情绪衰竭、任务互依性、反生产行为以及控制变量的测量方式均与研究 3a 中所用保持一致，因此不再赘述。上述量表的信度系数分别如下：职场排斥（10 题）为 0.92，情绪衰竭（5 题）为 0.92，任务互依性（5 题）为 0.85，组织指向的反生产行为（5 题）和人际指向的反生产行为（5 题）的信度系数分别为 0.8 和 0.88，反生产行为量表整体的信度系数为 0.91。

对于反生产行为规范的测量，本研究参考了团队规范一般的测量方式（Ju，Qin & Xu，2016），将反生产行为量表的各题项改编成以同事作为参考的角度来进行评估。如将反生产行为量表的题项改为“你所在团队的同事故意浪费公家物品的频率如何”“团队同事羞辱别人工作表现的频率如何”等，采用李克特七分等级量表进行频率评价，1 代表“从不这样”，7 代表“总是这样”。该量表的信度系数为 0.95。

1. 数据聚合恰当性检验

由于本分研究中，任务互依性和反生产行为规范均为团队层面的变量，因此，需要检验员工个体自评测量的任务互依性和反生产行为规范聚合到团队层面的合理性。与研究 3a 相同，本文采用 $r_{wg}$、ICC（1）［Intra Class Correlation（1）］、ICC（2）［Intra Class Correlation（2）］三个指标进行检验。

研究结果显示，任务互依性的 $r_{wg}$ 的取值区间为［0.44，1.00］，均值为 0.83，中位数为 0.85，大于 0.7 这一标准，表明聚合有足够的一致度。任务互依性的 ICC(1)= 0.14，大于 0.12 的聚合判断标准；ICC(2)= 0.48，小于标准要求的 0.7。反生产行为规范的 $r_{wg}$ 的取值区间为［0.37，1.00］，均值为 0.89，中位数为 0.96，大于 0.7 的标准，表明聚合有足够的一致度。反生产行为规范的 ICC(1)= 0.14，大于 0.12 的聚合判断标准。ICC(2)= 0.48，也小于标准要求的 0.7。但由于 ICC(2) 的取值与群体大小有关，而在组织研究中

通常无法获得很大的群体样本，因此，多层次研究中ICC(2)通常会小于0.7这一标准。但如果聚合是获得理论支持且有较高的 $r_{wg}$ 以及显著的组间方差时，即使ICC(2)小于所要求的标准，聚合也是可行的。在本分研究中，任务互依性聚合到团队层次本身是具有理论意义的，并且具有较高的 $r_{wg}$，方差检验结果显示组间方差显著（$F(35, 129)=1.915$，$p<0.01$）；类似地，反生产行为规范在团队层面反映的是整个团队中的成员们对于反生产行为所形成的一种潜在共识和默认行为准则，具有理论意义，方差检验结果也显示组间方差显著（$F(35, 129)=1.917$，$p<0.01$）。因此，总体来说，本分研究将任务互依性和反生产行为规范的个体层次数据聚合到团队层次是合理的。

2. 数据分析方法

与研究3a相同，本研究也采用两层次路径分析方法进行数据分析，由于前文已经进行过相关说明，此处不再赘述。

### （三）研究结果分析

1. 相关性分析

如表4-25所示，职场排斥与情绪衰竭之间呈显著正相关关系（$r=0.39$，$p<0.01$），情绪衰竭与反生产行为的两个维度间也呈显著正相关关系（组织指向的反生产行为；$r=0.22$，$p<0.01$；人际指向的反生产行为，$r=0.18$，$p<0.05$）。这一相关分析结果为后续模型检验提供了基础。

**表4-25 研究3b各变量的均值、标准差及相关系数**

| 变量 | 1 | 2 | 3 | 4 | 5 | 6 | 7 | 8 | 9 | 10 |
|---|---|---|---|---|---|---|---|---|---|---|
| 性别[a] | 1 | | | | | | | | | |
| 年龄 | -0.20** | 1 | | | | | | | | |
| 受教育程度[b] | 0.21** | -0.44** | 1 | | | | | | | |
| 职位[c] | -0.08 | 0.04 | 0.04 | 1 | | | | | | |
| 职场排斥 | -0.16* | 0.15 | -0.17* | -0.03 | 1 | | | | | |
| 情绪衰竭 | 0.05 | -0.02 | -0.05 | -0.06 | 0.39** | 1 | | | | |
| 组织指向的反生产行为 | -0.04 | 0.16* | -0.25** | -0.06 | 0.22** | 0.22** | 1 | | | |

续表

| 变量 | 1 | 2 | 3 | 4 | 5 | 6 | 7 | 8 | 9 | 10 |
|---|---|---|---|---|---|---|---|---|---|---|
| 人际指向的反生产行为 | 0.03 | 0.12 | −0.23** | −0.09 | 0.05 | 0.18* | 0.81** | 1 | | |
| 任务互依性[d] | −0.10 | −0.07 | −0.02 | 0.02 | −0.20** | −0.23** | −0.27** | −0.17* | 1 | |
| 反生产行为规范[d] | −0.02 | 0.13 | −0.07 | 0.03 | 0.45** | 0.28** | 0.15 | 0.03 | −0.38 | 1 |
| 平均值（M） | 0.38 | 36.67 | 3.73 | 1.56 | 1.67 | 3.27 | 1.97 | 1.90 | 5.04 | 1.51 |
| 标准差（SD） | 0.45 | 9.38 | 0.59 | 0.75 | 0.67 | 1.22 | 0.63 | 0.64 | 0.57 | 0.42 |

注：N（individual）= 165，N（group）= 36；* $p<0.05$，** $p<0.01$。

[a]其中，1=女，0=男。

[b]其中，1=初中及以下，2=高中/中专，3=大专，4=本科，5=硕士及以上。

[c]其中，1=普通员工，2=基层管理者，3=中层管理者，4=高层管理者。

[d]任务互依性与反生产行为规范为团队层面变量。

2. 模型检验

在对研究假设进行检验之前，本分研究采用验证性因子分析进行模型比较，以确保模型中的变量具有较好的区分效度。本分研究对以下嵌套模型进行了比较：模型一（M1）为职场排斥、情绪衰竭、任务互依性、反生产行为规范、组织指向的反生产行为和人际指向的反生产行为分别独立的六因素模型；模型二（M2）为其他不变，将反生产行为的两个维度负载在一个因子上的五因素模型；模型三（M3）为在模型二基础上，将职场排斥、情绪衰竭负载在同一因子上的四因素模型；模型四（M4）为在模型三基础上，将职场排斥、情绪衰竭、任务互依性负载在同一个因子上的三因素模型；模型五（M5）为在模型四基础上，将职场排斥、情绪衰竭、任务互依性和反生产行为规范负载在同一因子上的二因素模型；模型六（M6）为将所有变量负载在同一因子上的单因素模型。

本分研究仍然采用了 CFI、TLI、RMSEA 和 SRMR 这几个拟合指标来进行模型比较，具体结果如表 4-26 所示。由表 4-26 可知，将职场排斥、情绪衰竭、任务互依性、反生产行为规范、组织指向的反生产行为和人际指向的反生产行为分别独立的六因素模型拟合最优，拟合指标全部达到可接受水平；

五因素模型的拟合指标也基本达到可接受水平，这与之前的研究结果也相似。其他模型则拟合较差，未达到可接受水平。因此，总体来说，本研究（研究3b）所提出的研究模型（M1）较为合理、符合要求，即六因素模型的区分效度较好。

表 4-26　研究 3b 模型比较结果

| | $\chi^2$ | df | $\chi^2$/ df | CFI | TLI | RMSEA | SRMR |
|---|---|---|---|---|---|---|---|
| 六因素模型（M1） | 1172.83 | 713 | 1.64 | 0.91 | 0.90 | 0.06 | 0.07 |
| 五因素模型（M2） | 1195.14 | 718 | 1.66 | 0.90 | 0.89 | 0.06 | 0.07 |
| 四因素模型（M3） | 1507.98 | 722 | 2.09 | 0.84 | 0.83 | 0.08 | 0.09 |
| 三因素模型（M4） | 1759.30 | 725 | 2.43 | 0.79 | 0.78 | 0.09 | 0.10 |
| 二因素模型（M5） | 2114.31 | 727 | 2.91 | 0.72 | 0.70 | 0.11 | 0.11 |
| 单因素模型（M6） | 2887.93 | 728 | 3.97 | 0.57 | 0.54 | 0.13 | 0.16 |

3. 假设检验

本分研究分别检验了团队任务互依性和团队反生产行为规范在“职场排斥—情绪衰竭—反生产行为”这一中介作用的第一阶段和第二阶段的跨水平调节作用，结果如表 4-27 和表 4-28 所示。

表 4-27　研究 3b 情绪衰竭的中介效应检验

| 变量 | 模型一 | | | | 模型二 | | | |
|---|---|---|---|---|---|---|---|---|
| | 第一阶段<br>情绪衰竭 | | 第二阶段<br>组织指向的反生产行为 | | 第一阶段<br>情绪衰竭 | | 第二阶段<br>人际指向的反生产行为 | |
| | 系数 | 标准误 | 系数 | 标准误 | 系数 | 标准误 | 系数 | 标准误 |
| 性别[a] | 0.18 | 0.21 | 0.05 | 0.07 | 0.18 | 0.21 | 0.09 | 0.07 |
| 年龄 | -0.01 | 0.01 | 0.01 | 0.01 | -0.01 | 0.01 | 0.01 | 0.01 |
| 教育程度[b] | -0.09 | 0.16 | -0.22** | 0.08 | -0.09 | 0.16 | -0.19* | 0.09 |
| 职位[c] | -0.06 | 0.13 | -0.03 | 0.04 | -0.06 | 0.13 | -0.09+ | 0.05 |
| 职场排斥 | 0.62** | 0.12 | 0.12 | 0.08 | 0.62** | 0.12 | -0.02 | 0.07 |

续表

| 变量 | 模型一 | | | | 模型二 | | | |
|---|---|---|---|---|---|---|---|---|
| | 第一阶段 情绪衰竭 | | 第二阶段 组织指向的反生产行为 | | 第一阶段 情绪衰竭 | | 第二阶段 人际指向的反生产行为 | |
| | 系数 | 标准误 | 系数 | 标准误 | 系数 | 标准误 | 系数 | 标准误 |
| 情绪衰竭 | | | 0.09* | 0.04 | | | 0.10* | 0.04 |
| 中介作用（a×b） | | | 0.054* | 0.027 | | | 0.060* | 0.030 |

注：N(individual)= 165，N(group)= 36；+p<0.10，*p<0.05，**p<0.01。

[a]其中，1=女，0=男。

[b]其中，1=初中及以下，2=高中/中专，3=大专，4=本科，5=硕士及以上。

[c]其中，1=普通员工，2=基层管理者，3=中层管理者，4=高层管理者。

**表 4-28 研究 3b 团队任务互依性的调节作用**

| 变量 | 模型一 | | | | 模型二 | | | |
|---|---|---|---|---|---|---|---|---|
| | 第一阶段 情绪衰竭 | | 第二阶段 组织指向的反生产行为 | | 第一阶段 情绪衰竭 | | 第二阶段 人际指向的反生产行为 | |
| | 系数 | 标准误 | 系数 | 标准误 | 系数 | 标准误 | 系数 | 标准误 |
| Level-1 | | | | | | | | |
| 性别[a] | 0.12 | 0.17 | 0.05 | 0.07 | 0.12 | 0.17 | 0.09 | 0.04 |
| 年龄 | -0.01 | 0.01 | 0.01 | 0.01 | -0.01 | 0.01 | 0.01 | 0.01 |
| 受教育程度[b] | -0.03 | 0.16 | -0.22** | 0.08 | -0.03 | 0.16 | -0.18* | 0.09 |
| 职位[c] | -0.06 | 0.12 | -0.03 | 0.04 | -0.06 | 0.12 | -0.09+ | 0.05 |
| 职场排斥 | 0.66** | 0.18 | 0.13 | 0.07 | 0.66** | 0.18 | -0.01 | 0.06 |
| 情绪衰竭 | | | 0.07* | 0.04 | | | 0.09* | 0.04 |
| Level-2 | | | | | | | | |
| 任务互依性[d] | -0.46+ | 0.24 | | | -0.46+ | 0.24 | | |
| 情绪衰竭×任务互依性[d] | 1.34** | 0.44 | | | 1.34** | 0.44 | | |

注：N(individual)= 165，N(group)= 36；+p<0.10，*p<0.05，**p<0.01。

[a]其中，1=女，0=男。

[b]其中，1=初中及以下，2=高中/中专，3=大专，4=本科，5=硕士及以上。

[c]其中，1=普通员工，2=基层管理者，3=中层管理者，4=高层管理者。

[d]任务互依性为团队层面变量。

(1) 团队任务互依性的调节作用。与研究 3a 相同，本研究首先检验了情绪衰竭在职场排斥与反生产行为两个维度间的中介作用，检验结果如表 4-27所示。根据表 4-27 的结果可知，职场排斥对个体的情绪衰竭有显著的正向影响（$\gamma=0.62$，$p<0.01$），而情绪衰竭对其组织指向的反生产行为（$\gamma=0.09$，$p<0.05$）和人际指向的反生产行为（$\gamma=0.1$，$p<0.05$）分别存在显著的正向影响。且在控制了情绪衰竭后，职场排斥对反生产行为的两个维度的直接作用不显著（组织指向，$\gamma=0.12$，n. s.；人际指向，$\gamma=-0.02$，n. s.）。中介效应的检验结果显示，情绪衰竭在职场排斥和组织指向的反生产行为间的中介作用量为 $z=0.054$（$p<0.05$），95%置信区间为［0.001，0.107］，在职场排斥和人际指向的反生产行为间的中介作用量为 $z=0.06$（$p<0.05$），95%置信区间为［0.003，0.118］，置信区间都不包括 0，表明情绪衰竭的中介作用显著。

表 4-28 所示则是对团队任务互依性的跨水平调节效应进行全模型检验的结果。模型一是结果变量为组织指向的反生产行为时的检验结果，模型二是结果变量为人际指向的反生产行为时的检验结果。根据表 4-28 的结果可知，加入团队层面的任务互依性进行考虑之后，全模型分析结果显示，职场排斥对情绪衰竭的正向作用显著（$\gamma=0.66$，$p<0.01$），情绪衰竭对个体反生产行为的两个维度也依然有显著的正向影响（组织指向，$\gamma=0.07$，$p<0.05$；人际指向，$\gamma=0.09$，$p<0.05$），团队层面的任务互依性对个体层面的职场排斥和情绪衰竭之间的随机斜率有显著的正向影响（$\gamma=1.34$，$p<0.01$），即团队任务互依性对职场排斥和个体情绪衰竭间的正向关系起跨水平调节作用，假设 H5 在另一个样本中也得到了验证。图 4-10 所示为研究 3b 的假设模型路径系数估计结果。

为更加直观地表现团队任务互依性的调节作用，本研究以调节变量的均值加减一个标准差作为分组标准，分别对高水平团队任务互依性和低水平团队任务互依性时，职场排斥与个体情绪衰竭的关系进行了描绘，具体如图 4-11 所示。可以发现，当个体处于任务互依性较高的团队时，职场排斥的增加会导致个体情绪衰竭的显著增加，而在团队任务互依性较低的情境下，职场排斥与个体情绪衰竭间的关系则不显著。也就是说，高水平的团队任务互依性放大了职场排斥对个体情绪衰竭的正向作用。

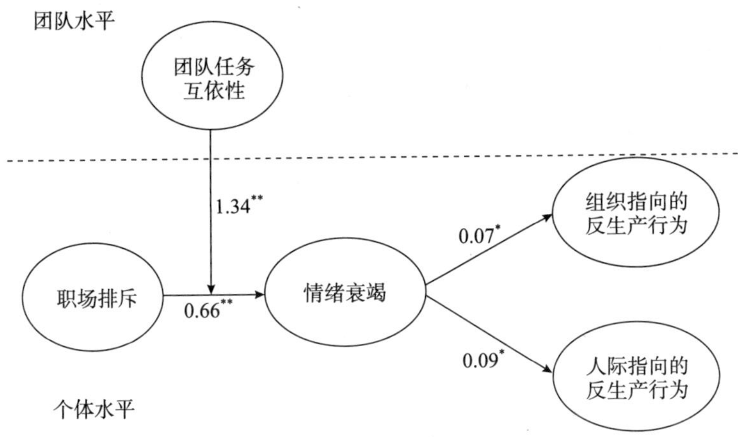


**图 4-10　研究 3b 假设模型的路径系数估计结果**

注：出于简洁考虑，图中没有把控制变量的影响效应列出；* p<0. 05，** p<0. 01。

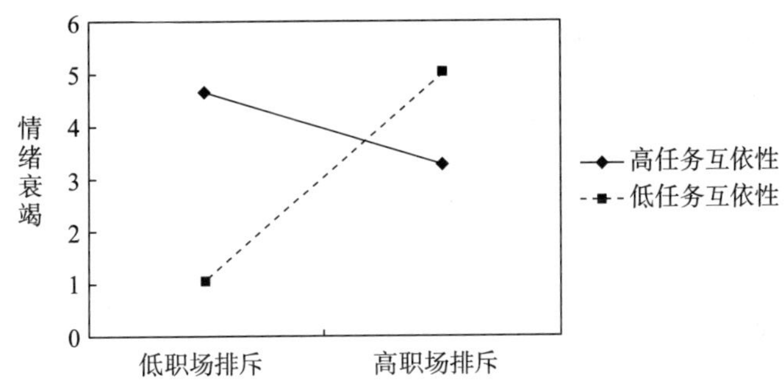


**图 4-11　研究 3b 团队任务互依性对职场排斥和情绪衰竭的调节作用**

随后，本研究更进一步检验了两层次的被调节的中介效应模型。表 4-29 显示了团队层面的任务互依性对“职场排斥—情绪衰竭—反生产行为”这一中介效应第一阶段的调节作用。由表 4-29 可知，团队层面的任务互依性会调节情绪衰竭在职场排斥和个体反生产行为之间的中介效应。具体来说，在团队任务互依性较高时，职场排斥会引发个体情绪衰竭的显著增强，进而导致组织指向和人际指向的反生产行为随之增加。此时，“职场排斥—情绪衰竭—组织指向的反生产行为”之间的中介效应作用量为 z=0. 105（p<0. 05），95%置信区间为［0. 006，0. 204］，不包括 0；类似地，“职场排斥—情绪衰竭—人际

指向的反生产行为”间的中介效应作用量为 z=0.124（p<0.05），95%置信区间为［0.005，0.243］，也不包括 0，两个中介效应均显著。而在团队任务互依性较低的情况下，职场排斥对于个体情绪衰竭的影响则较弱，进而对反生产行为的影响也不大，从而导致这一间接效应不再显著。具体来说，在任务互依性较低的团队，“职场排斥—情绪衰竭—组织指向的反生产行为”之间的中介效应作用量为 z=−0.007（n.s.），95%置信区间为［−0.038，0.023］，“职场排斥—情绪衰竭—人际指向的反生产行为”之间的中介效应作用量为 z=−0.009（n.s.），95%置信区间为［−0.045，0.028］，都包括 0，两个中介作用都不再显著。另外，结果显示，在任务互依性较高与较低两种情境下，上述中介效应量的差异显著（组织指向的反生产行为，z=0.112，p<0.05，95%置信区间为［0.005，0.220］；人际指向的反生产行为，z=0.133，p<0.05，95%置信区间为［0.002，0.263］），假设 6a 和假设 6b 在本研究样本中也得到了验证。

**表 4-29 研究 3b 团队任务互依性对“职场排斥—情绪衰竭—反生产行为”被调节的中介效应检验**

| 间接效应 | 调节变量 | 效应量 | 标准误 | 显著性（p） | 95%置信区间 | |
|---|---|---|---|---|---|---|
| | | | | | 下限 | 上限 |
| 职场排斥—情绪衰竭—组织指向的反生产行为 | 高任务互依性 | 0.105 | 0.051 | 0.038 | 0.006 | 0.204 |
| | 低任务互依性 | −0.007 | 0.016 | 0.632 | −0.038 | 0.023 |
| | 差异性 | 0.112 | 0.055 | 0.041 | 0.005 | 0.220 |
| 职场排斥—情绪衰竭—人际指向的反生产行为 | 高任务互依性 | 0.124 | 0.061 | 0.042 | 0.005 | 0.243 |
| | 低任务互依性 | −0.009 | 0.019 | 0.636 | −0.045 | 0.028 |
| | 差异性 | 0.133 | 0.067 | 0.047 | 0.002 | 0.263 |

（2）团队反生产行为规范的调节作用。采用相同的分析方法，本研究进一步检验了团队反生产行为规范在“职场排斥—情绪衰竭—反生产行为”间第二阶段的跨水平调节作用，研究结果如表 4-30 和表 4-31 所示。

表 4-30 所示是调节变量为团队反生产行为规范、结果变量为组织指向的反生产行为时的模型检验结果。可以看出，职场排斥对情绪衰竭有显著的正向影响（γ=0.62，p<0.01），个体的情绪衰竭则对组织指向的反生产行为有显

**表 4-30　研究 3b 团队反生产行为规范对“职场排斥—情绪衰竭—组织指向的反生产行为”的调节作用**

| 变量 | 模型一 | | | | 模型二 | | | |
|---|---|---|---|---|---|---|---|---|
| | 第一阶段 情绪衰竭 | | 第二阶段 组织指向的反生产行为 | | 第一阶段 情绪衰竭 | | 第二阶段 人际指向的反生产行为 | |
| | 系数 | 标准误 | 系数 | 标准误 | 系数 | 标准误 | 系数 | 标准误 |
| 性别[a] | 0.18 | 0.21 | 0.05 | 0.07 | 0.18 | 0.21 | 0.04 | 0.07 |
| 年龄 | -0.01 | 0.01 | 0.01 | 0.01 | -0.01 | 0.01 | 0.01 | 0.01 |
| 受教育程度[b] | -0.09 | 0.16 | -0.22** | 0.08 | -0.09 | 0.16 | -0.21* | 0.08 |
| 职位[c] | -0.06 | 0.13 | -0.03 | 0.04 | -0.06 | 0.13 | -0.04 | 0.04 |
| 职场排斥 | 0.62** | 0.12 | 0.12 | 0.08 | 0.62** | 0.12 | 0.12 | 0.08 |
| 情绪衰竭 | | | 0.09* | 0.04 | | | 0.08* | 0.04 |
| 反生产行为规范[d] | | | | | | | 0.38** | 0.03 |
| 情绪衰竭×反生产行为规范 | | | | | | | -0.01 | 0.09 |

注：N(individual) = 165，N(group) = 36；* $p<0.05$，** $p<0.01$。

[a]其中，1=女，0=男。

[b]其中，1=初中及以下，2=高中/中专，3=大专，4=本科，5=硕士及以上。

[c]其中，1=普通员工，2=基层管理者，3=中层管理者，4=高层管理者。

[d]反生产行为规范为团队层面变量。

**表 4-31　研究 3b 团队反生产行为规范对“职场排斥—情绪衰竭—人际指向的反生产行为”的调节作用**

| 变量 | 模型一 | | | | 模型二 | | | |
|---|---|---|---|---|---|---|---|---|
| | 第一阶段 情绪衰竭 | | 第二阶段 组织指向的反生产行为 | | 第一阶段 情绪衰竭 | | 第二阶段 人际指向的反生产行为 | |
| | 系数 | 标准误 | 系数 | 标准误 | 系数 | 标准误 | 系数 | 标准误 |
| 性别[a] | 0.18 | 0.21 | 0.09 | 0.07 | 0.18 | 0.21 | 0.09 | 0.06 |
| 年龄 | -0.01 | 0.01 | 0.01 | 0.01 | -0.01 | 0.01 | 0.01 | 0.01 |
| 受教育程度[b] | -0.09 | 0.16 | -0.19* | 0.09 | -0.09 | 0.16 | -0.18* | 0.09 |
| 职位[c] | -0.06 | 0.13 | -0.09* | 0.05 | -0.06 | 0.13 | -0.10* | 0.05 |

续表

| 变量 | 模型一 | | | | 模型二 | | | |
|---|---|---|---|---|---|---|---|---|
| | 第一阶段<br>情绪衰竭 | | 第二阶段<br>组织指向的反生产行为 | | 第一阶段<br>情绪衰竭 | | 第二阶段<br>人际指向的反生产行为 | |
| | 系数 | 标准误 | 系数 | 标准误 | 系数 | 标准误 | 系数 | 标准误 |
| 职场排斥 | 0.62** | 0.12 | −0.02 | 0.07 | 0.62** | 0.12 | −0.03 | 0.06 |
| 情绪衰竭 | | | 0.10* | 0.04 | | | 0.07 | 0.05 |
| 反生产行为规范[d] | | | | | | | 0.41** | 0.11 |
| 情绪衰竭×反生产行为规范 | | | | | | | 0.02 | 0.08 |

注：N(individual)= 165，N(group)= 36；* p<0.05，** p<0.01。

[a]其中，1=女，0=男。

[b]其中，1=初中及以下，2=高中/中专，3=大专，4=本科，5=硕士及以上。

[c]其中，1=普通员工，2=基层管理者，3=中层管理者，4=高层管理者。

[d]反生产行为规范为团队层面变量。

著的正向影响（γ=0.09，p<0.05）。另外，团队的反生产行为规范对个体组织指向的反生产行为有显著的正向作用（γ=0.38，p<0.01），这说明在团队中，成员越是将反生产行为视为一种团队内共同的行为准则，认为这是一种常见的、可接受的行为时（即团队反生产行为规范水平越高），自身采取反生产行为的可能性也越大。但是，团队反生产行为规范对个体情绪衰竭和组织指向的反生产行为之间的关系不存在显著的调节作用（γ=−0.01，n.s.），假设 7a 未得到验证。

表 4−31 所示则是调节变量为团队反生产行为规范、结果变量为人际指向的反生产行为时的模型检验结果。可以看出职场排斥对情绪衰竭有显著的正向影响（γ=0.62，p<0.01），个体的情绪衰竭则对人际指向的反生产行为有显著正向影响（γ=0.1，p<0.01）。另外，我们同样也发现，团队的反生产行为规范对个体人际指向的反生产行为也有显著的正向影响（γ=0.41，p<0.01），但团队的反生产行为规范对情绪衰竭与人际指向的反生产行为间关系的调节作用也不显著（γ=0.02，n.s.）。假设 7b 未得到验证。

由于团队反生产行为规范在情绪衰竭和员工反生产行为之间的调节效应

不显著，检验被调节的中介效应的前提不存在，因此，此处没有再进行被调节的中介效应分析，假设 8a 和假设 8b 均未得到验证。

## 五、阶段性结论与讨论

### （一）阶段性结论

本子研究在子研究 1 的基础上，结合相互依赖理论和计划行为理论，分别探讨了团队层面的任务互依性和反生产行为规范在“职场排斥—情绪衰竭—反生产行为”之间的跨水平调节作用。研究共分为两个子研究，子研究 1（研究 3a）以三家制造业企业的 52 个团队 255 名员工及其直接领导为调查对象，子研究 2（研究 3b）以一家电车公司 36 个团队的 165 名员工及其直接领导为调查对象，均采用多源、多时间点的领导—员工配对方式进行问卷调查。研究结果发现：

第一，与子研究 1 相类似，个体的情绪衰竭在职场排斥和反生产行为（组织指向的反生产行为和人际指向的反生产行为）之间起中介作用，基于不同的研究样本再次验证了这一研究结果。

第二，团队水平的任务互依性对职场排斥和个体情绪衰竭之间的正向关系起调节作用。具体来说，团队任务互依性越高，职场排斥与情绪衰竭间的正向关系越强。

第三，团队水平的任务互依性对“职场排斥—情绪衰竭—反生产行为”这一中介效应起跨水平调节作用。在团队的任务互依性较高时，上述中介效应显著，而在团队任务互依性较低时，该中介效应不显著。

第四，团队的反生产行为规范对于员工的反生产行为存在直接的显著正向影响，但在情绪衰竭与反生产行为之间的调节效应不显著。

### （二）讨论

在以往针对职场排斥的影响研究中，仅有少部分研究探讨了个体差异在其中可能发挥的调节作用，研究者们往往忽视了团队或组织情境因素在其中发挥的作用。本子研究则基于相互依赖理论和行为计划理论，分别探讨了团队层面的任务互依性和反生产行为规范在其中的作用，对职场排斥的现有研究进行了补充与拓展。我们认为：

首先，结合相互依赖理论，本子研究阐明了团队层次的任务互依性对职场排斥与情绪衰竭间正向关系的调节作用，并进一步说明了任务互依性对

“职场排斥—情绪衰竭—反生产行为”这一中介效应的跨层次调节作用机制，对上述中介作用的边界条件进行了深入探讨。结果表明，在任务互依性较高的团队中，来自同事的支持资源对员工来说具有更高的重要性，员工必须与团队成员（包括排斥者）之间进行互动、协作才能完成自身任务。在这种情境下，遭受职场排斥的个体便会感知到更强的压力与情绪衰竭。而团队任务互依性会放大职场排斥对于个体情绪衰竭的正向影响，进而导致其反生产行为的增多。这一研究结果为相互依赖理论在职场排斥相关研究中的拓展提供了新的思路。

其次，结合行为计划理论，本子研究发现，团队规范对于个体行为具有直接的正向影响。团队中成员之间形成的针对某一类行为的共同的行为准则会影响员工的行为意向，而行为意向则是激发员工在工作场所中采取这一行为的主要原因之一。因此，即使是不利于组织提升和发展的反生产行为，当团队中员工之间产生的行为准则是“这一行为是可接受”的时候、是“大家都这样做的”时候，这一信号便会像风向标一样，影响个体的行为意向选择，进而可能导致个体采取更多的反生产行为。值得注意的是，本子研究并未发现团队反生产行为规范在个体情绪衰竭与反生产行为之间的调节作用。我们认为，这可能是因为团队规范对于个体反生产行为的直接作用本身较强，在这一情况下，个体情绪衰竭的变化在其中所起的作用相对较小。这一研究结果对于团队规范、团队氛围等情境因素对个体行为的影响提供了实证支持。

最后，无论从团队任务互依性的调节作用，还是团队规范的直接影响来看，都可以看出，个体在组织情境中的行为并非仅仅受到某个单方面因素的影响，它在很大程度上是个体特征和工作情境因素相互作用的产物（Mischel & Shoda，2008）。本子研究基于这一观点，将个体内在资源控制与外在组织情境因素结合在一起进行考虑，这也为今后从组织情境角度入手，探讨职场排斥对员工行为的影响提供了可能的思路。

## 第五节　总体讨论与研究结论

本研究的主要目的是对职场排斥与员工反生产行为之间的内在作用机制以及边界条件进行探究。基于这一研究目的，本章主要进行了三个实证研究。

在本节中，主要从本研究的总体讨论、未被验证的假设、研究的总体设计和研究的总体结论四方面来进行综合讨论。

## 一、本研究的总体讨论

### （一）职场排斥、情绪衰竭与员工反生产行为

本研究首先探讨了“职场排斥通过什么路径影响员工反生产行为”这一问题。资源保存理论提出，个体的资源是有限且易耗的，因此个体总是试图保护、维持和构建这些资源（Hobfoll，1998）。一旦个体感受到自身资源遭受到潜在或实际的损失，便会感到不适，并产生紧张、压力等。

以资源保存理论为基础，本研究认为：一方面，作为人际互动压力源之一，职场排斥会威胁个体的社会资源，造成个体用于解决问题、应对挑战性事务的资源减少（Wu et al.，2012）；另一方面，职场排斥还会直接威胁个体情绪、动机和心理控制资源（闫艳玲等，2014），有限资源的持续消耗导致个体产生倦怠、热情降低、专注度下降等一系列消极反应，即产生情绪衰竭。情绪衰竭是个体情绪资源状态的反映，情绪衰竭程度较高的员工用于控制自身情绪、思想和行为的心理调控资源也较为缺乏，这便会导致个体往往无法拥有足够的生理、心理能量来控制反生产行为，进而导致反生产行为增加。因此，本研究认为，职场排斥会导致个体情绪衰竭增强，进而导致其反生产行为增加。在本章的三个针对不同研究样本的实证研究中，这一中介效应也得到了较好的验证。

### （二）个体水平视角的探索：防御型调节焦点的调节作用

本研究在中介模型的基础上，在子研究 2 中结合调节焦点理论，从个体自身调节系统的视角出发，对这一作用的边界条件进行了探讨。以 63 个团队 292 名员工及其直接领导为调查对象，进行多时间点的问卷调查，获得领导与员工的配对数据进行分析。结果发现，个体的防御型调节焦点会增强职场排斥与情绪衰竭之间的正向关系。结合子研究 1 的中介效应假设，本章还进一步探究了个体防御型调节焦点对“职场排斥—情绪衰竭—反生产行为”这一中介效应是否也存在调节作用。研究结果表明，防御型调节焦点对“职场排斥—情绪衰竭—组织指向的反生产行为”有显著调节作用，即对于防御型调节焦点较高的个体，职场排斥通过情绪衰竭对组织指向的反生产行为产生的影响较强，而在防御型调节焦点较低的情况，这一中介效应则较弱（但依然

显著，只是效应量远小于防御型调节焦点较高的情况）。

职场排斥由于引发个体有限心理资源的消耗，因此会导致其情绪衰竭增强。但由于职场排斥是个体的一种主观感受与认知，因此这一作用的强度往往会受到个体特征差异的影响。不同个体对于职场排斥现象的感知与解读往往存在差异，这也导致职场排斥对个体包括情绪衰竭在内的心理健康指标所产生的影响也不尽相同。子研究 2 也在一定程度上验证了这一观点。研究结果表明，当个体防御型调节焦点较高时，他们更加关注于安全需求的满足，且倾向于以资源“损失—未损失”的框架来解释职场排斥事件（Lanaj et al.，2012），此时个体对于负性事件的敏感性更强，更容易感知到排斥的存在（脆弱性更强），且更可能感知到自身资源的损失，这便会导致职场排斥引发更强的情绪衰竭，进而导致员工采取更多的针对组织的反生产行为。

### （三）团队水平视角的探索：团队任务互依性的调节作用

子研究 3 从团队视角出发，探讨了团队层面变量对职场排斥与反生产行为间的跨水平调节作用。以往针对任务互依性的研究中，多强调该情境因素对员工个体和团队有效性的积极作用，然而，团队中的任务互依性高对于个体来说一定是好的吗？本研究的结果表明并非如此。个体所在的团队任务互依性越高，就意味着他人提供的外在资源对于个体自身来说越重要（Berscheid & Reis，1998）。在这样的情境下，同事行为对个体的影响就被放大了。但这一放大的效应并非只包括他人与个体良性互动下所带来的积极影响，同时也包括二者消极互动下所产生的危害作用。在高团队任务互依性的情境下，一旦个体遭受到来自团队成员的排斥、攻击或是无礼对待，这一消极互动对个体所产生的危害作用也会相应增大，从而可能导致更为严重的后果。

结合相互依赖理论，子研究 3 中两个分研究的实证结果都表明，在任务互依性较高的团队，职场排斥对于个体的心理危害更大，会导致其更强的情绪衰竭，进而可能引发更多的反生产行为。个体处在任务互依性越强的团队情境之下，团队中其他成员所提供的工作资源（如信息、技术、阶段性成果等）对于个体自身完成工作任务的重要性越高，他人行为对于个体的影响力也越大。在这一情境下，一旦遭受职场排斥便可能导致个体难以顺利完成自身工作任务，同时还会引发个体强烈的焦虑、紧张感。客观工作资源的匮乏和心理资源的持续消耗都会被放大，这便会导致个体更强的情绪衰竭。

另外，团队的任务互依性越高，个体越需要与团队成员之间进行频繁的接触与互动，这就导致个体可能不得不面临与排斥自己的同事进行互动协作的情况。在这一情境下，个体很难通过回避、逃避等方式来完成自己的工作任务，那么他们就必须花费更多的精力和资源来处理与排斥者之间的互动相处，这一过程也会加快个体有限资源的消耗，增强个体的情绪衰竭，进而导致更多的反生产行为。而相反，任务互依性较低，个体避开排斥者依然能够完成自身工作任务，此时团队成员的排斥对于个体来说相对没那么重要，对于个体情绪衰竭的影响也相应减弱。因此，职场排斥由于引发个体有限资源消耗，会导致其情绪衰竭，团队任务互依性这一情景因素则会放大职场排斥对个体情绪衰竭的影响，任务互依性越高，排斥所造成的影响也相应越大，对于员工反生产行为的影响也随之增大。

## 二、本研究中未被验证的假设

首先，在子研究 2 中，个体防御型调节焦点对“职场排斥—情绪衰竭—人际指向的反生产行为”这一中介效应的调节作用未得到实证研究的支持。研究结果表明，无论个体防御型调节焦点高或低，上述中介作用都显著，二者的差异仅呈现边际显著的结果（$p=0.078$）。这一结果可能是由于以下原因造成的：其一，出于减少共同方法偏差的考虑，反生产行为的测量均来自员工的直接领导，但由于反生产行为本身具有一定的隐蔽性（Spector & Fox，2005），相比于员工针对组织的反生产行为，领导可能更难观察到其针对人际的反生产行为，进而导致在评价过程中有些许差异。其二，更加重要的，子研究 2 中的结果显示，个体防御型调节机制除了对职场排斥与情绪衰竭间的关系有正向调节作用以外，还对人际指向的反生产行为有直接的负向作用（$\gamma=-0.07$，$p<0.05$），这一负向作用可能对职场排斥通过情绪衰竭影响反生产行为的正向中介作用有一定程度的缓冲，从而导致中介效应在调节变量的两种情况下差异不显著。事实上，Lanaj 等（2012）对个体调节焦点的元分析中也已提到，相对于个体调节焦点与员工绩效（任务绩效、创新绩效、安全绩效）、亲社会行为之间较为明确、简单的关系，防御型调节焦点与反生产行为间的关系显然更为复杂。本研究结果也反映了这一点：一方面，防御型调节焦点较强的个体，对于职场排斥这类消极事件更加敏感，容易感知到更多的排斥（包括真实的排斥和个体自己想象中的排斥），且在自身资源“损失—

未损失”的解释构架下，遭受到职场排斥的个体更加容易感知到资源的损失，这便更有可能导致其情绪衰竭增强，进而导致反生产行为增加；另一方面，防御型调节焦点又注重责任、义务与合规，反生产行为显然不符合组织的规定与期望，因此又有可能抑制反生产行为的发生。可以看出，这两条方向相反的路径会同时影响员工的反生产行为，从而导致这一现象综合呈现出来时更为复杂。而防御型调节焦点仅对人际指向的反生产行为产生了负向作用，在组织指向的反生产行为中却未曾发现，结合挫折—攻击理论，我们认为，这可能是由于产生了替代攻击的作用。从被排斥者自身角度来看，作为个体在职场中所遭受到的一项挫折，排斥本身程度较弱（与职场热暴力相比），有时也难以明确其来源（究竟是单个个体还是一个群体），在这种情况下，相比于直接与领导或同事发生冲突而导致自身职业生涯前途受到影响（包括社会地位、组织地位、晋升机会等）（Vigoda-Gadot，2006），被排斥者往往更倾向于采取针对组织的替代攻击而非具体针对某个特定个体（领导或同事）的直接攻击。相比之下，针对组织采取的破坏、怠工、盗窃等反生产行为本身也比直接针对人际的反生产行为更具隐蔽性。因此，在这种情况下，防御型调节焦点往往更容易对针对人际的反生产行为产生负向作用。

其次，结合计划行为理论（Ajzen，2001），研究 3b 试图探讨团队水平的反生产行为规范在情绪衰竭与反生产行为间的调节作用，但遗憾的是，基于本研究的实证样本，并未发现这一调节作用。但根据数据分析结果发现，团队的反生产行为规范对于个体的反生产行为有跨水平的直接正向影响。事实上，这一研究结果也与以往研究保持了一致（Ju，Qin & Xu，2016），即当团队成员间对某一行为形成一种共同的认知和准则时（团队规范更高），这便向员工个体释放出“这一行为是大家往往都会采取的、是可被接受的”这一信号，根据行为计划理论，此时个体便更有可能采取这类行为。

## 三、本研究的整体设计

本研究采用问卷调查的方式，对制造业、交通运输业、服务业、零售与百货业等多个行业的企业员工及其直接领导进行了调查。研究整体设计方面也采用层层递进的关系进行探究，首先以资源保存理论为研究视角，探讨职场排斥与员工反生产行为间的内在作用机制；其次从个体视角出发，探讨这一作用机制的边界条件；最后从团队视角切入，探讨影响这一作用机制的可能的团队情境因素，并在团队因素的探索中层层递进，第一步探讨了可能增强职场排斥影响的结构因素（团队任务互依性），第二步则探讨了在职场排斥导致个体情绪衰竭的情况下，抑制个体行为的可能的情境因素（团队反生产行为规范）。上述研究中的部分假设还在多个研究样本中进行了重复验证，这也从一定程度上表明了这些研究结论的稳健性。

另外，为了避免共同方法偏差的影响，三个研究都采用了员工—领导配对的取样方式，以保证研究数据的自变量与结果变量来自不同源。同时，为了进一步说明假设中的因果关系，子研究 2 和子研究 3 采用了多时间点的取样方式，将领导评估员工反生产行为的调查放在员工调查的一个月（或 45 天）之后进行，这也在一定程度上表明，职场排斥对员工一个月或更长时间以后的反生产行为仍然存在一定的预测作用。

## 四、本研究的结论

以资源保存理论为基础，结合调节焦点理论、互相依赖理论和计划行为理论，本研究考察了职场排斥与员工反生产行为间的内在作用机制，并从个体和团队两个层面探究了该作用机制的边界条件。通过对不同企业的员工及其直接领导进行问卷调查，对这一问题进行了三项实证研究，并得出以下几个方面的结论：

第一，员工的情绪衰竭在职场排斥和反生产行为间起中介作用，即职场排斥会导致个体情绪衰竭的增强，进而增加员工的反生产行为（组织指向的反生产行为和人际指向的反生产行为）。本研究所进行的三个针对不同样本的实证研究中，这一中介效应得到了验证。

第二，研究 2 的实证结果表明，个体的防御型调节焦点对职场排斥与情绪衰竭间的正向关系起调节作用，即个体防御型调节焦点较高时，职场排斥与情绪衰竭间的正向关系更强。

第三，本研究还探究了个体防御型调节焦点对“职场排斥—情绪衰竭—反生产行为”这一中介效应的调节作用。研究 2 结果表明，个体防御型调节焦点在“职场排斥—情绪衰竭—组织指向的反生产行为”间的调节作用显著，即相对于防御型调节较低的情况，个体防御型调节焦点较高时，职场排斥通过增强个体的情绪衰竭程度，会导致个体采取更多的针对组织的反生产行为。另外，研究 2 还发现，防御型调节焦点对于“职场排斥—情绪衰竭—人际指向的反生产行为”这一中介路径的调节作用不显著，无论个体的防御型调节焦点高或低，职场排斥都会通过情绪衰竭影响人际指向的反生产行为，两者之间中介效应的差异不显著。

第四，团队水平的任务互依性对职场排斥与情绪衰竭之间的正向关系起跨水平调节作用，即相比于任务互依性较低的情况，团队任务互依性较高时，职场排斥与个体情绪衰竭间的正向关系更强。

第五，本研究进一步探究了团队任务互依性对“职场排斥—情绪衰竭—反生产行为”这一中介效应的第一阶段的跨水平调节作用。研究结果表明，团队任务互依性对“职场排斥—情绪衰竭—反生产行为”这一中介效应的调节作用显著。具体来说，在任务互依性较高的团队中，职场排斥通过情绪衰竭影响反生产行为的中介作用显著，而在任务互依性较低的团队中，“职场排斥—情绪衰竭—反生产行为”这一中介效应则不再显著。

第六，团队的反生产行为规范对情绪衰竭与反生产行为之间关系的调节作用不显著。但与以往研究结果类似，本研究发现了团队反生产行为规范对于个体的反生产行为直接的正向影响。

总体来说，除了团队反生产行为规范的调节作用和部分个体防御型调节焦点的被调节的中介效应没有得到支持以外，本研究的大部分研究假设都得到了验证，部分研究假设还在不同研究样本中得到了重复验证。

（陈晨、杨俊、时勘）

# 第五章
# 社会排斥对社区归属感的影响

## 第一节　社区归属感概述

随着我国城市化的发展和人口的地域流动的加速，尤其是在大中城市，外来人口已经占据了较大的比例，这给当地的社会管理提出了新的挑战。外地人与本地人在生活方式和语言文化等方面存在着差异，在部分地区针对外地人的社会排斥现象时有发生，因此，外地人的城市归属感普遍不高，如何缓解社会排斥对外地人归属感的消极影响，是一个非常值得关注的问题。

### 一、社区归属感

#### （一）归属感

归属感是个体感觉自己从属于某群体、某系统或者某环境的情感认知，个体对此具有强烈的认同感，认为自己是其中不可缺少的一部分。归属感具有两个基本特征：一是个体感觉自己受到他人或群体的重视，二是对所处环境感到适应并与群体中的其他人相处和谐。有关归属感的最基本的理论是 Maslow（1968）的需要层次理论，他将人的需要分为五大层次，即基本的生存需要、安全的需要、归属与爱的需要、尊重的需要以及自我实现的需要，这五大需要由低到高构成人类的需要层次体系。后来又在此基础上提出了认知需要（获取知识、了解未知世界、满足好奇心的需要）和审美需要（追求匀称协调美的需要），并且把生存需要、安全的需要、归属与爱的需要看作是

人类的缺失性需要，而把认知需要、审美需要和自我实现的需要看作是人类的成长性需要，如果缺失性需要无法得到满足，个体就无法保证健康的生理状态和心理状态。Maslow（1968）认为，只有当低级的需要满足之后，较高层次的需要才有足够的动力来满足，尚未满足的需要能影响个体的动机和行为。归属与爱的需要是人类的基本需要之一，归属感的缺乏对个体的心理健康产生着消极影响，同时也是个体产生孤独、抑郁、失落等负面情绪的诱因。

### （二）社区归属感

社区归属感（Community Attachment）也叫社会情感、社区意识或者社区认同感，是个体归属需要在社区层次上的主观感受。对社区归属感的研究由来已久，早期的学者将社区归属感视为个体对所处社区的承诺，即个体愿意在该社区长期居住，并为该社区的建设与发展贡献自己的力量的意愿。后续研究据此提出了心理社区的概念，即社区成员对所在社区的心理归属感，个体认为自己与社区内他人是相互依赖的，认同所在的社区以及与社区他人之间的依赖关系，希望能够长期保持这种互相依赖的关系，也就是在心理上认为自己属于某个可依靠的、结构稳定的群体或地域。这里，社区是一种“易于接近的、相互支持的、相互依赖的关系网络”，小到家庭、邻里，大到街道或宗教组织，甚至是一个国家，都可以看作是社区的一种形式（Sarason，1983）。

McMillan 和 Chavis（1986）总结了前人在社会学和心理学领域对社区情感的研究后认为，社区归属感不仅仅是对所在社区的认同感，也是成员之间的相互依赖感，并指出，社区归属感包括成员资格、影响、满足需要和共享情感联系四种主要元素。成员资格是指个体是否认为自己是某社会群体的成员，以及所处社会群体是否认为自己是该群体的一分子；影响是指该社会群体成员的行为和成员之间的相互关系对所在集体有影响，同时，集体也会反作用于成员；满足需要指的是集体通过资源共享和互换，促使集体成员逐步形成共同的价值观，并且满足成员的物质或精神需要；共享情感联系指的是社区成员之间以及与所在社会群体之间维系着共同的情感纽带，成员与集体成为相互依赖、密不可分的统一体。

后来，学者们大多将社区归属感视为个体对自己所居住的地区在情感方面的联系，如 Stinner 和 Loon（1990）将社区归属感定义为社区居民对所在社会地域和社区居民集体的认同感、喜爱感和依恋感。社区归属感是一种情感投入，是指个体在一个地方生活，认为自己是这个地方的成员，并对这个地方投入了自己的特殊情感。情感投入得越多，则对该地区的认同度就越高，其归属感也会越高，这也是一个地方是否受欢迎的有力证据。社区归属感即个人对自己居住的社区的亲密感。刘少杰和孙立平（2004）则将社区归属感定义为社区内的成员对所在群体内他人的情感认同和依恋。社区归属感是指社区成员对社区的认同、喜爱和依恋的一种心理感觉，这里的社区既可能是一个地域概念，也可能是一个人群集合体。综上所述，社区归属感是社区成员对所在地域或群体的认同感和依恋感，认可并希望长期保持这种成员身份，其与社区内的其他成员相互依赖，希望能够与社区内其他成员保持长期的社会联系，并愿意为社区的长远发展贡献自己的力量。

### （三）社区情感

有关社区情感的理论主要有三种：第一种是社区失落论（Community Loss），该理论认为，随着城市经济的发展、人口城市化运动以及人口的流动性加速，社区居民之间的关系日益冷漠，居民的社区情感也逐渐削弱，对社区的认同感和归属感也逐步淡化。第二种是社区存续论（Community Saved），该理论认为，城市化运动并没有导致社区观念的消亡，相反来说，城市居民仍然保留有自己的小圈子，在这个小圈子里大家频繁交往、相互信任并建立起亲密关系（Gans，1962）。第三种是社区解放论（Community Liberated），该理论认为，地域联系并非形成社区的基础，人们在互动中建立的心理联系对社区的形成更具有现代化的意义，人与人之间的社会关系网络才是社区形成的基本条件（Wellman，1979）。社区归属感是社区情感的重要组成部分，其存在与否不是一成不变的，需要根据具体的情境来解释。

### （四）社区归属感的影响因素

1. 个体特质

人格特质能够在一定程度上影响社区归属感。学者们对学校归属感的研究证明，人格特质中的稳定性、乐群性、敏感性、恒心和自律正向影响着学校归属感，相反，兴奋性、轻松性、紧张性负向影响着学校归属感，神经质显著地负向影响着学校归属感，而乐群性、责任心和外向性显著正向影响着学校归属感。有关自我概念的研究表明，学生的自我概念以及对学习任务的认知显著地正向影响着学校归属感，对自己较为有信心同时又觉得学习任务有用、有价值且有趣的学生，其学校归属感较高。有关中学生自我效能感和学校归属感的关系研究表明，自我效能感积极地影响着学校归属感。

2. 社会人际关系

社区人际关系、社区参与度和社区自豪感等社会因素能够正向影响社区满意度和社区归属感，同时，社区满意度也能够直接影响社区归属感。Hummon（1992）认为，社区归属感受到个人的社会化程度以及邻里关系的影响，邻里关系好则社区归属感强，居民在社区内的人际关系网络是研究社区归属感的主要方面之一。对学生的学校归属感的研究发现，朋友关系和感知到的歧视是衡量学校归属感的重要的维度，这为研究社区归属感提供了有参考价值的东西。居民在社区内的亲密关系，如亲情、友情、邻里关系对居民的社区归属感具有正向的影响。李煜（1992）将影响居民社区归属感的因素主要分为社区内的人际关系、社区文化适应性、在该社区的居住时长、社区满意度、经济因素、参与社区活动频率六个方面，并对每项因素的影响效果进行了分析。社区居民的归属感受到其在该社区的人际关系以及对社区活动的参与度的直接影响，学校的环境、学生的社会支持感、自尊和学校管理等都能直接地预测学校归属感；另外，人际关系也能够通过自尊和社会支持感的中介作用间接地影响学校归属感。

3. 社区文化与氛围

社区的文化与氛围是影响居民的社区归属感的重要人文环境因素。Goodenow（1993）研究了学校人文环境对学生归属感的影响，结果发现，在一个有安全感、学生之间相互尊重的班级环境中，学生对学校具有较高的归属感。一个能够让学生感到安全、被关心、受到公平对待的学校氛围有助于学生形成正向的学校归属感。对拉丁裔大学生的归属感的研究发现，同学之间的良好互动是提高学校归属感的有利因素，而敌对的种族环境则会降低学生的学校归属感。在分析了大学环境对归属感的影响后发现，住宿地的社会风气、校园氛围都强烈地影响着学生的归属感。对学校归属感的研究还表明，学生的情感敏感性、是否认可学校的文化气氛、是否有安全感、是否认可班级等方面会对学校归属感具有显著的影响，其中学校的文化氛围会潜移默化地影响学校归属感的形成。对大学生的学校归属感的影响因素的作用大小进行比较后也发现，影响最大的五个因素分别是学校的氛围、校园人际关系的融洽程度、同学关系、学校管理者和教师的综合素质以及校园的安全状况。

4. 社会支持

社会支持是归属感的重要影响因素，这已经得到多数研究的证实。对学校归属感的研究表明，同学之间互动的质量和次数、来自教师的支持，以及从教师处获得的自主权是学校归属感的重要影响因素。无论是来自学校的支持还是来自非学校层面的支持，都会显著地影响在校学生的身份认同感、情感归属感和精神认同感。有研究结果表明，同学关系、学校氛围、来自教师的支持和团体融入度都会显著地影响学生的学校归属感。此外，研究还发现，社会支持有助于提高学校归属感。来自家人的支持、来自教师和同学的支持能够较强地影响学校归属感。对中学生的学校归属感的研究也证实了上述观点，客观支持和总体支持都能够正向预测学校归属感，中学生的交往归因是学校归属感的直接影响因素，同时社会支持也在交往归因与学校归属感之间起着中介作用。

5. 社区满意度

社区满意度显著地影响社区归属感。居民的社区满意度能够正向影响社区归属感，居民的社区满意度与社区归属感是密不可分的，甚至可以说，社区满意度和社区归属感是社区情感的两个直接的反映因素。社区满意度有多个维度，如自然环境满意度、基础设施满意度、治安满意度和管理满意度等，这些都是社区归属感的重要预测变量。

6. 其他方面的因素

社会经济地位也会影响个体的社区归属感，拥有较高社会地位的居民有更多的选择权，也有心理上的优越感，其对社区的情感联系会更强。居住时间也是社区归属感的重要影响因素，居住时间同社区归属感正相关。国内学者有关社区归属感的研究表明，居民的社区参与度越高，其社区归属感也越强，这已经在广州和香港两地的被试群体以及三峡移民群体中得到了证实（丘海雄，1989）。

### （五）社区归属感的测量

有关社区归属感测量的研究已经比较充分。Goudy（1990）认为，社区归属感应该包括以下三个方面：第一，居民是否认为自己是该社区的成员，在该社区是否有家的感觉，是否愿意长期保留其成员身份；第二，居民对搬离社区是否会不情愿；第三，居民是否关注社区内发生的事情，是否认为这些事情同自己有密切关系，是否愿意奉献自己的力量来实现社区的发展。这些测量标准已经得到国内外研究者的一致认可。Hagerty 等（1995）根据归属感模型，并利用因素分析的方法编制了归属感结构量表（the Sense of Belonging

Instrument，SOBI）。该量表的第一部分是心理经历匹配与重要性投入量表（Psychological Experience-fit and Valued Involvement，SOBI-P），共18个题目，如“即便我消失很久，对我的家人也没什么影响”“我常想，世界上是否有一个地方让我能够真正适应它”；第二部分是归属感的影响因素量表（Antecedents，SOBI-A），有九个题目，该量表主要涉及归属感的前因变量。

社区归属感主要包括四个因素：第一，居民是否认可并愿意长期保留自己的社区成员身份；第二，居民是否关心社区内发生的事情，是否认为这些事情同自己有密切关系；第三，是否不舍得搬离该社区；第四，是否愿意奉献自己的力量来实现社区更好的发展。可以从四个方面来测量居民的社区归属感：①住在这里是否让人感到自豪；②这里是否有利于生活；③是否不舍得搬离该社区；④是否关心社区内发生的事情。杜宗斌等（2012）用五个项目来测试社区归属感：①是否喜欢这个社区；②是否同社区内的很多人是好朋友；③如果有条件，是否愿意长期在此居住；④是否关注社区内的日常事务；⑤对搬离该社区是否会恋恋不舍。

## 二、社会排斥

### （一）社会排斥的概念

社会排斥（Social Exclusion）、社会拒绝（Social Rejection）和社会忽视（Ostracism）是同一个概念的不同表述，均指个体被家庭或集体拒绝接纳，使其归属需求受到威胁的现象（Twenge et al.，2007）。有关社会排斥的最早研究源于1960年左右的法国，起初用来研究贫困问题，后来逐渐发展成为一套较为完整的社会排斥理论。1990年以来，政治学、经济学等领域也逐渐开始研究社会排斥问题。社会排斥有多种表现，如社会生活排斥、制度性排斥、社会关系排斥和政治经济排斥等，社会心理学对社会排斥的研究多集中在社会关系排斥和社会生活排斥上。

对社会排斥的定义也存在一定的差异。Eisenberger等（2003）认为，社会排斥是一种痛苦的心理体验，而这种心理体验主要是由于受排斥者被排除在社会参与之外。社会排斥是贫困导致的一种社会现象，引发这种社会现象的原因包括贫困、失业、犯罪、住房问题和健康问题等。从人际关系的角度看，也有学者将社会排斥定义为个体在集体生活中受到他人的排挤、忽视、疏远、歧视、嘲弄和侮辱，使建立或维持正常的人际关系受到阻碍，个体无法平等地参与集体活动和享受成员权利的过程。也有从社会排斥的影响角度来进行定义的，认为社会排斥是个体受到他人、某一族群排斥，或者某一群体受到其他群体的排斥，使受排斥者的归属需求和关系需求受到威胁的现象。

### （二）社会排斥的理论

1. 多元动机模型

从动机的角度来探讨社会排斥的影响的模型认为，归属需求是人的基本需要，社会排斥会使个体的归属需求和尊重需求无法实现，个体感觉到自己受到不公正对待，其情绪与行为也会受到影响。个体在经历排斥或拒绝事件后会产生三种动机，即亲社会动机、反社会动机和退缩回避反应，其中，只有亲社会动机有助于归属感的恢复。该模型还认为，有六种认知因素会影响排斥后动机的形成，它们是排斥公平感、关系的重要性、关系可替代性、修复关系的可能性、受排斥的时间、被排斥的成本。

2. 需要—威胁的时间模型

Williams（2007）的研究认为，个体被排斥后的心理感受变化可分为三个阶段：反射阶段（Reflexive Stage）、思虑阶段（Reflective Stage）和接受阶段（Acceptance Stage）。反射阶段是个体在被排斥后即刻的自然生理反应和心理反应，排斥使个体的归属需求、自尊需求、控制感和存在意义四种基本需要无法实现，使个体遭受痛苦体验。思虑阶段是个体在遭受拒绝后对于忽视产生的原因、带来的伤害进行思考、解释的阶段，不同的认知会导致不同的感受，该阶段也称为应对阶段。如果被拒绝后最需要满足的是归属需求和自尊需求，个体则会通过亲社会的方式来思考和行动；如果最需要满足的是自我效能感和存在感的需求，则会更多地使用攻击和反社会方式来获得自我效能感和存在感。在此阶段，个体的不同特征，如拒绝敏感性、自尊、自恋都会导致不同的需求，在此背景下情境因素也会起到很大的作用。接受阶段即个体在经历长期的忽视之后则会进入的阶段，此时个体会感到孤独、无助、抑郁和无意义，并降低重新获得归属感的动机。

### （三）社会排斥与社区归属感

Williams（2009）的社会排斥模型为研究社会排斥与社区归属感之间的关系提供了理论基础。社会排斥使个体的归属需求、控制感、自尊需求和存在感无法实现，并使其经历焦虑、抑郁、孤独、无助等痛苦的情绪体验。社会排斥也会对个体的社会行为产生影响，促使个体采用社交回避的行为模式，这会逐渐破坏个体的社会支持系统，最终使个体的社交变得更加困难。社会排斥也会降低个体的亲社会意愿，如捐赠、帮助、合作和友爱等行为表现。社会排斥也会减少攻击性行为，增加被排斥者的服从度，这在女性受排斥者身上表现得更明显。被排斥的个体可能更倾向于迎合团体中他人的意见，以便使自己得到团体的接纳。

一些学者研究了社会排斥产生不同结果的影响因素，发现在个体经历社会排斥、拒绝、歧视等事件后，适时提醒受害者关注自己拥有的社会关系，会减弱个体的攻击性欲望，被排斥后的归属需求和孤独程度也与对社会线索的回忆有关。自恋者在经历了社会排斥后会更愤怒和更具攻击性。在面对面交流时，勇于面对否定评价的受排斥者更愿意去建立新的人际关系，同时与他人合作的愿望也会更强，而惧怕否定评价的个体则更多地对建立新关系采取回避态度。个体经历社会排斥后，对未来交往的预期和被排斥者的个体差异会影响其社会关系的重建。社会排斥不仅直接威胁着个体的归属需求，还会增强个体的攻击性动机和行为，阻碍自我评价水平低的个体建立新的社会关系，从而对社区归属感产生负向影响。

### （四）社会排斥的测量

在实验心理学领域，除了第二章已经介绍的网络投球范式、孤独终老范式、分组范式、转移目光范式等研究范式之外，也有学者使用书写或想象的方法来回忆自己所经历的排斥性事件，以激发排斥感，或者使用“被甩了”“被拒绝”等敏感词来激发被试的受排斥感（Sommer & Baumeister，2002）。还有学者采用问卷法来研究个体的社会排斥感，其中较为著名的是 Ferris 等（2008）编制的职场排斥量表（Workplace Ostracism Scale，WOS），它主要用来测量员工在工作环境中所感受到的排斥感。在经过充分的个人结构式访谈的基础上，有人自行编制了大学生社会排斥量表，并采用因素分析法发现，该量表包括直接排斥和间接排斥两个维度，共有 19 个项目，总问卷的重测信度达到 0.91。Stefan 等（2015）在研究非伦理行为时编制了社会排斥量表，来测量个体可能遭到的社会排斥风险（Risk of Social Exclusion），该量表受到较多的认可。

## 三、社会距离

### （一）社会距离的概念

社会距离（Social Distance）代表着不同个体之间、不同社会群体之间以及个体与群体之间的社会关系的亲密程度，社会距离为研究族群关系提供了新的视角，社会学者和心理学者都对社会距离进行了比较深入的研究。我国学者认为，社会距离是人与人之间、群体与群体之间发生的社会交往的频率，这种社会交往包括互相倾诉心里话、相互理解、一般性社会交际以及在经济困难时一方给予另一方的物质援助等。社会距离包括个体与群体之间的社会关系，往往用社会距离来解释群体歧视、群体刻板印象、社会分化和阶级对立等社会现象。对社会距离的研究多集中在不同族群之间的交流和融合、农民工和城市居民之间的关系、职业的社会距离以及流动人口和当地居民之间的关系等多个方面。

### （二）社会距离的测量

对社会距离的测量主要有以下几种方法：

1. Bogardus 社会距离量表

Bogardus（1925）最早开发了社会距离测量问卷（Social Distance Scale，SDS），Bogardus 假定小群体往往会受到大群体的排斥，往往以大群体的视角和立场来回答对小群体的距离感受，这就是一种社会距离的表示方法。该量表主要测量被试愿意与小群体建立亲密关系的程度。按照亲密关系的远近共分为七个题目：①您是否愿意和他们结婚；②您是否愿意让他们参加团体的活动；③您是否愿意与之做邻居；④您是否愿意与之做同事；⑤您是否愿意让其成为你所在国的公民；⑥您是否愿意其到访美国；⑦您是否愿意他们与美国有所接触。后续的社会距离量表大多是在此基础上发展而来的。

2. 反转的社会距离量表

Lee 等（1996）认为，Bogardus 社会距离量表并不能站在小群体的立场来评估对社会距离的感受，他们根据 Bogardus 的方法设计了一套反转的社会距离量表（Reverse Social Distance Scale，RSDS）。反转的社会距离量表是站在小群体的立场，请被试评价大群体是否愿意接受自己。该量表分为五个题目：①他们是否愿意您做他们的亲戚或者相互通婚；②他们是否愿意做您的好朋友；③他们是否愿意和您做邻居；④他们是否愿意您居住在附近；⑤他们是否愿意您成为他们国家的公民。

3. 国内学者的研究

卢国显（2003）较早地研究了外来农民工与当地城市居民之间的社会距离，他将社会距离划分为行为层面和心理层面。行为层面又包括歧视行为和交往行为两个方面；心理层面包括了偏见态度、社会信任和社会理解三个方面。他主要研究北京市居民在以下问题上对农民工的态度和意愿：一起吃饭、合租、做朋友、其子女与农民工做朋友、子女婚姻和有关农民工的政策支持态度等。他发现，经济地位、文化差异、社会偏见、制度因素和空间隔离等多种因素会对社会距离产生影响。还有学者研究了本地市民对流动儿童的社会距离感受，并设计了六个项目的量表，主要涉及是否愿意自己的孩子和流动儿童产生社会交往，程度由弱到强：①让自己的孩子和流动儿童在同一所学校；②让自己的孩子和他们在同一个班级；③让自己的孩子和他们成为同桌；④让自己的孩子与他们在一起玩；⑤让自己的孩子把他们带回家一起做作业或玩；⑥让自己的孩子去他们家玩。

**（三）社会距离与社会排斥、社区归属感**

社会距离是心理距离的一个维度，祝帼豪、张积家和陈俊（2012）用解释水平理论（Construal Level Theory，CLT）比较详细地解释了包括社会距离、时间距离、空间距离在内的心理距离。解释水平理论认为，人们对某一事件的反应取决于对该事件的心理表征，人们对某一事件的心理表征具有不同程度的解释水平，高水平的解释比较抽象，不依赖背景信息，而低水平的解释比较具体，依赖背景信息。研究发现，社会距离与时间距离和空间距离相互影响，而且社会距离会降低人的积极性（与群体外部成员相比，群体内部成员对集体事务更有积极性）。

目前，有关社会距离的研究多数集中于社会学领域。研究表明，社会地位（如政治地位、社会身份）、受教育程度、经济地位、种族差异和空间分布是社会距离的重要影响因素。对国内城市农民工与本地居民社会距离的研究表明，户籍制度、语言文化差异，尤其是本地居民对外来农民工的偏见和歧视导致农民工与本地居民缺乏交流，是社会距离扩大的关键。赵德雷（2013）采用现场实验法研究了农民工的污名身份对其人际关系以及社会距离的影响。结果表明，污名化的过程导致社会排斥，个体一旦被污名化，就会被视为异类，更倾向于采取社交回避的方式来应对排斥压力，农民工启动组的被试倾向于跟启动对象保持较大社会距离，即使强调农民工身份的启动对象具有较强任务技能也未能明显拉近其与被试间的社会距离。本研究认为，社会排斥不仅会直接降低社区归属感，还会通过扩大社会距离来间接影响社区归属感。

## 四、社会自我效能感

### （一）社会自我效能感的概念与测量

社会自我效能感（Social Self-efficacy，SSE）也叫作社交自我效能感，是自我效能感在社交领域的表现，反映的是个体对自己的社交能力的信心。社会自我效能感从自我效能感中分离出来，被认为是个体在社会交往中对自己建立和维持新的社会关系的信心。社会自我效能感同社交自尊、社交果敢性或者社交信心是同一个概念，研究发现，社会自我效能感在集体主义文化下具有独立型和互依型两种类型：独立型强调的是个体对于自己建立社会关系的能力的评估，互依型强调的是个体对自己维持社会关系的能力的评估。

Sherer 等（1982）最开始采用一般自我效能感量表中有关社会自我效能感的部分对其进行测量，在整体量表中有 6 道题用来测量社会自我效能感。有人开发了针对大学生的自我效能感量表，其中有 8 道题用来测量社会自我效能感，主要涉及在学校里能否有效地和教师交流、能否结交到朋友等问题。Smith 和 Betz（2000）开发了专门的社会自我效能感量表（Scale of Perceived Social Self-efficacy），该量表主要测量大学生和成年人在结交陌生人、交往的果敢性、参加或组织社交活动、公共社交表现、提供或接受帮助、发展两性关系共六个方面的社交信心。该量表共 25 题，信度系数为 0.9，在相关领域得到广泛的认可。

### （二）社会自我效能感与社会排斥、社区归属感

社会自我效能感是自我效能感的一个维度，自我效能感起源于 Bandura（1999）的三元交互理论（Reciprocal Determinism），该理论认为，个体的动机与行为、个人因素和环境因素是相互影响的。有关自我效能感和社会自我效能感的研究较多地集中于探讨社会自我效能感与孤独感、抑郁感和自我隐藏的关系方面。社会自我效能感与社会自信（Social Confidence）、进取信心（Enterprising Confidence）和人际羞怯（Shyness）有较高的相关，个体的社会自我效能感越低，自尊水平就越低，其抑郁感、孤独感、焦虑感就越高。Constantine 等（2004）以非洲、亚洲、拉丁美洲的国际留学生为研究对象，探究了自我隐藏（Self-concealment）、异文化压力（Acculturative Stress）、压抑（Depression）与社会自我效能感的关系。结果表明，社会自我效能感能够调节压力生活事件（Stressful Life Events）和抑郁障碍（Depressive Symptoms）

之间的关系，但是，社会自我效能感在留学生的异文化压力和抑郁障碍之间没有中介作用。对社会自我效能感与成人依恋、自我隐藏、孤独感和压抑的研究还表明，社会自我效能感较高的个体具有较高的依恋安全感（Attachment Security），较低的孤独感、压抑感和自我隐藏水平。已有研究均表明高社会自我效能感能够降低孤独感、压抑感和自我隐藏水平，同时，社会自我效能感还能调节外部事件压力对抑郁的影响，因此，在面临社会排斥带来的社会压力时，高社会自我效能感的个体能够有效缓解社会排斥带来的负向影响。

## 五、社会支持感

### （一）社会支持感的概念

社会支持感（Perceived Social Support，PSS）是个体对社会支持的主观感受，社会支持（Social Support）指个体所在的社会网络通过一定的方式向个体提供物质帮助或精神支持，使个体能够更好地应对环境挑战。社会支持包括三个关键点：个体感觉到自己被关心、满足个体的自尊需求和价值感、个体感觉自己是集体的一员（Cobb，1976）。也有学者从社会交际的角度将社会支持定义为有益的人际交往，这种交往能够让人们少受或免受压力事件的消极影响（Cohen & Mckay，1984），将社会支持看作是一种能在人们需要时提供帮助的社会关系。一些学者对社会支持的内涵和结构进行了深入的研究。Macgeorge（2002）在充分总结前人研究成果的基础上，根据对社会支持研究视角的不同将已有的研究角度分为三类：社会嵌入性（Social Embededness）、社会支持感（Percerved Social Support）和实际行动支持（Enacted Support）。后来从社会支持的功能出发将其分为六种类型：情感支持、物质支持、满足自尊的支持、社会关系网络支持、工具性支持和抚育性支持。Cohen 和 Wills（1985）只认同 Cobb 分类中的满足自尊的支持和工具性支持，并增加了信息支持和社会成员身份支持，共四种类型，认为社会支持既包括尊重支持、情感支持、物质支持、社会网络支持，也包括信息支持，共五种类型。Barrera 和 Ainlay（1983）从支持性行为的视角将社会支持分为物质帮助（Material Aid）、行为援助（Behavioral Assistance）、积极社会互动（Positive Social Interaction）、亲密互动行为（IntimateInteraction Behavior）、指引（Guidance）和反馈（Feedback）共六类。陶沙（2000）等则从社会支持的来源的角度进行研究，研究对象是大学生，认为其社会支持主要来源于父母、同伴和老师。

### （二）社会支持感的测量

有关社会支持感的测量的研究有很多，比较受认可的方法是从两个角度来进行测量：一是社会支持的功能或者内容结构；二是对社会支持进行整体测量或特定测量。Barrera（1981）从社会支持性内容的角度编制了包含15个题目的社会支持性行为调查问卷（Inventory of Socially Supportive Behavior，ISSI），问卷维度包括情感支持、物质支持、信息支持和友谊等。社会网络问卷中有24个题目用来测量社会支持感，主要涉及以下八个方面：情感性支持、工具性支持、陪伴支持、获得亲密感、获得价值感、关系满意度、冲突与惩罚。其中，前五个维度用来评估个体感受到的来自父母、亲戚、朋友、老师等重要他人的支持，后三个维度用来整体评估自己与他人的关系。Sarason等（1987）设计了社会支持量表（Social Support Questionnaire，SSQ），该量表成为评估社会支持的基础，包括社会支持的来源和社会支持满意度两个部分。Zimet（1987）开发的社会支持感量表（Perceived Social Support Scale，PSSS）按照社会支持的来源被分为家庭支持、上级支持、同伴支持等部分，该量表包括12个题目，用问卷的总分评价个体的总体社会支持水平。国内对社会支持研究比较深入的学者是肖水源等（1987），他将社会支持分为客观支持、主观支持和对支持的利用度三类，并据此编制了社会支持评分量表（Social Support Rating Scal，SSRS），该量表共有10个题目，得到国内多数学者的认可。

### （三）社会支持感与社会排斥、社区归属感

有关社会支持感的作用的研究最有名的是主效应模型和缓冲效应模型（Cohen & Wills，1985），这两个模型主要用来探讨社会支持对压力事件和压力反应之间关系的影响，社会支持不仅能够直接减少压力事件带来的负向影响，也能够通过降低对压力事件的评估来缓解其对个体的影响。范兴华等（2012）研究了流动儿童的歧视知觉与社会文化适应之间的关系，并探讨了社会支持和社会认同的作用。结果表明，歧视知觉显著地负向影响社会文化适应性，社会支持能够在歧视知觉和社会文化适应性之间起到部分中介作用，而且该中介作用会受到城市认同和老家认同的调节。Mossakowski等（2014）研究了社会支持对社会歧视与心理压力之间关系的缓冲效应。结果表明少数族裔在经济、语言等方面面临社会壁垒，其对来自亲人和朋友的社会支持的依赖度也更高，亚裔美国人感受到的来自家庭的情感支持能够缓解日常的社

会歧视带来的心理压力。感受到来自家人和朋友的情感支持能够阻止个体降低自我概念，增强自我价值感和应对压力的能力，并且能够提升主观幸福感。来自族群的社会支持（Ethnic Social Support）能够调节种族歧视与情绪应对（如消极接受、情感迷失）之间的关系，对于少数族裔而言其不仅直接作用于心理健康，也会间接缓解社会歧视带来的压力。也有研究表明，社会支持能够通过降低孤独感和提高自尊水平进而提高生活满意度。综上所述，社会支持感能够有效地缓解社会排斥带来的社会压力，降低其对社区归属感的影响。

## 六、研究的内容设计

### （一）现有研究的不足

通过对国内外已有文献的梳理与回顾，结合当下有关社会排斥与社区归属感之间关系研究的现状，我们认为，以下两个方面的问题需要进一步探索：

第一，有关社区归属感的研究大多集中于社会学领域，多为探讨个体特质，如人格、自我概念、动机、人际关系、满意度或者社会经济地位等因素对社区归属感的影响作用。尽管也有对社会排斥与归属感之间关系的研究，但更多的是在探究社会排斥对抑郁、亲社会行为和攻击性行为的影响，而有关社会排斥与社区归属感之间关系的研究仍然比较少。

第二，对社会自我效能感的研究大多是探讨社会自我效能感能够缓解文化压力和抑郁障碍，减少自我隐藏、孤独感和压抑，以及社会自我效能感在文化压力与抑郁障碍之间的中介效应方面。而有关社会支持感的研究大多集中于探讨其对压力事件的直接效应和缓冲效应。已有研究证明，社会支持感能够降低个体的孤独感，提高个体的自尊水平，也能够缓解社会歧视带来的心理压力。但是，少有研究能将社会自我效能、社会支持感同社会距离结合起来探讨其对社会排斥与社区归属感之间关系的影响。

### （二）研究的主要内容

基于已有研究的不足，本研究将通过以下两个研究来探讨社会排斥对社区归属感的作用：

#### 1. 社会排斥对社区归属感的影响机制

首先，验证社会排斥对社区归属感的负向影响；其次，探究社会自我效能对社会排斥与社区归属感之间关系的调节作用；再次，探索社会距离在社会排斥与社区归属感之间的中介作用；最后，验证一个有中介的调节模型，即社会自我效能对社会排斥与社区归属感之间关系的调节效应，是否通过社会距离起作用。

2. 社会排斥与社区归属感的关系研究

首先，验证社会距离对社会排斥与社区归属感之间关系的中介作用；其次，引入社会支持感来探究其对社会排斥与社区归属感之间关系的作用，验证社会支持感是否调节社会距离在社会排斥与社区归属感之间的中介效应。

## 第二节 社会排斥对社区归属感的影响机制

### 一、研究假设

#### （一）社会自我效能对社会排斥与社区归属感之间关系存在调节效应

社会自我效能是自我效能在社交情境中的体现，自我效能感（Self-Efficacy）来源于 Bandura（1999）的三元交互理论（Reciprocal Determinism）。该理论认为，人的行为、个体的内部因素和外部环境因素是互相影响的，个体内部因素包括生理反应能力、认知能力、信念和动机等，其中自我效能感是个体因素的重要部分。个体可以通过直接经验、间接检验、言语说服、情绪性或生理性的影响四种方式来提高自我效能感。自我效能感能够影响人们选择任务的类型和难度，以及对任务的努力程度和坚持程度，并且能够对执行任务过程中的思维模式以及情感模式产生影响。当个体面临社会排斥等压力性事件时，高社会自我效能的个体能够更加积极主动地建立、修补和维护社会关系，从而满足自己的归属需求。

已有研究证明，社会排斥的作用机制和结果会受到个体特征的影响，如个体的拒绝敏感性水平、内外向倾向、自恋水平、自尊水平、对建立关系的预期等多种个体因素。对自我观念（Self-view）的研究表明，与具有积极自我观念的个体相比，持消极自我观念的个体在受到排斥后会展现出更多的负性情绪和更消极的行为表现。这可能是由于持消极自我观念的个体对排斥更加敏感，对社会排斥具有更强烈的心理感受。另外，对自恋水平的研究发现，与低自恋水平的个体相比，高自恋水平的个体在面对排斥情境时会更具有攻击性。对职场排斥的研究也表明，自我效能感能够调节职场排斥与员工角色内行为和角色外行为间的关系。有人研究了大学生的互动公平、社会自我效能感与自伤行为的关系，结果发现，社会自我效能感能够调节信息公平和人际公平与自伤行为之间的关系。对未来建立或重建社会关系持积极态度的个体，在遭受社会歧视或社会排斥后，会有较低的攻击欲望，同时对建立新的社会关系也更积极。社会自我效能高的个体在面对社会排斥时，对自己的社交能力更有信心，能够在新情境中采取更有效的方式建立和维持社会关系，并调节社会排斥对社区归属感的负向影响。因此，本研究假设认为：

H1：社会自我效能能够调节社会排斥对社区归属感的负向影响。

### （二）社会自我效能的调节效应通过社会距离的中介起作用

根据 Williams（2009）的需要—威胁时间模型，社会排斥会威胁个体的归属感、控制感、存在感和自尊。对工作场所排斥及其对员工角色内、角色外行为的影响的研究结果表明，工作场所排斥会使员工的归属需求无法实现，降低员工的角色内行为。对社会距离在社会排斥与归属感之间关系的直接研究较少，但是总结以往研究可以发现，社会排斥、归属感与社会距离存在紧密的联系。社会排斥会扩大社会距离，对外部陌生人（External Strangers），如外国人、移民和难民的排斥会缩小本民族内部的社会距离，但是会扩大民族间的社会距离，低社会经济地位的个体更倾向于排斥陌生人，也更倾向于在本族群与陌生人之间建立社会距离屏障。社会距离也是归属感的影响因素之一，宁连举等（2013）研究了在以人际关系为基础的社会性网络服务（Social Networking Service，SNS）社区中人际互动对用户持续使用意愿的影响效果。结果表明，包括社会距离在内的心理距离以及人际关系互动能够显著地影响归属感。

社会自我效能高的个体对自己的人际能力持有较高的评价，对自己建立和维持人际关系的能力更具有信心，具有较强的沟通能力和沟通主动性，能够勇敢面对社交场合中可能出现的问题，敢于直接、坦白地表达自己的感情和态度，并主动为自己争取公平的对待，拒绝无理要求，其社交成功的机会也更大。当遭受社会排斥等不公平对待时，高社会自我效能的个体会以积极主动的态度和有效的社交方式来为自己创造社交机会，通过缩小与他人或族群的社会距离，进而削弱社会排斥对社区归属感的负向影响。所以，本研究假设认为：

H2：社会自我效能感对社会排斥与社区归属感之间关系的调节效应通过社会距离的中介起作用（见图 5-1）。

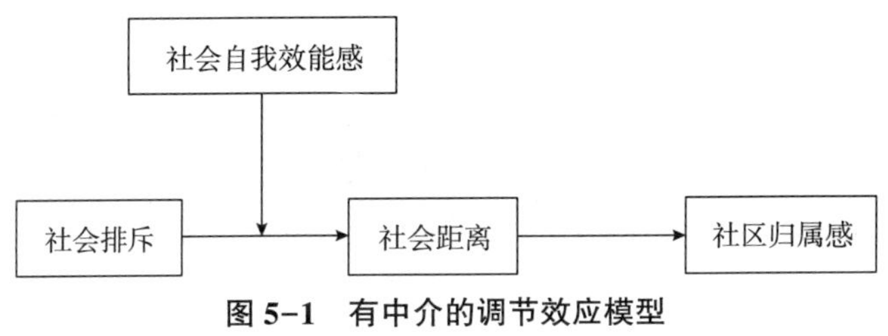


**图 5-1　有中介的调节效应模型**

## 二、研究方法

### （一）研究取样

在广州等地选择若干个居民区，以每个小区的常住居民为研究对象，采取街道办工作人员上门发放调研问卷的方式收集数据，对每个小区的同一批居民共进行三次问卷调研，并在三次调研中都要求被试记下手机号的后四位，以做最后的问卷配对。每次发放问卷 450 份，每两次调研间隔为 40 天，共发放问卷 1350 份。每次问卷回收后均剔除无效问卷，最终得到三次问卷均有效的被试人数为 340 人，平均每次的有效回收率为 75.56%。

### （二）研究工具及其信效度分析

本研究所采用的研究工具均来自国内外已有的成熟量表，问卷的信度和效度经过多次检验，均受到学界的一致认可。其中，社会排斥量表、社会距离量表、社会自我效能感量表、社区归属感量表都来源于已有文献，英文量表由一个编译小组进行翻译，并进行了回译比较，尽量保证问卷翻译的准确性，都采用李克特五点制计分。本研究所采用的研究量表如下：

1. 社会排斥量表

社会排斥量表来自根据 Stefan 等（2015）的职场排斥问卷和 UCLA 孤独感量表编制的社会排斥量表。此量表有七个题目，并根据本研究的对象对每个题项的描述进行了针对性的调整，例如本地人是否忽略外地人、本地人是否愿意和外地人一起就餐等。本研究的社会排斥得分采用第一次问卷调研的数据。量表信度：社会排斥量表的 α 值为 0.93，信度水平较高。量表效度：对单维社会排斥量表的七个题项进行因素分析，结果显示 KMO = 0.89，

Bartlett 球体检验 $p<0.01$，适合做因素分析。按 Promax 转轴法得到旋转后特征值大于 1 的因子共一项，解释了 73.28%的变异，说明量表的结构效度较好。

2. 社会距离量表

社会距离量表改编自 Lee 等（1996）开发的反转社会距离量表。此量表包括六个题项，并根据本研究的对象对每个题项的描述进行了针对性的调整，如本地人是否愿意与外地人通婚或者做亲戚、本地人是否愿意外地人参与社区的管理。本研究社会的距离得分采用第二次问卷调研的数据。量表信度：社会距离量表的 α 值为 0.926，信度水平较高。量表效度：对单维社会距离量表的六个题项进行因素分析，结果显示 KMO = 0.89，Bartlett 球体检验 $p<0.01$，适合做因素分析。按 Promax 转轴法得到旋转后特征值大于 1 的因子共一项，解释了 71.16%的变异，说明量表的结构效度较好。

3. 社区归属感量表

社区归属感量表采用桂勇和黄荣贵（2008）测量社区归属感的量表，共六个题目，并根据本研究的实际情况对每个题项的描述进行了适当的调整，如是否关心这里发生的事情，是否喜欢居住的这个地方。本研究的社区归属感得分采用第三次问卷调研的得分。在问卷调研时将社区界定为被试所在的街道办。量表信度：社区归属感量表的 α 值为 0.894，信度水平较高。量表效度：对单维社区归属感量表的六个题项进行因素分析，结果显示 KMO = 0.87，Bartlett 球体检验 $p<0.01$，适合做因素分析。按 Promax 转轴法得到旋转后特征值大于 1 的因子共一项，解释了 70.71%的变异，说明量表的结构效度较好。

4. 社会自我效能量表

孟慧和范津砚（2006）对 Smith 和 Betz（2000）开发的量表进行了修订，修订后的单维度量表共有 18 题，如是否有信心主动与不太认识的人攀谈、是否有信心将自己置于新的社交场合。本研究的社会自我效能感得分采用第二次问卷调研的得分。量表信度：社会自我效能量表的 α 值为 0.912，信度水平较高。量表效度：对单维社会自我效能量表的 18 个题项进行因素分析，结果显示 KMO = 0.9，Bartlett 球体检验 $p<0.01$，适合做因素分析。按 Promax 转轴法得到旋转后特征值大于 1 的因子共一项，解释了 68.52%的变异，说明量表的结构效度较好。

### （三）共同方法偏差检验

由于本研究的自变量和中介变量均为被试的自我报告，可能存在共同方法偏差问题。因此，首先进行了程序控制，如在问卷设计中平衡了题项的顺序效应，施测时告知受试者参与研究的匿名性，在填答问卷时凭第一感觉作答等。其次，对收集的数据进行了统计控制。先进行单因素因子分析，在未旋转的情况下，探索性因子分析得到五个因子，第一因子的解释力度较低，仅为 24.48%。再运用 Amos21.0，将共同方法因子作为一个潜变量加入结构方程模型，比较潜变量加入前后模型拟合度的变化。分析结果显示，模型加入潜变量之前的拟合度（$\chi^2/df=5.128$，CFI = 0.921，GFI = 0.903，RMSEA = 0.142）与加入潜变量后的拟合度（$\chi^2/df=6.013$，CFI = 0.904，GFI = 0.893，RMSEA = 0.135）差距不大，由此说明，不存在共同方法偏差。

### （四）区分效度的验证性因素分析

本研究采用 Mplus7 对所有变量进行验证性因素分析，以检验变量间的区分效度。本研究比较了四因素修正模型、四因素模型、三因素模型、二因素模型与单因素模型的拟合情况。四因素模型根据项目间误差的协方差相关对模型进行了一定的修正，结果如表 5-1 所示。

**表 5-1　变量的验证性因素分析结果**

| | $\chi^2$ | df | $\chi^2/df$ | RMSEA | SRMR | TLI | CFI |
|---|---|---|---|---|---|---|---|
| 单因素模型 | 5760.194 | 629 | 9.158 | 0.198 | 0.091 | 0.582 | 0.605 |
| 二因素模型 | 5592.181 | 628 | 8.905 | 0.196 | 0.088 | 0.590 | 0.613 |
| 三因素模型[1] | 4688.791 | 626 | 7.490 | 0.185 | 0.081 | 0.635 | 0.657 |
| 三因素模型[2] | 3329.524 | 626 | 5.319 | 0.166 | 0.052 | 0.705 | 0.723 |
| 三因素模型[3] | 4368.498 | 626 | 6.978 | 0.181 | 0.089 | 0.651 | 0.672 |
| 四因素模型 | 2744.530 | 623 | 4.405 | 0.069 | 0.086 | 0.834 | 0.851 |
| 四因素修正模型 | 2389.704 | 613 | 3.898 | 0.058 | 0.049 | 0.895 | 0.919 |

注：N = 340；二因素模型是将社会排斥、社会距离、社会自我效能感作为一个因素，社区归属感作为一个因素；三因素模型[1]是将社会排斥与社会自我效能感作为一个因素，社会距离作为一个因素，社区归属感作为一个因素；三因素模型[2]是将社会排斥与社会距离作为一个因素，社会自我效能感作为一个因素，社区归属感作为一个因素；三因素模型[3]是将社会自我效能感和社会距离作为一个因素，社会排斥作为一个因素，社区归属感作为一个因素；修正模型是指根据 MI 指数，在同一因素内部的项目之间建立了误差相关。

如表 5-1 所示，四因素修正模型相比四因素模型，df 减少 10，但 $\chi^2$ 值减少 354.826，说明四因素修正模型拟合显著好于四因素模型。此外，四因素修正模型的各项拟合指数表现最好，且 RMSEA = 0.058 < 0.08，TLI = 0.895，CFI = 0.919，均大于 0.85。

## 三、研究结果及分析

### （一）样本分布情况

样本分布情况是，男性占比 42.35%，略少于女性；被试年龄集中分布于 20~29岁，占比 73.53%；学历多数为本科，占比 72.94%；月工资集中分布在 1800~6700 元，即处于最低工资标准与平均工资之间，占比 86.47%；居住时间在三年以下的累计占比 62.65%；在居民身份方面，无户口的外地人居多，累计占比 72.94%。

### （二）相关分析

为了防止多重共线性问题，对全部变量进行了中心化处理。相关分析表明，社会排斥与社会距离、社区归属感、社会自我效能感显著负相关，社会距离与社会自我效能感、社区归属感显著正相关，社区归属感与社会自我效能感显著正相关，相关分析结果如表 5-2 所示。

**表 5-2　相关系数矩阵**

| | 1 | 2 | 3 | 4 |
|---|---|---|---|---|
| 社会排斥 | | | | |
| 社会距离 | -0.894** | | | |
| 社区归属感 | -0.884** | 0.955** | | |
| 社会自我效能感 | -0.736** | 0.738** | 0.743** | |

注：* $p< 0.05$，** $p< 0.01$。

### （三）假设检验

在进行假设检验之前，先把控制变量转换成虚拟变量，如表 5-3 所示。

**表 5-3　设置虚拟变量**

| 变量 | 类别 | 赋值 |
| --- | --- | --- |
| 性别 | GEN | |
| | 男 | 1 |
| | 女 | 0 |
| 年龄（岁） | AGE | |
| | ≤29 | 1 |
| | ≥30 | 0 |
| 学历 | EDU | |
| | 专科及以下 | 1 |
| | 本科及以上 | 0 |
| 月工资（元） | PAY | |
| | <1800 | 1 |
| | ≥1800 | 0 |
| 居住时间（年） | LEN | |
| | ≤3 | 1 |
| | >3 | 0 |
| 身份 | ID | |
| | 有户口的外地人 | 1 |
| | 无户口的外地人 | 0 |

注：由于年龄、学历、月工资、居住时间的分类较多，为简化分析结果，将各个控制变量重新进行了分类合并。

有中介的调节效应模型成立需满足三个条件（温忠麟等，2013）：①方程 1 中，做社区归属感对社会排斥、社会自我效能感以及二者乘积项的回归，社会排斥与社会自我效能感乘积项的系数显著，说明调节效应显著；②方程 2 中，做社会距离对社会排斥、社会自我效能感以及二者乘积项的回归，乘积项的系数显著；③方程 3 中，做社区归属感对社会排斥、社会距离、社会自我效能感及社会自我效能感与社会排斥的乘积项的回归，社会距离的系数显著，如果此时乘积项的系数不显著，则调节效应完全通过中介效应影响因变量。有中介的调节效应其重心还是调节效应，所以首先检验调节效应，然后检验调节效应是否通过中介变量起作用（见表 5-4）。

表 5-4　社会自我效能对社会距离的中介效应的调节作用检验

| | 方程 1 社区归属感（因变量） | | 方程 2 社会距离（因变量） | | 方程 3 社区归属感（因变量） | |
|---|---|---|---|---|---|---|
| | β | t | β | t | β | t |
| GEN | 0. 012 | 0. 382 | 0. 020 | 0. 123 | 0. 017 | 0. 010 |
| AGE | 0. 033 | 0. 523 | 0. 025 | 0. 244 | 0. 029 | 0. 232 |
| EDU | -0. 121 | -0. 833 | -0. 113 | -0. 924 | -0. 104 | -0. 922 |
| PAY | -0. 128* | -2. 153 | -0. 093 | -0. 092 | -0. 113 | -0. 919 |
| LEN | -0. 301 | 1. 492 | -0. 216* | -3. 223 | -0. 225 | -0. 992 |
| ID | 0. 112 | 0. 942 | 0. 094 | 0. 212 | 0. 109 | 0. 838 |
| 社会排斥 | -0. 896*** | -26. 502 | -0. 955*** | -32. 328 | -0. 169*** | -3. 296 |
| 社会自我效能感 | 0. 243*** | 7. 884 | 0. 224*** | 8. 319 | 0. 073** | 2. 862 |
| 社会排斥×社会自我效能感 | -0. 304*** | -11. 303 | -0. 358*** | -15. 266 | -0. 031 | -1. 179 |
| 社会距离 | | | | | 0. 762*** | 16. 307 |
| $R^2$ | 0. 874*** | | 0. 889*** | | 0. 918*** | |
| F | 22. 176 | | 29. 437 | | 34. 237 | |

注：* p<0. 05，** p<0. 01，*** p< 0. 001。

分层回归分析如表 5-4 所示，结果显示，所有变量的方差膨胀因子均小于 1，因此说明不存在多重共线性问题。①在方程 1 中，社会排斥对社区归属感的负向影响是显著的（β=-0. 896，t=-26. 502，p<0. 001），社会排斥与社会自我效能感的乘积项的系数显著（β=-0. 304，t=-11. 303，p< 0. 001），说明社会自我效能感对社会排斥与社区归属感之间关系的负向调节效应是显著的，假设 H1 得到验证。②在方程 2 中，社会排斥与社会自我效能感的乘积项的系数显著（β=-0. 358，t=-15. 266，p < 0. 001），且社会排斥显著地负向影响社会距离（β=-0. 955，t=-32. 328，p<0. 001）。③在方程 3 中，社会距离的系数显著（β=0. 762，t=16. 307，p<0. 001），同时社会排斥与社会自我效能感的乘积项系数不显著（β=-0. 031，t=-1. 179，p >0. 05），说明社会自我效能感对社会排斥与社区归属感之间关系的调节作用完全通过社会距离的中介效应起作用，据此假设 H2 得到验证。

### 四、本研究的初步结论

本研究首先验证了社会排斥对社会距离和社区归属感的负向影响，这与以往的研究结论是一致的；其次证明了社会自我效能感能够调节社会排斥与社区归属感之间的关系；最后证实了社会自我效能感对社会排斥与社区归属感之间关系的调节作用能够通过社会距离的中介效应起作用。这启示我们，尽管社会排斥会扩大社会距离并且降低个体的社区归属感，但是能够通过鼓励不同群体间的社区交往和友好往来，同时增强外来人口和弱势群体的社交自信心，为他们的社会交往创造条件，打破可能阻碍不同群体间互动的制度障碍、社会障碍、身份障碍，来缩小社会距离和增强对当地社区的归属感。

## 第三节　有调节的中介效应在社会排斥对社区归属感中的作用

### 一、研究假设

Cohen 和 Wills（1985）在研究社会支持对幸福感的影响机制时，提出了两种解释模型：主效应模型和缓冲效应模型。主效应模型认为，社会支持积极影响幸福感是因为个体所在的社会网络能够让个体避免消极的经历（Negative Experiences），进而减少了生理或心理失调的可能性，并让个体认识到自己的价值（Self-worth），社会支持从心理学的视角被概括为社会互动、社会整合和关系奖励。缓冲效应模型认为，一方面，社会支持可以通过减少对压力的评估来调节压力事件与压力反应之间的关系，因为个体感受到自己可以接受到的帮助和支持越多，其感受到的压力的消极影响也越弱，越认为自己具有更强的应对能力。另一方面，社会支持也能够通过提供解决问题的路径来缓和压力带来的影响。社会排斥和社会距离的扩大都会给个体带来心理压力，威胁个体的归属需求，但是社会支持能缓冲社会距离的拉大带来的消极感受。

实验研究也证明，社会支持能够减少个体的孤独感，提高生活满意度和归属感。Martin 等(1997)调查了美国和瑞典百岁以上老人的孤独感状况,发现社会支持能够有效地负向预测孤独感。Shams(2001)的研究也证明了大学生的孤独感与各社会支持之间显著负相关。已有研究表明，城市老年人的社会支持网络能够积极影响生活满意度。对大学生的社会支持的研究发现，有效的社会支持可以充分减少孤独感带来的压力（刘玉新等，2005）。另一项有关大学生社会支持的研究也发现，学校方面的支持和学校归属感之间密切相关（Osterman，2000）。对大学生网络社会支持与网络社区归属感的研究表明，网络社会支持和网络虚拟幸福感都能积极影响网络社区归属感，而且社会支持的影响效果更强，同时，网络社会支持还能够通过虚拟幸福感的中介作用来影响网络社区归属感。

社会支持的本意就是使个体感受到爱和尊重，并使其感受到自己归属于某一个社会网络，在需要时提供相互帮助。社会排斥和社会距离的扩大都会给个体造成心理压力，降低个体的主观幸福感和生活满意度，威胁个体对所在社区的归属感和情感认同，但是，当个体知觉到他人会给自己提供适当的支持时，这将有助于减轻压力带来的情绪和生理反应，促进个体更好地融入所在的群体和社区。因此，本研究假设：

H3：社会距离在社会排斥与社区归属感之间起中介作用。

H4：社会支持感能够调节社会距离在社会排斥与社区归属感之间的中介效应。社会支持感越高，社会距离对社区归属感的影响越弱（见图 5-2）。

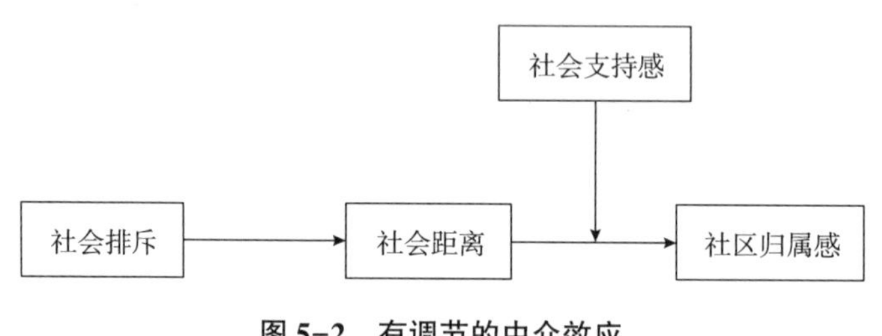


**图 5-2 有调节的中介效应**

## 二、研究方法和过程

### （一）研究取样

在广州以外来人口为研究对象，采用街道办工作人员上门发放问卷的方式，共发放问卷 450 份，回收有效问卷 424 份，有效回收率 94. 22%。

### （二）研究工具及信效度分析

1. 社会排斥量表

社会排斥量表同样来自根据 Stefan 等（2015）的职场排斥问卷和 UCLA 孤独感量表编制的社会排斥量表。量表信度：社会排斥量表的 α 值为 0.897，信度水平较高。量表效度：对单维社会排斥量表的七个题项进行因素分析，结果显示 KMO=0.85，Bartlett 球体检验 $p<0.01$，适合做因素分析。按 Promax 转轴法得到旋转后特征值大于 1 的因子共一项，解释了 66.31%的变异，说明量表的结构效度较好。

2. 社会距离量表

社会距离量表同样采用 Lee 等（1996）的 RSDS 问卷。量表信度：社会距离量表的 α 值为 0.902，信度水平较高。量表效度：对单维社会距离量表的六个题项进行因素分析，结果显示 KMO=0.911，Bartlett 球体检验 $p<0.01$，适合做因素分析。按 Promax 转轴法得到旋转后特征值大于 1 的因子共一项，解释了 74.33%的变异，说明量表的结构效度较好。

3. 社区归属感量表

社区归属感量表同样采用桂勇和黄荣贵（2008）测量社区归属感的量表，共六个题目。在问卷调研时将社区界定为被试所在的街道办。量表信度：社区归属感量表的 α 值为 0.843，信度水平较高。量表效度：对单维社区归属感量表的六个题项进行因素分析，结果显示 KMO=0.83，Bartlett 球体检验 $p<0.01$，适合做因素分析。按 Promax 转轴法得到旋转后特征值大于 1 的因子共一项，解释了 67.21%的变异，说明量表的结构效度较好。

4. 社会支持感量表

社会支持感量表采用 Zimet（1987）编制的社会支持量表。共 12 个题目，如在我遇到困难时有人会出现在我的身旁、我的朋友能够帮助我、我的家庭能帮助我等。采用李克特五点制量表计分。量表信度：社会支持感量表的 α 值为 0.932，信度水平较高。量表效度：对单维社会支持感量表的 12 个题项进行因素分析，结果显示 KMO=0.921，Bartlett 球体检验 $p<0.01$，适合做因素分析。按 Promax 转轴法得到旋转后特征值大于 1 的因子共一项，解释了 70.04%的变异，说明量表的结构效度较好。

### （三）共同方法偏差检验

由于本研究中的自变量和中介变量均为被试的自我报告，可能存在共同方法偏差问题。因此，首先进行了程序控制，在问卷设计中平衡题项的顺序效应，施测时告知受试者参与研究的匿名性，在填答问卷时凭第一感觉作答等。其次，对收集的数据进行了统计控制。先进行单因素因子分析，在未旋转的情况下，探索性因子分析得到六个因子，第一因子的解释力度较低，为33.37%。然后，运用Amos21.0，将共同方法因子作为一个潜变量加入结构方程模型，再比较潜变量加入前后模型拟合度的变化。分析结果显示，加入潜变量之前的拟合度（$\chi^2/df=4.202$，CFI = 0.912，GFI = 0.897，RMSEA = 0.130）与加入潜变量后的拟合度（$\chi^2/df=4.732$，CFI=0.893，GFI=0.867，RMSEA=0.109）差距不大，由此说明，不存在共同方法偏差问题。

### （四）区分效度的验证性因素分析

本研究采用Mplus7.0对所有变量进行验证性因素分析，以检验变量间的区分效度。本研究比较了四因素修正模型、四因素模型、三因素模型、二因素模型与单因素模型的拟合情况。四因素模型根据项目间误差的协方差相关对模型进行了一定修正，结果如表5-5所示。

**表5-5　变量的验证性因素分析结果**

| | $\chi^2$ | Df | $\chi^2/df$ | RMSEA | SRMR | TLI | CFI |
|---|---|---|---|---|---|---|---|
| 单因素模型 | 5706.428 | 629 | 9.072 | 0.138 | 0.143 | 0.410 | 0.442 |
| 二因素模型 | 5131.0393 | 628 | 8.170 | 0.131 | 0.139 | 0.476 | 0.505 |
| 三因素模型[1] | 786.432 | 626 | 6.048 | 0.110 | 0.125 | 0.631 | 0.653 |
| 三因素模型[2] | 3171.944 | 626 | 5.065 | 0.098 | 0.071 | 0.703 | 0.720 |
| 三因素模型[3] | 3747.107 | 626 | 5.986 | 0.109 | 0.115 | 0.635 | 0.657 |
| 四因素模型 | 2254.230 | 623 | 3.618 | 0.079 | 0.056 | 0.808 | 0.821 |
| 四因素修正模型 | 1953.533 | 621 | 3.145 | 0.071 | 0.054 | 0.843 | 0.854 |

注：N=424；二因素模型是将社会排斥、社会距离、社会自我效能感作为一个因素，社区归属感作为一个因素；三因素模型[1]是将社会排斥与社会自我效能感作为一个因素，社会距离作为一个因素，社区归属感作为一个因素；三因素模型[2]是将社会排斥与社会距离作为一个因素，社会自我效能感作为一个因素，社区归属感作为一个因素；三因素模型[3]是将社会自我效能感和社会距离作为一个因素，社会排斥作为一个因素，社区归属感作为一个因素；修正模型是指根据MI指数，在同一因素内部的项目之间建立了误差相关。

如表 5-5 所示，四因素修正模型相比四因素模型，df 减少 2，但 $\chi^2$ 值减少 300.697，说明四因素修正模型拟合显著好于四因素模型。此外，四因素修正模型各项拟合指数显著优于其他模型，且 RMSEA = 0.071 < 0.08，TLI = 0.843，CFI = 0.854，均大于 0.8。

## 三、研究结果及分析

### （一）样本的相关分析

样本分布情况是，男性占比 24.9%，少于女性；被试年龄集中分布于 20~29 岁，占比 73.6%；学历集中分布于本科，占比 58.5%；月工资集中分布在 1800~6700 元，即处于最低工资标准与平均工资之间，占比 89.7%；居住时间在三年以下的累计占比 44.8%；在居民身份方面，无户口的外地人居多，累计占比 52.5%。

在相关分析之前对全部变量进行了中心化处理。社会排斥与社会距离、社区归属感、社会支持感显著负相关，社会距离与社区归属感、社会支持感显著正相关，社区归属感和社会支持感显著正相关。相关分析结果如表 5-6 所示。

**表 5-6　相关系数矩阵**

| | 1 | 2 | 3 | 4 |
|---|---|---|---|---|
| 社会排斥 | | | | |
| 社会距离 | -0.509** | | | |
| 社区归属感 | -0.313** | 0.395** | | |
| 社会支持感 | -0.284** | 0.301** | 0.514** | |

注：** $p< 0.01$。

### （二）假设检验

在假设检验之前，先把控制变量转换成虚拟变量，假设检验的结果如表 5-7所示。

表 5-7　社会支持感对社会距离的中介效应的调节作用检验

| | 方程 1 社区归属感（因变量） | | 方程 2 社会距离（因变量） | | 方程 3 社区归属感（因变量） | | 方程 4 社区归属感（因变量） | |
|---|---|---|---|---|---|---|---|---|
| | β | t | β | t | β | t | β | t |
| GEN | -0.078 | -1.735 | 0.018 | 0.369 | -0.077 | -1.767 | -0.077 | -1.764 |
| AGE | 0.104* | 2.119 | 0.000 | 0.007 | 0.101* | 2.108 | 0.099* | 2.061 |
| EDU | -0.105* | -2.134 | -0.048 | -0.879 | -0.094 | -1.960 | -0.094 | -1.965 |
| PAY | 0.015 | 0.341 | 0.107* | 2.118 | -0.007 | -0.0160 | -0.006 | -0.140 |
| LEN | -0.096* | -2.159 | 0.023 | 0.460 | -0.098* | -2.254 | -0.097* | -2.227* |
| ID | -0.171* | -2.880 | -0.015 | -0.228 | -0.171* | -2.946 | -0.174* | -2.977* |
| 社会排斥 | -0.146** | -3.141 | -0.452*** | -9.029 | -0.119 | -1.193 | -0.058 | -1.157 |
| 社会支持感 | 0.510*** | 11.156 | | | 0.478*** | 10.548 | 0.480*** | 10.539 |
| 社会距离 | | | | | 0.207*** | 4.183 | 0.205** | 4.137 |
| 社会支持感×社会距离 | | | | | | | 0.112* | 2.415 |
| $R^2$ | 0.364 | | 0.203 | | 0.367 | | 0.394 | |
| F | 22.070*** | | 11.603*** | | 20.540*** | | 22.627*** | |

注：* $p<0.05$，** $p<0.01$，*** $p<0.001$。

有调节的中介效应是指中介效应在调节变量上有大小或者方向上的变化，有调节的中介模型包含有中介的调节模型（Preacher，Rucker & Hayes，2007）。有调节的中介效应成立需要满足四个条件：①方程 1 中，做社区归属感对社会排斥、社会支持感的回归，社会排斥的系数显著；②方程 2 中，做社会距离对社会排斥的回归，社会排斥的系数显著；③方程 3 中，做社区归属感对社会排斥、社会距离、社会支持感的回归，社会距离的系数显著，说明社会距离在社会排斥与社区归属感之间的中介效应显著；④方程 4 中，做社区归属感对社会排斥、社会距离、社会支持感以及社会支持感与社会距离的乘积项的回归，并且乘积项的系数显著。有调节的中介效应模型的关键是中介效应，所以，首先检验中介效应，其次检验中介效应是否受到调节变量的调节。

分层回归分析如表 5-7 所示，结果显示，所有预测变量方差膨胀因子均不高于 1，因此，多重共线性问题不存在。①在方程 1 中，社会排斥对社区归属感的负向影响显著（$\beta=-0.146$，$t=-3.141$，$p<0.01$），说明随着社会排斥的增加，社区归属感会显著降低。②在方程 2 中，社会排斥对社会距离的负向影响显著（$\beta=-0.452$，$t=-9.029$，$p<0.001$），说明随着社会排斥的上升，社会距离的得分会下降。③在方程 3 中，社会距离对社区归属感的正向影响显著（$\beta=0.207$，$t=4.183$，$p<0.001$），同时社会排斥对社区归属感的影响不再显著（$\beta=-0.119$，$t=-1.193$，$p>0.05$），说明社会距离在社会排斥与社区归属感之间起完全中介效应，表明社会排斥不仅可以直接影响社区归属感，还可以通过社会距离来间接影响社区归属感，假设 H3 成立。④在方程 4 中，社会距离与社会支持感的乘积项对社区归属感的正向影响显著（$\beta=0.112$，$t=2.415$，$p<0.05$），调节效应的 $\Delta R^2=0.027$，额外解释了 2.7%的差异，使解释率由原来的 36.7%上升到 39.4%，说明社会支持感对社会距离在社会排斥与社区归属感之间的中介效应具有调节作用，据此假设 H4 得到验证。

# 第四节　讨论和结论

## 一、本研究的讨论

### （一）社会自我效能感的调节效应

根据 Williams（2007）的需要—威胁时间模型，社会排斥会威胁个体的归属感，遭受社会排斥的个体会更倾向于采取社交回避模式，社会排斥也会降低个体的亲社会行为，增加个体的攻击性行为倾向。另外，社会排斥也会显著地扩大社会距离，降低不同群体间通婚、建立亲密关系、社会交往的可能性，这首先在不同的种族间得到证实。较大的社会距离会导致较为疏远的人际关系，使弱势群体无法融入当地社会，降低个体的生活满意度。研究 1 的结果表明，社会自我效能感能够调节社会排斥对社区归属感的负向影响，社会自我效能感对社会排斥与社区归属感之间关系的调节效应能够通过社会距离的中介效应起作用。国内对自我效能感调节作用的研究大多集中于组织行为学领域。例如，杨付和张丽华（2012）研究了团体沟通、工作不安全气氛、创新自我效能感对团体成员创新行为的影响，发现团体沟通和工作不安全气氛对团队成员创新行为均具有倒 U 型影响，同时，创新自我效能感能够调节这种倒 U 型关系。有关工作不安全感对员工建言行为的影响以及自我效能感对二者关系的调节作用的研究结果表明，自我效能感积极地影响员工建言行为，同时，自我效能感能够调节工作不安全感与建言行为之间的关系。本研究进一步表明，社会排斥负向影响社会距离和社区归属感，社会距离正向影响社区归属感。因此，这种理论得到较好的验证。

### （二）社会支持感能够调节社会距离的中介效应

关于社会支持对社会排斥与社区归属感之间关系的调节作用的直接研究较少，目前已有研究讨论社会支持感与主观幸福感和生活满意度之间的关系，也有研究证明了社会支持能够调节角色压力与幸福感（Well-being）的关系（Parasuraman et al.，1992）。当个体面临社会排斥带来的社交压力时，其社区归属感会受到消极影响，社会距离会缓和社会排斥对社区归属感的负向影响，但是，社会距离的这种缓和作用是否会随着感受到的社会支持的不同而变化需要进一步证实。研究 2 结果表明，社会距离在社会排斥与社区归属感之间确实起着重要的中介效应，同时社会支持感能够调节社会距离在社会排斥与社区归属感之间的中介效应。社会排斥能够通过社会距离的中介效应负向影响社区归属感。

## 二、本研究的结论

第一，社会排斥负向地影响社会距离和社区归属感，缩小社会距离可以增强社区归属感，社会自我效能感可以调节社会排斥对社区归属感的负向影响，同时社会自我效能感对社会排斥与社区归属感之间关系的调节效应能够通过社会距离的中介效应起作用。

第二，社会距离在社会排斥与社区归属感之间也起到了中介作用，社会支持感能够有效地调节社会距离在社会排斥与社区归属感之间的中介效应。

## 三、本研究的意义

以往有关社会排斥与社区归属感之间关系的直接研究较多，但是，少有研究同时从个体因素与环境因素两个角度来考察社会排斥对社区归属感的影响。本研究不仅论证了社会排斥与社区归属感之间的关系，还引入社会自我效能感作为调节变量，引入社会距离作为中介变量，探讨了社会自我效能感对社会排斥与社区归属感之间关系的调节效应，以及社会距离对该调节效应的中介作用，另外，也探究了社会距离对社会排斥与社区归属感之间关系的中介作用，以及社会支持感对该中介作用的调节效应。本研究同时探讨了社会排斥与社区归属感之间关系的有中介的调节模型和有调节的中介模型，具有一定的理论意义。

（崔有波、时勘）

# 第六章
# 生活满意度对于社会融合的影响机制研究

## 第一节　问题的提出

随着我国经济改革和城市化的发展，大规模人口流动成为中国新特色现象。庞大规模的人口涌入城市，在促进经济发展和国家现代化的同时，也带来了一系列社会融合过程中个体社会身份认同感和归属感的问题。外来人口往往渴望融入城市，但是由于自然背景（如气候、地理条件等）、社会环境（如文化、语言、生活方式、经济发展水平等）的巨大差异，很容易因为其“外地身份”产生距离而衍生出隔阂。近年来频发的负性社会事件表明，如果生活在同一片区域的外地人与本地人无法和谐共处，则有可能引发罢工、违法犯罪、暴力事件等一系列社会问题。因此，如何降低日益凸显的社会排斥带来的隐患，已成为研究者高度关注的话题。被群体接纳、建立并维系积极的人际关系是人类的最基本需求，与这一客观需求相对立的现实却是，大量研究结果表明，社会排斥广泛存在于人类生活中，几乎发生在我们生活中的每一天。社会排斥不仅会引发个体的负性情绪（如受伤感、心理烦恼、痛苦知觉等），影响心理健康（如导致抑郁、焦虑、孤独）（McGraw K.，2016；Bastian B.，Jetten J.，Chen H.，et al.，2013），同时也会干扰个体日常的饮食、睡眠等，导致生活质量问题，继而改变个体对生活与工作的感知与评价。生活满意度是个体生存发展状况的晴雨表，其评判往往是基于个人整体的、内在的视角标准进行比较得出，并且涉及个体如何感知未来生活，是主观衡量生活质量的重要指标。已有研究更多集中于社会排斥对心理健康、主观幸福感的影响，但对于研究对象却并未进行细致的划分。虽然已有文献指出了外来人口的城市融合对于城市发展具有重要作用（秦昕、张翠莲和马力等，2011），但专门针对外来人口在城市融合过程中可能遇到的更多的社会排斥现象如何影响其融入城市的生活质量，尤其是二者间作用机制的研究则较为缺乏。鉴于此，本研究关注外地人口并考察此群体感知到的社会排斥对其生活满意度及其内在作用机制的影响，以及生活满意度对于社会融合的作用机制。

在影响人际关系质量的诸多自我概念因素中，社会自我效能感是重要的心理因素之一。社会自我效能感体现了个体对自己能够建立并维持社会关系的信心程度，受人际反馈影响，并决定个体投入多少社交活动。然而，目前对成人的社会自我效能感却知晓很少。一项针对青少年群体的研究发现，生活压力降低了青少年的社会自我效能感，导致玩手机成瘾（Chiu S.，2014）。社会排斥往往降低自我效能感，而情绪在一定程度上会影响个体对其社会自我效能感的判断。Erozkan 和 Deniz（2012）的研究表明，失望消极的情绪会降低个体的社会自我效能感，进而改变对生活满意度的感知。需要—威胁的时间模型也曾指出，社会排斥会影响个体的效能需求。因此，本研究试图从社会自我效能感的视角来解读社会排斥的传导机制，即检验社会自我效能感对“社会排斥—生活满意度”的中介作用。

与社会自我效能感这一个体内部资源相对，社会支持作为一种外部支持资源，是自我效能感、主观幸福感相关研究的一个重要变量（宋佳萌和范会勇，2013）。社会支持能够使个体在需要时提供帮助，给予其归属感与尊重。需要—威胁的时间模型认为，社会排斥并不产生单一的反应倾向，其结果复杂甚至矛盾，排斥后个体的心理感受、行为表现取决于不同需求的制约效应（Wirth J. H. & Williams K. D.，2009）。我们认为，社会支持可能是社会排斥事件中影响个体内在资源与生活满意度间关系的一个重要调节变量。因此，本研究尝试检验社会支持对生活满意度的调节效应。

我国在快速人口城市化和城乡结构转变的过程中，人们心理层面引发的社会矛盾日益激烈，如何协调群际关系、打破人际间心理壁垒、预防和缓解社会排斥现象，从而最终推进和谐社会进程是摆在研究者面前的重要任务。回顾文献可知，引入社会自我效能感这一新的变量，并同时考虑社会排斥对三个变量（生活满意度、社会自我效能感、社会支持）的影响及作用机制，有待进一步的实证探讨。基于以上分析，本研究试图考察社会排斥影响外来人口群体生活满意度的中介心理机制，并进一步探索机制的边界条件，以期为缓解社会排斥问题提供理论依据和实践指导。

## 第二节　相关研究述评和研究假设

### 一、社会排斥

社会排斥是指在人际交往中，个体被拒绝或驱逐的状态，没有解释且不伴随明确表示不喜欢，是一种人际相互作用中的嫌恶现象。社会排斥的发生可能是有意的，也可能是无意的。Williams（2007）将与生存进化目的无直接相关的社会排斥分为五类：①防御性排斥（Defensive Ostracism），由于个体怕被取代或预期将会被排斥，而采取的提前防御性质的排斥；②惩罚性排斥（Punitive Ostracism），以忽略或驱逐为手段，通过惩罚来强制遵守规范，旨在纠正有悖于群体规范的不恰当行为；③角色规定排斥（Role-prescribed Ostracism），由于特殊的角色性质被默认无须得到关注，如餐厅服务者的诸如倒水、上菜等行为十分容易受到顾客“理所当然”的忽视；④无意排斥（Oblivious Ostracism），是一种由于个体潜意识自动未分配注意导致的排斥，这种情况往往发生在地位悬殊的两方，权力等级较低一方没有表现出权力等级较高一方关注的特质而被忽略；⑤无排斥（Not Ostracism），指个体揣测或臆造出的事实不存在的排斥，如一个人向迎面走过的同事打招呼没有得到回应，当事人感知为排斥，而实情可能仅仅是由于对方在想心事。

大量研究发现，无论有意或无意排斥，上述任何一种形式的排斥都会对个体造成负面影响且具有累积效应，即使被排斥者实际上最终得到了物质利益，只要感知到社会排斥都会或多或少引发个体的痛苦感受（Hales A. H., Kassner M. P., Williams K. D., et al., 2016），甚至一些微不足道的排斥细节，如路人的拒绝、社交网络中对方的未跟进回复、非自我认同的外群体的轻视都会引起负面情绪。社会排斥在带来情绪方面的烦恼与不知所措之外，在认知方面也会导致个体处于解构状态，更少进行意义性的思考，伴随自我意识减弱，在行为方面表现出嗜睡、情绪躲避，寻求庇护等。相关神经机制的研究发现，身体遭受的物理疼痛与遭受社会排斥的心理痛苦激活相同的大脑区域，暗示着社会排斥本质是一种“社会性疼痛”（Social Pain）（Eisenberger N. I.，Lieberman M. D.，Williams K. D.，2003）。另外，社会排斥对个体产生的影响还会随着时间的推移而变化。排斥初期，个体往往行为反应激烈，表现出侵略性的反社会行为（Williams K. D.，Wesselmann E. D.，2011），或者，则是完全相反的反应——在极其强烈的归属愿望驱使下而不区分对象地讨好他人，过程中伴随短暂性精神紧张，对健康形成潜在功能性紊乱破坏（Williams K. D.，2007）。长期的社会排斥高度预测抑郁、社交焦虑、孤独等心理健康疾病，慢性作用中造成个体习得性无助，视其存在为负担，自身价值评价较低。此外，症状还表现为对威胁信号过度敏感和自主疏远他人。最终，社会排斥会改变某些人格特质（如显著降低宜人性）。值得一提的是，社会排斥与人格因素互为因果，低宜人性既是引发社会排斥的原因，也是社会排斥造成的结果，神经质得分高的个体在面临排斥时情绪更为悲痛。综上所述，在短期社会排斥中，人们设法抗争、寻求归属、引起他人注意、自我提升；而在长期社会排斥中，个体将形成较低的自我价值感与习得性无助，逐渐接受人际距离与孤独，以淡漠退缩的处理方式逃避更多的社会排斥。

## 二、社会排斥与生活满意度

生活满意度（Life Satisfaction）是指个体依据自己设定的标准对其生活状况的认知评估，是主观幸福感（Subjective Well-being）的认知判断部分，是基于整体而非当下感受的一种主观评价（Diener E.，Oishi S. & Lucas R. E.，2009）。在影响生活满意度的前因变量中，除了个体因素（如婚姻、工作、健康状况），还包括社区（邻里关系）以及整体社会环境的影响因素。已有研究表明，良好的人际交往及关系质量对幸福感评价具有较好的预测效果（龚玲、王鑫强和齐晓栋，2013），个体积极的人际网络会正向影响个体的生活满意度，消极的人际关系或较低的人际质量则会负向影响个体的生活满意度（Kwan V. S.，Bond M. H. & Singelis T. M.，1997）。从进化角度来看，人类相互依赖、社会联系和归属感是个体身心健康的核心要素，社交行为的潜层动力是对归属需要的满足。需要—威胁的时间模型（Williams K. D.，2009）以个体需求受到威胁的变化趋势，描述了一个人在遭受社会排斥后经历的三个阶段及其反应（反射阶段、反省阶段、退避阶段）。首先，排斥被监测到随

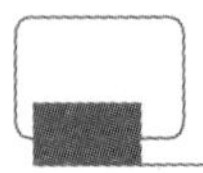



即引发个体条件反射般的痛苦。这种痛苦产生两种负性情绪——悲伤（Sadness）和愤怒（Anger），并威胁四种基本需求：归属（Belonging）、自尊（Self Esteem）、控制感（Control）、存在意义感（Meaningful Existence）。在反射阶段，任何形式的社会排斥被察觉都会给人以痛苦（如角色规定排斥），且这种负面作用具有普遍性，不受情境和个体差异的影响。其次，个体进入反省阶段，活动包括辨别来源、分析原因、评估情境、决定对策等。其中，采取的对策往往取决于威胁需求的类型。如果归属/自尊需求受到威胁，那么个体会为了增加自身吸引力而“社会化”，这时往往不加判别地屈从逢迎，即任人摆布。相反，如果控制/存在意义需求受到威胁，个体则会表现出坚决抵抗，甚至挑衅排斥群体，即负隅顽抗。可见，在反省阶段，个体归因不同，体验到的威胁不同，可能采取两种截然不同的行为。在情感受伤与自我怀疑的交织中，个体感受到一种难以控制的无力感，自尊降低，存在感和意义感被破坏，并体验到更深程度的紧张、焦虑、抑郁、沮丧等负面情绪。最后，如果长此以往，排斥持续并不断延长，需要始终得不到满足，个体则步入退避阶段。这时，个体资源殆尽而接受现实，形成疏离、抑郁、低价值的状态。社会排斥经历无疑是个体的一段不愉快记忆，而生活满意度反映了积极经验对一个人的影响，因此我们认为，社会排斥对个体引发的痛苦会降低个体的生活满意度。基于以上分析，本研究假设：

H1：社会排斥对个体生活满意度有显著负向影响。

## 三、社会自我效能感的中介作用

社会自我效能感（Social Self-efficacy）是人们对自己能够适应各种人际互动情境能力的判断和信心（顾佳旎、孟慧和范津砚，2014），属于自我效能感在社会情境下的表现，涉及的行为包括结交新友、社交情境中表现自信、追求浪漫爱情、接受并给予帮助、解决人际冲突等。Bandura（1997）认为，社会自我效能感表现为三个方面：①知晓哪些是恰当的社会行为；②社交活动中能有效表现出自信；③相信他人会对自己的互动信号有所反馈。社会自我效能感本质上是一种主观的、对社会交往有激励作用的个人信念。

社会自我效能感建立在个体以往的互动经验之上，很大程度上受人际反馈左右：付出没有回报、需求得不到满足的负性社交反馈系统能够降低个体的社会自我效能感。一系列实证研究表明，社会排斥引发的社交失落、社会焦虑、孤独感、抑郁、低自尊等均与自我效能感高度相关，这与需要—威胁的时间模型强调社会排斥对个体基本的效能需求的形成发挥着重要影响的观点一致。在工作场所，职场排斥（Workplace Ostracism）导致情绪衰竭和心理痛苦，破坏了自尊水平，从而降低工作满意度和主观幸福感（Wu L. Z.，Yim F. H. K. & Kwan H. K.，et al.，2012）。综上，我们认为社会排斥与社会自我效能感负相关。人类的幸福感根植于较高的自我效能感。一个人的自信水平能够影响对事物的看法与评价。有关自我效能感的研究已表明，自我效能感能够提高个体的心理健康水平（Meier L. L. & Semmer N. K.，2008）。专门针对社会自我效能感的研究近几年才逐渐增多，研究已证实，社会自我效能感对生活结果的多个变量具有很强的预测力，包括能够影响个体生活目标、跨文化适应力，并直接预测生活满意度。以中国人为被试的本土化研究结果显示，个体感知到的社会自我效能感得分与主观幸福感评价各个维度（生活满意度、积极情感、消极情感）均显著相关（Fan J.，Meng H. & Zhao B.，et al. ,2012）。综上，我们认为社会自我效能感与生活满意度正相关。

社会排斥与生活满意度存在稳定的关系，可能是通过某种心理资源而发挥作用。社会自我效能感是个体在社交方面的心理资源，它介于社会排斥类负性事件与个体生活整体评价之间，可以作为理解社会排斥与生活满意度之间关系的一个中介心理变量。因此，本研究假设：

H2：个体的社会自我效能感在社会排斥与生活满意度的关系中发挥中介作用。

## 四、社会支持的调节作用

社会支持（Perceived Social Support）是个体从社会关系网络（如家庭成员、朋友、组织、社区等）中所获得的物质帮助或精神支持。社会支持具有三个情感特点：①个体感到自己是关系网络中的一员；②个体体验到支持系统的关心；③社会支持满足了个体的自尊需求和价值感（Cobb S.，1976）。所谓“人生不如意十有八九”，在我们日常生活中不断面临的阻碍与挫折中，社会支持通常扮演着形成和维持幸福感的“缓冲器”角色。社会支持一方面对个体身心健康具有普遍的增益作用，另一方面能够在应激或长期负性情境中发挥保护作用。相关实证研究显示，充足的社会支持能够引导个体正向面对以化解工作和生活矛盾，增强个体信心以应对环境挑战，并且直接与个体的心理健康和生活感受相关，如主观幸福感、生活满意度（Cohen S. & Wills T. A.，1985）。相反，缺乏社会支持会直接导致诸如抑郁、痛苦等负面的心理状态，并破坏自我概念，即使较高的社会自我效能感也无法提升生活满意度。自我效能感的作用和意义通常会受到社会支持的影响，生活满意度的落实也随着社会支持水平的变化而变化。

对于本研究而言，我们推测在社会支持的不同水平下，社会自我效能感对生活满意度的影响具有差别，主观信心往往要在得到外界客观支持下才能发挥作用（Forsythe L. P.，Alfano C. M.，Kent E. E.，et al.，2014），进而影响个体的整体评价。因此，个体感知到的社会支持表现出能够加强或削弱社会自我效能感对生活满意度的影响，在其中起到调节作用。具体对于外地人而言，社会排斥可能通过降低个体社会自我效能感而对他们的生活满意度产生消极影响。但是，如果他们可以从外界获得足够的社会支持，那么，在人际关系中被损耗的资源就得到了及时补充，同时也呈现了一份相反于被排斥、被疏远等不受欢迎的客观证据，使得外地人得到了现实其他方面的肯定，社会自我效能感的作用得以充分发挥，最终维持了较高的生活满意度。随着社会支持的增加，社会自我效能感能够提高生活满意度，而缺乏社会支持的个体，生活满意度始终处于较低水平。

这里需要注意的是，不同类型的社会关系起到的作用存在差异。社会支持根据不同的结构可以进行多种划分，其中从来源的角度可分为家庭支持、朋友支持和其他支持。研究显示，亲疏距离带给个体的作用大小存在差异（林初锐、李永鑫和胡瑜，2004），而对于在外务工的外地人来说，家人、朋友等社会联系较紧密的群体对个体的影响远大于其他关系距离较为疏远的群体（如同事、同社区居民等）所产生的影响。基于以上分析，社会支持作为提升生活满意度的重要情境（背景）变量，在个体的社会自我效能感与生活满意度的关系中可能发挥着重要作用。因此，本研究假设：

H4a：家庭支持在社会自我效能感与生活满意度的关系中起调节作用，即个体感知到的家庭支持越强，社会自我效感能对生活满意度的影响越大，反之越小。

H4b：朋友支持在社会自我效能感与生活满意度的关系中起调节作用，即个体感知到的朋友支持越强，社会自我效感能对生活满意度的影响越大，反之越小。

# 第三节　本研究的实验设计

## 一、理论假设

本研究的理论假设模型如图 6-1 所示：

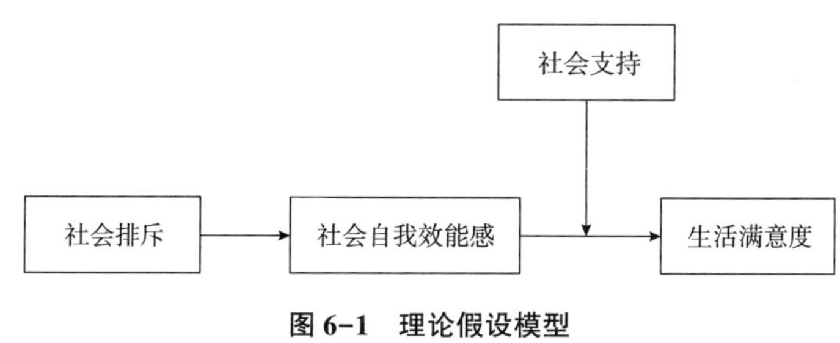


图 6-1　理论假设模型

## 二、研究方法

### （一）样本抽取与调查过程

本研究以广州市社区外地居民为研究对象，采用问卷调查法进行数据收集。研究者在该城区民政局相关人员的协助下，对该区居民进行入户调查。为减少共同方法偏差的影响，本研究采取了多时间点取样的方式获取数据（Lindell M. K. & Whitney D. J. , 2001），先后进行两次问卷调查，前后时间相隔一个月。第一次调查（T1）内容包括社会排斥、社会自我效能感、社会支持和相关人口统计学变量，第二次调查（T2）为个体的生活满意度。问卷填答完毕后由研究人员直接收回。

本研究共向 450 名社区外地居民发放两次问卷，第一次回收问卷 357 份，第二次回收问卷 321 份，回收率分别为 79. 33%和 71. 33%。将两次数据进行匹配，最终获得有效配对样本 174 份。其中，男性 41 名（23. 56%），女性 131 名（75. 29%），2 名（1. 15%）未提及性别。研究样本的年龄构成为 20 岁以下 1 人（0. 57%），20~29 岁 133 人（76. 44%），30~39 岁 30 人（17. 24%），40 岁以上 10 人（5. 75%）。以大专及以上学历为主（163 人，93. 68%），大部分人的薪酬集中在1800~6700元/月（163人，93.68%），即高于广东省人民政府公布的当年最低月工资标准，低于广东省月平均工资标准。

### （二）研究工具

为保证测量工具具有较高的信效度，本研究采用以往国内外研究中已经使用过的较为成熟的量表进行问卷调查。对于英文量表，本研究采用 Brislin（1980）的标准方法进行翻译和回译，以保证测量对等性。问卷中所有量表均采用李克特五点量表计分，从1到5符合程度逐渐增强。具体采用量表如下：

（1）社会排斥量表。该量表是根据 Ferris 等（2008）的社会排斥理论，采用 Stefan 等（2015）所开发的职场排斥量表和 Russell 等（1980）所开发的 UCLA 孤独感量表改编而来，共包括七个题项，包括“周围的人会忽视我”等题项。该量表的信度系数为0.89。

（2）社会自我效能感量表。该量表采用 Smith 和 Betz（2000）所编制的社会自我效能感量表（the Scale of Perceived Social Self-efficacy，PSSE）。为更适合中国情境，顾佳旎、孟慧和范津砚（2014）对该量表进行了中文版修订，量表为单维度结构，共包含18个题项，包括“是否有信心主动与不太认识的人攀谈”等题项。该量表的信度系数为0.93。

（3）社会支持感量表。该量表采用 Zimet 等（1988）编制的社会支持感量表，包括家庭支持、朋友支持和他人支持三个维度。本研究选择其中的家庭支持和朋友支持维度，每个维度各四个条目，包括“在有需要时，我能够从家庭获得感情上的帮助和支持”“在遇到困难时，我可以依靠我的朋友们”等题项。信度系数分别为0.87和0.92。

（4）生活满意度量表。该量表采用 Diener 等（1985）编制的生活满意度量表，共包括五个题项，如“我感觉，在很多方面自己的生活都比较理想”等。该量表的信度系数为0.86。

参考以往研究，本研究选取性别、年龄、受教育程度、月工资为控制变量。其中，个体的性别采用虚拟变量进行处理，将男性设为“1”，女性设为“0”。年龄分为五个等级进行测量，分别为：1=20岁以下，2=20~29岁，3=30~39岁，4=40~49岁，5=50岁及以上。受教育程度分为四个等级进行测量，分别为：1=高中及以下，2=专科，3=本科，4=硕士及以上。月工资分为三个等级进行测量，分别为：1=1800元以下，2=1800~6700元，3=6700元以上。

### （三）数据分析方法

本研究统计分析采用 SPSS20.0 和 Mplus7 软件。首先采用相关分析进行假设检验的初始测试；其次用验证性因子分析（CFA）进行模型比较，检验社会排斥、社会自我效能感和生活满意度三个变量是否相互独立；最后通过路径分析和层级回归进行假设检验。

# 第四节　研究结果及分析

## 一、相关分析

表6-1所示为本研究中各变量的均值、标准差以及相关系数。如表6-1所示，社会排斥与社会自我效能感之间呈负相关关系（$r=-0.297, p<0.01$），社会排斥与个体的生活满意度之间也呈负相关关系（$r=-0.248, p<0.01$），社会自我效能感与生活满意度之间呈正相关关系（$r=0.293, p<0.01$）。

表6-1　各变量的描述性统计、相关系数结果

| 变量 | 1 | 2 | 3 | 4 | 5 | 6 | 7 | 8 | 9 |
|---|---|---|---|---|---|---|---|---|---|
| 性别[a] | 1 | | | | | | | | |
| 年龄[b] | 0.015 | 1 | | | | | | | |
| 受教育程度[c] | 0.104 | -0.308** | 1 | | | | | | |
| 月工资[d] | 0.014 | -0.138 | 0.135 | 1 | | | | | |
| 社会排斥 | 0.050 | 0.020 | -0.117 | 0.093 | 1 | | | | |
| 社会自我效能感 | 0.035 | 0.014 | 0.066 | 0.082 | -0.297** | 1 | | | |
| 家庭支持感 | 0.014 | 0.102 | 0.021 | 0.011 | -0.232** | 0.517** | 1 | | |
| 朋友支持感 | -0.037 | -0.166* | 0.180* | 0.110 | -0.209** | 0.572** | 0.661** | 1 | |
| 生活满意度 | -0.010 | 0.095 | -0.106 | 0.011 | -0.248** | 0.293** | 0.258** | 0.150* | 1 |
| 平均值（M） | 0.250 | 2.300 | 2.580 | 1.950 | 2.117 | 3.836 | 4.121 | 4.135 | 3.524 |
| 标准差（SD） | 0.474 | 0.638 | 0.619 | 0.222 | 0.743 | 0.569 | 0.751 | 0.767 | 0.815 |

注：N = 174; * $p<0.05$； ** $p<0.01$。

[a]其中，1=男，0=女。

[b]其中，1=20岁以下，2=20~29岁，3=30~39岁，4=40~49岁，5 =50岁及以上。

[c]其中，1=高中及以下，2=专科，3=本科，4=硕士及以上。

[d]其中，1=1800元以下，2=1800~6700元，3=6700元以上。

## 二、模型检验

为确保各变量间具有较好的区分效度，本研究采用验证性因子分析（CFA）进行模型比较检验。本研究对社会排斥、社会自我效能感和生活满意度的三因素模型和将社会排斥、社会自我效能感负载在同一因子上的二因素模型，以及将三个变量负载在同一因子上的单因素模型进行了比较。结果显示，三因素模型（$\chi$ = 561.675，df = 398，CFI = 0.932，TLI = 0.926，RMSEA = 0.049，SRMR = 0.056）的各项拟合指标均优于二因素模型（$\chi$ = 1028.027，df = 400，CFI = 0.739，TLI = 0.717，RMSEA = 0.095，SRMR = 0.112）和单因素模型（$\chi$ = 1440.707，df = 401，CFI = 0.569，TLI = 0.532，RMSEA = 0.122，SRMR = 0.131），且达到可接受水平，表明本章提出的研究模型拟合度符合要求，各变量之间具有较好的区分效度，受共同方法偏差影响较小。

## 三、假设检验

### （一）社会自我效能感的中介效应检验

应用 Mplus7 软件，本研究采用路径分析方法对中介模型假设进行了检验。首先，对社会排斥对生活满意度的总效应进行了检验，研究结果显示，社会排斥对个体的生活满意度有显著负向影响（$b = -0.297$，$p < 0.01$），假设 H1 得到验证。

其次，本研究采取 Bootstrap 法对社会自我效能感在社会排斥与生活满意度间的中介效应进行了检验。Bootstrap 法具有更多的优势，它不仅比其他方法具有更高的检验力，且不要求检验统计量服从正态分布，通过对来自重复抽样的大量样本进行反复参数估计，来揭示复合系数的值域分布，以构建新的置信区间，避免由于复合系数的偏态分布所导致的估计偏差，从而获得更为稳定、准确的估计结果。

对整体模型的中介效应检验结果如表 6-2 所示，由此可知，社会排斥对个体的社会自我效能感有显著负向影响（$b = -0.236$，$p < 0.01$），而个体的社会自我效能感又对其生活满意度有显著正向影响（$b = 0.343$，$p < 0.01$），且在控制社会自我效能感后，社会排斥对生活满意度的负向影响减弱（$b = -0.216$，$p < 0.05$）。Bootstrap 分析结果显示，社会自我效能感的中介作用为 $z = -0.081$（$p < 0.05$），95%置信区间为［-0.155，-0.007］，不包含 0，即社会自我效能

感的中介作用显著，假设 H2 得到验证。

**表 6-2　中介效应检验**

| 变量 | 第一阶段社会自我效能 | | 第二阶段生活满意度 | |
|---|---|---|---|---|
| | 系数 | 显著性（p） | 系数 | 显著性（p） |
| 性别 | 0.055 | 0.514 | 0.006 | 0.961 |
| 年龄 | 0.038 | 0.612 | 0.077 | 0.382 |
| 受教育程度 | 0.021 | 0.750 | -0.174 | 0.067 |
| 月工资 | 0.290 | 0.042 | 0.132 | 0.631 |
| 社会排斥 | -0.236 | 0.000 | -0.216 | 0.015 |
| 社会自我效能感 | | | 0.343 | 0.004 |

注：N=174；表中系数是对全部连续变量进行中心化处理后的参数估计结果。

### （二）社会支持的调节效应检验

本研究采用层级回归方法进行调节效应的检验，分析结果如表 6-3 所示。为减小回归方程中变量间多重共线性的问题，本研究先将这些变量进行中心化处理，然后再逐步纳入回归方程中，将各变量依次纳入回归方程中的顺序如下：首先，将控制变量纳入方程进行回归（即表 6-3 中 M1）；其次，将中心化处理后的自变量和调节变量，即社会自我效能感和家庭/朋友支持感纳入回归方程中，考察社会自我效能感对生活满意度的主效应（即表 6-3 中 M2 和 M4）；最后，将社会自我效能感×家庭/朋友支持感纳入回归方程中，考察二者的交互作用（即表 6-3 中 M3 和 M5）。

根据表 6-3 中 M3 的研究结果可知，个体的社会自我效能感对生活满意度有显著正向影响（$b=0.298, p<0.05$），家庭支持感在社会自我效能感与生活满意度之间起正向调节作用（$b=0.268, p<0.05$），由此，假设 H3a 得到了支持。M5 的研究结果表明，个体的社会自我效能感对生活满意度有显著正向影响（$b=0.337, p<0.05$），朋友支持感在社会自我效能感与生活满意度之间也起到正向调节作用（$b=0.225, p<0.05$），由此，假设 H3b 得到了支持。

为更加直观地表现任务互依性的调节作用，本研究采用 Cohen 等（2003）的方法，以调节变量的均值加减一个标准差作为分组标准，分别对高家庭/朋

表 6-3 调节效应检验

| 变量 | 生活满意度 | | | | | | | | | |
|---|---|---|---|---|---|---|---|---|---|---|
| | M1 | | M2 | | M3 | | M4 | | M5 | |
| | b | t | b | t | b | t | b | t | b | t |
| 性别 | 0. 025 | 0. 198 | 0. 007 | 0. 053 | 0. 021 | 0. 170 | 0. 007 | 0. 052 | 0. 015 | 0. 124 |
| 年龄 | 0. 090 | 0. 901 | 0. 062 | 0. 636 | 0. 029 | 0. 298 | 0. 077 | 0. 784 | 0. 067 | 0. 689 |
| 受教育程度 | -0. 166 | -1. 599 | -0. 175 | -1. 733 | -0. 215* | -2. 122 | -0. 174 | -1. 700 | -0. 202 | -1. 973 |
| 月工资 | 0. 232 | 0. 840 | 0. 136 | 0. 504 | 0. 138 | 0. 518 | 0. 132 | 0. 486 | 0. 132 | 0. 491 |
| 社会排斥 | -0. 297** | -3. 616 | -0. 205* | -2. 434 | -0. 192* | -2. 314 | -0. 216* | -2. 561 | -0. 200* | -2. 384 |
| 社会自我效能感 | | | 0. 261* | 2. 111 | 0. 298* | 2. 430 | 0. 341* | 2. 603 | 0. 337* | 2. 597 |
| 家庭支持感 | | | 0. 127 | 1. 386 | 0. 166 | 1. 801 | | | | |
| 社会自我效能感×家庭支持感 | | | | | 0. 268* | 2. 391 | | | | |
| 朋友支持感 | | | | | | | 0. 003 | 0. 034 | 0. 084 | 0. 809 |
| 社会自我效能感×朋友支持感 | | | | | | | | | 0. 225* | 2. 018 |
| $R^2$ | 0. 088 | | 0. 149 | | 0. 178 | | 0. 139 | | 0. 160 | |
| $\Delta R^2$ | | | 0. 061** | | 0. 029* | | 0. 051** | | 0. 021* | |
| F | 3. 231** | | 4. 153** | | 4. 452** | | 3. 834** | | 3. 926** | |

注：N=174；* $p<0.05$，** $p<0.01$。

M2、M4 的 $\Delta R^2$是相对于 M1 的 $R^2$变化值；M3、M5 的 $\Delta R^2$则分别为相对于 M2、M4 的 $R^2$变化值。

友支持感和低家庭/朋友支持感情况下，社会自我效能感与生活满意度间的关系进行了描绘，具体如图 6-2a 和图 6-2b 所示。

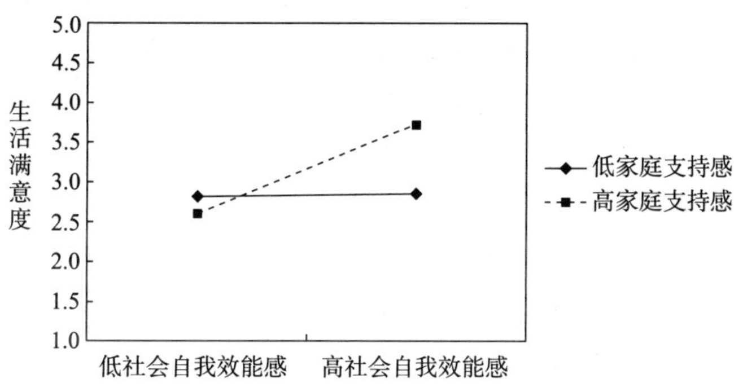


**图 6-2a　家庭支持感的调节作用**

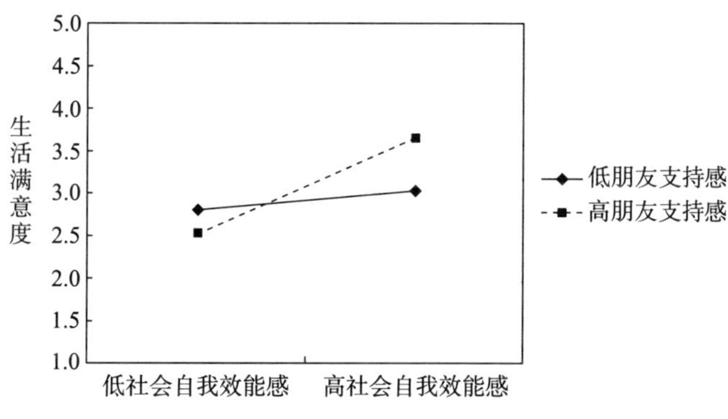


**图 6-2b　朋友支持感的调节作用**

# 第五节　研究结论、启示与展望

## 一、研究结论与理论意义

### （一）研究结论

本研究对 174 名外地人口进行问卷调查，基于需要—威胁的时间模型构建了调节中介效应模型，以个体感知到的社会自我效能感作为中介变量、感知到的社会支持作为调节变量，探查了外地流动人员面临的社会排斥问题对生活满意度的影响机制。结果表明：社会排斥能够对外来人员的生活满意度产生直接的消极影响；外来人员的社会自我效能感在社会排斥与生活满意度的关系中起到了中介作用；外来人口感受到的家庭支持和朋友支持在社会自我效能感与生活满意度间起正向调节作用，社会自我效能感对生活满意度的预测作用随着亲友支持的增加而升高。以上研究结果对社会排斥相关的理论研究以及现实社区管理实践均有重要的启示。

**（二）理论意义**

本研究结果具有重要的理论意义。首先，虽然目前已有研究者关注社会排斥对个体生活满意度的影响，但专门针对外来人口的研究则较为缺乏。随着我国城市化进程的加快，外来人口已然成为城市群体中的重要组成部分，在某些大城市甚至已经超越常住人口数量。相比于常年居住于此的本地人来说，当个体从一个熟悉的环境迁移到一个陌生的环境时，遭遇到文化、语言、经济条件、就业等方面的差异，必定会造成心理上或身体健康方面的影响（邱培媛、杨洋和吴芳等，2010）。而外地人如果无法顺利融入该城市，从内心产生身份认同与社区/城市归属，便可能导致一系列负向社会效应。因此，专门针对外地人口的社会排斥研究，尤其是对其内在作用机制的研究，在一定程度上丰富了社会排斥的相关研究。

其次，本研究发现，社会排斥确实能够降低外来人口的生活满意度，并且个体的社会自我效能感在社会排斥影响生活满意度评价中发挥作用。根据Williams（2009）的需要—威胁的时间模型，降低个体的自我认知方面的效能感是社会排斥的破坏性结果之一。对外来人口而言，社会排斥带来控制感与自我价值感的丧失、社交自信的挫伤、自我效能感的降低，形成对生活“不满意”的整体评价，显示出社会排斥对外来人口感知生活的负面影响，也反映出社会排斥伤害的核心——社会自我效能感。社会自我效能感监控着个体人际行为的发生和发展，对生活感知评价有着特殊且重要的意义（顾佳旎、孟慧和范津砚，2014）。这一结论不仅为社会排斥与外来人口生活满意度之间的消极联结提供了新的证据，同时也为人们理解社会排斥影响流动人口生活满意度的心理机制提供了新的视角。

最后，本研究发现，外地人感知的家庭及朋友支持对社会自我效能感与生活满意度之间的关系起调节作用，即社会自我效能感对生活满意度的影响作用会随着家庭和朋友支持的提高而加强。这个结论显示，外地人口一旦感受到社会排斥就会降低他们社会自我效能感的评价，但是这个负向作用是否会通过个体的社会自我效能感的传导进一步降低生活满意度，还取决于家庭和朋友支持的水平。背后的原因可能有以下两个：第一，不同社会支持来源对不同群体、特异情境中的作用机制存在不同。比如国内近年的几项研究发现，家庭支持、朋友支持、工作支持等社会支持对企业家子女、护工的生活满意度评价有显著差异性的影响，对不同群体来说各个类型的社会支持往往意义不同。第二，中国具有"关系本位"的文化特征，习惯以家庭为基础单元，外地务工人员往往背井离乡，因此在人际网络上存在一种明显的差异格局，天然的血缘关系与密切的地缘关系往往组成个体的核心圈子，亲人与朋友相比其他群体更能在异地聚居生活中发挥巨大作用。根据需要—威胁的时间模型，如果人际需求（包括归属需求、自尊需求）被威胁，那么个体会倾向以亲社会的方式感受他人情绪、思考问题并做出行动；如果效能需求（包括存在需求）被威胁，那么个体可能做出更多挑战矛盾、强性控制甚至反社会性的行为。由此可知，人们对社会关系平衡的需要和对自我概念肯定的需要在一定程度上是平行对等的，压抑不同的需求会引发截然相反的行为反应。然而，本研究显示出两种需求之间相同方向互为补充的作用，即亲友支持越高，社会自我效能感对生活满意度发挥的作用越大，反之则反是。这可能是由于，社会排斥的发生难免令人产生自我怀疑与否定，带来社交能力的不自信，然而较高的社会支持（主要来自于家人和朋友）直接保障了人际需求的满足，这时人际需求的满足支撑弥补了正在消耗的自我效能感，并抵抗了社会排斥的消极影响。这一研究结果对个体社会自我效能感对生活满意度的作用边界进行了深入拓展，也在一定程度上说明了个体生活状态决定了内在资源与外在资源的相互作用。因此，本章的这一研究结果对今后从资源互补角度探讨社会排斥对个体的影响有重要意义。

## 二、管理启示

本研究对于组织管理也具有重要的启示：

首先，我们发现，个体的社会自我效能感能够传导社会排斥对生活满意度的影响。社会自我效能感决定人们如何感知生活、如何思考社会排斥的问题、如何自我激励以及如何采取措施（Galanaki E. P. & Kalantzi - Azizi A.，1999）。大量的研究表明，社会自我效能感与众多积极的生活感受密切关联，以多种形式增强人们的成就感和幸福感，因此，重视社会自我效能感的树立应作为关爱外地移民群体的重要途径。

其次，社会自我效能感对生活满意度的影响在一定程度上受到家庭、朋友支持的影响。这说明，人们往往通过与亲朋好友的互动关系来形成自我能力判断并相应评价生活。对于在外打拼的人，亲友相伴具有抵抗社交挫折的作用，令风波平静度过。因此，想要降低社会排斥引发的效应，社区还需要重视个体获得的支持感和归属感，这不仅能够直接带来正面的生活状态和评价，而且有助于削减社会排斥对个体认知和行为的负面影响。

最后，社区管理者应区别对待社会支持水平不同的外地移民。对社会支持较低的外地人来说，应着重帮助他们采取直接方式增强社会支持，如进行人际问题梳理、正念训练等（Bandura A.，1997）；对于社会支持感较高的外地人口，应树立亲友支持意识，以帮助他们建立社会自我效能感，如以家庭辅导的方式提高个体对社交能力的自我肯定。反过来，当个体社会自我效能感不断提高后，也会逐渐主动寻找帮助并学会有意培养社会关系来处理人际冲突，减缓压力，获得幸福感（Smith H. M. & Betz N. E.，2000）。

## 三、研究局限与未来展望

本研究主要存在以下方面的不足需要改进：

首先，为了避免共同方法偏差，本研究采用了在多时间点收集变量数据的方法，但这在一定程度上导致了研究中被试流失率较高，最终样本量相对较小，研究结论的可推广性受到了限制。本研究结果是否普遍适应于我国文化背景以及其他弱势群体还需要进一步的检验。

其次，虽然多时间点的数据收集能够在一定程度上减小共同方法偏差的影响，但全部变量采取个体自评的方式仍然可能影响分析结果，且对研究的因果推论和作用机制推论的解释效力有所影响，未来研究可考虑采取纵向研究或是对被试持续一段时间的每日测量（Daily Measure）的方法，以便获得更为严谨的结论。

最后，本研究基于个体层面关注社会排斥的影响机制，未来的研究可以进一步结合多层次和跨层次研究的方法，考察社会排斥在社区和社会文化层次上的影响，使得变量之间的因果关系更为清晰。

（陈建、赵轶然、陈晨、杨俊、时勘）

# 第七章

# 荔湾区的社会融合促进模式

## 第一节 荔湾区社会融合行动计划

### 一、社会融合行动计划的产生背景

为贯彻落实中央城市工作会议精神及习近平总书记“要加快推进户籍制度改革，完善城乡劳动者平等就业制度，逐步让农业转移人口在城镇进得来、住得下、融得进、能就业、可创业，维护好农民工合法权益，保障城乡劳动者平等就业权利”的讲话精神，按照广州市委十届七次会议的部署要求和区委十一届八次全会精神，紧密围绕广州国家中心城市建设战略布局，积极推进新型城镇化发展，全面助力该区“干净、整洁、平安、有序”城市环境建设，进一步完善和创新来穗人员社会融合体制机制，探索形成符合荔湾实际、具有荔湾特色的先进融合经验做法。

自2016年以来，荔湾区围绕融合目标，紧贴来穗人员融入荔湾社会生活可能遇到的现实问题与共性需求，建立以民生牵引融合、以项目带动融合、以培训促进融合、以考评深化融合、以组织保障融合的全方位服务计划，使得来穗人员真正融合于荔湾区的大格局之中，全面推进来穗人员在人文关怀、思想认同、心理悦纳、政治参与、乐业奉献五个方面提供社会支持策略，以求达到全方位的融合。这也是荔湾区政府的社会心理服务体系的具体体现。

荔湾区政府开展的社会融合行动计划，准备用五年的时间（2016~2020

年)，通过开展全方位的专业化、个性化、优质化的融合项目培训，加快推进来穗人员在文化、经济、政治、生活等领域全方位融入荔湾社会，努力实现广大来穗人员“上岗有培训、劳动有合同、子女有教育、生活有改善、政治有参与、维权有渠道、生活有尊严”，有效地促进来穗人员“本人融入企业、子女融入学校、家庭融入社区、群体融入社会”的计划，全面夯实荔湾区平安有序、和谐稳定及可持续发展的社会根基。

## 二、社会融合行动计划的目的和内容

### （一）研究目的

根据前述第五章社会排斥对于社区归属感的影响，以及第六章社会满意度对于社会融合的影响，我们发现，社会支持对于解决社会排斥的影响以及提高个体生活满意度，进而促进社会融合工作，具有重要的作用。以此为基础，本研究主要以荔湾区外来人口为样本，探索社会融合行动计划的有效性。具体的做法是，通过荔湾区政府在实际管理中推行一系列针对荔湾区外来人口的社会支持，观察同一批样本的个体生活满意度是否发生显著变化，以此来验证社会支持对外来人口的有效性的影响。

### （二）干预内容

本研究主要是在荔湾区政府实际管理中推广一系列对外来人口的社会支持策略，即社会融合行动计划，以缓解社会排斥可能带来的负面作用，并且对该策略的有效性进行验证。具体内容是结合荔湾区试点街道的管理实践研究成果，一方面为外来人员提供切实可行的社会政策支持，另一方面，在荔湾区广泛地开展促进社会融合方面的宣传，让荔湾区的居民均能投入到这种社会融合计划之中（见附录一）。

## 三、荔湾区社会融合行动计划

### （一）伴你圆梦·奉献荔湾之政治参与融合

该区通过民政局制定政策，在摊位税收、市场服务方面，给外地来穗人员一定比例的优惠，使他们能够支付起税收，此外，挖掘社会组织和社会团体力量来动员外地来穗人员参与融合，尤其在来穗人员中发展优秀人员参与到政府管理服务中来，以此架起来穗人员与政府部门沟通民意、妥善处理问题的“桥梁”，真正实现来穗人员参政议政及进行相关工作决策，进一步增强来穗人员参与融合的自豪感、市民归属感和社会责任感。

自2016年开始，荔湾区政府借助上述社会支持政策，通过为员工提供心理能力建设培训、公共资源支持，以及提供管理参与机会等方式，逐步推进荔湾区社区大融合进程，以期缩短外来人员感知到的与本地人的心理距离，并提高他们在该区生活的满意度。如十三行的改造之所以取得圆满成功，就是因为对外地人员的优惠政策从根本上解决了税收等难点问题，营造了融合的社会氛围，促进了社会和谐。

### （二）伴你起步·走进荔湾之人文素养提升培训

在人文关怀方面，首先，通过各类培训，化解来穗人员与本区户籍人员之间在方言差异、文化习俗、心理隔阂、思想认同等方面的“地域沟壑”，消除不同群体之间的隔离与歧视偏见，打通来穗人员深度融入荔湾社会的“首道屏障”；其次，全方位开启“绿色通道”，着重强化荔湾是一个利益共同体，大家应有共同目标、共同规则，从而优先确立起双方和谐共生、多元共融的理念，巩固社会和谐根基，进一步增强来穗人员对属地生活的认同感、归属感和自豪感。为此：

第一，通过粤语及外语学习培训，积极化解来穗人员与本区户籍人员之间的语言差异，消除语言障碍，确保语言沟通顺畅；帮助来穗务工人员掌握最基本的广州方言，而帮助外国籍来穗人员掌握最基本的汉语知识，便于沟通交流，实现多元共融。

第二，通过宣传推广荔湾当地文化生活习俗，协调主流媒体精心制作荔湾文化习俗集萃，精选荔湾文化习俗线点，增强来穗人员对荔湾社会生活习俗的认同感。

第三，引入社会心理专业培训资源，分步实现来穗务工人员心理问题测查，让其了解心理压力的主要来源、掌握调适基本技能，有效化解压力，消除来穗人员的心理疾患，增进他们对荔湾社会生活的悦纳，促进社会和谐稳定。

第四，定期开展普法教育与诚信教育，普及《劳动法》《社会信用体系建设规划》等内容，帮助来穗人员了解和掌握商品生产、销售、医疗、计生扶助、失业保障、社会福利救助等领域制度。

### （三）伴你成长·成才荔湾之工作技能提升与创业引导

荔湾区结合用工信息情况，以市场需求为牵引，采用订单式与个性化相结合模式，通过分层、分类、分批开展就业技能培训，提升来穗人员的适应能力、驾驭工作岗位的能力，帮助他们在培训成才中实现个人的社会价值。具体的举措是：

第一，根据荔湾区产业发展的方向和要求，结合来穗人员岗位需求，采用订单式与个性化相结合模式，分批组织开展初、中、高级就业技能培训，并进行专门的职业技能考核鉴定，对于合格者颁发技能鉴定证书，以增强他们融入社会的职业能力。

第二，完善就业创业扶持政策，推进创业促就业长效体制，从政策、资金、服务管理等多方面提供支持，对有就业意愿的来穗人员提供职业指导、职业介绍和技能培训服务。

第三，强化企业社会责任，大力营造“政府搭台主导、企业出资出力、引导社会参与、来穗人员配合”的大融合格局，挖掘企业和社会中的资金、人力、物力等潜力资源，努力营造良好的社会氛围和良性的互动新局面。

**（四）伴你融入·悦纳荔湾之社会心理服务体系**

第一，在社会心理服务体系方面，以维护和保障来穗人员的民生利益为重点，坚持普惠性、保基本、均等化、可持续方向，建立以居住证为载体、以积分制为办法的社会心理服务体系，构建可持续的基本公共服务保障制度，构建以农民工社会心理服务体系为导向的保障机制，加大财政支持力度，促进农民工公共服务工作顺利推进。

第二，通过来穗人员享受“子女教育、社会保障、社会救助、计生卫生、住房保障、公共文化体育”等基本公共服务，加强相关政策宣传和指引，逐步实现有条件、有意愿的来穗人员市民化。着力维护来穗人员的合法权益，通过将社会救助信息化建设纳入全区电子政务统筹规划，建立和完善区、街、社区三级核对工作机制，完善社会救助与社会福利制度，在公共租赁住房保障、公共文化体育等方面提供相应的均等资源配置，有序促进来穗人员在社会融合、促进公平正义方面做出贡献。

## 第二节　研究思路、测量工具和结果分析

### 一、研究思路

本研究主要探究荔湾区所推行的社会支持策略——社会融合行动计划对于

帮助外来人口融入荔湾区的有效性。通过探索被试的社会距离等因素，同时测量推行社会融合行动计划前后生活满意度的变化，测试社会融合行动计划的有效性需要间隔三个月时间，然后，将被试的社会距离和生活满意度两次的测试结果进行对比，以检测这些支持策略是否推动了外来人口的社会融合行动计划。

本研究在荔湾区推动社会融合行动计划的试点街道进行。首先，从试点街道的社区中随机挑选部分外来人员，采取问卷调查的方式，对他们的社会距离感以及生活满意度进行测量。其次，由街道及民政局负责在该试点推行前面所述的社会融合行动计划，其中重点推行第一部分——对外来人口生活、文化、心理方面的社会支持策略以及第三部分——对外来人口在该社区生活的公共资源支持这两方面内容。最后，在社会支持策略推行后，再次对上述被试进行问卷调查，对被试的社会距离感及生活满意度进行第二次问卷调查。研究框架如图 7-1 所示。

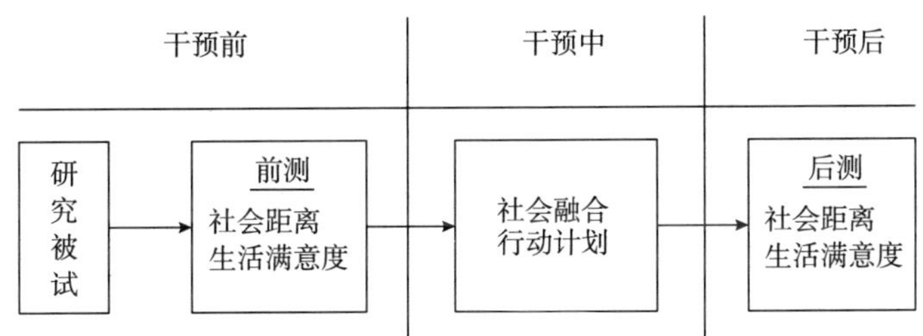


**图 7-1　研究框架**

## 二、测量工具

本研究将测量社会距离感和个体生活满意度两个指标，社会距离代表着不同个体之间、不同社会群体之间以及个体与群体之间的社会关系亲密程度，反映了人与人之间、群体与群体之间发生社会交往的频率，这种社会交往包括互相倾诉心里话、相互理解、一般性社会交际以及在经济困难时一方给予另一方物质援助等（卢国显，2003）。由于流动人口和当地居民在社会距离的心理感受上是不对称的，从外来人口角度测量的社会距离在一定程度上反映了外来人员自身所感知到的与本地人之间的融合程度。生活满意度则反映了个体对自身生活状况的认知评估，与其主观幸福感联系密切。本研究采用的量表具体如下：

(1) 社会距离量表。该量表改编自 Lee 等 (1996) 所开发的反转社会距离量表。该量表包括六个题项，本研究基于研究样本对原题项描述进行了相应的调整，如“本地人是否愿意与外地人通婚或者做亲戚”“本地人是否愿意外地人参与社区的管理”等。在本研究中，该量表第一次测量时的信度系数为 0.89，第二次测量时的信度系数为 0.93。

(2) 生活满意度量表。该量表采用 Diener 等 (1985) 所编制的生活满意度量表，共包括五个题项，如“我感觉，在很多方面自己的生活都比较理想”等。在本研究中，该量表两次测量时的信度系数均为 0.72。

本研究运用 SPSS20，采取配对样本的 t 检验对被试的前后测社会距离和生活满意度进行检验。

## 三、结果分析

本研究样本来自荔湾区推行社会融合行动计划试点街道，在试点街道的社区中随机挑选 400 名外来人口进行第一轮问卷调查，回收有效问卷 302 份，回收率为 75.5%，在进行社会融合行动计划推广之后，再次对这 302 名被试进行问卷调查，回收有效问卷 178 份，回收率为 58.94%。其中，男性 44 名 (24.72%)，女性 133 名 (74.72%)，1 名未提及性别 (0.56%)；年龄在 20~29 岁的被试最多 (134 人，75.28%)；大部分被试拥有本科及以上学历 (109 人，61.23%)。被试的具体信息如表 7-1 至表 7-3 所示。

**表 7-1 被试的性别特征**

| | 人数 | 百分比 (%) | 累计百分比 (%) |
|---|---|---|---|
| 男 | 44 | 24.72 | 24.72 |
| 女 | 133 | 74.72 | 99.44 |
| 缺失值 | 1 | 0.56 | 100 |

**表 7-2 被试的年龄分布**

| | 小于 20 岁 | 20~29 岁 | 30~39 岁 | 40~49 岁 | 50~59 岁 | 60 岁及以上 | 缺失值 |
|---|---|---|---|---|---|---|---|
| 人数 (人) | 2 | 134 | 32 | 6 | 1 | 1 | 2 |
| 百分比 (%) | 1.12 | 75.28 | 17.98 | 3.37 | 0.56 | 0.56 | 1.13 |
| 累计百分比 (%) | 1.12 | 76.40 | 94.38 | 97.75 | 98.31 | 98.87 | 100 |

**表 7-3 被试的受教育程度**

| | 高中及以下 | 专科 | 本科 | 硕士 | 缺失值 |
|---|---|---|---|---|---|
| 人数（人） | 9 | 57 | 107 | 2 | 3 |
| 百分比（%） | 5.06 | 32.02 | 60.11 | 1.12 | 1.69 |
| 累计百分比（%） | 5.06 | 37.08 | 97.19 | 98.31 | 100 |

由表 7-4 和表 7-5 可知，在社会融合行动计划推行后，被试所感知到的与当地人之间的社会距离显著降低（$p<0.01$），他们的生活满意度也得到了一定程度的提高（呈边际显著结果，$p<0.1$）。

**表 7-4 配对样本统计量**

| 变量 | 均值 | 样本量 | 标准差 | 均值标准误 |
|---|---|---|---|---|
| 社会距离（T1） | 3.75 | 178 | 0.76 | 0.06 |
| 社会距离（T2） | 3.57 | 178 | 0.83 | 0.06 |
| 生活满意度（T1） | 3.12 | 178 | 0.67 | 0.05 |
| 生活满意度（T1） | 3.22 | 178 | 0.66 | 0.05 |

**表 7-5 配对样本**

| 前测—后测 | 均值 | 标准差 | 均值标准误 | t | Df | p | 差值的 95%置信区间 | |
|---|---|---|---|---|---|---|---|---|
| 社会距离（T1）—社会距离（T2） | 0.18 | 0.77 | 0.06 | 3.03 | 177 | 0.00 | 0.06 | 0.29 |
| 生活满意度（T1）—生活满意度（T1） | -0.10 | 0.76 | 0.06 | -1.69 | 177 | 0.09 | -0.21 | 0.01 |

可见，该区对试点街道的外来人员所采取的社会融合行动计划的社会支持策略有一定的促进效果，能够有效地消除外来人员与本地人之间的距离感，促进两个群体的互动融合，并能对外来人员的生活满意度起到一定的提升作用。为更加形象地表明外来人员在社会融合行动策略实施前后感知到的社会距离与生活满意度的变化，我们绘制了实测前后的对比图，如图 7-2 所示，测量实施后社会距离明显地缩小了，而生活满意度明显地提高了。

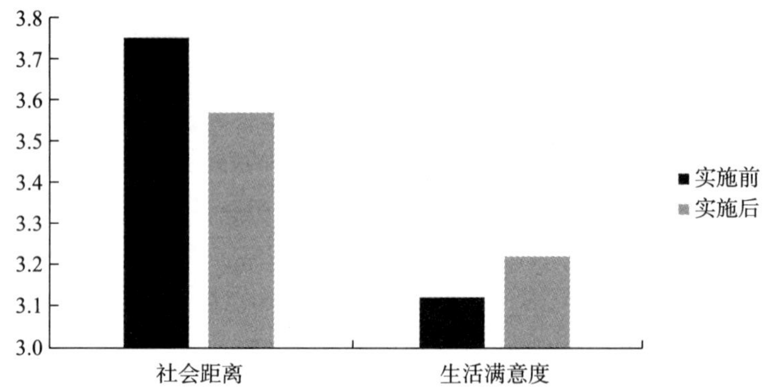


**图 7-2　社会距离与生活满意度在测量实施前后的对比**

## 四、实践应用效果

荔湾区在各街道社区开展了大量针对外来人口的管理服务工作，为外来人口提供了多方面的社会支持策略，并取得较好的成效（见附录二）。

### （一）街道综合服务中心的服务

在全区 22 条街道全部建成家庭综合服务中心，并建立起创新社区多元化服务体系，着重在老龄、青少年、再就业、残障康复、社区矫正等社会组织领域，开展社会工作人才队伍建设试点工作，取得了较好的成效。目前，荔湾区开展社工服务及在册登记的民办社会工作服务机构共 29 家，开展了老年人、青少年、残障康复、家庭服务、外来人口服务等 14 类 184 项专业服务项目。创建工作开展以来，全区 22 条街道家庭综合服务中心共提供个案工作（包括咨询个案）13269 个、小组工作 17022 次、社区工作 11504 次，社区居民参与和享受服务达 124 万人次。

除此之外，该区站前、桥中、东沙和石围塘街四个街道还针对性地开展了“新广州人”服务。比如，通过开展“外来工移动驿站”计划、“彩绘复活蛋，感受希望教育”工作坊、“爱心义剪，服务在社区——新广州人服务活动”等，来服务、丰富辖内新广州人的休闲娱乐生活，满足其精神文化需求，舒缓了新广州人的工作压力。通过组织政策、法规咨询平台的入户咨询宣传活动、“劳动在站前、幸福在广州”大型社区共融活动、“为你们喝彩”等活动，逐步增强了新广州人的社区参与意识，建立了新广州人的社区支援网络。

通过“站前一家亲”——新广州人“一家两校”服务项目，在新广州人士职业技能培训学校开展了企业宣传活动，促进了辖内年轻人群展现自身潜能，提高了他们的自信心。目前，已经有新广州人的数百所学校开设了课业辅导课堂、“家和睦，长有尊，幼有学”家庭教育小影院、“开心教室，开心学”的人际交往小组等，促进了辖内新广州人子女的交往活动，使得他们能够学有所成、玩有所乐，并促进了青少年融洽相处。据统计，上述四个街道所开展的“新广州人”服务共提供个案工作 20 个，个案服务人数 91 人，小组工作 90 次，小组服务人数 920 人，社区服务人数多达 3011 人。

### （二）流浪乞讨的服务

该区积极完善救助工作机制，不断创新服务管理模式，如发动社会参与救助，及时有效地保障了流浪乞讨人员基本生存权益，维护了城区“干净、整洁、平安、有序”的良好城市环境。自 2015 年以来，荔湾区共开展了流动救助服务 1349 次，劝导、指引流浪乞讨人员 5788 人次，护送流浪乞讨人员返乡 66 名，护送危重病人 15 名，护送疑似精神病人 8 名，护送未成年人 2 名，实现了重点区流浪乞讨现象明显减少、未成年人流浪乞讨问题基本解决的救助目标。

### （三）外来人口出租屋的管理服务

为加大外来人口管理和服务工作，荔湾区设立了来穗人员服务管理局，紧紧围绕提高“人屋”登记纳管率，加强了出租屋安全隐患整治、出租屋门禁系统建设和出租屋管理队伍建设等重点工作，有计划、有步骤地对来穗人员和出租屋重点地区开展专项整治，建立了出租屋规范化管理长效机制，营造出干净整洁、平安有序的出租屋环境。此外，新登记出租屋数量 1.18 万套，更新出租屋信息数量 1.83 万套次，注销出租屋信息数量 556 套次。据统计，现登记在册来穗人员数量为 33.48 万人，登记在册出租屋数量为 18.73 万套。

### （四）服务义工的团队建设

除了提供相应的社会支持服务之外，该区还十分注重服务团队的建设。近年来，荔湾区通过探索“三社联动”社区治理机制、“社工+义工”人才培育机制和“三大突破”发展路径“3+2+3”模式，构建了多元共治社区治理格局。他们建立了以社区为平台、以社会组织为载体、以社会工作专业人才为支撑的“三社联动”机制。通过开展联动机制探索，培育了大量“社工+

义工”队伍。目前，在册义工 15772 人，义工团队 164 个，组织专项服务活动 7575 次，义工参与服务的总时间达 35.4 万小时。此外，他们还打造了众多社区服务品牌，如“长者义工队”“爱心送餐服务”“家存爱、爱传家家庭义工工程”“园艺呵护爱心社工+义工联动”“家综慈善进万家”等，不断地提升社区服务内涵。近年来，荔湾区由于在民政工作方面的出色表现，获得了多项国家级荣誉。该区被评为“全国和谐社区建设示范城区”“全国社会工作人才队伍建设试点示范区”，获得了“首批全国社会工作服务示范地区”等光荣称号，推广此工作的荔湾区民政局也连续两年被评为“社会工作宣传先进单位”（见附录二）。

## 第三节　综合讨论和研究结论

### 一、综合讨论

本研究以广州市荔湾区为主要研究对象，探究了荔湾区外来人口与本地人社会融合的促进模式。由于社会排斥是社会融合的对立面，是阻碍社会融合的重要因素，外来人员所感知到的社会排斥往往会对其融入所在社区产生重要影响，因此，本章以荔湾区所居住的外来人口为研究样本，针对性地探讨了社会排斥对其社区归属感、生活满意度的影响及其作用机制；最后，以此为基础，结合政府公共管理实践，在实际管理中提出了有效的管理服务措施来减弱社会排斥的负面影响，并对该措施的有效性进行了验证。本研究有如下问题需要讨论：

1. 外来人口的生活满意度情况

本研究以荔湾区的外来人口为研究对象，探究了社会排斥对其社区归属感、生活满意度的影响及其内在作用机制。研究结果表明，社会排斥能够削弱外来人口的社区归属感，对于生活满意度产生直接的消极影响，外来人口所感知到的社会自我效能在社会排斥与生活满意度之间起到了中介作用。生活满意度是个体对于生活的主观综合认知判断（Diener，1984），是社会健康发展的重要评价指标。外来人口对于所在新城市的生活满意程度是影响社会和谐发展的重要因素。不满意的外来人口可能会选择离开该城市，这会在一定程度上影响城市人口净流入对该城市经济所起到的推动作用。另外，不满意的外来人口即使不离开该城市，也难以成为促进社会融合、和谐发展的积极因素，更有甚者还会成为阻碍城市发展的隐患，给社会和谐带来一定的威胁。因此，关注外来人员在荔湾区的生活满意度则显得尤为必要。本研究发现，社会排斥确实能够降低外来人口的社区归属感和生活满意度，并且个体的社会自我效能感在社会排斥影响生活满意度评价中发挥作用。根据 Williams（2007）的需要—威胁的时间模型，影响个体在自我认知方面的效能感是社会排斥的消极作用之一。对外来人口而言，社会排斥可以挫伤其社交自信，带来控制感与自我价值的丧失，直接降低其对生活满意度的评价。此外，研究结果表明，社会排斥对外来人口感知生活确实产生了很大的负面影响，而社会自我效能围绕个体社交自尊、社交果敢性、社交信心等方面发挥了不可忽视的作用。

本研究还发现，外来人口所感受到的社会支持，尤其是家庭支持和朋友支持，在社会自我效能感与生活满意度之间起调节作用，对于家庭、朋友支持越高的外来人口，其生活满意度就越容易受到社会自我效能感的积极影响。外来人口在感受到社会排斥后，他们的社会效能感在一定程度上会降低，但是，这种负向作用是否会通过个体的社会自我效能感的传导进一步降低生活满意度，还取决于家庭和朋友支持的水平。根据需要—威胁的时间模型，如果人际需求（包括归属需求、自尊需求）被威胁，那么，个体会倾向以亲社会的方式感受他人情绪、思考问题并做出行动；如果效能需求（包括存在需求）被威胁，那么，个体可能做出更多挑战矛盾、强性控制甚至反社会性的行为（Williams，2007）。由此可知，人们对社会关系平衡的需要和对自我概念肯定的需要在一定程度上是平行对等的，压抑不同的需求会引发截然相反的行为反应。总之，本研究显示出两种需求之间相同方向互为补充的作用，即亲友支持越高，社会自我效能感对生活满意度发挥的作用则越多，反之则反是。这可能是由于社会排斥的发生难免令人产生自我怀疑与否定，带来社交能力的不自信。然而，较高的社会支持（主要来自于家人和朋友）直接保障了人际需求的满足，这时，人际需求的满足支撑弥补了正在消耗的自我效能，并抵抗了社会排斥的消极影响。当然，社会排斥会导致个体一定程度的自我效能感的减弱，进而降低其生活满意度，但是，社会支持则有可能会缓冲这一效应，即减弱社会排斥所带来的负面效应。

2. 社会融合行动计划的有效性

我们结合荔湾区政府管理服务实践工作，在该区部分街道社区开展了社会融合行动计划。本研究通过配对样本前后测的方法，对于这一社会融合行动计划的有效性进行了检验。结果发现，社会融合行动计划的推广能够有效地降低外来人员所感知到的与本地人之间的社会距离，并且在一定程度上提升了社区归属感和生活满意度。社会距离反映了不同的个体之间、不同社会群体之间以及个体与群体之间的社会关系亲密程度及社会互动频率。一般来说，外来人口和当地居民在社会距离的心理感受上是不对称的。社会距离可以反映出外来人员自身所感知到的与本地人之间的差距，能在一定程度反映出外来人员在心理层面知觉到的与本地人之间的融合程度。可以认为，目前实施的社会融合行动计划对促进社会融合有一定的作用。这种专门为荔湾区外来人员设置的全方位的专业化、个性化、优质化融合项目培训，确实推进了来穗人员在文化、经济、政治、生活等领域全方位融入荔湾社会，实现了来穗人员“上岗有培训、劳动有合同、子女有教育、生活有改善、政治有参与、维权有渠道、生活有尊严”，有效地促进了来穗人员“本人融入企业、子女融入学校、家庭融入社区、群体融入社会”。上述策略的实施，为推进荔湾社会融合进程，保障荔湾平安有序、和谐稳定奠定了基础（见附录一）。

## 二、研究结论

我们通过前几章，采用文献分析、问卷调查、案例研究等方法探索了广州市荔湾区外来人员与本地人员社会融合的促进模式，主要的研究结论如下：

第一，社会排斥负向地影响社会距离和社区归属感，缩小社会距离可以增强社区归属感，社会自我效能感可以调节社会排斥对社区归属感的负向影响，同时社会自我效能感对社会排斥与社区归属感之间关系的调节效应能够通过社会距离的中介效应起作用。此外，社会距离在社会排斥与社区归属感之间也起到了中介作用，社会支持感能够有效地调节社会距离在社会排斥与社区归属感之间的中介效应。

第二，外来人口感知到的社会排斥对其生活满意度有负向影响，个体的社会自我效能感在社会排斥和生活满意度之间起到了中介作用，家庭支持和朋友支持调节了社会自我效能感和生活满意度的关系，具体来说，个体感知到的家庭和朋友支持的水平越高，社会自我效能感对生活满意度的正向影响越强。

第三，荔湾区政府的社会融合行动计划的确能够为荔湾区外来人员提供社会支持，在感知上增加了情感支撑，拉近了人际距离，继而缓解了社会压力，综合反映出外来人口和本地人之间的融合程度得到了进一步的提升。这些研究发现为下一步在全国各地推广这一融合模式创造了条件。

## 三、理论价值

首先，本研究为从多维度探究社会融合问题提供了实证支持。Park 和 Burgess（1921）提出，社会融合是一个“相互渗透和融合的过程，在这个过程中，某个群体逐渐形成对其他群体的记忆、情感和态度，通过共享（不同群体的）经历和历史，各个群体最终融汇到共同的文化生活中”。可以看出，这是一个动态的、渐进式的、多维度的、互动的过程。然而，在目前的研究中，针对社会融合的研究较多集中在经济融合方面，对于文化融合和心理融合的探究则较为缺乏。事实上，经济层面的融合只是实现了外来人员在新城市中的生存适应，为社会融合提供了基本保障。只有在心理和文化上适应了城市生活，才能说明外来人口完全地融入了城市社会。因此，对于外来人口心理、文化融合的关注是十分重要的。

其次，本研究以外来人口为样本，发现了社会排斥对生活满意度的内在作用机制，为打开社会排斥消极作用的“黑箱”提供了可能的研究视角。本研究结果表明，对外来人口而言，社会排斥可以挫伤其社交自信，带来控制感与自我价值的丧失，进而直接降低其对生活满意度的评价，这表明了社会排斥对外来人口感知生活的负面影响，反映出社会排斥的伤害本质。而社会自我效能感围绕个体社交自尊、社交果敢性、社交信心等方面发挥了不可忽视的作用，监控着个体人际行为的发生和发展，对生活感知评价有着特殊且重要的意义（顾佳旎、孟慧和范津砚，2014）。这一结论不仅为社会排斥与外来人口生活满意度之间的消极联结提供了新的证据，同时也为人们理解社会排斥影响流动人口生活满意度的心理机制提供了新的视角。

再次，本研究还进一步深入探究了社会自我效能感对个体生活满意度的作用边界。研究结果表明，外地人感知到的家庭及朋友支持对社会自我效能感与生活满意度之间的关系起调节作用，即社会自我效能感对生活满意度的影响作用会随着家庭和朋友支持的提高而加强。可见，社会排斥虽然会在一定程度上削弱个体对于自己社会自我效能感的评估，降低其社交自尊和社交信心，进而影响其对于生活满意度的感知，但来自于其他源头的社会支持，又会增强外来人群所感知到工作社会地位，提高其自我身份认知，而较高的身份认知则有助于满足人们对于生活的期望。因此，较高的社会支持能够缓冲由于社会自我效能感的降低所导致的生活满意度下降，对社会排斥的消极作用起到一定的抑制作用，这也在一定程度上说明了个体对于生活的主观感知受到两种需求之间相同方向互为补充的作用。这一研究结果不仅对个体社会自我效能感对生活满意度的作用边界进行了深入探究，同时还为社会支持相关理论在社会排斥研究中的应用提供了实证支持，对今后从多角度探讨社会排斥对个体的影响具有重要意义。

最后，将社会支持策略应用于政府管理实践之中，并发现了社会支持策略在实际管理中的有效性，在一定程度上从实践角度支持了本研究的结论，并拓展了本研究的外部效度，为社会排斥的相关研究提供了更加有效的实施证据。

## 四、实践意义

社会融合对保障民族复兴、维护社会稳定和经济发展具有重要意义，作为改革先行地区，广东省自改革开放以来便成为外来人口大量聚集之地，外来人口的融入在促进经济发展的同时也引发了一系列外来人口与本地人之间的融合问题。工作、生活在同一个区域的外来人口与本地人如果无法和谐共处，社会排斥深存于两个群体之间，则有可能引发一系列负面问题，如罢工、违法犯罪、暴力事件等。因此，针对广州地区的外来人口与本地人融合问题的研究，对珠江三角洲地区的社会稳定、经济发展都具有极其重要的实践意义。本研究的实践意义在于：

第一，社会融合是一个多维度的复杂过程。经济融合是保障外来人员融入新城市的基础，除了由于个体本身从事工作不同所带来的工资、福利、工作环境等差别以外，还包括其所享受到的包括住房、医疗、子女教育等公共社会保障，这些都会影响到外来人员对于自己社会身份的认知。因此，对于政府管理者来说，关注社会公共资源的合理分配，保障外来人员在公共资源方面的权益，为其提供针对性的服务极其重要。对于文化融合来说，从外来人员角度来看，文化融合是外来人员为实现与本地人的融合共处所采取的方式与途径，通过在生活、习俗等问题上保持一致，也是获得本地人的身份认同的关键。而从政府社会管理层面来看，外来人员通过对于本地语言、文化、生活习俗等方面的深入了解，习惯并喜欢上新城市的文化习俗，也会促进外来人员对新城市产生认同感，有利于促进外来人员的社会融合。因此，政府可以通过为外来人员提供当地语言的学习途径、推广本地文化生活习俗，来促进外来人员认同感的形成。外来人员的心理融合则是社会融合最终要达到的目的，对所在城市产生归属感与认同感，与本地人之间能够平等和谐地互动，这才是在真正意义上实现了社会融合。因此，除了在上述经济、公共保障资源和文化推广等方面采取措施以外，政府部门还要针对外来人员的需求提供针对性的服务。例如，为其提供专门的工作技能培训以及心理援助，从客观外在竞争力和内在心理资本两个方面加强外来人员在新城市中的竞争力；或是为其提供参与社区甚至政府管理的途径，增强外来人员的参与感与认同感，使他们感知到自己对于所在区域的建设与发展具有的价值，增强其控制感，从而有助于促进外来人员的社会融合。

第二，我们发现，首先，个体的社会自我效能感能够传导社会排斥对生活满意度的影响，而社会自我效能感决定着人们如何感知生活、如何思考社会排斥的问题、如何自我激励以及如何采取措施（Bandura，1994）来适应社会。大量的研究表明，社会自我效能感与众多积极的生活感受密切关联，因此，需要以多种形式增强人们的成就感和幸福感（Bandura，1994）。重视社会自我效能感的树立应作为关爱外地移民群体的重要途径。其次，社会自我效能感对生活满意度的影响在一定程度上受到家庭、朋友支持的影响，人们往往通过与亲朋好友的互动关系来形成自我能力判断。对于在外打拼的人，亲友相伴具有抵抗社交挫折的作用，令风波平静度过。因此，想要降低社会排斥引发的效应，还需要重视个体获得的支持感和归属感，这不仅能够直接带来正面的生活状态评价，还有助于削减社会排斥对个体认知和行为的负面影响。

第三，社区管理者应区别对待社会支持水平不同的外地人口。对社会支持感较低的外地人来说，首先是要解决他们的具体困难，如缴费的补贴等，此外，应着重帮助他们采取直接方式增强社会支持，如进行人际问题梳理、正念训练等（Hales et al.，2016）；对于社会支持感较高的外地人口，应树立亲友支持意识，以帮助他们建立社会自我效能感，如以家庭辅导的方式提高个体对社交能力的自我肯定。反过来，当社会自我效能不断提高后，个体也会逐渐主动寻找帮助并学会有意培养社会关系来处理人际冲突，减缓压力，获得幸福感（Chiu，2014）。

第四，本研究根据对外来人口社会排斥感知影响机制的探索结果，开展了相应的社会支持工作，这些社会支持策略来源于政府公共管理政策干预，由于把握了社会排斥感知的关键，验证了公共干预策略的可行性，不仅从理论上验证了社会排斥对外来人口生活满意度的影响机制，而且为社会融合模式的管理实践提出了新鲜的经验和有效建议（见附录三），因此，具有重要的社会应用价值。

（陈建、陈晨、李延甲、时勘）

# 附　录

## 附录一：荔湾区来穗人员融合行动计划（2016~2020 年）

为贯彻落实中央城市工作会议精神及习近平总书记“要加快推进户籍制度改革，完善城乡劳动者平等就业制度，逐步让农业转移人口在城镇进得来、住得下、融得进、能就业、可创业，维护好农民工合法权益，保障城乡劳动者平等就业权利”讲话精神，按照市委十届七次会议的部署要求和区委十一届八次全会精神，紧紧围绕广州国家中心城市建设战略布局，积极推进新型城镇化发展，全面助力我区“干净、整洁、平安、有序”城市环境建设，进一步完善和创新来穗人员社会融合体制机制，探索形成符合荔湾实际、具有荔湾特色的先进融合经验做法，制定本计划。

### 一、指导思想

高举中国特色社会主义伟大旗帜，全面贯彻中共十八大和十八届三中、四中、五中全会精神，以及广东“三个定位、两个率先”目标要求，按照创新、协调、开放、共享的发展理念，推进落实我区新型城镇化发展战略部署，坚持总结经验、强化宣传、营造氛围相结合，积极构建政府、企业、社会及来穗人员共同参与融合新格局，逐步引导来穗人员自主融入荔湾社会生活，努力促进我区经济社会协调发展、促进社会公平正义、促进社会和谐稳定，为合力推动幸福荔湾建设奠定基础。

### 二、融合目标

针对来穗人员现实需求特点，结合我区资源综合承载能力实际，计划用五年左右时间，通过设置开展全方位的专业化、个性化、优质化融合项目培训，加快推进来穗人员在文化、经济、政治、生活等领域全方位融入荔湾社会，努力实现广大来穗人员“上岗有培训、劳动有合同、子女有教育、生活有改善、政治有参与、维权有渠道、生活有尊严”，有效促进来穗人员“本人融入企业、子女融入学校、家庭融入社区、群体融入社会”，全面夯实荔湾平安有序、和谐稳定及可持续发展社会根基。

## 三、基本原则

一是政府主导，强化合力。遵循党委领导、政府主责、社会协同、多方参与、来穗人员配合的总体思路，优先确立全区“一盘棋”及“大融合”意识，围绕融合行动目标要求，全面统筹协调相关资源力量参与融合，切实形成上下对接、整体联动、多维合力的融合新格局。

二是以人为本，民生为重。聚焦来穗人员在公平就业、技能培训、子女教育、住房保障、社会保障等基本公共服务领域重点民生需求，让我区经济社会发展成果更广泛、更公平、更全面地惠及广大来穗人员，进一步增强来穗人员的城市归属感、社会责任感和融入自豪感。

三是分类推进，逐步实施。针对我区社会资源综合承载能力有限，以及来穗人员基数大、成分复杂、需求多元、融合难度大的实际，统筹考虑我区经济社会发展水平，按照城市急需为先、社会贡献为要、工作能力为基、自愿融合为本的原则，坚持优先融合存量，化解融合常量要求，不断扩大来穗人员参与融合的覆盖面。大力推行来穗人员积分制享受公共服务政策措施，稳步有序推进来穗人员基本公共服务常住人口全覆盖。

四是深化改革，探索创新。在推进融合行动保障体系建设、创新融合体0ll 机制、建构融合评估体系等方面大胆探索实践，力争率先探索出一套在全市范围内可复制、可推广的“荔湾融合经验做法”。

# 附录二：荔湾区在民政管理方面所获国家级奖励（2011~2016年）

| 序号 | 获奖单位 | 获奖名称 | 获奖时间 | 奖励级别 | 发奖单位 |
|---|---|---|---|---|---|
| 1 | 荔湾区 | 全国和谐社区建设示范城区 | 2014年 | 国家级 | 国家民政部 |
| 2 | 荔湾区民政局 | 2014年度社会工作宣传先进单位 | 2015年 | 国家级 | 中国社会报 |
| 3 | 荔湾区民政局 | 2015年度社会工作宣传先进单位（领军奖） | 2016年 | 国家级 | 中国社会报 |
| 4 | 荔湾区 | 全国社会工作人才队伍建设试点示范区 | 2011年3月 | 国家级 | 国家民政部 |
| 5 | 荔湾区 | 首批全国社会工作服务示范地区 | 2014年1月 | 国家级 | 国家民政部 |
| 6 | 荔湾区民政局 | 国家3A级婚姻登记机关 | 2014年4月 | 国家级 | 国家民政部 |
| 7 | 荔湾区 | 全国志愿服务记录制度试点地区 | 2013年 | 国家级 | 国家民政部 |

# 附录三：相关报道

## 1.《中国社区报》的报道

中国社区报

CHINA COMMUNITY NEWS

邮发代号：1-117

广州市荔湾区构建社区多元共治格局

让社区居民生活更幸福

"三社联动"形成资源共享格局

"社工＋义工"加强人才培养

"三大突破"打造幸福社区

人社部："十三五"时期帮助1000万人脱贫

河北贫困生今秋入学享受……

江苏居民个人卫生……降至20年最低

## 2.《广州观察》《南方日报》的相关报道

广州观察

A01

开闸放地：未来3个月拟推52幅地

广州十三行"治乱"记

三问南沙

走鬼有了固定摊档

区伯状告三个部门

赴港产子险些丧命

吃好餐不容易

GC01版：广州观察　上一版3　4下一版

南方日报　高度决定影响力　返回南方报网

2011年9月20日 星期二　返回首页　版面导航　标题导航

3 上一篇　下一篇 4　放大　缩小　默认

广州十三行"治乱"记

↑昔日，十三行地区交通乱象丛生，常被堵得水泄不通。资料图片 ↑如今，十三行地区的城市面貌有了较大改善，热闹依旧、秩序井然。王亮 沈颖 摄

◎从"各扫门前雪"到聚合各方力量携手共治◎从强硬型管治转变为松散型柔和型的沟通◎率先探索针对专业市场地区社会管理新路

昨日上午11时25分，一辆从濠泉路开出的公交专线驶达十三行地区的兴隆北路，乘客们鱼贯而出。司机老李看着热闹依旧但秩序井然的街景，长舒一口气。

老李所在的公交专线，主要往返同为广州服装市场集散地的十三行地区和濠泉路。"这在以前是不可想象的。原来这里到处都是载货面包车、残疾人车，公交车几乎开不进来。而顾客也因此很少坐公交车进出十三行。"回忆往昔，老李感触良多。

十三行地区商业繁盛，但人多、车多、货多、路窄，随之而来的是交通、消防、治安等各

# 参 考 文 献


［1］曾维希、张进辅：《少数民族大学生在异域文化下的心理适应》，《西南大学学报》2007 年第 33 期。

［2］程苏、刘璐、郑涌：《社会排斥的研究范式与理论模型》，《心理科学进展》2011 年第 19 期。

［3］崔岩：《流动人口心理层面的社会融入和身份认同问题研究》，《社会学研究》2012 年第 5 期。

［4］杜建政、夏冰丽：《心理学视野中的社会排斥》，《心理科学进展》2008 年第 16 期。

［5］杜宗斌、苏勤、姜辽：《社区参与对旅游地居民社区归属感的中介效应——以浙江安吉为例》，《地理科学》2012 年第 5 期。

［6］范兴华、方晓义、刘杨、蔺秀云、袁晓娇：《流动儿童歧视知觉与社会文化适应：社会支持和社会认同的作用》，《心理学报》2012 年第 5 期。

［7］方文：《群体符号边界如何形成？——以北京基督新教群体为例》，《社会学研究》2005 年第 1 期。

［8］龚玲、王鑫强、齐晓栋：《情绪调节策略与生活满意度的关系：人际关系的中介作用》，《 西南师范大学学报》（自然科学版）2014 年第 6 期。

［9］顾佳旎、孟慧、范津砚：《社会自我效能感的结构、测量及其作用机制》，《心理科学进展》2014 年第 11 期。

［10］桂勇、黄荣贵：《社区社会资本测量：一项基于经验数据的研究》，《社会学研究》2008 年第 3 期。

［11］郝振、崔丽娟：《受歧视知觉对流动儿童社会融入的影响：中介机制及自尊的调节作用》，《心理发展与教育》2014 年第 30 期。

[12] 胡进梅、沈勇：《工作自主性和研发人员的创新绩效：基于任务互依性的调节效应模型》，《中国人力资源开发》2014 年第 17 期。

[13] 蒋奖、鲁峥嵘、张雯：《工作场所排斥问卷的编制及信效度检验》，《中国临床心理学杂志》2011 年第 6 期。

[14] 乐嘉昂、彭正龙、高源：《基于扎根理论的职场排斥行为结构分类的探索性研究》，《上海管理科学》2012 年第 4 期。

[15] 李超平、时勘：《分配公平与程序公平对工作倦怠的影响》，《心理学报》2003 年第 5 期。

[16] 李强：《当前我国城市化和流动人口的几个理论问题》，《江苏行政学院学报》2002 年第 1 期。

[17] 李强：《社会支持与个体心理健康》，《天津社会科学》1998 年第 1 期。

[18] 李森、张登浩：《社会排斥的结果：对象与影响因素》，《心理研究》2016 年第 9 期。

[19] 李森森、龙长权、陈庆飞、李红：《群际接触理论——一种改善群际关系的理论》，《心理科学进展》2010 年第 18 期。

[20] 李煜：《影响社区归属感的要素分析》，《华中科技大学学报》1992 年第 4 期。

[21] 连玉明：《中国城市生活质量报告》，中国时代经济出版社 2006 年版。

[22] 林初锐、李永鑫、胡瑜：《社会支持的调节作用研究》，《心理科学》2004 年第 5 期。

[23] 林玲、唐汉瑛、马红宇：《工作场所中的反生产行为及其心理机制》，《心理科学进展》2010 年第 1 期。

[24] 林南、王玲、潘允康、袁国华：《生活质量的结构与指标——1985 年天津千户户卷调查资料分析》，《社会学研究》1987 年第 6 期。

[25] 蔺秀云、方晓义、刘杨、兰菁：《流动儿童歧视知觉与心理健康水平的关系及其心理机制》，《心理学报》2009 年第 41 期。

[26] 刘剑虹、贺豪振、单文萍：《民营企业家子女的领悟社会支持与生活满意度调查》，《浙江社会科学》2011 年第 12 期。

[27] 刘俊升、桑标：《内隐—外显态度的关系及其行为预测性》，《华东

师范大学学报》（教育科学版）2010 年第 28 期。

［28］刘林平：《交往与态度：城市居民眼中的农民工——对广州市民的问卷调查》，《中山大学学报》（社会科学版）2008 年第 48 期。

［29］刘少杰、孙立平：《东北老工业基地社会发展基础与战略研究笔谈》，《吉林大学社会科学学报》2004 年第 2 期。

［30］刘小禹、刘军、许浚、吴蓉蓉：《职场排斥对员工主动性行为的影响机制——基于自我验证理论的视角》，《心理学报》2015 年第 6 期。

［31］刘玉新、张建卫、王成全、彭凯平：《职场排斥对反生产行为作用机制的实验研究》，《中国软科学》2013 年第 10 期。

［32］刘玉新、张建卫、金盛华：《社会支持与人格对大学生压力的影响》，《心理学报》2005 年第 1 期。

［33］卢国显：《农民工与北京市民之间社会距离的实证研究》，中国人民大学博士学位论文，2003 年。

［34］陆淑珍、魏万青：《城市外来人口社会融合的结构方程模型——基于珠三角地区的调查》，《人口与经济》2011 年第 5 期。

［35］罗伟、孙雅娜、王滨：《大学生生活事件、应对方式和主观幸福感之间的关系》，《中国临床心理学杂志》2007 年第 15 期。

［36］吕庆燕、王有智：《藏族、汉族大学生内外群体偏爱效应的差异研究》，《西北民族研究》2011 年第 3 期。

［37］孟慧、范津砚、柳菁：《目标定向与适应：社会自我效能感的中介作用》，《心理发展与教育》2007 年第 23 期。

［38］孟慧、梁巧飞、时艳阳：《目标定向、自我效能感与主观幸福感的关系》，《心理科学》2010 年第 1 期。

［39］宁连举、张欣欣、刘自慧：《SNS 中人际互动对用户持续使用意愿的影响研究》，《北京邮电大学学报》（社会科学版）2013 年第 3 期。

［40］彭贺：《知识员工反生产行为的结构及测量》，《管理科学》2011 年第 5 期。

［41］彭华民：《社会排斥与社会融合——一个欧盟社会政策的分析路径》，《南开学报》（哲学社会科学版）2005 年第 1 期。

［42］皮垚卉：《中国文化环境下职场排斥对员工工作绩效的影响研究》，江西财经大学硕士学位论文，2012 年。

［43］秦昕、张翠莲、马力等：《从农村到城市：农民工的城市融合影响模型》，《管理世界》2011 年第 10 期。

［44］丘海雄：《社区归属感：香港与广州的个案研究》，《中山大学学报》1989 年第 2 期。

［45］邱培媛、杨洋、吴芳等：《国内外流动人口心理健康研究进展及启示（综述）》，《中国心理卫生杂志》2010 年第 1 期。

［46］史斌：《新生代农民工与城市居民的社会距离分析》，《南方人口》2010 年第 25 期。

［47］宋佳萌、范会勇：《社会支持与主观幸福感关系的元分析》，《心理科学进展》2013 年第 8 期。

［48］孙瑞琛、刘文婧、许燕：《不同出生年代的中国人生活满意度的变化》，《心理科学进展》2010 年第 18 期。

［49］陶沙：《大学新生社会支持的特点与变化的研究》，《心理发展与教育》2000 年第 11 期。

［50］田凯：《关于农民工的城市适应性的调查分析与思考》，《社会科学研究》1995 年第 5 期。

［51］王鉴：《当前民族文化与教育发展所面临的主要问题及对策》，《民族教育研究》2010 年第 21 期。

［52］王中会、周晓娟、Gening Jin：《流动儿童城市适应及其社会认同的追踪研究》，《中国特殊教育》2014 年第 163 期。

［53］温忠麟、叶宝娟：《有调节的中介模型检验方法：竞争还是替补?》，《心理学报》2014 年第 5 期。

［54］温忠麟、张雷、侯杰泰：《有中介的调节变量和有调节的中介变量》，《心理学报》2006 年第 38 期。

［55］吴惠君、张姝玥、曾宇倩：《大学生社会排斥问卷的编制与信效度检验》，《中国健康心理学杂志》2013 年第 21 期。

［56］吴隆增、刘军、许浚：《职场排斥与员工组织公民行为：组织认同与集体主义倾向的作用》，《南开管理评论》2010 年第 3 期。

［57］吴桐：《国外公共图书馆的社会包容理念与实践及其对我国的启示》，《情报资料工作》2010 年第 3 期。

［58］肖水源、杨德森：《社会支持对身心健康的影响》，《中国心理卫生

杂志》1987 年第 4 期。

［59］邢占军：《城市居民的主观幸福感影响因素》，《新东方》2004 年第 11 期。

［60］邢占军：《中国城市居民主观幸福感量表简本的编制》，《中华行为医学与脑科学杂志》2003 年第 12 期。

［61］许传新：《新生代农民工的身份认同及影响因素分析》，《学术探索》2007 年第 3 期。

［62］闫艳玲、周二华、刘婷：《职场排斥与反生产行为：状态自控和心理资本的作用》，《科研管理》2014 年第 3 期。

［63］杨付、张丽华：《团队沟通、工作不安全氛围对创新行为的影响：创造力自我效能感的调节作用》，《心理学报》2012 年第 10 期。

［64］杨黎源：《宁波市外来人口社会关系和谐度》，《浙江工商大学学报》2007 年第 1 期。

［65］叶仁荪、倪昌红、黄顺春：《职场排斥、职场边缘化对员工离职意愿的影响：员工绩效的调节作用》，《管理评论》2015 年第 8 期。

［66］尹丽莉：《跨群体友谊对降低孤儿身份拒绝敏感性的促进作用》，沈阳师范大学硕士学位论文，2013 年。

［67］尤方华、陈志霞：《基于层面理论的员工反生产行为结构研究》，《南开管理评论》2012 年第 5 期。

［68］尤瑾、郭永玉：《大学生人格、社会支持与主观幸福感的关系》，《心理与行为研究》2007 年第 5 期。

［69］张文宏、阮丹青：《城乡居民的社会支持网》，《社会学研究》1999 年第 3 期。

［70］张文新：《儿童社会性发展》，北京师范大学出版社 1999 年版。

［71］张兴贵、何立国、郑雪：《青少年学生生活满意度的结构和量表编制》，《心理科学》2004 年第 27 期。

［72］赵德雷：《污名身份对人际影响力和社会距离的影响》，《心理学报》2013 年第 11 期。

［73］周海燕、常虹、刘丹等：《护理人员工作家庭冲突、社会支持与工作满意度关系研究》，《中国护理管理》2011 年第 11 期。

［74］周皓：《流动人口社会融合的测量及理论思考》，《人口研究》2012

年第3期。

［75］周敏、林闽钢：《族裔资本与美国华人移民社区的转型》，《社会学研究》2004年第8期。

［76］祝帼豪、张积家、陈俊：《解释水平理论视角下的心理距离》，《社会心理科学》2012年第7期。

［77］Aboud F.，Mendelson M.，Purdy K.（2003）. Cross-race peer relations and friendship quality. International Journal of Behavioral Development，27.

［78］Ahmed I.，Wan K. W. I.，Amin S. M.（2014）. Overcoming ostracism at work：The remedial role of positive exchange relations. Nankai Business Review International，5（3）：275-289.

［79］Ajzen I.（2001）. Nature and operation of attitudes. Annual Review of Psychology，52（1）：27-58.

［80］Ajzen I.（1991）. The theory of planned behavior. Organization Behavior and Human Decision Processes，50（2）：179-211.

［81］Allport G. The nature of prejudice. Garden City，N. Y.：Doubleday Anchor，1954.

［82］Ambady N.，Gray H. M.（2002）. On being sad and mistaken：Mood effects on the accuracy of thin-slice judgments. Journal of Personality and Social Psychology，83（4）：947-961.

［83］Ambrose M.，Hess R. L.，Ganesan S.（2007）. The relationship between justice andattitudes：An examination of justice effects on event and system-related attitudes. Organizational Behavior & Human Decision Processes，103.

［84］Andrews F. M.（1991）. Stability and change in levels and structure of subjective well-Being：USA 1972 and 1988. Social Indicators Research，25.

［85］Andrews G.，Tennant C.，Hewson D. M.，Vaillant G. E.（1978）. Life event stress，social cupport，coping style，and risk of psychological impairment. Journal of Nervous & Mental Disease，166.

［86］Ansari M.，Khan K. S. A. Self-efficacy as a predictor of life satisfaction among undergraduate students. 2015.

［87］Ariani D. W.（2013）. The Relationship between Employee Engagement，Organizational Citizenship Behavior，and Counterproductive Work Behavior. International Journal of Business Administration, 4 (2): 46-56.

[88] Ashburn-Nardo, L. Knowles M. L., Monteith M. J. (2003). Black Americans' implicit racial associations and their implications for intergroup judgment. Social Cognition, 21.

[89] Ashforth B. E., Harrison S. H., Corley K. G. (2008). Identification in organizations: An examination of four fundamental questions. Journal of Management, 34 (3): 325-374.

[90] Aubé C., Rousseau V., Mama C., Morin E. (2009). Counterproductive behaviors and psychological well-being: The moderating effect of task interdependence. Journal of Business & Psychology, 24 (3): 351-361.

[91] Aydin N., Krueger J. I., Fischer J. et al. (2012). Man's best friend: How the presence of a dog reduces mental distress after social exclusion. Journal of Experimental Social Psychology, 48.

[92] Ayduk Ö., Gyurak A., Luerssen A. (2008). Individual differences in the rejection-aggression link in the hot sauce paradigm: The case of rejection sensitivity. Journal of Experimental Social Psychology, 44.

[93] Ayduk O., May D., Downey G., Higgins E. T. (2003). Tact ical differences in coping with rejection sensitivity: The role of prevention pride. Personality and Social Psychology Bulletin, 29 (4): 435-448.

[94] Bakker A. B., Hakanen J. J. (2007). Job resources boost work engagement, particularly when job demands are high. Journal of Educational Psychology, 99 (2): 274-284.

[95] Balliet D., Ferris D. L. (2013). Ostracism and prosocial behavior: A social dilemma perspective. Organizational Behavior and Human Decision Processes, 120 (2): 298-308.

[96] Bandura A. Self - efficacy. Wiley Online Library, 1994.

[97] Bandura A. Self - efficacy: The exercise of control. New York: Free man, 1997.

[98] Bandura A. (1999). "Self-efficacy: The exercise of control. Journal of Cognitive Psychotherapy, 604.

[99] Bandura A. Social foundations of thought and action: A social cognitive

perspective. Englewood Cliffs, NJ: Princeton-Hall, 1986.

[100] Bandura A. (1999). Self-efficacy pathways to childhood depression personality. Journal of Personality and Social Psychology, 76 (2): 258-269.

[101] Banks G. C., Whelpley C. E., In-Sue O., KangHyun S. (2012). (How) Are emotionally exhausted employees harmful? International Journal of Stress Management, 19 (3): 198-216.

[102] Barrera M., Ainlay S. L. (1983). The Structure of social support: A conceptual and empirical analysis. Journal of Community Psychology, (11): 133-143.

[103] Barrera M. (1981). Social support in the adjustment of pregnant adolescents: Assessment issue. In B. H. Gottlieb (Ed), Social Networks and Social Support, 69-96.

[104] Barrick M. R., Mount M. K. (2005). Yes, personality matters: moving on to more important matters. Human Performance, 18 (4): 359-372.

[105] Bastian B., Jetten J., Chen H., et al. (2013). Losing our humanity: The self-dehumanizing consequences of social ostracism. Personality and Social Psychology Bulletin, 39 (2): 156-169.

[106] Bastian B., Kuppens P., De Roover K. et al. (2014). Is valuing positive emotion associated with life satisfaction. Emotion, 14 (4): 639-645.

[107] Baumeister R. F., Campbell J. D., Krueger J. I., Vohs K. D. (2003). Does high self-esteem cause better performance, interpersonal success, happiness, or healthier Lifestyles? Psychological Science in the Public Interest, 4 (1): 1-44.

[108] Baumeister R. F., Dewall C. N., Ciarocco N. J., Twenge J. M. (2005). Social exclusion impairs self-regulation. Journal of Personality and Social Psychology, 88 (4): 589-604.

[109] Baumeister R. F., Heatherton T. F. (1996). Self-regulation failure: An overview. Psychological Inquiry, 7 (1): 1-15.

[110] Baumeister R. F., Leary M. R. (1995). The need to belong: Desire for interpersonal attachments as a fundamental human motivation. Psychological Bulletin, 117 (3): 497-529.

[111] Baumeister R. F., Twenge J. M., Nuss C. K. (2002). Effects of social exclusion on cognitive processes: Anticipated aloneness reduces intelligent

thought. Journal of Personality and Social Psychology, 83 (4): 817-827.

[112] Bernstein M. J., Claypool H. M. (2012). Social exclusion and pain sensitivity why exclusion sometimes hurts and sometimes numbs. Personality and Social Psychology Bulletin, 38.

[113] Bernstein M. J., Young S. G., Brown C. M., et al. (2008). Adaptiveresponses to social exclusion social rejection improves detection of real and fake smiles. Psychological Science, 19.

[114] Bernstein M. J., Claypool H. M. (2012). Not all social exclusions are created equal: Emotional distress following social exclusion ismoderated by exclusion paradigm. Social Influence, 7.

[115] Berscheid E., Reis H. T. (1998). Attraction and Close Relationships, 193-281.

[116] Betts K. R., Hinsz V. B. (2013). Group marginalization: Extending research on interpersonal rejection to small groups. Personality and Social Psychology Review, 17.

[117] Binder J., Zagefka H., Brown R., Funke F., Kessler T., Mummendey A. (2009). Does contact reduce prejudice or does prejudice reduce contact? A longitudinal test of the contact hypothesis among majority and minority groups in three European countries. Journal of Per sonality and Soical Psychology, 96.

[118] Blackhart G. C., Knowles M. L., Nelson B. C. et al. (2009). Rejection elicits emotional reactions but neither causes immediate distress nor lowers self-esteem: A met a-analytic review of 192 studies on social exclusion. Personality and Social Psychology Review, 13.

[119] Blackhart G. C., Nelson B. C., Knowles M. L., Baumeister R. F. (2009). Rejection Elicits Emotional Reactions but Neither Causes Immediate Distress nor LowersSelf-Esteem: A Meta-Analytic Review of 192 Studies on Social Exclusion. Personality and Social Psychology Review, 13 (4): 269-309.

[120] Bliese P. D. (2000). Within-group agreement, non-independence, and reliability: Implications for data aggregation and analysis//Klein K. J., Kozlowski S. W. J., Klein K. J., et al. Multilevel theory, research, and methods in

organizations: foundations, extensions, and new directions. San Francisco, CA, US; Jossey-Bass: 349-381.

[121] Blumenthal J. A., Burg M. M., Barefoot J., Williams R. B. Haney, T., Zimet G. (1987). Social support, type a behavior, and coronary artery disease. Psychosomatic Medicine, 49.

[122] Bogardus E. S. (1933). A social distance scale. Sociology and Social Research, 17.

[123] Bogardus E. S. (1925). Measuring social distance. Journal of Applied Sociology, 9: 299-308.

[124] Bowlby J. (1971). Attachment: A disclaimer. British Journal of Psychiatry, 119.

[125] Brechwald W. A., Prinstein M. J. (2011). Beyond homophily: A decade of advances in understanding peer influence processes . Journal of Research on Adolescence, 21.

[126] Brenninkmeijer V., Demerouti E., le Blanc P. M. et al. (2010). Regulatory focus at work: The moderating role of regulatory focus in the job demands-resources model. Career Development International, 15 (7): 708-728.

[127] Brislin R. W. (1980). Cross - cultural research methods. // Environment and culture. Springer, 47-82.

[128] Brislin R. W. (1986). Research instruments. Field methods in cross-cultural research, 159-162.

[129] Broadhead W. E., Kaplan B. H., James S. A., Wagner E. H., Schoenbach V. J., Grimson R., Heyden S. et al. (1983). The epidemiologic evidence for a relationship between social support and health. American Journal of Epidemiology, 117.

[130] Brown C., Bigler R. (2002). Effects of minority status in the classroom on children's intergroup attitudes. Journal of Experimental Child Psychology, 83.

[131] Bryant P., Dunford R. (2008). The influence of regulatory focus on risky decision—making. Applied Psychology, 57 (2): 335-359.

[132] Buckley K. E., Winkel R. E., Leary M. R. (2004). Reactions to acceptance and rejection: Effects of level and sequence of relational evaluation. Journal of Ex-

perimental Social Psychology, 40 (1): 14-28.

[133] Buhrmester D., Furman W. (1987). The development of companionship and intimacy. Child Development, 58.

[134] Bukowski W. M., Hoza B. (1989). Popularity and friendship: Issues in theory, measurement, and outcome. Peer Relationships in Child Development.

[135] Cameron L., Rutland A., Brown R. (2007). Promoting children' s positive intergroup attitudes towards stigmatized groups: Extended contact and multiple classification skills training. International Journal of Behavioral Development, 31 (31): 454-466.

[136] Campion M. A., Medsker G. J., Higgs A. C. (1993). Relations between work group characteristics and effectiveness: Implications for designing effective work groups. Personnel Psychology, 46 (4): 823-847.

[137] Carey S. R., Laura M. B. (1997). Development of new group member' s ingroup and outgroup stereotypes: Changes in perceived group variability and ethnocentrism. Journal of personality and Social Psychology, 73.

[138] Carver C. S., White T. L. (1994). Behavioral inhibition, behavioral activation, and affective responses to impending reward and punishment: The bis/bas scales. Journal of Personality and Social Psychology, 67 (2): 319-333.

[139] Chen Z., Poon K. T., DeWall C. N. (2015). Cold thermal temperature threatens belonging the moderating role of perceived social support. Social Psychological and Personality Science, 6.

[140] Chen C. (2001). Aging and life satisfaction. Social Indicators Research, 54.

[141] Chen C. H., Tang Y. Y., Wang S. J. (2009). Interdependence and organizational citizenship behavior: Exploring the mediating effect of group cohesion in multilevel analysis. Journal of Psychology, 143 (143): 625-640.

[142] Chen P. Y., Spector P. E. (1992). Relationships of work stressors with aggression, withdrawal, theft and substance use. Journal of Occupational and Organizational Psychology, 65 (3): 177-184.

[143] Chiu S. (2014). The relationship between life stress and smartphone addiction on Taiwanese university student: A mediation model of learning self-efficacy and social self-efficacy. Computers in Human Behavior, 34: 49-57.

[144] Christian M. S., Ellis A. P. J. (2011). Examining the effects of sleep deprivation on workplace deviance: A self-regulatory perspective. Academy of Management Journal, 54 (5): 913-934.

[145] Ciarocco N. J., Sommer K. L., Baumeister R. F. (2001). Ostracism and ego depletion: The strains of silence. Personality and Social Psychology Bulletin, 27.

[146] Coan J. A., Schaefer H. S., Davidson R. J. (2006). Lending a hand social regulation of the neural response to threat. Psychological Science, 17.

[147] Cobb S. (1976). Social support as a moderator of life stress. Psychosomatic Medicine, 38 (5): 300-314.

[148] Cohen S., Wills T. A. (1985). Stress, social support, and the buffering hypothesis. Psychological Bulletin, 98 (2): 310-357.

[149] Cohen S., Mckay G. (1984). Social support, stress and the buffering hypothesis: Atheoretical analysis. Handbook of Psychology and Health, (4): 253-263.

[150] Cohen S. (2004). Social relationships and health. Am Psychol, 59 (8): 676-684.

[151] Cohn M. A., Fredrickson B. L., Brown S. L. et al. (2009). Happiness unpacked: Positive emotions increase life satisfaction by building resilience. Emotion, 9.

[152] Constantine M. G., Okazaki S., Utsey S. O. (2004). Self-concealment, social self-efficacy, acculturative stress, and depression in African, Asian, and Latin American international college students. American Journal of Orthopsychiatry, 74 (3): 230.

[153] Cornwell B. (2003). The dynamic properties of social support: Decay, growth, and staticity, and their effects on adolescent depression. Social Forces, 81.

[154] Crandall C. S., Eshleman A. (2003). A justification-suppression model of the expression and experience of prejudice. Psychological Bulletin, 129.

[155] Crick N. R., Kawabata Y. (2008). The role of cross-racial/ethnic friendships in social adjustment. Developmental Psychology, 44 (4): 1177-1183.

[156] Cropanzano R., Mitchell M. S. (2005). Social exchange theory: An interdisciplinary review. Journal of Management, 31 (6): 874-900.

[157] Cummings T. G. (1978). Self-regulating work groups: A socio-technical synthesis. Academy of Management Review, 3 (3): 625-634.

[158] Cutrona C. E. (1984). Social support and stress in the transition to parenthood. Journal of Abnormal Psychology, 93.

[159] Davies K., Tropp L. R., Aron A., Pettigrew T. F., Wright S. C. (2011). Cross-group, friendships and intergroup attitudes: A meta-analytic review. Personality and Social Psychology Review, 15.

[160] DeLeon L. (2001). Accountability for individuating behaviors in self-managing teams. Organization Development Journal, 19 (4): 7-19.

[161] DeWall C. N., MacDonald G., Webster G. D. et al. (2010). Acetaminophen reduces social pain behavioral and neural evidence. Psychological science.

[162] DeWall C. N., Twenge J. M., Koole S. L. et al. (2011). Automatic emotion regulation after social exclusion: Tuning to positivity. Emotion, 11.

[163] Dewall C. N., Baumeister R. F. (2006). Alone but feeling no pain: Effects of social exclusion on physical pain tolerance and pain threshold, affective forecasting, and interpersonal empathy. Journal of Personality and Social Psychology, 91 (1): 1-15.

[164] Dholakia U. M., Gopinath M., Bagozzi R. P., Nataraajan R. (2006). The role of regulatory focus in the experience and self-control of desire for temptations. Journal of Consumer Psychology, 16 (2): 163-175.

[165] Diener E. D., Emmons R. A., Larsen R. J. et al. (1985). The satisfaction with life scale. Journal of Personality Assessment, 49 (1): 71-75.

[166] Diener E., Oishi S., Lucas R. E. (2009). Subjective well-being: The science of happiness and life satisfaction. Oxford Handbook of Positive Psychology, 2: 187-194.

[167] Diener E. (1984). Subjective well-being. Social Science Electronic Publishing, 95.

[168] Diener E. (2013). The prospective effect of life satisfaction on life events. Social Psychological & Personality Science, 4.

[169] Dion K. L., Kawakami K. (1996). Ethnicity and perceived discrimina-

tion in toronto: Another look at the personal/group discrimination discrepancy . Canadian Journal of Behavioural Science, 28.

[170] Douglas S. C., Martinko M. J. (2001). Exploring the role of individual differences in the prediction of workplace aggression. Journal of Applied Psychology, 86 (4): 547-559.

[171] Dovidio J. F., Gaertner S. L., Kawakami K. (2003). Intergroup contact: The past, present, and future. Group Processes and Intergroup Relations, 6.

[172] Eargle A. E., Guerra N. G., Tolan P. H. (1994). Preventing aggression in inner-city children: Small group training to change cognitions, social skills, and behavior. Journal of Child & Adolescent Group Therapy, 4.

[173] Eisenberger N. I., Lieberman M. D., Williams K. D. (2003). Does rejection hurt? An FMRI study of social exclusion. Science, 302 (5643): 290-292.

[174] Eisenberger N. I. (2012). Broken hearts and broken bones a neural perspective on the similarities between social and physical pain. Current Directions in Psychological Science, 21.

[175] Eller, Anja, Dominic Abramsb, Angel Gomezc. (2012). When the direct route is blocked: The extended contact pathway to improving intergroup relations. International Journal of Intercultural Relations , 36.

[176] Erozkan A., Deniz S. (2012). The influence of social self-efficacy and learned resourcefulness on loneliness. The Online Journal of Counselling and Education, 1: 57-84.

[177] Fan J., Meng H., Zhao B. et al. (2012). Further validation of a US adult social self-efficacy inventory in Chinese populations. Journal of Career Assessment, 20 (4): 463-478.

[178] Fan J., Litchfield R. C., Islam S., Weiner B., Alexander M., Liu C., Kulviwat S. (2013). Workplace social self-efficacy: Concept, measure, and initial validity evidence. Journal of Career Assessment, 21.

[179] Feddes A. R., Noack P., Rutland A. (2009). Direct and extended friendship effects on minority and majority children's interethnic attitudes: A longitudinal study . Child Development, 80.

[180] Feinberg M., Willer R., Schultz M. (2014). Gossip and ostracism

promote cooperation in groups. Psychological Science, 25.

[181] Ferris D. L., Brown D. J., Berry J. W. et al. (2008). The development and validation of the workplace ostracism scale. Journal of Applied Psychology, 93 (6): 1348-1366.

[182] Ferris D. L., Brown D. J., Heller D. (2009). Organizational supports and organizational deviance: The mediating role of organization-based self-esteem. Organizational Behavior & Human Decision Processes, 108 (2): 279-286.

[183] Ferris D. L., Lian H., Brown D. J., Morrison R. (2015). Ostracism, self-esteem, and job performance: When do we self-verify and when do we self-enhance? Academy of Management Journal, 58 (1): 279-297.

[184] Fiske S. T. (1993). Controlling other people: The impact of power on stereotyping. American Psychologist, 48.

[185] Fogle L. M., Scott H. E., Laughlin J. E. (2002). The relationship between temperament and life satisfaction in early adolescence: Cognitive and behavioral mediation models. Journal of Happiness Studies, 3.

[186] Forsythe L. P., Alfano C. M., Kent E. E. et al. (2014). Social support, self-efficacy for decision-making, and follow-up care use in long-term cancer survivors. Psycho-Oncology, 23 (7): 788-796.

[187] Fox S., Spector P. E. (1999). A model of work frustration-aggression. Journal of Organizational Behavior, 20 (6): 915-931.

[188] Fox S., Spector P. E., Miles D. (2001). Counterproductive work behavior (CWB) in response to job stressors and organizational justice: Some mediator and moderator tests for autonomy and emotions. Journal of Vocational Behavior, 59 (3): 291-309.

[189] Fox S., Stallworth L. E. (2005). Racial/Ethnic bullying: Exploring links between bullying and racism in the US workplace. Journal of Vocational Behavior, 66 (3): 438-456.

[190] French D. C., Bae A., Pidada S., Lee O. (2006). Friendships of Indonesian, South Korean, and U. S. college students. Personal Relationships, 13.

[191] Friedman R. S., Forster J. (2001). The effects of promotion and prevention cues on creativity. Journal of Personality and Social Psychology, 81 (6):

1001-1013.

[192] Fuller J. B., Barnett T., Hester K., Relyea C., Frey L. (2007). An exploratory examination of voice behavior from an impression management Perspective. Journal of Managerial Issues, 19 (1): 134-151.

[193] Galanaki E. P., Kalantzi-Azizi A. (1999). Loneliness and social dissatisfaction: Its relation with children's self-efficacy for peer interaction. Child Study Journal, 29 (1): 1-2.

[194] Gans H. (1962). The Urban Villages. Free Press.

[195] Garris C. P., Ohbuchi K., Oikawa H. et al. (2011). Consequences of interpersonal rejection a cross-cultural experimental study. Journal of Cross-Cultural Psychology, 42.

[196] Geller D. M., Sternberg W. C. (1974). On being ignored: The effects of the violation of implicit rules of social interaction. Sociometry, 37 (4): 541-556.

[197] Gerber J., Wheeler L. (2009). On being rejected: A meta-analysis of experimental research on rejection. Perspectives on Psychological Science, 4 (5): 468-471.

[198] Gilman R., Huebner E. S. (2000). Review of life satisfaction measures for adolescents. Behaviour Change, 17.

[199] Golparvar M., Dehghan S., Mehdad A. (2014). Relationship between emotional exhaustion and deviant behaviors: Moderating role of big five Personality Traits, 2 (6): 285-296.

[200] Goodenow C. (1993). The psychological sense of school membership among adolescents: Scale development and educational correlates. Psychology in the Schools, 30 (1): 79-90.

[201] Gooley S. L., Zadro L., Williams L. A., Svetieva E., Gonsalkorale K. (2015). Ostracizing for a reason: A novel source paradigm for examining the nature and consequences of motivated ostracism. Journal of Social Psychology, 155.

[202] Gorman C. A., Meriac J. P., Overstreet B. L., Apodaca S., Mcintyre A. L., Park P., Godbey J. N. (2012). A Meta-analysis of the regulatory focus nomological network: Work-related antecedents and consequences. Journal of Vocational

Behavior, 80 (1): 160-172.

[203] Goudy, Willis J. (1977). Evaluations of local attributes and community satisfaction in small towns. Rural Sociology, 42: 371-382.

[204] Graham S., Munniksma A., Juvonen J. (2014). Psychosocial benefits of cross-ethnic friendships in urban middle schools. Child Development, 85: 469-483.

[205] Graham S., Taylor A. Z., Ho A. Race and ethnicity in peer relations research. In K. H. Rubin, Bukowski, W. M., Laursen, B. P. (Ed.), Handbook of peer interactions, relationships, and groups. New York, NY: The Guilford Press, 2009: 394-413.

[206] Griffin R. W., Lopez Y. P. (2005). "Bad behavior" in organizations: A review and typology for future research. Journal of Management, 31 (6): 1-18.

[207] Griffiths J. A., Nesdale D. (2006). In-group and out-group attitudes of ethnic majority and minority children . International Journal of Intercultural Relations, 30.

[208] Gruter M., Masters R. D. (1986). Ostracism as a social and biological phenomenon: An introduction. Ethology & Sociobiology, 7.

[209] Gully S. M., Incalcaterra K. A., Joshi, A., Beauien J. M. (2002). A meta-analysis of team-efficacy, potency, and performance: Interdependence and level of analysis as moderators of observed relationships. Journal of Applied Psychology, 87 (5): 819-832.

[210] Hagerty B. M., Patusky K. (1995). Developing a measure of sense of belonging. Nursing Research, 44: 9-13.

[211] Halbesleben J. R. B., Bowler W. M. (2007). Emotional exhaustion and job performance: The mediating role of motivation. Journal of Applied Psychology, 92 (1): 93-106.

[212] Hales A. H., Kassner M. P., Williams K. D. et al. (2016). Disagreeableness as a cause and consequence of ostracism. Personality and Social Psychology Bulletin, 42 (6): 782-797.

[213] Hallinan M., Teixeira R. (1987). Opportunities and constraints: Black-white differences in the formantion of interraical friendships. Child Develop-

ment, 58.

[214] Hamm J., Brown B., Heck D. (2005). Bridging the ethnic divide: Students and school characteristics in African American, Asian-descent, Latino, and White adolescents' cross-ethnic friend nominations. Journal of Research on Adolescence, 15.

[215] Headey B., Kelley J., Wearing A. (1993). Dimensions of mental health: life satisfaction, positive affect, anxiety and depression. Social Indicators Research, 29 (1): 63-82.

[216] Heaphy E. D., Dutton J. E. (2008). Positive social interactions and the human body at work: Linking organizations and physiology. Academy of Management Review, 33 (1): 137-162.

[217] Heimpel S. A., Elliot A. J., Wood J. V. (2006). Basic personality dispositions, self-esteem, and personal goals: An approach-avoidance analysis. Journal of personality, 74 (5): 1293-1320.

[218] Henry P. J., Hardin C. D. (2006). The contact hypothesis revisited status bias in the reduction of implicit prejudice in the United States and Lebanon. Psychological Science, 17.

[219] Henson K. D. Just a Temp. Temple University Press, 1996.

[220] Hermann K. S., Betz N. E., Hermann K. S., Betz N. E. (2006). Path models of the relationships of instrumentality and expressiveness, social self? efficacy, and self? esteem to depressive symptoms in college students. Journal of Social & Clinical Psychology, 25.

[221] Higgins E. T. (1997). Beyond pleasure and pain. American Psychologist, 52 (12): 1280-1300.

[222] Higgins E. T. (1998). Promotion and prevention: Regulatory focus as a motivational principle. Advances in Experimental Social Psychology, 30 (2): 1-46.

[223] Higgins E. T., Friedman R. S., Harlow R. E., Idson L. C., Ayduk O. N., Taylor, A. (2001). Achievement orientations from subjective histories of success: Promotion pride versus prevention pride. European Journal of Social Psychology, 31 (1): 3-23.

[224] Higgins E. T., Shah J., Friedman R. (1997). Emotional responses to goal attainment: Strength of regulatory focus as moderator. Journal of Personality and Social Psychology, 72 (3): 515-525.

[225] Hill M. E., Augoustinos M. (2001). Stereotype change and prejudice reduction: Short - and Long - term evaluation of a cross - cultural awareness programme . Journal of Community & Applied Social Psychology, 11.

[226] Hitlan R. T., Cliffton R. J., Desoto M. C. (2006). Perceived exclusion in the workplace: The moderating effects of gender on Work-related attitudes and psychological gealth. North American Journal of Psychology, 8 (2): 1-20.

[227] Hitlan R. T., Kelly K. M., Schepman S., Schneider K. T., Zárate M. A. (2006). Language exclusion and the consequences of perceived ostracism in the workplace. Group Dynamics Theory Research & Practice, 10 (1): 56-70.

[228] Hitlan R. T., Noel J. (2009). The influence of workplace exclusion and personality on counterproductive work behaviours: An interactionist perspective. European Journal of Work & Organizational Psychology, 18 (4): 477-502.

[229] Hobfoll S. E. (1989). Conservation of resources: A new attempt at conceptualizing stress. American Psychologist, 44 (3): 513-524.

[230] Hobfoll S. E. (2001). Conservation of resources: A rejoinder to the commentaries. Applied Psychology, 50 (3): 419-421.

[231] Hobfoll S. E. Stress, Culture, and community: The psychology and philosophy of stress. New York, NY, US: Plenum Press, 1998.

[232] Hobfoll S. E. (2001b). The influence of culture, community, and the nested-self in the stress process: Advancing conservation of resources theory. Applied Psychology, 50 (3): 337-421.

[233] Hollinger R. C., Clark J. P. Theft by employees. Lexington, MA: Lexington Books, 1983.

[234] Hsin A., Xie Y. (2014). Explaining Asian Americans' academic advantageover Whites . Proceedings of the National Academy of Sciences, 6.

[235] Hummon David M. (1992). Community attachment: Local sentiment and sense of place in place attachment. I. Alttnan and S. Low, NewYork: Plenum.

[236] Hunter L., Elias M. (1999). Interracial friendships, multicultural sensi-

tivity, and social competence: How are they related? Journal of Applied Developmental Psychology, 20: 551–573.

[237] Iggundu M. N. (1981). Task interdependence and the theory of job design. Academy of Management Review, 6 (3): 499–508.

[238] Ito J. K., Brotheridge C. M. (2003). Resources, coping strategies, and emotional exhaustion: A conservation of resources perspective . Journal of V ocational Behavior, 63 (3): 490–509.

[239] James L. R., Demaree R G., Wolf G. (1984). Estimating within-group interrater reliability with and without response bias. Journal of Applied Psychology, 69 (1): 85–98.

[240] Jang J. Y., Kim Y. C. (2012). The effects of parent–Child communication patterns on children's interactive communication in online communities: Focusing on social self–efficacy and unwillingness to communicate as mediating factors. Asian Journal of Communication, 22.

[241] Johnson D. W., Johnson R. T., Stanne M. B. (1989). Impact of goal and resource interdependence on problem–solving success. Journal of Social Psychology, 129 (5): 621–629.

[242] Joyner K., Kao G. (2000). School racial composition and adolescent racial homophily. Social Science Quarterly, 81.

[243] Ju D., Qin X., Xu M., DiRenzo M. (2016). Boundary conditions of the emotional exhaustion–unsafe behavior link: The dark side of group norms and personal control. Asia Pacific Journal of Management, 33 (1): 113–140.

[244] Ju D., Xu M., Qin X. Boundary conditions of the abusive supervision–counterproductive work behavior link: The role of norms and personal control. International Association for Chinese Management Research, 2014.

[245] Kao G., Joyner K. (2004). Do race and ethnicity matter among friends? Activities among interracial, interethnic, and intraethnic adolescent friends. The Sociological Quarterly, 45.

[246] Kelloway E. K., Day A. (2005). Building healthy workplaces: Where we need to be. Canadian Journal of Behavioural Science/Revue Canadienne Des Sciences du Comportement, 37 (4): 309–312.

[247] Killen M., Kelly M., Richardson C., Crystal D., Ruck M. (2010). European American children's and adolescents' evaluations of interracial exclusion. Group Processes & Intergroup Relations, 13: 283-300.

[248] Killen M., Mulvey K. L., Hitti A. (2013). Social exclusion in childhood: A developmental intergroup perspective. Child Development, 84.

[249] Knowles M. L., Green A., Weidel A. (2013). Social rejection biases estimates of interpersonal distance. Social Psychological and Personality Science.

[250] Koopman J., Lanaj K., Scott B. A. (2016). Integrating the bright and dark sides of ocb: A daily investigation of the benefits and costs of helping others. Academy of Management Journal, 59 (2): 414-435.

[251] Korman A. K. (1970). Toward an hypothesis of work behavior. Journal of Applied Psychology, 54 (1): 31-41.

[252] Kouchaki M., Wareham J. (2015). Excluded and behaving unethically: Social exclusion, physiological responses, and unethical behavior. Journal of Applied Psychology, 100 (2): 547-556.

[253] Kurzban R., Leary M. R. (2001). Evolutionary origins of stigmatization: the functions of social exclusion. Psychological Bulletin, 127.

[254] Kwan V. S., Bond M. H., Singelis T. M. (1997). Pancultural explanations for life satisfaction: adding relationship harmony to self-esteem. Journal of Personality and Social Psychology, 73 (5): 1038.

[255] La Greca A., Lopez N. (1998). Social anxiety among adolescents: Linkages with peer relations and friendships. Journal of Abnormal Child Psychology, 26.

[256] Lanaj K., Chang C. H. D., Johnson R. E. (2012). Regulatory focus and work-related outcomes: A review and meta-analysis. Psychological Bulletin, 138 (5): 998-1034.

[257] Lawrence T. B., Robinson S. L. (2007). Ain't misbehavin: Workplace deviance as organizational resistance. Journal of Management, 33 (3): 378-394.

[258] Leary M. R. (2005). Varieties of Interpersonal rejection. In Williams K. D., Forgas J. P., von Hippel W., et al. The social outcast: ostracism, social

exclusion, rejection, and bullying. New York, NY, US; Psychology Press.

[259] Leary M. R., Baumeister R. F. (2000). The nature and function of self-esteem: Sociometer theory//Zanna M. P., Zanna M. P. Advances in experimental social psychology, San Diego, CA, US; Academic Press, 32: 1-62.

[260] Leary M. R., Kowalski R. M., Smith L., Phillips S. (2003). Teasing, Rejection, and violence: Case studies of the school shootings. Aggressive Behavior, 29 (3): 202-214.

[261] Leary M. R., Rapp S. R., Herbst K. C., Exum M. L., Feldman S. R. (1998). Interpersonal concerns and psychological difficulties of psoriasis patients: Effects of disease severity and fear of negative evaluation. Health Psychology, 17.

[262] Leary M. R., Twenge J. M., Quinlivan E. (2006). Interpersonal rejection as a determinant of anger and aggression. Personality and Social Psychology Review: An Official Journal of the Society for Personality and Social Psychology Inc, 10 (2): 111-132.

[263] Leary Mark R. ed. Interpersonal Rejection. Oxford University Press, 2001.

[264] Lee M. Y., Sapp S. G., Ray M. C. (1996). The reverse social distance scale. Journal of Social Psychology, 136.

[265] Lee R. T., Ashforth B. E. (1996). A meta-analytic examination of the correlates of the three dimensions of job burnout. Journal of Applied Psychology, 81 (2): 123-133.

[266] Legate N., Dehaan C. R., Weinstein N., Ryan R. M. (2013). Hurting you hurts me too: The psychological costs of complying with ostracism. Psychological Science, 24.

[267] Lehman W. E. K., Simpson D. D. (1992). Employee substance use and on-the-job behaviors. Journal of Applied Psychology, 77 (3): 309-321.

[268] Leung A. S. M., Wu L. Z., Chen Y. Y., Young M. N. (2011). The impact of workplace ostracism in service organizations. International Journal of Hospitality Management, 30 (4): 836-844.

[269] Levin S., van Laar C., Sidanius J. (2003). The effects of in-group and out-group friends on ethnic attitudes in college: A longitudinal study. Group

Processes and Intergroup Relations, 6.

[270] Lindell M. K., Whitney D. J. (2001). Accounting for common method variance in cross-sectional research designs. Journal of Applied Psychology, 86 (1): 114-121.

[271] Liu X., Larose R. (2008). Does using the internet make people more satisfied with their lives? The effects of the internet on college students' school life satisfaction. Cyberpsychology & Behavior the Impact of the Internet Multimedia & Virtual Reality on Behavior & Society, 11.

[272] Lockwood P., Jordan C. H., Kunda Z. (2002). Motivation by positive or negative role models: Regulatory focus determines who will best inspire us. Journal of Personality & Social Psychology, 83 (4): 854-864.

[273] MacDonald G., Leary M. R. (2005). Why does social exclusion hurt? The relationship between social and physical pain. Psychological Bulletin, 131.

[274] Macgeorge E. L., Lichtman R. M., Pressey L. C. (2002). The evaluation of advice in supportiveinteractions: Faceworkandcontextual factors. Human Communication Research, 28 (3): 451-463.

[275] Maner J. K., Dewall C. N., Baumeister R. F., Schaller M. (2007). Does social exclusion motivate interpersonal reconnection? Resolving the "Porcupine Problem". Journal of Personality & Social Psychology, 92 (1): 42-55.

[276] Mannarino A. P. (1978). Friendship patterns and self-concept development in preadolescent males. Journal of Genetic Psychology, 133.

[277] Marcus B., Schuler H. (2004). Antecedents of counterproductive behavior at work: A general perspective. Journal of Applied Psychology, 89 (4): 647-660.

[278] Markus H. R., Kitayama S. (1991). Culture and the self: Implications for cognition, emotion, and motivation. Psychological Review, 98.

[279] Martin P. B., Hagberg L. W. (1997). Predictors of loneliness in centenarians: Parallel study. Journal of Cross-Cultural Gerontology, 12 (3): 203-224.

[280] Martinko M. J., Gundlach M. J., Douglas S. C. (2002). Toward an integrative theory of counterproductive workplace behavior: A causal reasoning perspective. International Journal of Selection and Assessment, 10 (1/2): 36-50.

[281] Maslach C. Burnout, the Cost of Caring. Prentice-Hall, 1982.

[282] Maslach C., Schaufeli W. B., Leiter M. P., Utrecht U. (2001). Job Burnout. Annual Review of Psychology, 52 (1): 397-422.

[283] Maslow A. H., Frager R., Fadiman J. et al. Motivation and personality. Harper & Row New York, 1970.

[284] Maslow A. H., Lowry R. (1968). Toward a psychology of being.

[285] McGraw K. (2016). Gender differences among military combatants: Does social support, ostracism, and pain perception influence psychological health. Military Medicine, 181 (1): 80-85.

[286] McMillan D. W., Chavis D. M. (1986). Sense of community: A definition and theory. Journal of Community Psychology, 14 (1): 6-23.

[287] McPherson M., Smith-Lovin L., Cook J. M. (2001). Birds of a feather: Homophily in social networks. Annual Review of Sociology, 27.

[288] Meagher B. R., Marsh K. L. (2017). Seeking the safety of sociofugal space: Environmental design preferences following social ostracism. Journal of Experimental Social Psychology, 68: 192-199.

[289] Meier L. L., Semmer N. K., Elfering A. et al. (2008). The double meaning of control: three-way interactions between internal resources, job control, and stressors at work. Journal of Occupational Health Psychology, 13 (3): 244-258.

[290] Melamed S., Shirom A., Toker S., Berliner S., Shapira I. (2006). Burnout and risk of cardiovascular disease: Evidence, possible causal paths, and promising research directions. Psychological Bulletin, 132 (3): 327-353.

[291] Mendes W. B., Blascovich J., Lickel B., Hunter S. (2002). Challenge and threat during social interaction with and black men. Personality and Social Psychology Bulletin, 28.

[292] Mendoza D. R., Page G. E. (2009). Can cross-group friendships influence minority students' well-being at historically White universities? . Psychological Science, 19.

[293] Miceli M. P., Near J. P. Blowing the whistle: The organizational and legal implications for companiesand employees. Lexington Books, 1992.

[294] Mikulay S., Neuman G., Finkelstein L. (2001). Counterproductive workplace behaviors. Genetic Social & General Psychology Monographs, 127 (3): 279–300.

[295] Mischel W., Shoda Y. (2008). Toward a unified theory of personality: Integrating dispositions and processing dynamics within the cognitive-affective processing system//John O. P., Robins R. W., Pervin L. A. et al. Handbook of personality: Theory and research, 3rd Ed. New York, NY, US; Guilford Press: 208–241.

[296] Molet M., Macquet B., Lefebvre O., Williams K. D. (2013). A focused attention intervention for coping with ostracism. Consciousness & Cognition, 22.

[297] Moor B. G., Crone E. A., van der Molen M. W. (2010). The heartbrake of social rejection heart rate deceleration in response to unexpected peer rejection. Psychological Science.

[298] Morrison E. W. (2006). Doing the job well: An investigation of pro-social rule breaking. Journal of Management, 32 (1): 5–28.

[299] Mossakowski K. N., Zhang W. (2014). Does social support buffer the stress of discrimination and reduce psychological distress among asian Americans?. Social Psychology Quarterly, 77 (3): 273–295.

[300] Mouw T., Entwisle B. (2006). Residential segregation and interracial friendship in schools. American Journal of Sociology, 112.

[301] Mruk C. Self-esteem: Research, theory, and practice (2nd Ed). New York, NY, US: Springer Publishing Co, 1999.

[302] Muthén L. K., Muthén B. O. Mplus User's Guide Version 7, 2012.

[303] Nahum-Shani I., Bamberger P. A., Bacharach S. B. (2011). Social support and employee well-being the conditioning effect of perceived patterns of supportive exchange. Journal of Health and Social Behavior, 52.

[304] Nes R. B., Czajkowski N. O., Røysamb E., Ørstavik R. E., Tambs K., Reichborn-Kjennerud T. (2013). Major depression and life satisfaction: A population-based twin study. Journal of Affective Disorders, 144.

[305] Neubert M. J., Kacmar K. M., Carlson D. S., Chonko L. B., Roberts J. A. (2008). Regulatory focus as a mediator of the influence of initiating

structure and servant leadership on employee behavior. Journal of Applied Psychology, 93 (6): 1220-1233.

[306] Neuman J. H., Baron R. A. (1998). Workplace violence and workplace aggression: Evidence concerning specific forms, potential causes, and preferred targets. Journal of Management, 24 (3): 391-419.

[307] Nezlek J. B., Wesselmann E. D., Wheeler L. et al. (2015). Ostracism in everyday life: The effects of ostracism on those who ostracize. The Journal of Social Psychology, 155.

[308] Nezlek J. B., Kowalski R. M., Leary M. R., Blevins T., Holgate S. (1997). Personality moderators of reactions to interpersonal rejection: Depression and trait self-esteem. Personality & Social Psychology Bulletin, 23 (12): 1235-1244.

[309] O'Connor K. M., Gladstone E. (2015). How social exclusion distorts social network perceptions. Social Networks, 40: 123-128.

[310] O'Reilly J., Robinson S. L., Berdahl J. L., Banki S. (2015). Is negative attention better than no attention? The comparative effects of ostracism and harassment at work. Organization Science, 26 (3): 774-793.

[311] Orford J. (1992). Community psychology. Theory and Practice.

[312] Osterman, Karen F. (2000). Students' need for belonging in the school community. Review of Educational Research, 70 (3): 323-336.

[313] Ouschan L., Boldero J. M., Kashima Y., Wakimoto R., Kashima E. S. (2007). Regulatory focus strategies scale: A measure of individual differences in the endorsement of regulatory strategies. Asian Journal of Social Psychology, 10 (4): 243-257.

[314] Öztürk E. B., Karagonlar G., Emirza S. Relationship between job insecurity and emotional exhaustion: Moderating effects of prevention focus and affective organizational commitment. International Journal of Stress Management. DOI: http://dx.doi.org/10.1037/str0000037, 2016-05-12.

[315] Paolini S., Hewstone M., Cairns Ed., Voci, A. (2004). Effects of direct and indirect cross-group friendships on judgments of Catholics and Protestants in Northern Ireland: The mediating role of an anxiety-reduction mechanism. Personality

and Social Psychology Bulletin, 30.

[316] Parasuraman S., Greenhaus J. H., Granrose C. S. (1992). Role stressors, social support, and well-being among two-career couples. Journal of Organizational Behavior, 13 (4): 339-356.

[317] Park R. E., Burgess E. W. Introduction to the Science of Sociolog. University of Chicago Press, 1921.

[318] Parker J. G., Asher S. R. (1993). Friendship and friendship quality in middle childhood: Links with peer group acceptance and feelings of loneliness and social dissatisfaction. Developmental Psychology, 29.

[319] Pearce J. L., Gregersen H. B. (1991). Task interdependence and extrarole behavior: A test for the mediating effects of felt responsibility. Journal of Applied Psychology, 76 (6): 838-844.

[320] Peplau L. A., Cutrona C. E. (1980). The revised UCLA Loneliness Scale: Concurrent and discriminant validity evidence. Journal of Personality and Social Psychology, 39 (3): 472-480.

[321] Pettigrew T. F. (1998). Intergroup contact theory. Annual Review of Psychology, 49.

[322] Pettigrew T. F., Tropp L. R. Does intergroup contact reduce prejudice? Recent metaanalytic findings. In S. Oskamp (Ed.). Reducing Prejudice and Discrimination, 2000.

[323] Pierce J. L., Dunham R. B. (1989). Organization-based self-esteem: Construct definition, measurement, and validation. Academy of Management Journal, 32 (3): 622-648.

[324] Portes A., Zhou M. (1993). The new second generation: Segmented assimilation and its variants among post-1965 immigrant youth. Annals of the American Academy of Political and Social Science, 530.

[325] Postmes T., Spears R. (1998). Deindividuation and antinormative behavior: A meta-analysis. Psychological Bulletin, 123 (3): 238-259.

[326] Postmes T., Spears R., Cihangir S. (2001). Quality of decision making and group norms. Journal of Personality & Social Psychology, 80 (6): 918-930.

[327] Poulsen J. R., Kashy D. A. (2012). Two sides of the ostracism coin: howsources and targets of social exclusion perceive themselves and one another. Group Processes & Intergroup Relations, 15 (4).

[328] Preacher K. J., Rucker D. D., Hayes A. F. (2007). Addressing moderated mediation hypotheses: Theory, methods, and prescriptions. Multivariate Dehavioral Research, 42 (1): 185-227.

[329] Qin D. B., Way N., Mukherjee P. (2008). The other side of the model minority story the familial and peer challenges faced by Chinese American adolescents. Youth & Society, 39.

[330] Qin X., Direnzo M. S., Xu M., Duan Y. (2014). When do emotionally exhausted employees speak up? exploring the potential curvilinear relationship between emotional exhaustion and voice. Journal of Organizational Behavior, 35 (7): 1018-1041.

[331] Quillian L., Campbell M. (2003). Beyond black and white: The present and future of multiracial friendship segregation. American Sociological Review, 68.

[332] Raudenbush S. W., Bryk A. S. Hierarchical linear models: Applications and data analysis methods (2 ed.). Thousand Oaks, California: Sage Publications, Inc, 2002.

[333] Reijntjes A., Thomaes S., Kamphuis J. H., Bushman B. J., De Castro B. O., Telch M. J. (2011). Explaining the paradoxical rejection-aggression link: The mediating effects of hostile intent attributions, anger, and decreases in state self-esteem on peer rejection-induced aggression in youth. Personality and Social Psychology Bulletin, 37.

[334] Reis H. T., Collins W. A. (2004). Relationships, human behavior, and psychological science. Current Directions in Psychological Science, 13.

[335] Richman L. S., Leary M. R. (2009). Reactions to discrimination, stigmatization, ostracism, and other forms of interpersonal rejection: A multimotive model. Psychological Review, 116 (2): 365-383.

[336] Robinson S. L., Bennett R. J. (1995). A typology of deviant workplace behaviors: A multidimensional scaling study. Academy of Management

Journal, 38 (2): 555-572.

[337] Robinson S. L., O'Reilly J., Wang W. (2013). Invisible at work: An integrated model of workplace ostracism. Journal of Management, 39 (1): 203-231.

[338] Robinson S. L., O'Leary - Kelly A. M. (1998). Monkey See, Monkey do: The influence of work groups on the antisocial behavior of employees. Academy of Management Journal, 41 (6): 658-672.

[339] Romero - Canyas R., Downey G., Reddy K. S. et al. (2010). Paying to belong: when does rejection trigger ingratiation? . Journal of Personality and Social Psychology, 99.

[340] Rotundo M., Xie J. L. (2008). Understanding the domain of counterproductive work behavior in China. International Journal of Human Resource Management, 19 (5): 856-877.

[341] Rutland A., Abrams D., Levy S. (2007). Introduction: Extending the conversation: Transdisciplinary approaches to social identity and intergroup attitudes in children and adolescents. International Journal of Behavioral Development, 31.

[342] Salancik G. R., Pfeffer J. (1978). Uncertainty, secrecy, and the choice of similar others. Social Psychology, 41 (3): 246-255.

[343] Sarason B. R., Shearin E. N., Pierce G. R. et al. (1987). Interrelationships between social support measures: Theoretical and practical implication. Journal of Personality and Social Psychology, (49): 12.

[344] Sarason. (1983). Assessing social support: The social support questionnaire. Journal of Personality and Social Psychology, 44 (1).

[345] Sargent L. D., Sue-Chan C. (2001). Does diversity affect group efficacy? . The intervening role of cohesion and task interdependence. Small Group Research, 32 (4): 426-450.

[346] Schachter S. (1959). The psychology of affiliation: Experimental studies of the sources of gregariousness. Human and Environmental Studies, 17 (4): 15-25.

[347] Schaufeli W. B., Leiter M. P. (1996). Maslach burnout inventory-general survey. The Maslach Burnout Inventory-test Manual, 3: 22-26.

[348] Shams M. (2001). Social support, loneliness and friendship preference among British Asian and non-Asian adolescents. Social Behavior and Personality: An International Journal, 29 (4): 399-404.

[349] Shaw J. D., Duffy M. K., Stark E. M. (2000). Interdependence and preference for group work: Main and congruence effects on the satisfaction and performance of group members. Journal of Management, 26 (2): 259-279.

[350] Sherer, Maddux J. E., Mercadante B., Prentice-Dunn S., Jacobs B., Rogers R. W. (1982). Theself-efficacy scale: Construction and validation. Psychological Reports, 51 (2): 663-671.

[351] Shin D. C., Johnson D. M. (1978). Avowed happiness as an overall assessment of the quality of life. Social Indicators Research, 5.

[352] Shinanaltman S., Cohen M. (2009). Nursing aides' attitudes to elder abuse in nursing homes: The Effect of Work Stressors and Burnout. Gerontologist, 49 (5): 674-684.

[353] Smart Richman L., Leary M. R. (2009). Reactions to discrimination, stigmatization, ostracism, and other forms of interpersonal rejection: A multimotive model. Psychological Review, 116.

[354] Smith H. M., Betz N. E. (2002). An examination of efficacy and esteem pathways to depression in young adulthood. Journal of Counseling Psychology, 49.

[355] Smith H. M., Betz N. E. (2000). Development and validation of a scale of perceived social self-efficacy. Journal of Career Assessment, 8 (3): 283-301.

[356] Sommer K. L., Baumeister R. F. (2002). Self-evaluation, persistence, and performance following implicit rejection: The role of trait self-esteem. Personality and Social Psychology Bulletin, 25 (7): 926-938.

[357] Song L. (2010). Urbanization of migrant workers and expansion of domestic demand. Social Science in China, 31.

[358] Spector P. E., Fox S. (2002). An emotion-centered model of voluntary work behavior: Some parallels between counterproductive work behavior and organizational citizenship behavior. Human Resource Management Review, 12 (2): 269-292.

[359] Spector P. E., Fox S. (2005). The stressor-emotion model of counter-

productive work behavior//Fox S., Spector P. E., Fox S., et al. Counterproductive work behavior: Investigations of actors and targets. Washington, DC, US; American Psychological Association: 151-174.

[360] Spector P. E., Fox S., Penney L. M., Bruursema K., Goh A., Kessler S. (2006). The dimensionality of counterproductivity: Are all counterproductive behaviors created equal? . Journal of Vocational Behavior, 68 (3): 446-460.

[361] Stefan Thau, Rellie Derfler-Rozin, Marko Pitesa, Marie S. Mitchell, Madan M. Pillutla. (2015). Unethical for the sake of the group: Risk of social exclusion and pro-group unethical behavior. Journal of Applied Psychology, 100 (1): 98-113.

[362] Stephan W. G., Stephan C. W. (1985). Intergroup anxiety. Journal of Social Issue, 41.

[363] Stewart G. L., Barrick M. R. (2000). Team structure and performance: Assessing the mediating role of intrateam process and the moderating role of task type. Academy of Management Journal, 43 (2): 135-148.

[364] Stewart S. M., Bing M. N., Davison H. K., Woehr D. J., Mcintyre M. D. (2009). In the eyes of the beholder: A non-self-rreport measure of workplace deviance. Journal of Applied Psychology, 94 (1): 207-215.

[365] Stillman T. F., Baumeister R. F., Lambert N. M., Crescioni A. W., Dewall C. N., Fincham F. D. (2009). Alone and without purpose: Life loses meaning following social exclusion. Journal of Experimental Social Psychology, 45 (4): 686-694.

[366] Stinner William F., Loon Mollie Van. (1990). Community size, individual social position, and community attachment. Rural Sociology, 55.

[367] Suldo S. M., Huebner E. S. (2006). Is extremely high life satisfaction during adolescence advantageous? . Social Indicators Research, 78.

[368] Sullivan H. S. The interpersonal theory of psychiatry. New York, NY: Norton, 1953.

[369] Tajfel H. (1978). Social categorization, social identity and social comparison. American Journal of Agricultural Economics, 24.

[370] Tajfel H. (1974). Social identity and intergroup behaviour. Social Sci-

ence Information, 13.

[371] Tajfel H., Turner J. C. The social identity of intergroup behaviour. In S. Worchel, W. G. Austin (Eds.) Psychology of Intergroup Relations, 1986.

[372] Tardy C. H. (1985). Social support measurement. American Journal of Community Psychology, 13.

[373] Thau S., Derfler-Rozin R., Pitesa M. et al. (2015). Unethical for the sake of the group: Risk of social exclusion and pro-group unethical behavior. Journal of Applied Psychology, 100 (1): 98-113.

[374] Tropp L. R., Pettigrew T. F. (2005). Differential relationships between intergroup contact and affective and cognitive dimensions of prejudice. Personality and Social Psychology Bulletin, 31.

[375] Tummala-Narra P., Alegria M., Chen C. N. (2012). Perceived discrimination, acculturative stress, and depression among South Asians: Mixed findings. Asian American Journal of Psychology, 3.

[376] Turner R. N., Crisp R. G., Lambert E. (2007). Imagining intergroup contact can improve out-group attitudes. Group Processes and Intergroup Relations, 10.

[377] Turner R. N., West K., Christie Z. (2013). Out-grouptrust, intergroup anxiety, and out-group attitude as mediators of the effect of imagined intergroup contact on intergroup behavioral tendencies. Journal of Applied Social Psychology, 43.

[378] Twenge J. M., Campbell W. K. (2003). Isn't it fun to get the respect that were going to deserve? Narcissism, social rejection, and aggression. Personality and Social Psychology Bulletin, 29.

[379] Twenge J. M., Baumeister R. F., Dewall C. N., Ciarocco N. J., Bartels J. M. (2007). Social exclusion decreases prosocial behavior. Journal of Personality and Social Psychology, 92 (1): 56-66.

[380] Twenge J. M., Baumeister R. F., Tice D. M., Stucke T. S. (2001). If you can't join them, beat them: Effects of social exclusion on aggressive behavior. Journal of Personality and Social Psychology, 81 (6): 1058-1069.

[381] Twenge J. M., Catanese K. R., Baumeister R. F. (2003). Social exclusion and the deconstructed state: Time perception, meaninglessness, lethargy, lack of emotion, and self-awareness. Journal of Personality and Social Psychology, 85

(3): 409-423.

[382] Twenge J. M., Catanese K. R., Baumeister R. F. (2002). Social exclusion causes self-defeating behavior. Journal of Personality and Social Psychology, 83 (3): 606-615.

[383] Twenge J. M., Baumeister R. F., DeWall C. N., Ciarocco N. J., Bartels J. M. (2007). Social exclusion decreases prosocial behavior. Journal of Personality and Social Psychology, 92 (1): 56.

[384] Umaña-Taylor A. J., Quintana S. M., Lee R. M., Cross W. E., Rivas-Drake D., Schwartz S. J., Seaton E. (2014). Ethnic and racial identity during adolescence and into young adulthood: An integrated conceptualization. Child Development, 85.

[385] Van Beest I., Carter-Sowell A. R., Van Dijk E. et al. (2012). Groups being ostracized by groups: Is the pain shared, is recovery quicker, and are groups more lik ely to be aggressive? . Group Dynamics: Theory, Research, and Practice, 16.

[386] Van Beest I., Williams K. D. (2006). When inclusion costs and ostracism pays, ostracism still hurts. Journal of Personality and Social PSychology, 91.

[387] Van Der Vegt G., Emans B., Van De Vliert E. (1999). Effects of interdependencies in project teams. Journal of Social Psychology, 139 (2): 202-214.

[388] Van-Dijk D., Kluger A. N. (2004). Feedback sign effect on motivation: is it moderated by regulatory focus? . Applied Psychology, 53 (1): 113-135.

[389] Vekiri I., Chronaki A. (2008). Gender issues in technology use: Perceived social support, computer self-efficacy and value beliefs, and computer use Beyond School. Computers & Education, 51.

[390] VIgoda-Gadot E. (2006). Compulsory citizenship behavior: Theorizing some dark sides of the good soldier syndrome in organizations. Journal for the Theory of Social Behaviour, 36 (1): 77-93.

[391] Vinokur A. D., Schul Y. (2002). The web of coping resources and pathways to reemployment following a job loss. Journal of Occupational Health Psychology, 7 (1): 68-83.

[392] Wageman R. (1995). Interdependence and group effectiveness. Adminis-

trative Science Quarterly, 40 (1): 145-180.

[393] Wagner U., Christ O., Pettigrew T. F., Stellmacher J., Wolf C. (2007). Prejudice and minority proportion: Contact instead of threat effects. Social Psychology Quarterly, 69.

[394] Wallace J. C., Johnson P. D., Frazier M. L. (2009). An examination of the factorial, construct, and predictive validity and utility of the regulatory focus at work scale. Journal of Organizational Behavior, 30 (6): 805-831.

[395] Walsh B. M., Magley V. J., Reeves D. W., Davies-Schrils K. A., Marmet M. D., Gallus J. A. (2012). Assessing workgroup norms for civility: The development of the civility norms questionnaire-brief. Journal of Business and Psychology, 27 (4): 407-420.

[396] Warren D. E. (2003). Constructive and destructive deviance in organizations. Academy of Management Review, 28 (4): 622-632.

[397] Wei Meifen, Russell, Daniel W., Zakalik, Robyn A. (2005). Adult attachment, social self-efficacy, self-disclosure, loneliness, and subsequent depression for freshman college students: A longitudinal study. Journal of Counseling Psychology, 52.

[398] Welbourne J. L., Sariol A. M. When does incivility lead to counterproductive work behavior? roles of job involvement, task interdependence, and Gender. Journal of Occupational Health Psychology. DOI: http://dx.doi.org/10.1037/ocp0000029. 2016-04-21.

[399] Wendy Berry Mendes S. M., Brenda Major, Jim Blascovich. (2008). How attributional ambiguity shapes physiological and emotional responses to social rejection and acceptance. Journal of Personality & Social Psychology, 94 (2): 278-291.

[400] Wesselmann E. D., Wirth J. H., Pryor J. B., Reeder G. D., Williams K. D. (2013). When do we ostracize?. Social Psychological& Personality Science, 4.

[401] Whitman M. V., Halbesleben J. R. B., Oscar Holmes I. V. (2014). Abusive supervision and feedback avoidance: The mediating role of emotional Exhaustion. Journal of Organizational Behavior, 35 (1): 38-53.

[402] Williams K. D., Wesselmann E. D. (2011). The link between

ostracism and aggression. The Psychology of Social Conflict and Aggression, 37-51.

[403] Williams K. D. (2009). Ostracism: A temporal need-threat model. Advances in Experimental Social Psychology, 41: 275-314.

[404] Williams K. D. (2001). Ostracism: The sower of silence. New York, NY, US: Guilford Press.

[405] Williams K. D. (2007). Ostracism. Annual Review of Psychology, 58: 425-452.

[406] Williams K. D., Bernieri F. J., Faulkner S. L., Gada-Jain N., Grahe J. E. (2000). The scarlet letter study: Five days of social ostracism. Journal of Personal and Interpersonal Loss, 5 (1): 19-63.

[407] Williams K. D., Sommer K. L. (1997). Social ostracism by coworkers: Does rejection lead to loafing or compensation? . Personality and Social Psychology Bulletin, 23 (7): 693-706.

[408] Williams K. D., Zadro L. Ostracism: The indiscriminate early detection system. In Williams K. D., Forgas J. P., von Hippel W., et al. The Social Outcast: Ostracism, Social Exclusion, Rejection, and Bullying. New York, NY, US; Psychology Press, 2005.

[409] Williams K. D. Social ostracism. In Aversive Interpersonal Behaviors. Springer US, 1997.

[410] Williams K. D., Sommer K. L. (1979). Social ostracism by coworkers: Does rejection lead to loafing or compensation? . Personality and Social Psychology Bulletin, 23 (7): 693-706.

[411] Williams K. D., Cheung C. K., Choi W. (2000). Cyberostracism: effects of being ignored over the Internet. Journal of Personality and Social Psychology, 79 (5): 748.

[412] Wirth J. H., Williams K. D. (2009). They don't like our kind: Consequences of being ostracized while possessing a group membership. Group Processes & Intergroup Relations, 12 (1): 111-127.

[413] Wittenbaum G. M., Shulman H. C., Braz M. E. (2010). Social ostracism in task groups: The effects of group composition. Small Group Research, 41.

[414] Wright S. C., Aron A., Mclaughlin T. (1997). The extended contact

effect: Knowledgeof cross-group friendships and prejudice. Journal of Personality and Social Psychology, 73 (1): 73-90.

[415] Wright S. L., Perrone K. M. (2010). An examination of the role of attachment and efficacy in life satisfaction. Counseling Psychologist, 38.

[416] Wu L. Z., Yim F. H. K., Kwan H. K. et al. (2012). Coping with workplace ostracism: The roles of ingratiation and political skill in employee psychological distress. Journal of Management Studies, 49 (1): 178-199.

[417] Wu C. H., Liu J., Kwan H. K., Lee C. (2016). Why and when workplace ostracism inhibits organizational citizenship behaviors: An organizational identification perspective. Journal of Applied Psychology, 101 (3): 362-378.

[418] Wu L., Wei L., Hui C. (2011). Dispositional antecedents and consequences of workplace ostracism: An empirical examination. Frontiers of Business Research in China, 5 (1): 23-44.

[419] Xie D. (2007). Buffering or strengthening: The moderating effect of self-efficacy on stressor-strain relationship. Journal of Career Assessment, 15.

[420] Xu E., Huang X., Robinson S. L. When self-view is at stake: Responses to ostracism through the lens of self-verification theory. Journal of Management. DOI: http://dx.doi.org/10.1177/0149206314567779. 2015-01-12.

[421] Yan Y., Zhou E., Long L., Ji Y. (2014). The influence of workplace ostracism on counterproductive work behavior: The mediating effect of state self-control. Social Behavior & Personality An International Journal, 42 (6): 881-890.

[422] Yang J., Treadway D. C. A social influence interpretation of workplace ostracism and counterproductive work behavior. Journal of Business Ethics, DOI: http://dx.doi.org/10.1007/s10551-015-2912-x. 2016-05-06.

[423] Zadro L., Gonsalkorale K. (2014). Sources of ostracism: The nature and consequences of excluding and ignoring others. Current Directions in Psychological Science, 23.

[424] Zadro L., Williams K. D., Richardson R. (2005). Riding the "o" train: Comparing the effects of ostracism and verbal dispute on targets and sources. Group Processes & Intergroup Relations, 8.

[425] Zadro L., Williams K. D., Richardson R. (2004). How low can you go? ostracism by a computer is sufficient to lower self-reported levels of belonging, control, self-esteem, and meaningful existence. Journal of Experimental Social Psychology, 40.

[426] Zhao H., Peng Z., Sheard G. (2013). Workplace ostracism and hospitality employees' counterproductive work behaviors: The joint moderating effects of proactive personality and political skill. International Journal of Hospitality Management, 33 (1): 219-227.

[427] Zhou X., Vohs K. D., Baumeister R. F. (2009). The symbolic power of money reminders of money alter social distress and physical pain. Psychological Science, 20.

[428] Zimet G. D., Dahlem N. W., Zimet S. G. et al. (1988). The multidimensional scale of perceived social support. Journal of Personality Assessment, 52 (1): 30-41.

# 后 记

《社会排斥与融合模式研究》作为国家社会科学基金重大项目的子课题，在大家的帮助下，终于顺利完搞。中华民族伟大复兴的中国梦是建立一个社会成员和社会各阶层平等相处、彼此关爱、相互融合的和谐社会，这对于保障民族复兴、维护社会稳定和经济发展具有重要意义。我们为什么要选择广州市荔湾区来开展这项实验研究工作呢？荔湾区地处广州西部，俗称“西关”，是广州市独具岭南特色的中心城区和广佛都市圈的核心区。到 1990 年，常住荔湾区一年以上的流动人口已达到 378230 人，占全区总人口的 6. 82%。外来人口的大量流入为繁荣荔湾区经济起到了一定的作用，对搞活商品流通，促进和繁荣市场经济，搞好社会治安、城市建设、环境卫生等都有促进作用，但同时也引发了一系列的社会问题，如违法犯罪、斗殴事件增多等。因而，荔湾区外来人员与本地人员的融合问题成了政府管理中的重点。

为了开展荔湾区社会融合行动计划，荔湾区以副区长陈建博士为首的调研小组，在国家社会科学基金重大项目“中华民族伟大复兴的社会心理促进机制研究”（项目批准号 ：13&ZD155）的支持下，联合民政局、所在街道，以及中山大学、中国人民大学科研人员，从经济、文化和心理三个方面调研了荔湾区社会现状，特别深入调查了无户口的外地人当前所面临的生活困境。调查发现，他们由于在客观工作条件、经济收入以及社会保障方面与本地人之间存在显著的差异，因此，对于自身的城市身份认同度不高，特别是心理融合方面存在很大的问题。

为此，我们在社会排斥和融合模式的研究方面，首先在荔湾区教育局的支持下，在几所同时有外地和本地学生的学校里，研究了不同来源的学生在选择朋友方面的态度和价值取向。结果发现，学生更倾向于选择与自己同类别的同学。不过，在混合编班的集体中，这种现象明显要少得多，特别是在学校有意识地开展促进社会融合的班级中。我们还把这些情况与国外的同类研究进行了比较，结果发现，南亚学生报告了更多的跨种族友谊和更积极的群际态度，他们与移民国家的文化差距较小，这可能与这些国家的殖民化较早有关。不过，关于移民和文化适应的情况比较复杂，除了地理区域外，还可能存在其他维度上的差异，需要做更加细致的研究。此外，我们还在职场排斥和融合方面开展了研究工作，考察了职场排斥与员工反生产行为间的内在作用机制，通过对荔湾区不同企业的员工及其直接领导进行问卷调查，发现职场排斥会导致个体情绪衰竭增强，进而增加员工的反生产行为；当个体防御型调节焦点较高时，职场排斥与情绪衰竭间的正向关系更强。这些结论进一步说明，社会排斥会带来严重的后果，它会从多个层面影响人们的公平感，是阻碍社会公平的关键因素。

根据在学校、企业和社会等方面的多层次调研结果，荔湾区政府果断地采取了社会融合行动计划：一方面，在具体的政策上给予了外来人员特殊的经济支持，使他们具备了基本的适应能力；另一方面，通过社会心理支持使外来人员在感知上增加情感支撑的获得，从而拉近人际距离，缓解了社会压力。最为关键的是，荔湾区政府通过志愿者服务，促进了外来人口和本地群体之间融合程度的提升。这样，荔湾区政府也在城市治理方面避免了无序经营带来的混乱，取得了市场管理的重大突破。

广州市荔湾区的社会融合模式作为国家社会科学基金重大项目的第二个实验区，目前已经取得了骄人的成绩，特别是在社会融合模式的探索方面取得了可观的进展。在此，我要再次感谢广州市荔湾区政府、民政局、教育局和国资委及其下属单位四年多来的大力支持，特别是荔湾区各社区、学校、企业民众的密切配合，没有他们的支持与配合，我们是不可能完成这么复杂、巨大的工程的。当然，社会排斥和融合模式的研究还需要社会方方面面的继续支持，取得的成果也有待于其他地区的外部效度数据的验证。不过，我们有信心把这项研究坚持下去，以便为中华民族的复兴大业尽自己的绵薄之力。

2018 年 5 月 1 日